L'affaire Cambridge Analytica

BRITTANY KAISER

L'affaire Cambridge Analytica

Traduit de l'anglais (États-Unis) par
DOMINIQUE LORIOT-LAVILLE

HarperCollins

Titre original :
TARGETED

Ce livre est publié avec l'aimable autorisation de HarperCollins Publishers, LLC, New York, USA.

Les images figurant dans l'ouvrage sont, sauf mention contraire, fournies par l'auteur.

HARPERCOLLINS FRANCE
83-85, boulevard Vincent-Auriol, 75646 PARIS CEDEX 13
Tél. : 01 42 16 63 63

www.harpercollins.fr

ISBN 979-1-0339-0464-9

À la Vérité :
qu'elle nous libère.

Prologue

Rien de tel qu'un trajet en voiture avec des agents du FBI pour vous faire réfléchir à vos choix de vie. C'est exactement la situation dans laquelle je me suis retrouvée le 18 juillet 2018, en parcourant les rues de Washington pour me rendre à un entretien avec les enquêteurs du procureur spécial Robert Mueller.

On avait commencé par me faire monter dans une première voiture, qui m'avait déposée dans un café sélectionné au hasard par le département de la Justice. En grimpant dans le véhicule, j'avais entendu les instructions données au chauffeur : ils avaient choisi le lieu au dernier moment, sans prévenir personne. Le deuxième chauffeur nous attendait au café. Comme le premier, il portait un costume sombre et des lunettes noires, mais lui était accompagné d'un acolyte. Depuis les vitres teintées de la deuxième voiture, j'ai contemplé les monuments étincelants de la ville qui défilaient à toute vitesse, dans une succession de flashs.

Une fois installée sur la banquette arrière entre mes deux avocats, je n'ai pu m'empêcher de me demander comment j'en étais arrivée là, sur le point de parler à des procureurs fédéraux de mon travail au sein d'une agence de communication devenue tristement célèbre, Cambridge Analytica. En m'engageant dans cette entreprise, j'étais pleine de bonnes intentions pour moi et ma famille, mais les choses avaient dégénéré. Irrémédiablement. J'avais voulu apprendre à exploiter des données pour la bonne cause, j'avais pensé aider mes parents à traverser une mauvaise passe financière, et je m'étais retrouvée à trahir mes valeurs et mes convictions politiques. Un cocktail détonant de naïveté et d'ambition m'avait propulsée du mauvais côté de l'histoire.

Un peu plus de trois ans et demi plus tôt, j'avais rejoint la maison mère de Cambridge Analytica, SCL Group – plus précisément, sa branche humanitaire, SCL Social –, sous la supervision du P-DG de l'entreprise, un certain Alexander Nix. J'avais choisi de leur faire confiance. Rien ne s'était passé comme prévu. Démocrate depuis toujours et progressiste convaincue, je soutenais des causes réformistes depuis des années et, quand j'avais commencé à travailler pour Cambridge Analytica, j'avais cru pouvoir me tenir à distance de la clientèle républicaine de l'entreprise. Mais mes principes n'avaient pas tenu longtemps face à la difficulté de rassembler des fonds pour des projets caritatifs et aux perspectives qui s'offraient à moi de l'autre côté. À Cambridge Analytica, pour la première fois de ma carrière, j'avais la possibilité de toucher le pactole, tout en me disant que j'aidais à construire de A à Z une agence de communication politique révolutionnaire.

J'avais vu Cambridge Analytica se démener pour rassembler des données sur le plus de citoyens américains possible, puis les exploiter dans le but d'influencer les votes. J'avais également constaté que, si ces efforts avaient été couronnés de succès, c'était grâce à la négligence de Facebook en matière de protection de la vie privée et à l'indifférence totale du gouvernement à ce sujet. Et j'avais compris que Cambridge Analytica avait joué sur tous ces atouts pour aider Donald Trump à gagner l'élection présidentielle.

Dans la voiture, mes avocats et moi avons gardé le silence, occupés à nous préparer mentalement. Nous savions que je répondrais à toutes les questions sans rien dissimuler, mais que me demanderait-on ? Les gens semblaient surtout vouloir comprendre, pour des raisons professionnelles ou personnelles, comment un tel événement avait pu se produire. Je m'étais trouvé des excuses pour oublier mes valeurs, notamment la situation financière de ma famille et l'idée fausse que Hillary gagnerait indépendamment de nos manigances. Mais ça n'expliquait pas tout. Pour être honnête, j'avais surtout perdu mes repères, au point de ne plus savoir qui j'étais. Quand on m'avait embauchée, je m'étais prise pour une professionnelle sans illusions sur la politique, alors que je n'étais qu'une idéaliste naïve.

À présent, je devais me racheter.

À mesure que la voiture se faufilait dans les rues de la capitale, j'ai compris que nous approchions de notre destination. L'équipe du procureur spécial m'avait avertie que des hordes de journalistes risquaient de m'attendre à l'entrée du bâtiment sécurisé où on m'interrogerait. Apparemment, la presse avait repéré l'endroit.

Le chauffeur nous a informés qu'une journaliste de CNN était cachée derrière une boîte aux lettres. Il l'avait déjà vue rôder autour du bâtiment pendant huit heures d'affilée. En talons hauts.

— Qu'est-ce qu'ils ne feraient pas ! a-t-il commenté.

En approchant du parking par l'arrière, il m'a recommandé de m'éloigner de la fenêtre, même si la vitre était teintée. On m'avait demandé de ne rien prévoir de la journée. Personne ne savait combien de temps durerait l'interrogatoire. Peu importait : j'étais prête. Après tout, je m'étais portée volontaire.

Un an auparavant, j'avais pris la décision de témoigner, de lever le voile sur les pratiques douteuses auxquelles j'avais assisté. Bref, de devenir lanceuse d'alerte. Pourquoi ? En constatant les conséquences très concrètes des actions de Cambridge Analytica, j'avais compris à quel point je m'étais fourvoyée. Témoigner était mon seul espoir de rédemption. Et surtout, si je racontais mon histoire à tous ceux qui voudraient bien l'entendre, nous pourrions peut-être apprendre de nos erreurs, et, avec un peu de chance, nous préparer à la suite. Désormais, j'avais une mission : alerter sur le mode opératoire de Cambridge Analytica et sur les dangers du big data, afin que, la prochaine fois, les électeurs des deux bords comprennent les enjeux des guerres de données qui ébranlent notre démocratie.

Le chauffeur nous a fait emprunter la rampe qui s'enfonçait dans les profondeurs du parking.

Pourquoi descendre aussi bas ? me suis-je demandé. Mais, bien sûr, je connaissais la réponse. Ces temps-ci, la confidentialité était une denrée rare.

1

Un déjeuner tardif

Début 2014

La première fois que j'ai vu Alexander Nix, c'était à travers une vitre épaisse – peut-être la meilleure façon d'observer un homme comme lui.

J'étais arrivée en retard à un déjeuner d'affaires organisé à la dernière minute par Chester Freeman, un ami proche qui, comme souvent, jouait les anges gardiens. Je devais rencontrer trois associés de Chester, deux hommes que j'avais déjà vus et un inconnu, qui cherchaient tous des profils au croisement de la politique et du community management. Étant donné que j'avais participé à la campagne d'Obama en 2008, j'avais les compétences requises et, même si je n'avais pas terminé mon doctorat, je cherchais un emploi bien payé en parallèle. Je n'en avais parlé à quasiment personne en dehors de Chester, mais j'avais désespérément besoin de revenus stables pour vivre et pour aider ma famille, restée à Chicago. Ce déjeuner devait me permettre d'obtenir un poste de consultante bien rémunéré pour une courte période, et j'étais reconnaissante à Chester d'avoir été là pour moi au bon moment.

Mais j'avais eu des rendez-vous ce matin-là et, malgré tous mes efforts pour me dépêcher, j'étais en retard. Quand je suis arrivée, Chester et les deux personnes que je connaissais fumaient une cigarette dans le froid, devant le restaurant de sushis de Mayfair, en contemplant les demeures georgiennes, les hôtels majestueux et les boutiques de luxe du quartier. Les deux hommes étaient originaires d'un pays d'Asie centrale et, tout comme Chester, ils étaient de passage à Londres pour affaires. Ils lui avaient demandé de les mettre en contact avec quelqu'un qui pourrait les aider à assurer la communication numérique (via mail et réseaux sociaux) pour une élection importante qui aurait bientôt lieu dans leur pays. Même si je ne les connaissais pas très bien, ils étaient à la fois influents et sympathiques. En organisant ce déjeuner, Chester cherchait simplement à rendre service à tout le monde.

En guise de bienvenue, il m'a roulé une cigarette et me l'a allumée. Puis nous avons bavardé tous les quatre et échangé des nouvelles en nous abritant du vent. En regardant Chester, illuminé par le soleil de l'après-midi, les joues rouges, heureux, j'ai pensé avec admiration à son parcours. Il venait d'être nommé diplomate chargé des relations économiques par le Premier ministre d'une petite île, mais quand je l'avais rencontré, à la convention nationale démocrate de 2008, il n'était un gamin de dix-neuf ans en dashiki bleu, hirsute et idéaliste. Cette année-là, la convention avait eu lieu à Denver, et Chester et moi faisions tous les deux la queue devant le Broncos Stadium en attendant de voir Hillary Clinton apporter son soutien à Barack Obama, choisi par le parti. Nous avions engagé la conversation presque par hasard.

Depuis, nous avions fait du chemin, vivant l'un comme l'autre des expériences politiques diverses et variées. Notre rêve commun était de travailler dans la politique internationale et la diplomatie : récemment, il m'avait envoyé une photo de sa carte de diplomate, tout fier. Et, même si le Chester qui me faisait face à présent avait l'air très professionnel, je discernais toujours en lui le génie bavard que je connaissais depuis si longtemps, pareil à un frère.

Chester s'est excusé pour ce déjeuner de dernière minute mal ficelé. Pour me montrer qu'il avait rassemblé une équipe improbable, il m'a montré à travers la vitrine le troisième homme, toujours assis à l'intérieur. Celui qui devait changer ma vie et, plus tard, le monde.

Avec son portable vissé à l'oreille, il avait tout de l'homme d'affaires typique de Mayfair, mais Chester m'a expliqué que ce n'était pas n'importe qui. Ce type, un certain Alexander Nix, était le P-DG d'une entreprise britannique spécialisée dans les campagnes électorales, SCL Group, acronyme de Strategic Communication Laboratories, ou Laboratoires de communication stratégique. Le genre de nom qu'un conseil d'administration donnerait à une entreprise de marketing pour lui donner l'air vaguement scientifique, me suis-je dit. Chester m'a assuré que SCL avait un succès énorme. En vingt-cinq ans, ils avaient décroché des contrats militaires dans le monde entier et travaillé sur des élections dans de nombreux pays. Leur rôle principal était de faire élire des présidents ou des Premiers ministres et, dans bien des cas, de les maintenir au pouvoir. Le dernier projet de SCL était la campagne de réélection du Premier ministre pour lequel travaillait Chester. C'était sans doute comme ça que Chester avait rencontré ce Nix.

Il m'a fallu un certain temps pour tout digérer. En organisant cette rencontre, Chester avait risqué un conflit d'intérêts délicat. J'étais venue proposer mes services à ses deux amis, mais il était clair que le P-DG me faisait concurrence. Et mon retard, ma jeunesse et mon manque d'expérience signifiaient qu'il avait probablement déjà raflé le contrat que j'espérais décrocher.

J'ai examiné l'homme à travers la vitrine. Désormais, il ne me semblait plus aussi banal. Avec son portable à l'oreille, il paraissait soudain terriblement sérieux et extrêmement professionnel. De toute évidence, j'étais battue à plate couture. J'ai tenté de dissimuler ma déception.

— Je me suis dit que tu voudrais peut-être le rencontrer, a dit Chester. Tu sais, c'est un bon contact.

Traduction : un emploi potentiel.

— Ou, au moins, ça te donnera de quoi nourrir ta thèse.

J'ai acquiescé. Il avait sûrement raison. Malgré mon amertume d'avoir perdu un contrat, l'homme éveillait ma curiosité. Que faisait le P-DG d'une entreprise pareille, exactement ? Je n'avais jamais entendu parler de sociétés spécialisées dans les élections.

D'après mon expérience aux côtés d'Obama et mon bénévolat récent à Londres auprès de l'association d'expatriés du Parti démocrate américain, Democrats Abroad, ainsi qu'au sein du comité d'action politique Ready for Hillary, « prêts pour Hillary », les campagnes étaient menées par les directeurs de campagne, qui travaillaient dans leur propre pays, assistés bien sûr d'un petit groupe d'experts au salaire mirobolant et d'une armée d'employés sous-payés, de bénévoles et de stagiaires non rémunérés dans mon genre. Après la campagne d'Obama en 2008, j'avais rencontré des gens devenus consultants de campagne professionnels, tels que David Axelrod, le stratège principal d'Obama, qui conseillait à présent le Parti travailliste britannique, et Jim Messina, surnommé autrefois « le type le plus puissant de Washington dont vous n'avez jamais entendu parler[1] », qui avait dirigé la campagne d'Obama en 2012 et était devenu chef de cabinet à la Maison Blanche avant de se reconvertir dans le conseil de dirigeants étrangers comme David Cameron et Theresa May. Pourtant, je n'aurais jamais imaginé qu'il y ait des entreprises dont le but était de faire élire des politiciens à l'étranger.

J'ai examiné la silhouette dans le restaurant, aussi curieuse qu'étonnée. Chester avait raison. Je ne trouverais sans doute pas de travail tout de suite, mais c'était une bonne piste pour un futur emploi. Et je pouvais au moins mettre à profit cet après-midi pour ma thèse.

Le restaurant était plutôt agréable, bien éclairé, avec du parquet clair et des murs crème ornés d'œuvres d'art japonaises. En m'approchant de la table, j'ai dévisagé l'homme que j'avais observé de l'extérieur. Il a raccroché et Chester a fait les présentations.

Maintenant que je le voyais de près, je me rendais compte que Nix n'était pas un businessman de Mayfair typique. Il avait une élégance toute britannique, très classique, avec son costume bleu marine sur mesure, ses chaussures rutilantes et sa cravate en soie au col d'une chemise amidonnée – une tenue tout droit sortie de Savile Row. Sa serviette en cuir usagé, au fermoir en cuivre à l'ancienne, aurait pu appartenir à son grand-père. J'avais beau être une Américaine pur jus, je vivais au Royaume-Uni depuis la fin du lycée et j'étais capable de reconnaître un membre de l'élite britannique.

Alexander Nix était beau garçon et avait une allure d'ancien élève d'Eton (rien d'étonnant, puisqu'il y avait fait sa scolarité). On sentait qu'il prenait soin de son apparence mais, vu sa maigreur, il devait dédaigner les clubs de sport. Il avait un menton pointu, de magnifiques yeux bleu vif, et une peau éclatante et lisse. En d'autres termes, c'était l'archétype du privilégié. Plutôt que dans ce restaurant du West End, je l'aurais bien vu sur un cheval, coiffé d'une bombe, un maillet de polo sur mesure à la main.

Quel âge pouvait-il avoir ? S'il avait aussi bien réussi que Chester le disait, il avait probablement au moins dix ans de plus que moi, et sa posture à la fois assurée et détendue suggérait une petite quarantaine. Il avait beau faire aristocrate, on sentait qu'il avait du mérite : à en croire Chester, il était parti avec une longueur d'avance mais s'était démené pour parvenir à cette position.

Nix m'a saluée chaleureusement, comme une vieille amie, et m'a serré la main avec enthousiasme. Pendant que nous nous installions à une grande table un peu à l'écart des autres clients, il s'est vite tourné vers les deux autres amis de Chester, poursuivant leur conversation d'avant mon arrivée.

Il ne lui a pas fallu longtemps pour passer en mode commercial. Je m'en rendais d'autant mieux compte que je connaissais tous les trucs. Pour financer mes études, j'avais appris à vendre mes compétences de consultante à mes clients. Mais je n'avais ni le charme ni l'expérience de Nix, sans parler de son élégance. Son discours était aussi bien ficelé que son costume hors de prix.

Je l'ai écouté vanter la longue histoire de l'entreprise pour laquelle il travaillait. SCL Group avait été fondé en 1993, et avait depuis participé à plus de deux cents élections et développé des projets militaires, politiques et humanitaires dans une cinquantaine de pays. Quand Nix les a énumérés, on aurait dit la composition d'un sous-comité des Nations unies : Afghanistan, Colombie, Inde, Indonésie, Kenya, Lettonie, Libye, Nigeria, Pakistan, Philippines, Trinité-et-Tobago, etc. Nix travaillait pour SCL depuis onze ans.

J'étais à la fois étonnée et intimidée par l'ampleur de son expérience et la charge de travail qu'il avait abattue. J'avais six ans au moment de la fondation de SCL ; à l'époque où j'étais en primaire, au collège et au lycée, Nix contribuait à bâtir un empire. Par rapport aux jeunes de mon âge, je possédais un CV bien fourni – j'avais beaucoup travaillé à l'international depuis mon stage dans l'équipe de campagne d'Obama –, mais je ne pouvais pas rivaliser avec Nix.

— Et maintenant nous sommes entrés sur le marché américain, a confié Nix, débordant d'enthousiasme.

SCL venait de s'implanter aux États-Unis. À court terme, Nix comptait s'impliquer le plus possible dans les *midterms* de novembre 2014, et, à moyen terme, il voulait participer à une campagne présidentielle, pour finalement établir un monopole sur le secteur des élections américaines.

C'était une déclaration audacieuse, mais il avait déjà décroché des contrats de campagne de mi-mandat auprès de candidats et de lobbys notables. Il avait par exemple fait affaire avec un député de l'Arkansas du nom de Tom Cotton, petit génie diplômé de Harvard et vétéran d'Irak qui se présentait au Sénat. Il représentait aussi l'intégralité des candidats républicains de Caroline du Nord. Et il avait séduit un comité d'action politique (ou *super PAC*) riche et puissant, piloté par l'ambassadeur aux Nations unies John Bolton, figure controversée de la droite que je ne connaissais que trop bien.

Même si je vivais au Royaume-Uni depuis des années, certains néoconservateurs américains du genre de Bolton m'étaient familiers. Difficile d'ignorer ce sinistre personnage qui, comme on l'avait appris récemment, participait au pilotage et au financement d'un organisme nébuleux du nom de Groundswell – dont l'objectif était, entre autres, de saboter la présidence d'Obama et de nourrir la controverse de Benghazi[2] afin de nuire à Hillary Clinton. Je connaissais bien cette affaire-là pour avoir travaillé en Libye et fréquenté l'ambassadeur Christopher Stevens, décédé pendant l'attaque de Benghazi, en partie à cause des mauvaises décisions de la secrétaire d'État.

Tout en sirotant mon thé, j'ai soigneusement enregistré la liste des clients de Nix. Au premier abord, c'étaient peut-être des républicains ordinaires, mais leurs positions politiques étaient tellement aux antipodes de mes propres valeurs que je les considérais comme les ennemis jurés de mes héros, tels qu'Obama et Hillary. Pour moi, les politiciens que Nix énumérait étaient des parias – pire, des piranhas, des poissons mortels avec lesquels je n'aurais jamais envisagé de frayer.

Sans parler des groupes d'intérêt pour lesquels Nix travaillait : le lobby des armes à feu, les pro-vie... Une abomination pour moi qui militais à gauche depuis toujours.

Nix avait l'air très content de lui, de son entreprise et des clients qu'il avait réussi à prendre dans ses filets. Il s'est vanté d'être très occupé, et très confiant en l'avenir. En effet, SCL avait dû créer une filiale consacrée exclusivement aux États-Unis.

Son nom ? Cambridge Analytica.

Elle existait depuis moins d'un an, mais, d'après Nix, la société allait déclencher une révolution.

Nix comptait changer le monde grâce au big data.

À l'ère numérique, les données étaient « le nouveau pétrole », et la collecte de données, « une course à l'armement », a-t-il affirmé. Cambridge Analytica avait amassé un énorme arsenal de données sur les citoyens américains, le plus gros qui ait jamais existé, selon lui. Ses bases de données titanesques contenaient entre 2 000 et 5 000 « points de données » (c'est-à-dire éléments d'informations) sur chaque Américain adulte. Soit 240 millions de personnes.

Nix s'est interrompu, comme pour nous laisser le temps de digérer l'information.

Puis il a poursuivi : posséder les données ne suffisait pas. Le plus important était de savoir les exploiter. Pour cela, il fallait ranger les gens dans des catégories plus précises, scientifiques : « démocrate », « écologiste », « optimiste », « militant », etc. Depuis des années, SCL, la maison mère de Cambridge Analytica, identifiait et triait les individus en appliquant les méthodes les plus sophistiquées de la psychologie comportementaliste, ce qui permettait de transformer une montagne d'informations sur la population américaine en véritable mine d'or.

Nix nous a parlé de son armée d'experts en gestion et analyses de données et de psychologues, qui avaient développé un protocole précis pour déterminer à qui ils voulaient transmettre un message, la teneur de ce message et la façon d'atteindre chaque personne. Il avait engagé les experts en données les plus brillants du monde, des gens capables de cibler les individus où qu'ils soient (sur leur portable, leur ordinateur, leur tablette ou leur télévision) et en passant par tous les médias imaginables (de la radio aux réseaux sociaux), grâce au « *microtargeting* » ou « microciblage ». Cambridge Analytica parvenait à isoler des individus et à les faire penser, voter et agir autrement. L'entreprise utilisait l'argent de ses clients pour créer une communication qui marchait vraiment, avec des résultats mesurables, d'après Nix.

Et c'était ainsi que Cambridge Analytica allait gagner des élections aux États-Unis.

Pendant qu'il parlait, j'ai tenté de croiser le regard de Chester pour voir ce qu'il pensait de Nix, mais je n'ai pas réussi à attirer son attention. Quant aux amis de Chester, je voyais à leurs expressions qu'ils étaient impressionnés.

D'après Nix, Cambridge Analytica occupait une niche très stratégique. L'entreprise avait été fondée pour combler un besoin grandissant. Les démocrates d'Obama dominaient les communications numériques depuis 2007, tandis que les républicains accusaient un retard technologique important. Après leur défaite cuisante de 2012, Cambridge Analytica s'était donné pour mission de rééquilibrer le rapport de forces, dans l'intérêt de la démocratie représentative, en fournissant aux républicains les outils technologiques dont ils avaient besoin.

En quoi Nix pouvait-il être utile aux amis de Chester ? Leur pays n'avait pas de big data en raison de la faible pénétration d'Internet, mais SCL pouvait encourager le développement numérique et utiliser les réseaux sociaux pour diffuser leur message. En attendant, SCL était aussi capable de mener des campagnes plus traditionnelles : rédaction de programmes politiques et de manifestes, démarchage en porte-à-porte, analyse du public cible...

Les deux hommes ont complimenté Nix. Mais je les connaissais assez bien pour constater que son exposé les avait déstabilisés. Je savais que leur pays n'avait pas les infrastructures nécessaires pour les projets américains de Nix, et sa stratégie semblait hors de prix, même pour des hommes au portefeuille bien garni.

De mon côté, les confidences de Nix m'avaient choquée. Sonnée, même. Je n'avais jamais rien entendu de tel. Il prévoyait d'utiliser les données personnelles pour influencer les gens afin de transformer les systèmes économiques et politiques du monde entier. À l'entendre, il était facile de pousser les électeurs à prendre des décisions irréversibles, non pas contre leur volonté, mais au moins contre leurs idées, en changeant au passage leurs habitudes.

En même temps, je devais avouer que j'étais estomaquée par les capacités de son entreprise. Depuis mes débuts dans le monde des campagnes politiques, je m'étais prise de passion pour l'analyse de big data. Je n'étais ni développeuse ni experte en données, mais, comme d'autres *millennials*, j'avais apprivoisé très tôt la technologie et toujours vécu dans un monde numérique. J'étais prédisposée à considérer les données comme faisant partie intégrante de mon univers – un fait au pire bénin et utilitaire, et, au mieux, potentiellement transformateur.

Moi-même, j'avais exploité des données, y compris pour des élections, de façon rudimentaire. En plus de mon stage non rémunéré dans l'équipe *new media* d'Obama, j'avais fait du bénévolat pendant la campagne d'investiture aux primaires démocrates de Howard Dean quatre ans plus tôt, la campagne présidentielle de John Kerry, la convention nationale démocrate et la campagne sénatoriale d'Obama. À l'époque, utiliser des données pour envoyer des mails personnalisés à des électeurs indécis était considéré comme révolutionnaire. La campagne de Howard Dean avait battu tous les records de levées de fonds en s'adressant aux gens sur Internet pour la première fois.

Mon intérêt pour le big data était doublé de mon expérience personnelle des révolutions. Toujours le nez dans un livre, j'avais fait des études très longues, mais je ne vivais pas dans une bulle. Pour moi, les chercheurs avaient le devoir de trouver dans leurs idées abstraites des applications utiles pour la société.

Même s'il avait été élu démocratiquement, on pourrait dire que l'élection d'Obama avait constitué ma première expérience révolutionnaire. J'avais fêté sa victoire à Chicago et, cette nuit-là, au milieu des millions de personnes descendues dans la rue, j'avais eu l'impression de vivre un coup d'État.

J'avais aussi eu la chance de partir sur le terrain, dans des pays où des révolutions avaient lieu en silence, venaient de commencer, ou s'apprêtaient à éclater. En licence, j'avais effectué un an d'échange à Hong Kong, où j'avais fait du bénévolat dans une association qui exfiltrait des réfugiés de Corée du Nord et leur faisait traverser la Chine grâce à un réseau clandestin. Juste après ma remise de diplôme, j'étais partie en Afrique du Sud, où j'avais collaboré avec d'anciens stratèges de guérilla qui avaient aidé à renverser l'apartheid. Et, de 2011 à 2013, j'avais travaillé dans la Libye post-Kadhafi ; depuis, je continuais à m'intéresser à ce pays en tant que diplomate indépendante. J'avais la mauvaise habitude de me jeter dans les poudrières pile au moment où elles allaient exploser.

J'avais aussi réfléchi aux façons d'utiliser l'analyse de données pour de bonnes causes, en constatant que certains s'en servaient pour demander plus de justice sociale, voire pour révéler de la corruption et des mauvaises pratiques. En 2011, j'avais écrit mon mémoire de master en utilisant comme source principale des données de WikiLeaks, l'organisation qui a révélé les dessous de la guerre en Irak, et notamment de nombreux crimes contre l'humanité.

À partir de 2010, le hacker et activiste Julian Assange, son fondateur, s'était lancé dans une guerre virtuelle contre ceux qui livraient une guerre réelle à l'humanité, en exposant des documents top secret accusant le gouvernement et l'armée américains. La publication de centaines de milliers de dossiers sur la guerre en Irak a provoqué un débat public sur la protection des libertés fondamentales et des droits de l'homme contre les abus de pouvoir à l'international.

À présent, dans le cadre de ma thèse sur la diplomatie préventive et les droits de l'homme, et dans la continuité de mes travaux précédents, j'allais combiner ma curiosité pour le big data et mon expérience des troubles politiques. L'objectif ? Trouver des moyens d'utiliser des données pour sauver des vies. Je m'intéressais plus particulièrement à ce qu'on appelle la diplomatie préventive. Les Nations unies et les ONG du monde entier cherchaient à utiliser des données en temps réel pour éviter des atrocités, tel le génocide au Rwanda en 1994, où l'on aurait pu intervenir plus tôt si les preneurs de décisions avaient eu accès à davantage d'informations. Un suivi « préventif » – de tout et n'importe quoi, du prix du pain à l'augmentation du nombre d'insultes racistes sur Twitter – pourrait donner à des organismes pacifistes les informations nécessaires pour identifier les menaces, les surveiller et intervenir dans les sociétés à haut risque avant que le conflit n'éclate. Rassembler et analyser suffisamment de données empêcherait potentiellement des atteintes aux droits de l'homme, des crimes de guerre, voire des guerres à part entière.

Évidemment, je comprenais ce qu'impliquaient les capacités dont, à en croire Nix, disposait SCL. En l'entendant parler collecte de données et révolutions, je me suis sentie mal à l'aise, ne connaissant ni ses intentions ni les risques que comportaient ses méthodes. J'hésitais donc à partager mes connaissances sur le big data et mon expérience, et j'ai été soulagée de voir qu'il se préparait à partir.

Heureusement, Nix n'avait pas fait très attention à moi. Nous avions un peu discuté de mon travail sur des campagnes, mais il ne m'avait posé aucune question précise sur la campagne *new media* d'Obama, ni sur mon travail de prévention et de révélation de crimes de guerre, ni sur ma passion pour l'utilisation de données en diplomatie préventive. Je ne me faisais pas d'illusions sur Nix : il voyait les données comme un outil et travaillait pour de nombreux politiciens américains que je considérais comme des adversaires. Visiblement, je l'avais échappé belle.

Je me suis dit que les amis de Chester n'engageraient pas Nix. Il était trop extravagant, trop impressionnant, trop imposant pour eux, comme s'il remplissait la pièce à lui tout seul. Son arrogance était tempérée par son éducation britannique impeccable, mais son ambition et sa vantardise avaient quelque chose de disproportionné. Pourtant, Nix n'a pas semblé percevoir leur réserve. Tout en rassemblant ses affaires, il a continué à expliquer qu'il pourrait les aider à cibler des groupes spécifiques.

Quand Nix s'est levé, j'ai compris que j'aurais le temps de vendre mes services aux amis de Chester. Je comptais leur faire une proposition simple et raisonnable. Mais Chester m'a fait signe de le rejoindre pour dire au revoir à Nix.

Dehors, dans le froid et la lumière déclinante de l'après-midi, nous sommes restés quelques longues secondes sans rien dire, gênés. Mais Chester est incapable de garder le silence très longtemps.

— Vous devriez prendre rendez-vous, je suis sûr que vous avez beaucoup de choses à vous dire, entre consultants ! s'est-il exclamé.

Nix lui a jeté un drôle de regard, à la fois inquiet et agacé. Clairement, il n'aimait pas qu'on le prenne par surprise ni qu'on lui dise quoi faire. Malgré tout, il a sorti de sa poche de manteau une liasse froissée de cartes de visite, qui ne devaient pas être les siennes, à voir la variété de tailles et de couleurs. Probablement celles d'hommes d'affaires et de clients comme les amis de Chester, des gens qu'il avait dû baratiner au cours d'autres après-midi d'automne à Mayfair.

Enfin, il a mis la main sur une de ses cartes, qu'il m'a tendue d'un geste théâtral.

« Alexander James Ashburner Nix », ai-je lu. Tout, du poids du papier à la police avec sérif, évoquait l'aristocratie.

— Je vais te faire boire et voler tes secrets, m'a-t-il dit.

Et, même s'il riait, je voyais bien qu'il ne blaguait qu'à moitié.

2

Changer de camp

Octobre - décembre 2014

Pendant les mois qui ont suivi ma rencontre avec Alexander Nix, je n'ai pas réussi à trouver un travail me permettant de vraiment aider ma famille financièrement. En octobre 2014, j'ai à nouveau demandé à Chester de m'aider à chercher un poste à temps partiel, et il m'a organisé un rendez-vous avec son Premier ministre.

C'était une occasion rare de proposer mes services en stratégie numérique à un chef d'État. Le Premier ministre, qui avait déjà fait plusieurs mandats, cherchait à être réélu, mais était confronté cette fois-ci à une puissante opposition et craignait de perdre. Chester espérait que je puisse l'aider.

Sans le vouloir, j'ai donc croisé Alexander Nix une deuxième fois.

Ce matin-là, j'attendais mon rendez-vous avec le Premier ministre dans le salon d'un hangar à jets privés de l'aéroport de Gatwick quand Nix est arrivé en trombe. J'étais en avance, tandis que lui avait décroché le premier créneau de la journée – juste avant moi. Décidément, je n'avais pas de chance.

— Qu'est-ce que tu fais là ? m'a-t-il demandé, d'un ton à la fois alarmé et menaçant.

Il a serré sa serviette contre sa poitrine, l'air faussement horrifié.

— Tu me suis à la trace ?

J'ai éclaté de rire.

Quand je lui ai expliqué la raison de ma présence, il m'a répondu qu'il avait travaillé pour le Premier ministre pendant les élections précédentes. Il a eu l'air amusé d'apprendre que j'espérais faire la même chose.

Nous avons parlé de tout et de rien. Au moment de rejoindre le Premier ministre, il m'a lancé une invitation par-dessus son épaule.

— Tu devrais passer au bureau de SCL un de ces jours, on t'expliquera ce qu'on fait.

Même si je me méfiais toujours de lui, j'allais effectivement choisir de rendre visite à Alexander Nix dans les locaux de SCL. Quelques jours après notre conversation à Gatwick, Chester m'a appelée pour me dire qu'« Alexander » avait suggéré un rendez-vous pour discuter tous les trois de la réélection du Premier ministre.

J'ai été agréablement surprise. J'avais dû attirer l'attention d'Alexander, d'une façon ou d'une autre. Peut-être qu'il n'avait pas l'habitude qu'une jeune femme soit aussi audacieuse. En tout cas, cette proposition de collaboration me plaisait beaucoup plus que la perspective d'être en concurrence, surtout qu'il avait clairement le dessus et que j'avais vraiment besoin de travail.

Mi-octobre, je suis donc allée au siège de SCL avec Chester. Situé près du métro Green Park, à deux rues de Shepherd Market, sur Yarmouth Place, il occupait une partie d'un immeuble fatigué qui semblait ne pas avoir été rénové depuis les années 1960. Le bâtiment hébergeait une foule de petites start-up inconnues, et SCL partageait un couloir avec une boîte vendant des vitamines.

Des palettes en bois pleines de minuscules flacons bloquaient presque l'entrée de la salle de conférences du rez-de-chaussée, que tous les locataires partageaient et devaient louer à l'heure. Pas exactement ce que j'attendais de la part d'une équipe de consultants en politique aussi chic.

Mais c'est dans cette pièce que nous avons retrouvé Alexander et Kieran Ward, son responsable communication. Alexander a expliqué que Kieran avait participé à de nombreuses élections étrangères sur le terrain, au service de SCL ; il avait une trentaine d'années, mais le regard las de ceux qui en ont trop vu.

Alexander nous a confié que des enjeux importants entouraient l'élection du Premier ministre. D'après lui, celui-ci avait un ego surdimensionné, ce que Chester a confirmé d'un signe de tête. Ce serait son cinquième mandat, et la population mécontente exigeait qu'il cède la place. Pendant leur rendez-vous à Gatwick, Alexander avait prévenu le Premier ministre qu'il aurait besoin d'une « stratégie en béton armé » pour avoir une chance de gagner, mais le temps manquait. L'élection aurait lieu quelques mois plus tard, après le nouvel an.

— Voilà ce que compte faire SCL…, a commencé Alexander.

Il s'est interrompu et nous a regardés.

— Mais vous ne savez même pas ce que nous faisons, si ?

Il s'est absenté quelques secondes et est revenu avec un ordinateur, puis il a projeté un PowerPoint sur un grand écran, armé d'un pointeur laser.

— Nos enfants, a-t-il déclaré, ne vivront plus dans le monde du *blanket marketing*.

Le *blanket marketing* étant la publicité de masse, générique, visant un public très large.

— C'est tout simplement trop imprécis.

Il a cliqué sur un slide proclamant que « la publicité traditionnelle construit une image de marque et ancre la marque dans la société, mais ne change pas les comportements ». Le message était illustré par une publicité pour les soldes à 50 % du grand magasin Harrods, ainsi que par les logos de McDonald's et de Burger King.

Ce genre de publicités, a-t-il expliqué, se contentait d'informer ou, dans le meilleur des cas, « prouvait » la fidélité d'un client existant envers une marque. Cette approche était dépassée.

— SCL Group propose des messages conçus pour le XXIe siècle. Si on veut atteindre de nouveaux clients, le marketing traditionnel ne peut pas marcher. Il faut non seulement les atteindre, mais aussi les convertir. Comment McDonald's peut-il convaincre quelqu'un de manger un de ses burgers s'il ne l'a jamais fait ? Le Graal de la communication, c'est de réussir à modifier les comportements.

Il est passé au slide suivant, intitulé « marketing comportementaliste ». À gauche, une image de plage avec un panneau blanc carré indiquant « Plage privée ». À droite, un panneau triangulaire jaune vif évoquant la signalisation routière proclamait « Attention aux requins ».

Lequel était le plus efficace ? Le contraste était presque comique.

— En exploitant la phobie des requins, vous pouvez empêcher les gens de nager dans votre parcelle d'océan.

« Votre parcelle d'océan » ? J'imagine qu'il a l'habitude de vendre son laïus aux gens qui ont leurs propres plages, me suis-je dit.

Il a poursuivi en insistant sur le fait que SCL n'était pas une agence de pub mais une entreprise visant à « changer les comportements ».

Pendant les campagnes électorales, on gaspillait des milliards de dollars en diffusant des messages du type « Plage privée », qui ne marchaient pas.

Le slide suivant comprenait une vidéo et une image, tous deux extraits d'une campagne. La vidéo était un montage de photos de Mitt Romney et d'enregistrements d'applaudissements pendant un de ses discours. Elle se concluait par le slogan « Un nouveau leader fort ». L'image représentait une pelouse desséchée sur laquelle on avait planté des panneaux avec des noms de candidats. Romney, Santorum, Gingrich – peu importait. Clairement, on n'avait aucun mal à ignorer ces panneaux passifs.

— Vous voyez ? a commenté Alexander avec un petit rire. Aucun de ces panneaux ne convertit qui que ce soit. Si vous êtes démocrate et que vous voyez un panneau Romney, vous n'allez pas d'un seul coup entrer en transe et changer de parti.

Tout le monde a ri.

Je n'en revenais pas. Je travaillais dans la communication depuis des années, mais je n'avais jamais vu les choses sous cet angle. Je n'avais jamais entendu personne se plaindre que la publicité moderne était trop plate. Jusque-là, la campagne *new media* d'Obama en 2008 m'avait paru sophistiquée et high-tech.

Cette campagne avait été la première à utiliser les réseaux sociaux pour communiquer avec les électeurs. Nous avions vanté les mérites du sénateur Obama sur Myspace, Pinterest et Flickr. J'avais même créé la première page Facebook du sénateur, et je gardais un souvenir ému du jour où Obama était entré dans le bureau de Chicago, avait vu sa photo de profil sur mon écran et s'était exclamé : « Mais c'est moi ! »

À présent, je me rendais compte que, même si nous étions en avance pour l'époque, du point de vue d'Alexander, nous avions inondé les cibles d'informations répétitives avec un impact négligeable. En fait, nous n'avions rallié personne à notre cause. Nous visions surtout des électeurs qui soutenaient déjà Obama. Ils nous avaient envoyé leurs coordonnées, ou bien nous les avions rassemblées avec leur autorisation quand ils avaient laissé des messages sur nos sites. Nous ne les avions pas approchés ; c'étaient eux qui nous avaient contactés.

Nos publicités étaient basées sur une « preuve sociale », a expliqué Alexander : elles n'avaient fait que renforcer une fidélité à la « marque » préexistante. Nous avions posté sans arrêt sur les réseaux sociaux des messages du type « Plage privée », dans le même genre que la vidéo répétitive de Romney ou que les panneaux minables plantés sur la pelouse, qui n'influençaient pas le comportement des gens mais ne faisaient qu'inonder les électeurs d'informations et prouver que notre public adorait Barack Obama. Et, une fois que nous avions attiré l'attention des fans d'Obama, nous leur avions envoyé des messages encore plus détaillés. Nous comptions peut-être maintenir leur intérêt ou nous assurer qu'ils voteraient, mais, d'après le paradigme d'Alexander, nous les avions submergés d'informations dont ils n'avaient pas besoin.

« Cher Machin-Truc, avais-je écrit. Merci beaucoup d'avoir écrit au sénateur Obama. Barack est en déplacement pour la campagne. Je m'appelle Brittany, et je vous réponds en son nom. Voici des liens détaillant sa politique sur… bla, bla, bla. »

Nous avions beau être très enthousiastes – et notre groupe *new media* comprenait des centaines d'employés, sans compter l'équipe de campagne, qui occupait cet été-là deux étages entiers d'un gratte-ciel de Chicago –, je me rendais compte maintenant que nos messages avaient été simplistes, voire rudimentaires.

Alexander a fait défiler un autre slide, avec des diagrammes et des tableaux montrant que son entreprise ne se contentait pas de produire des messages efficaces. Elle les envoyait aux bonnes personnes grâce à des méthodes scientifiques. Avant même le début d'une campagne, SCL faisait des recherches et employait des experts en analyse de données qui identifiaient avec précision le public cible du client. Bien sûr, on insistait sur l'hétérogénéité du public en question.

J'avais été particulièrement fière que la campagne d'Obama ait segmenté son public cible en fonction de ses centres d'intérêt, de son sexe et de l'État dans lequel il vivait. Mais sept années s'étaient écoulées depuis. L'entreprise d'Alexander allait bien au-delà des catégories démographiques traditionnelles.

Le slide suivant proclamait que « les techniques de ciblage sont en pleine transformation ». À gauche, une photo de l'acteur Jon Hamm dans le rôle de Don Draper, cadre d'une agence de publicité des années 1960 dans la série *Mad Men*.

— La publicité à l'ancienne des années 1960, a expliqué Alexander, c'étaient des gens intelligents comme nous, assis autour d'une table, qui avaient des idées du genre « J'ai embrassé des milliards de gens » pour Coca-Cola, et dépensaient tout l'argent des clients pour diffuser leur message en espérant que ça marche.

Là où la communication des années 1960 partait du haut, celle de 2014 venait au contraire du bas. Grâce aux progrès en traitement des données et en analyse prédictive, nous pouvions en savoir bien plus sur les gens que nous ne l'avions imaginé, et l'entreprise d'Alexander étudiait les individus pour déterminer ce qu'ils avaient besoin d'entendre pour partir dans la direction voulue par le client.

Il a cliqué sur un autre slide, intitulé « L'analyse de données, les sciences sociales et la psychologie comportementale ».

Cambridge Analytica était une branche de SCL Group, lui-même issu du Behavioural Dynamics Institute, ou BDI (Institut d'étude des dynamiques comportementales), un consortium d'une soixantaine d'institutions académiques et de centaines de psychologues. Cambridge Analytica employait désormais des psychologues qui concevaient des sondages politiques dont ils utilisaient les résultats pour classer les gens en différentes catégories. Ils utilisaient la « segmentation psychographique » pour comprendre les personnalités complexes et inventer des façons d'influencer leur comportement.

Puis, grâce à la « modélisation des données », les spécialistes du big data de l'équipe créaient des algorithmes capables de prédire avec précision la réaction des gens aux messages conçus pour eux.

— Quel message Brittany a-t-elle besoin d'entendre ? m'a demandé Alexander en passant au slide suivant. Nous devons créer des publicités spécialement pour elle, a-t-il continué en me souriant. Qui parlent de sujets qui la préoccupent, elle, et de rien d'autre.

À la fin de sa présentation, il a affiché une photo de Nelson Mandela.

Mandela faisait partie de mon panthéon de super héros. J'avais travaillé avec l'un de ses meilleurs amis en Afrique du Sud, quelqu'un qui avait été emprisonné avec lui sur Robben Island. J'avais même aidé la compagne de Mandela, Winnie, à organiser une Journée des femmes en Afrique du Sud, mais je n'avais jamais eu l'occasion de serrer la main du grand homme. Et voilà qu'il apparaissait devant moi.

Alexander a affirmé qu'en 1994 la collaboration de SCL avec Mandela et le Congrès national africain avait permis d'éviter les violences électorales. Ce qui avait affecté le résultat d'une des élections les plus importantes de l'histoire de l'Afrique du Sud. À l'écran, une citation de Mandela lui-même les recommandait chaudement.

Comment aurais-je pu ne pas être impressionnée ?

Alexander a dû quitter la réunion brusquement – une urgence –, mais il nous a laissés entre les mains compétentes de Kieran Ward, qui nous a expliqué ce que SCL faisait d'autre.

Ils avaient commencé par planifier des campagnes électorales en Afrique du Sud, et ils en organisaient désormais huit ou neuf par an dans des pays comme le Kenya, Saint-Christophe-et-Niévès,

Sainte-Lucie et Trinité-et-Tobago. Kieran avait travaillé sur le terrain dans un certain nombre de cas.

En 1998, SCL avait étendu ses activités au monde de l'entreprise, et, après le 11 septembre 2001, ils avaient commencé à travailler pour l'armée, en collaboration avec le département de la Sécurité intérieure des États-Unis, l'Otan, la CIA, le FBI et le département d'État, l'équivalent américain du ministère des Affaires étrangères. L'entreprise avait aussi détaché des experts auprès du Pentagone pour enseigner ses techniques à des fonctionnaires.

SCL avait également une branche sociale. Elle s'occupait de la communication en santé publique, avec des campagnes pour convaincre les Africains d'utiliser des préservatifs et les Indiens de boire de l'eau propre. Elle avait obtenu des contrats avec des agences des Nations unies et des ministères de la Santé dans le monde entier.

Plus j'entendais parler de SCL, plus j'étais séduite. Et, quand nous sommes allés dîner avec Alexander dans un restaurant du coin, j'ai appris à mieux le connaître et je me suis radoucie.

Il était bien plus large d'esprit que je ne l'avais imaginé. Après avoir obtenu un diplôme d'histoire de l'art à l'université de Manchester, il avait travaillé dans la finance, dans une vieille banque d'investissement au Mexique, pays que j'adorais. Il avait aussi travaillé en Argentine avant de rentrer en Angleterre, persuadé de pouvoir développer SCL Group, qui était davantage un amalgame de projets qu'une véritable entreprise. En partant d'à peu près zéro, il ne lui avait fallu qu'une dizaine d'années pour le transformer en mini-empire.

Alexander avait beaucoup aimé organiser des campagnes électorales dans les Caraïbes et au Kenya. Quand il a mentionné qu'il avait supervisé l'action de la société en Afrique de l'Ouest, je me suis sentie émue. En Guinée, SCL avait lancé le plus grand projet de recherche sanitaire du pays, et, comme mon dernier poste avait été dans la réforme du service de santé en Afrique du Nord, cela nous faisait un point commun.

Je lui ai raconté les projets auxquels j'avais participé, en mentionnant mon travail en Afrique du Sud, à Hong Kong, à La Haye, au Parlement européen, et auprès d'ONG comme Amnesty International. En revanche, je n'ai pas parlé de mon travail sur les campagnes électorales. Je n'étais pas prête : Cambridge Analytica travaillait pour l'ennemi.

Malgré tout, j'ai apprécié la conversation, et Chester a passé toute la soirée à vanter mes mérites – une vraie lettre de recommandation ambulante.

— Eh bien, a commenté Alexander après avoir entendu le récit de mes exploits. Une fille comme toi saisit les nouvelles opportunités sans attendre qu'on les lui tende sur un plateau, n'est-ce pas ?

Je n'ai été qu'à moitié surprise quand Chester m'a appelée le lendemain matin pour me dire qu'Alexander me proposait un entretien d'embauche en bonne et due forme. Je savais qu'Alexander avait rarement l'occasion de rencontrer des profils comme le mien – pas parce que j'étais une perle rare, mais parce qu'il vivait dans un autre monde.

J'étais une jeune Américaine de vingt-six ans qui n'avait pas peur de s'aventurer sur des terrains risqués, saturés de testostérone. Lui était issu d'une société fermée de jeunes hommes nantis destinés à ne fréquenter que des clones.

Ceci dit, j'hésitais à accepter un poste à Cambridge Analytica.

Je trouvais passionnant de voir qu'une petite entreprise britannique audacieuse pouvait avoir un tel impact sur les systèmes politiques, la culture et l'économie. J'étais intriguée par leur technologie sophistiquée et la possibilité de l'utiliser pour de bonnes causes.

Mais leurs clients américains actuels m'inquiétaient. Comment aurait-il pu en être autrement ? J'étais une démocrate pur jus.

Cependant, j'avais besoin de travail. J'étais combative, je n'hésitais pas à prendre des initiatives et je n'avais pas peur d'accepter des missions qui me permettaient de gagner des sous, même si elles ne me paraissaient pas idéales. Je m'étais forcée à quitter ma zone de confort très jeune, à quinze ans, en faisant du bénévolat pour la campagne de Howard Dean pour les primaires de 2003, puis pour la campagne de John Kerry. Pendant mes études au Royaume-Uni, j'avais accumulé les petits boulots : un apprentissage auprès d'un sommelier, mais aussi des jobs de serveuse moins glamour, voire, quand j'avais vraiment besoin d'argent, des boulots dans des bars et du ménage dans des pubs crasseux où je passais mon temps à nettoyer du vomi.

Et puis, quand j'avais commencé mon doctorat avec master intégré, en 2012, ma fibre entrepreneuriale s'était réveillée. J'avais fondé une agence événementielle qui mettait en relation des responsables gouvernementaux et des entreprises avec le peuple libyen dans le but d'élaborer des stratégies pour stabiliser le pays après le printemps arabe. J'avais travaillé à temps partiel comme directrice des opérations pour une association britannique de commerce et d'investissement qui visait à créer des liens entre le Royaume-Uni et des pays comme l'Éthiopie, où il était compliqué de faire des affaires et de la diplomatie.

Quelques mois plus tôt, alors que j'étais toujours en thèse, j'avais espéré trouver un travail bien payé auprès du comité d'action politique Ready for Hillary ou dans l'équipe de campagne présidentielle de Hillary Clinton. J'avais fait jouer tous mes contacts entretenus pendant des années au Parti démocrate, ainsi que dans sa section d'expatriés à Londres. Mais j'avais eu beau me démener pour travailler avec les démocrates ou pour des associations progressistes ou caritatives, je n'avais rien trouvé qui paie les factures. Tous les emplois (mal payés) du petit comité d'action politique Ready for Hillary étaient déjà pourvus, et la campagne de Hillary n'avait pas encore commencé.

J'avais ensuite postulé à mon job de rêve : travailler pour mon ami John Jones, l'un des plus grands avocats spécialisés dans les droits de l'homme. Il faisait partie du cabinet de Doughty Street Chambers, qui comprenait la tout aussi impressionnante Amal Clooney, née Alamuddin.

John était un champion inégalé des libertés fondamentales. Il avait défendu certaines des personnalités les plus controversées de la planète, de Saif al-Islam Khadafi, le fils cadet de Mouammar Khadafi, au président libérien Charles Taylor. Devant des tribunaux de l'ex-Yougoslavie, du Rwanda, du Sierra Leone, du Liban et du Cambodge, il avait débattu de problèmes épineux comme le contre-terrorisme, les crimes de guerre et l'extradition, dans le but de faire appliquer les lois internationales protégeant les droits de l'homme. Plus récemment, il avait défendu Julian Assange, le fondateur de WikiLeaks (également ma principale source de documentation pour mon mémoire de master), qui s'était réfugié à l'ambassade de l'Équateur à Londres pour éviter l'extradition vers la Suède.

John et moi étions devenus amis. Notre admiration pour le célèbre lanceur d'alerte nous avait rapprochés, et nous avions plaisanté de la rivalité entre les lycées que nous avions fréquentés : même s'il était d'origine britannique, c'était un ancien de la Phillips Exeter Academy, la rivale de mon lycée, la Phillips Academy Andover. Les deux écoles avaient été fondées à la fin du XVIIIe siècle par deux membres de la famille Phillips, l'une dans le New Hampshire et l'autre dans le Massachusetts. Je n'avais pas encore passé le barreau, mais John avait eu la gentillesse de reconnaître mon enthousiasme et mon potentiel, et il cherchait des fonds pour un poste qu'il me destinait à La Haye, où il voulait ouvrir une filiale de Doughty Street, Doughty Street International.

Mais il n'avait pas encore trouvé de financement. Et, de toute façon, ce ne serait pas aussi bien payé qu'un emploi d'avocat d'affaires. C'est comme ça, l'humanitaire. John et sa petite famille se serraient la ceinture, vivant d'amour et d'eau fraîche, et John travaillait bénévolement la plupart du temps. Autant pour le principe que par souci d'économie, il était végétarien, sans chichis, et circulait à vélo.

Même si j'avais imaginé mener un jour une vie aussi authentique et éthique que celle de John, cela ne semblait pas être d'actualité. Mes parents étaient dans une situation financière très difficile.

Il avait fallu plus de dix ans pour en arriver là. Pendant de nombreuses années, la famille de mon père avait possédé des immeubles de bureaux et une chaîne de clubs de sport et de spas ; ma mère avait pu arrêter de travailler pour élever ses enfants, et ma petite sœur Natalie et moi avions eu une enfance bourgeoise, avec des écoles privées, des cours de danse et de musique et des vacances en famille à Disney World et dans les Caraïbes.

Mais quand la crise des *subprimes* avait éclaté, en 2008, l'entreprise familiale avait souffert. Plusieurs autres problèmes, dont mes parents n'étaient pas non plus responsables, avaient suivi. Nos économies avaient fondu comme neige au soleil. Des années auparavant, ma mère avait travaillé pour Enron, mais elle avait perdu sa retraite quand l'entreprise avait fait faillite, en 2001.

Mon père était désormais au chômage ; ma mère, qui ne travaillait plus depuis vingt-six ans, devait refaire une formation pour trouver du travail. Entre-temps, mes parents avaient hypothéqué notre maison et vendu toutes leurs actions.

Pour couronner le tout, la santé mentale de mon père nous inquiétait beaucoup. Il avait l'air de ne rien ressentir. Quand nous essayions de lui parler de ce qui se passait, il paraissait absent, le regard vide. Il passait ses journées au lit ou devant la télé, et, quand quelqu'un lui demandait de ses nouvelles, il se contentait de répondre que tout allait bien. Nous avions pensé qu'il souffrait de dépression, mais il avait refusé de suivre une thérapie ou de prendre des médicaments. Il ne voulait même pas voir un médecin. Nous avions envie de le secouer, de le réveiller, mais nous n'arrivions pas à l'atteindre.

Au moment où Alexander Nix a appelé Chester pour me proposer un entretien d'embauche à SCL, en octobre 2014, ma mère avait trouvé un travail d'hôtesse de l'air. Elle avait dû déménager dans l'Ohio, au siège de la compagnie, et elle vivait dans un hôtel avec ses collègues tandis que mon père, resté à la maison, vivotait grâce aux tickets-restaurant de l'État. Ma mère, qui avait grandi dans une famille modeste sur des bases militaires américaines, n'avait jamais cru qu'elle se retrouverait à nouveau dans la misère. Mais voilà où nous en étions.

J'avais beau me méfier de SCL, je ne pouvais pas me permettre de faire la fine bouche. J'essaierais de finir ma thèse tout en travaillant comme consultante. J'avais besoin d'un job qui me permettrait de vivre et d'aider ma famille. Je ne pensais pas seulement au présent mais aussi à l'avenir.

Alexander était issu de la petite aristocratie britannique. Sa famille avait eu des actions dans la célèbre Compagnie des Indes orientales au XVIIIe siècle. Il avait épousé l'héritière d'un empire de fret norvégien.

Même si j'avais grandi dans une famille aisée, les caisses étaient vides. J'étais désormais une étudiante pauvre sans économies qui avait la mauvaise habitude de trop solliciter son compte en banque presque vide. J'habitais un appartement en piteux état dans l'est de Londres. Je ne manquais pas d'expérience, mais une petite remise à niveau s'imposait si je voulais travailler avec Alexander.

J'ai fait des recherches sur les dernières avancées en marketing numérique et en analyse de données. J'ai revu les techniques de marketing appliquées aux ONG et à la politique. Enfin, j'ai repassé mon plus beau tailleur, hérité de ma mère.

Quand je suis arrivée pour mon entretien, Alexander passait un coup de fil urgent. Il m'a tendu un document d'une soixantaine de pages pour me faire patienter. C'était la maquette d'une nouvelle brochure SCL, une véritable encyclopédie. Je l'ai feuilletée en sachant que je la lirais plus en détail plus tard, mais je me suis arrêtée sur un passage qui expliquait que l'entreprise utilisait des « psyops » dans des contextes militaires ou humanitaires.

Je connaissais le terme, qui m'intriguait plus qu'il ne me troublait : psyops signifie « *psychological operations* », ou « opérations psychologiques », un euphémisme de « guerre psychologique ». Ces techniques de manipulation sont d'origine militaire, mais leurs potentielles applications pacifiques m'intéressaient. L'idée d'influencer un public hostile peut paraître terrifiante, mais les psyops peuvent aussi convaincre des jeunes hommes de pays musulmans de ne pas intégrer Al-Qaïda, ou désamorcer des conflits interethniques le jour des élections.

Je dévorais toujours la brochure quand Alexander m'a fait entrer dans son bureau. Je m'attendais à ce que le sanctuaire d'un homme aussi élégant reflète l'univers dans lequel il vivait, mais la pièce n'était qu'un box en verre dépouillé, sans photos personnelles ni souvenirs. L'ameublement se résumait à un bureau, deux fauteuils, un écran d'ordinateur et une bibliothèque étroite.

Alexander s'est installé confortablement dans son fauteuil, les doigts croisés.

— Pourquoi veux-tu travailler pour SCL ?

J'ai répondu en plaisantant que c'était lui qui avait demandé à me voir.

Il a ri, puis insisté gentiment.

Je lui ai raconté que je venais d'organiser une importante conférence internationale sur la santé avec le gouvernement britannique, MENA Health, et que je savais qu'il y en aurait bientôt une autre. C'était un travail enthousiasmant, mais épuisant.

Il m'a écoutée attentivement et, quand il m'a parlé plus en détail de SCL, je me suis sentie de plus en plus captivée. À un moment, j'ai jeté un coup d'œil à sa bibliothèque. Il m'a vue et a éclaté de rire.

— C'est ma collection de littérature fasciste, a-t-il dit avec un geste dédaigneux.

Ne sachant pas trop ce qu'il voulait dire, j'ai ri aussi. Clairement, il y avait quelque chose qui le gênait sur cette étagère, et j'étais soulagée d'apprendre que certains des livres conservateurs que j'avais aperçus n'étaient peut-être pas non plus sa tasse de thé.

Nous avons continué à parler un peu. Quand nous avons abordé mon travail dans la santé publique en Afrique de l'Est, il s'est levé d'un bond.

— Il faut absolument que je te présente des gens.

Il m'a emmenée dans un grand bureau où se trouvaient trois femmes, toutes plus intéressantes et brillantes les unes que les autres.

L'une d'elles s'appelait Sabhita Raju. Elle avait fait de la diplomatie préventive pour le Secrétariat du Commonwealth pendant dix ans, protégeant les populations du Kenya et de Somalie prises dans des conflits ethniques en négociant avec des chefs de guerre. Après avoir fait mon job de rêve, elle avait intégré SCL.

La deuxième, Ceris Bailes, avait été directrice des opérations pour l'International Rescue Committee, ou IRC, une association venant en aide aux victimes de persécutions ou de conflits. Elle avait sauvé des vies pendant plus de quinze ans.

La troisième avait été récompensée par les Nations unies pour son travail de protection de l'environnement. Originaire de Lituanie, elle avait travaillé pour le parti libéral local. Elle s'appelait Laura Hanning Scarborough.

Elles m'ont toutes plu, et j'ai été heureuse d'apprendre qu'elles avaient décidé de travailler pour SCL après une longue expérience dans l'humanitaire. Clairement, elles avaient eu de bonnes raisons de choisir cette entreprise.

Elles avaient l'air aussi intriguées par mon travail que moi par le leur. Je leur ai raconté que j'avais passé du temps dans l'est de l'Afrique du Sud, où j'avais emmené 76 bénévoles à Pienaar, une ville rongée par la pauvreté, pour travailler pour une association du nom de Tenteleni qui donnait des cours de maths, de sciences et d'anglais à des enfants. Je leur ai aussi parlé d'un projet de lobbying au Parlement européen, où j'avais eu la chance de parler aux députés, pour leur conseiller de convaincre les pays européens de faire de la Corée du Nord une priorité en politique étrangère. Et j'ai exprimé ma volonté de travailler dans l'Afrique post-Ebola, en particulier le Sierra Leone et le Liberia.

Elles semblaient enthousiasmées par l'idée que je puisse développer ce genre de projets à SCL.

Peu après l'entretien, Alexander m'a appelée pour me faire une offre. Je pouvais travailler pour l'entreprise comme consultante, comme je le voulais.

Ne serait-ce pas génial, m'a-t-il dit, que la logistique et les frais de mes projets soient couverts par SCL ? Ils employaient des gens intelligents et efficaces, utilisaient des technologies et des méthodologies de pointe – sans parler du fait que cela me permettrait d'apprendre à utiliser la communication basée sur les données pour des applications pratiques, comme la diplomatie préventive. Je verrais de près comment tout cela marchait et ce qu'on pouvait améliorer, ce qui me permettrait d'écrire ma thèse et de finir mon doctorat.

Et le poste était un emploi de niche. Ce serait la carte de visite parfaite pour le job de mes rêves : diplomate, militante pour les droits de l'homme à l'international, ou conseillère en politique, comme David Axelrod et Jim Messina.

C'était tentant, mais j'avais tout de même des réserves.

Je n'avais aucune envie de travailler pour les républicains. Cambridge Analytica venait de décrocher le contrat de campagne de Ted Cruz, et Alexander m'avait clairement fait comprendre qu'il ambitionnait de représenter l'ensemble du Parti républicain aux États-Unis.

Par ailleurs, même si j'avais désespérément besoin d'argent, je ne voulais pas m'engager à rester éternellement chez Cambridge Analytica. Je voulais un poste de consultante bien payé, qui me permettrait de partir quand je le voudrais.

Alexander avait dû lire dans mes pensées. Il m'a assuré que je ne travaillerais que pour SCL, et jamais pour la branche américaine.

Il m'a proposé un emploi de consultante à temps partiel, avec une rémunération qui m'a semblé correcte sur le moment, et la promesse d'une augmentation si je travaillais bien.

— Mieux vaut sortir ensemble avant de se marier, non ? a-t-il commenté. Alors, qu'est-ce que tu veux faire ?

Quand j'avais commencé à travailler, j'étais entourée de personnes qui me ressemblaient et pensaient comme moi : de jeunes militants progressistes, au budget serré. C'était en débutant dans le milieu des droits de l'homme que j'avais rencontré pour la première fois des gens différents, qu'ils soient parlementaires, leaders d'opinion ou hommes d'affaires. Certains d'entre eux étaient riches, et tous étaient puissants. Quant à moi, confrontée à ces membres de « l'autre camp », je ne savais ni quoi penser d'eux ni ce que signifiait le fait de travailler ensemble.

Je me souviens du moment où j'ai compris qu'il allait falloir trouver un moyen de concilier mes valeurs avec une certaine efficacité professionnelle. C'était le 20 avril 2009. Je manifestais devant le bâtiment de l'ONU à Genève contre l'apparition de Mahmoud Ahmadinejad, alors président de la République islamique d'Iran, qui avait été invité à faire le discours d'ouverture de la Conférence mondiale de Durban contre le racisme et l'intolérance.

Ahmadinejad, religieux radical, était au pouvoir depuis presque quatre ans, et s'était déjà attaqué à plusieurs reprises aux libertés civiles et aux droits de l'homme, par exemple en punissant les femmes qui sortaient en public avec ce qu'il appelait « un *hijab* indécent ». À ses yeux, l'homosexualité n'existait tout simplement pas, le virus du Sida avait été créé par l'Occident pour perturber le développement de nations comme la sienne, l'État d'Israël devrait être rayé de la carte, et l'Holocauste n'était qu'une affabulation sioniste.

Bref, c'était un homme que la plupart des gens instruits, dont je faisais partie, en étaient venus à mépriser.

Ce jour-là, debout aux côtés des membres de l'association UN Watch, j'ai vu passer tous ces hommes conviés à la conférence – princes et ambassadeurs, monarques et hommes d'affaires –, et j'ai pensé : qu'ils soient ou non d'accord avec lui, ces gens ont assez de pouvoir et de poids pour se retrouver dans la même pièce qu'Ahmadinejad, l'écouter parler, et engager le dialogue avec lui.

Je me suis retournée vers la petite foule de manifestants. Nous étions presque tous pareils – beaucoup d'étudiants, jeunes, en jean déchiré et baskets usées. Je respectais tous ces gens, je croyais en ce qu'ils faisaient, et je croyais en moi.

Mais, ce jour-là, j'ai posé ma pancarte et je me suis faufilée par les portes en verre sans que personne me remarque. Au bureau d'accueil, j'ai obtenu un badge, du genre de ceux accordés aux étudiants souhaitant consulter la bibliothèque du bâtiment : blanc avec une rayure bleue au sommet – presque identique au badge que les diplomates portaient épinglé au revers de leur veste.

Et, vêtue de ma plus belle veste d'occasion, je suis entrée dans l'auditorium sans qu'on me pose la moindre question.

Quand Ahmadinejad s'est lancé dans sa tirade anti-Israël, j'ai regardé la chancelière allemande Angela Merkel quitter la salle, suivie de plusieurs dirigeants européens. Ces gens étaient puissants, et leur acte de protestation a fait les gros titres de la presse, forçant l'ONU à remettre en question le statut de l'Iran dans les rapports mondiaux. Mes amis et leur manifestation, dehors, n'avaient presque pas attiré l'attention. De toute évidence, pour avoir un plus grand impact, il fallait agir depuis l'intérieur, quels que soient les compromis à faire, et sans avoir peur de se retrouver au milieu de gens aux croyances différentes et aux paroles parfois acerbes.

J'avais passé la majeure partie de ma vie en tant que militante ardente, passionnée, parfois même agressive ou dans la confrontation, refusant d'avoir affaire à ceux qui ne partageaient pas mon opinion ou que je jugeais corrompus d'une manière ou d'une autre. Mais j'étais devenue plus pragmatique, en me faisant à l'idée que je pourrais accomplir bien plus de choses si je cessais de détester l'autre camp avec une telle ferveur. Barack Obama m'avait montré l'exemple dès la première semaine de son mandat, en se déclarant prêt à discuter avec quiconque accepterait de le rencontrer – sans condition aucune, même pour les dirigeants considérés comme véreux. Et, plus je vieillissais, mieux je comprenais ce choix qu'il avait fait.

À coup sûr, travailler pour Cambridge Analytica serait un véritable renversement dans ma vie. À l'époque, je pensais que cette décision me permettrait d'y voir plus clair dans le fonctionnement de l'autre camp, d'avoir une plus grande compassion pour les gens, et me rendrait capable de travailler avec des personnes dont je ne partageais pas l'avis.

Voilà ce que j'avais en tête quand j'ai dit oui à Alexander Nix. Tels étaient mes espoirs au moment de franchir la ligne qui me séparait de l'autre camp.

3

Pouvoir au Nigeria

Décembre 2014

SCL employait une petite quinzaine de personnes à temps plein – des Britanniques, des Canadiens, un Australien, trois Lituaniens et un Israélien –, et j'ai mis un point d'honneur à les rencontrer afin d'en apprendre un peu plus sur chacun. Tous avaient le même âge que moi ou quelques années de plus, la plupart titulaires d'un master, plusieurs d'un doctorat. Ils avaient déjà amassé une quantité impressionnante d'expérience dans l'univers associatif et non associatif, allant du système bancaire à la haute technologie en passant par l'industrie du pétrole et les missions humanitaires en Afrique.

Ils avaient rejoint l'entreprise parce qu'elle leur faisait l'effet d'une start-up de la Silicon Valley, mais en Europe. Sérieux, durs à la tâche, ils parlaient d'un ton mesuré et professionnel, avec un soupçon d'urgence qui, quoique discret, semblait plus caractéristique de New York que de Londres. Les heures supplémentaires ne leur faisaient pas peur et ils se donnaient à 200 %. Certains avaient pris part aux récentes campagnes électorales américaines, et avaient été accueillis en héros à leur retour au bureau après avoir passé un an en Oregon, en Caroline du Nord ou dans le

Colorado, où se disputaient les campagnes les plus âpres. Les autres, restés à Londres, avaient travaillé tout aussi dur comme experts pour les autres pays où SCL Group louait ses services.

Chacun de mes collègues possédait une panoplie de talents spécifiques qui lui attribuaient tout naturellement certains rôles particuliers au sein de l'entreprise.

Kieran, le directeur de communication, que j'avais rencontré pendant mon entretien, s'occupait de l'image des partis politiques comme des stratégies globales de transmission de messages. La liste de ses prix obtenus dans le monde de la publicité était effarante, et j'avais rarement vu quelqu'un d'aussi habile à forger des images de marque. Il était le plus ancien de l'entreprise, après Alexander, et m'a montré une étagère couverte d'une trentaine de manifestes et de programmes politiques écrits par SCL et qu'il avait lui-même conçus.

Même si elle n'était là que depuis quelques années, la Canadienne Peregrine Willoughby-Brown – tout le monde l'appelait Pere, prononcé « Perry » – avait déjà travaillé dans un grand nombre de pays, à gérer des élections, diriger des groupes de travail, rassembler des données et aider les communautés à s'organiser. Récemment, elle s'était rendue au Ghana pour travailler sur l'énorme projet de santé publique dont m'avait parlé Alexander. Pere s'est fait un plaisir de me renseigner sur les réalités d'une campagne dans une nation autre que les États-Unis. Dans les pays en développement, tout ce qui touchait à la logistique prenait des allures de cauchemar : même l'accès à certaines régions pouvait se montrer difficile, à cause de routes inondées voire inexistantes. Mais la plupart des problèmes, a-t-elle ajouté avec un sourire ironique, venaient des gens eux-mêmes, comme par exemple lorsque les sondeurs et les agents locaux ne venaient pas travailler ou s'évanouissaient tout simplement dans la nature dès le premier salaire touché.

Jordan Kleiner était un Britannique jovial qui arborait un paon tatoué sur le torse. Sa tâche consistait à organiser les recherches de SCL et à faire la liaison entre l'équipe de recherches, celle de communication et celle des opérations. Il servait également de passerelle entre les chargés de gestion des données et les créatifs, et excellait à traduire les études en contenu clair et lisible.

Pour la nouvelle venue que j'étais, l'équipe incluait de grands penseurs et des solutionneurs, aux idées politiques de gauche, et qui ne semblaient pas gênés par les nouveaux clients conservateurs de l'entreprise – en partie, je pense, parce qu'ils n'étaient pas encore trop impliqués dans leurs affaires. On n'était qu'au début de l'hiver 2014 et, même si les élections américaines de mi-mandat leur avaient fait côtoyer des faucons et des excentriques, il leur était encore possible de voir en ces derniers des cas isolés. SCL commençait tout juste à signer des contrats pour les primaires républicaines.

À mon arrivée, l'ambiance dans les locaux était joyeuse, la camaraderie, puissante, et il n'y avait aucun esprit de compétition. Les membres du groupe étaient trop peu nombreux et occupaient des rôles trop spécifiques.

Les équipes de SCL et de Cambridge Analytica étaient galvanisées par les idées visionnaires d'Alexander. Les opportunités qui se présentaient semblaient équivalentes à celles de Facebook au début de son essor, et il n'avait fallu que quelques années à l'entreprise de Zuckerberg pour atteindre une valeur de 18 milliards de dollars. Alexander œuvrait à un avenir similaire, et l'équipe, composée de *millennials*, voyait dans Facebook un exemple remarquable d'innovation dans une niche que personne n'avait jamais songé à occuper auparavant.

Cambridge Analytica était fondée sur les mêmes notions idéalistes de « connectivité » et d'« engagement » que Facebook à l'époque. La raison d'être de l'entreprise était de stimuler l'engagement en territoire inexploré, et ceux qui y travaillaient croyaient dur comme fer qu'ils étaient en train de bâtir quelque chose de concret, d'indispensable, dont le monde ne se doutait tout simplement pas encore.

Alexander occupait un box vitré à l'avant du bureau, et les experts en données étaient installés à l'arrière. Leur box à eux était encombré d'ordinateurs aux écrans multiples dont ils ne détachaient jamais le regard.

Certains d'entre eux, plutôt excentriques, ne se mêlaient pas beaucoup aux autres, comme ce Roumain aux yeux brun sombre, toujours absorbé par son travail. Sa spécialité était la planification de recherches : il pouvait séparer un pays en régions et rassembler des échantillons de population statistiquement exacts que ses collègues utilisaient ensuite pour identifier des publics cibles. Un autre, lituanien, qui s'habillait comme un Britannique de la haute et venait souvent au travail en smoking, s'occupait de collecte de données et de stratégie.

Le département d'analyse des données avait deux codirecteurs : le Dr Alexander Tayler, un Australien roux et taciturne, et le Dr Jack Gillett, un Anglais brun et sympathique. Tayler et Gillett avaient été camarades de promotion à l'université de Cambridge. Après l'obtention de leur diplôme, ils avaient tous deux passé plusieurs années dans de grandes entreprises – Gillett à la Royal Bank of Scotland et Tayler à Schlumberger, une société de services aux producteurs pétroliers. Puis ils avaient rejoint SCL ensemble afin de mettre au point des programmes de données à la pointe de la technologie et de diriger enfin leur propre équipe.

Tayler et Gillett avaient à leur disposition une base de données solide, qui offrait à l'entreprise un avantage non négligeable à chaque nouvelle campagne politique. Généralement, au début d'une campagne, les chargés de gestion des données doivent soit assembler une base de données à partir de rien, soit en acheter une toute faite auprès d'un tiers. La base de données de SCL appartenait à l'entreprise, qui pouvait acheter des lots de données supplémentaires et modéliser ces points de données avec davantage de précision à chaque projet. J'apprendrais plus tard le véritable prix de cet « avantage », et les batailles juridiques qu'il fallait mener pour convaincre les clients de partager leurs données avec SCL de manière définitive – mais, pour l'instant, tout cela m'apparaissait comme un outil à la fois incroyablement puissant et inoffensif.

Pendant la première campagne d'Obama, nous n'avions aucun outil d'analyse prédictive avancée. Les choses avaient bien changé en six ans. Alexander qualifiait les données de « ressource naturelle prodigieuse », disponibles en quantités immenses, et Cambridge Analytica était en passe de devenir la société de données et d'analyse la plus influente de la planète. C'était une occasion en or pour quiconque possédait un esprit d'aventure et d'entreprise. Il y avait de nouveaux territoires à revendiquer, des données à extraire. Nous étions en pleine lune de miel dans une industrie entièrement nouvelle : l'équivalent, selon Alexander, du Far West.

Alexander n'était pas là très souvent. L'entreprise venait d'accomplir un coup de maître aux États-Unis en remportant trente-trois des quarante-quatre élections de mi-mandat. Un taux de réussite de 75 % était spectaculaire, surtout pour une agence de communication sortie de nulle part, et Alexander se rendait partout où il pouvait pour faire jouer la réussite de la société et décrocher de nouveaux contrats. D'après ce que j'avais compris, il sillonnait les États-Unis afin de rencontrer des gens comme

Bill Gates, tout en recevant chez lui des milliardaires tels que Sir Martin Sorrell lorsqu'il était à Londres.

Les bureaux de SCL n'étaient pas le genre d'endroit où l'on invite des hommes d'affaires ou des chefs d'État. L'absence de fenêtre rendait le lieu très sombre même en pleine journée, la moquette était d'un gris industriel râpé, et les faux plafonds, piquetés d'humidité, tachés et inégaux. À l'exception des deux box vitrés d'Alexander et de l'équipe d'experts, ce n'était qu'une seule grande pièce d'environ quatre-vingt-dix mètres carrés dans laquelle tout le monde s'entassait autour de deux îlots de bureaux collés les uns aux autres. Le seul espace de réunion privé était une pièce minuscule de trois mètres sur trois mètres cinquante, meublée d'une table et de deux chaises, et sans ventilation ; on la surnommait « l'Étouffoir ». Pendant que ses employés se serraient comme des sardines dans l'Étouffoir, Alexander préférait convier ses clients potentiels dans les bars et les restaurants branchés du quartier.

Quand j'ai enfin eu l'occasion de prendre place face à lui dans son bureau, la deuxième semaine de décembre, nous avons parlé des divers projets que je pourrais entreprendre. Il ne m'a pas caché que, si je voulais me lancer dans une mission sociale ou humanitaire, ce serait à moi de trouver l'argent pour tout financer ; mais il m'a tout de même donné sa bénédiction pour continuer à travailler sur l'Afrique post-Ebola, un projet intéressant en collaboration avec l'OMS et les gouvernements du Liberia et du Sierra Leone. Avec l'aide de Chester – et de son imbattable carnet d'adresses –, il ne me restait plus qu'à partir à la recherche de subventions.

Alexander m'a également recommandé de me renseigner sur les élections à venir, par exemple en recontactant le Premier ministre de Chester et les deux hommes originaires d'Asie centrale présents au déjeuner où nous nous étions rencontrés. Nous avons aussi exploré d'autres pistes : les miennes, et d'autres qui me venaient de Chester et de divers amis bien entourés.

En contactant des clients, m'a expliqué Alexander, il y avait trois éléments que je devais déterminer d'emblée. Le premier : Y a-t-il un besoin ? (Ou, autrement dit, existe-t-il un projet ?) Le deuxième : Quel est le budget ? Et le troisième, tout aussi important que le précédent : Y a-t-il des délais à respecter ? Sans délais, il n'y avait aucune urgence à faire avancer le projet. Par conséquent, quels que soient les moyens financiers du client, la piste ne mènerait probablement nulle part.

Il me fallait un titre, a décidé Alexander, quelque chose « d'impressionnant mais qui ne fasse pas excessif ». Mon statut au sein de l'entreprise ne changerait pas, mais j'aurais une fonction à annoncer quand je me présenterais aux clients.

J'ai proposé « conseillère spéciale », qui a plu à Alexander parce qu'il reflétait mon statut d'employée à temps partiel tout en restant suffisamment vague. Quant à moi, je l'avais choisi parce que c'était le titre donné aux délégués de l'ONU dont j'enviais le métier, comme par exemple « conseiller spécial aux droits de l'homme ».

À présent, il ne me restait plus qu'à mériter ce titre.

Mes quelques années passées à lever des fonds dans les rues de Chicago, avec soixante secondes chrono pour convaincre quelqu'un de me confier son numéro de carte de crédit et d'effectuer un don mensuel à une association dont il n'avait jamais entendu parler, m'avaient immunisée contre les refus et la crainte de parler à des inconnus. Plus récemment, j'avais dû téléphoner régulièrement à des hommes d'affaires étrangers, des ambassadeurs et autres dignitaires, et passer plusieurs jours par semaine dans la Chambre des communes ou celle des lords. J'étais capable d'engager la conversation avec un commercial né sous l'Empire britannique des

Indes aussi facilement qu'avec le Premier ministre de n'importe quelle nation.

C'est cette audace qui m'a permis, en décembre 2014, de joindre le prince Idris al-Senussi de Libye. Quelques-uns des amis du prince avaient besoin de notre aide. L'élection présidentielle nigériane était dans quelques mois, et ces hommes, des milliardaires de l'industrie du pétrole nigérian alliés au président sortant, étaient terrifiés à l'idée que leur candidat puisse perdre.

— Ils sont très religieux, a précisé le prince Idris. Ils craignent pour leur vie et celle de leur famille.

Quand je lui ai dit que SCL avait travaillé sur l'élection de 2007, il était aux anges, et a voulu faire les présentations le plus tôt possible. La question était de savoir si Alexander et moi pouvions nous envoler immédiatement vers Madrid pour rencontrer les Nigérians.

Alexander était plus que partant, mais gardait quelques doutes quant à mes capacités. Un léger souci d'emploi du temps l'empêchait de partir tout de suite. Si j'étais prête à lire toutes les études de cas nécessaires pour élaborer une proposition à destination des Nigérians, je n'avais qu'à le devancer à Madrid : lui-même n'arriverait que le deuxième jour, pour un argumentaire de vente plus formel. En bref, il me faudrait m'occuper de tout jusqu'à son arrivée. Me sentais-je à la hauteur de la tâche ?

J'étais en même temps terrifiée et surexcitée. Ce serait la première fois que je représenterais la société, mais j'avais encore une compréhension assez limitée de tout ce que SCL impliquait. J'y travaillais depuis deux semaines à peine. Sans compter que je ne savais rien du Nigeria, à part que c'est le pays le plus peuplé d'Afrique, avec pas loin d'un quart de milliard d'habitants. Je connaissais les rudiments de son histoire et de la situation politique actuelle, mais les acteurs et les problèmes inhérents à l'élection présidentielle imminente étaient pour moi un mystère. Et je me trouvais face à un contrat qui, m'a assuré Alexander, pourrait très bien rapporter des millions. Il remplissait tous les critères : un projet clair, des clients fortunés et des délais urgents. J'ai dit oui à Alexander. J'irais à Madrid.

Avant le départ, j'ai fait le tour des locaux de SCL afin de mettre la main sur tout ce que je pouvais trouver au sujet de la campagne nigériane de 2007. Comme il n'y avait pas grand-chose, je me suis penchée sur les documents et les études de cas de divers projets menés dans le monde. Avec l'aide d'un assistant de l'équipe, j'ai passé une nuit blanche à mettre au point une proposition pour le projet. C'était un début suffisant, surtout dans de telles conditions – mais, l'élection étant prévue pour le 14 février 2015, il restait si peu de temps que nous avions peu d'espoir de décrocher le contrat. Je ne me suis pas laissée décourager pour autant.

La situation au Nigeria était complexe. Nos clients potentiels soutenaient un certain Goodluck Jonathan, le président sortant. Chrétien et progressiste, il avait réformé la Fédération du Nigeria de manière significative depuis son arrivée au pouvoir, m'a appris mon ami avocat en droits de l'homme John Jones, et la population voyait en lui un défenseur de la jeunesse et des laissés-pour-compte. Il avait œuvré contre les conséquences de catastrophes naturelles, dont un empoisonnement massif au plomb qui avait tué près de quatre cents enfants dans une région pauvre du pays ; et il s'était engagé à stabiliser le secteur énergétique en privatisant son réseau électrique défaillant. Mais son administration était corrompue, et il avait récemment basculé dans l'impopularité à la suite de plusieurs échecs retentissants, comme son incapacité très médiatisée à sauver 200 écolières capturées par le groupe terroriste Boko Haram. Peu auparavant, il avait été accusé d'avoir ourdi un attentat à la bombe. Mais, toujours selon mon ami John, ce Jonathan était un moindre mal comparé à son adversaire électoral.

Ce dernier s'appelait Muhammadu Buhari.

En trente ans, Buhari avait pris part à deux coups d'État militaires, finissant gouverneur de province après le premier et président après le second. Sous son régime, il avait promu la charia et persécuté chercheurs et journalistes. De nombreux groupes avaient déposé plainte contre lui auprès de la Cour pénale internationale, l'accusant de violations des droits de l'homme et de crimes contre l'humanité – qu'il avait niés, si bien que le dossier n'avait pas abouti[1]. D'ailleurs, selon la loi internationale, si ces accusations étaient fondées, il n'aurait tout simplement pas dû être en mesure de se présenter comme candidat à l'élection. John partageait l'avis du prince libyen et de ses amis : si Buhari gagnait, le pays risquait de sombrer dans le chaos[2]. Avec si peu de temps restant avant l'élection, la situation était loin d'être parfaite ; mais, en tant que militante des droits de l'homme, je saurais au moins que SCL se trouvait dans le meilleur des deux camps.

Alexander s'est arrangé pour que je reçoive les Nigérians dans un hôtel de luxe, avec l'ordre de les inviter à un somptueux dîner. Je n'avais jamais eu autant de responsabilités, ni fait face à des enjeux aussi énormes.

À mon arrivée à Madrid, j'ai retrouvé le prince Idris en compagnie d'un seul Nigérian, qui n'était lui-même pas celui que j'avais espéré rencontrer. Les clients avaient envoyé un représentant à leur place. C'était un homme de très grande taille, épais, et d'âge moyen, mais il avait l'air terriblement nerveux, ce qui m'a rassurée.

La première journée s'est plutôt bien passée, tandis que je montrais ma proposition à ce client potentiel et que je lui décrivais les bases de ce que SCL pouvait faire pour ses patrons. La société proposait des services de sondage d'opinion, de recherches sur les clans et les ethnies, ainsi que sur l'opposition, et même d'« information compétitive » – c'est-à-dire la haute technologie au service de la récolte d'informations, qui pouvait servir à se renseigner sur les antécédents personnels et financiers des candidats, les affaires de leur parti politique ou leurs « activités cachées ». Je n'étais pas naïve au point d'ignorer qu'il était là question de campagnes de dénigrement, mais je savais qu'à cette étape tardive du processus il pouvait être utile d'obtenir des résultats rapidement.

Le délai était trop court pour effectuer ce que SCL appelait un « audit de parti », soit un recensement visant à récolter des détails sur tous les membres, par exemple, leur bureau de vote et leur affiliation politique. Nous n'aurions pas non plus le temps d'identifier avec certitude les détenteurs de votes décisifs. Mais nous pouvions au moins encourager une meilleure participation électorale dans les régions déjà favorables à Goodluck Jonathan, et, si nous obtenions une marge suffisamment grande, cela permettrait d'éviter les suspicions de trucage des élections et les violences qui pourraient s'ensuivre.

J'étais soulagée quand Alexander est arrivé, le deuxième jour, pour présenter son argumentaire de vente. Le voir en pleine action était assez exceptionnel. Il était l'éloquence et l'élégance même, plein d'assurance, impressionnant dans son impeccable costume bleu marine et sa cravate en soie, et plus charismatique que l'immense majorité des orateurs que j'aurais l'occasion de rencontrer. En le regardant parler, j'ai senti monter en moi une chaleur et une profonde admiration que je n'aurais jamais imaginé éprouver à son égard.

Le début de son discours était sensiblement le même que lorsque je lui avais rendu visite avec Chester, au mois d'octobre : les mêmes images de plages et de panneaux « Attention aux requins », les mêmes arguments au sujet de *Mad Men*, la même opposition entre communication partant du haut et partant du bas, entre *blanket marketing* et ciblage publicitaire fondé sur des données scientifiques et psychologiques ; mais l'ensemble était à présent plus fluide, plus théâtral et encore plus persuasif. La présentation tout entière semblait couler de source, aussi parfaitement menée et chorégraphiée qu'un TED Talk. Armé de sa petite télécommande, Alexander paraissait en mesure de diriger le monde juste en appuyant sur un bouton.

Le représentant des milliardaires était captivé : penché en avant, tout comme le prince, il hochait de temps en temps la tête avec enthousiasme. Et, lorsque Alexander en est venu à expliquer que l'entreprise avait le pouvoir de « s'adresser à des villages ou à des pâtés de maisons spécifiques, et même de se pencher sur le cas d'individus particuliers », ils ont écarquillé les yeux.

La méthode de SCL pour accomplir un tel prodige n'était qu'une partie de ce qui nous différenciait des autres entreprises électorales. Nous n'étions pas une entreprise de publicité, a affirmé Alexander, mais une agence de communication psychologique ingénieuse, à la précision scientifique.

— La plus grande erreur des campagnes politiques et des campagnes de communication, c'est de partir de là où elles sont, plutôt que de là où elles veulent arriver. Elles partent avec une idée préconçue de ce dont elles ont besoin. Et ça, normalement, ça dépend de la situation.

Ainsi, il arrivait souvent à SCL d'avoir des clients qui voulaient leur dire quoi faire. En général, les clients étaient persuadés qu'il leur fallait des affiches partout et des spots de publicité télévisés, disait Alexander.

— Mais comment savez-vous que c'est ça qu'il vous faut ? a-t-il demandé.

Le client a haussé les sourcils.

— Ce qui nous intéresse, a repris Alexander, ce n'est ni le président, ni le parti, ni même le client. Non, c'est le public.

Il a laissé une seconde s'écouler pour ménager son effet, puis est passé au slide suivant. Il montrait une photo du public dans un cinéma.

— Pour illustrer ce que je viens de dire, disons que vous essayez de vendre plus de Coca-Cola dans un cinéma, d'accord ?

Le client a opiné.

— Si vous demandez à une agence de publicité ce qu'ils recommandent, ils vous diront : « Davantage de Coca au point de vente, afficher la marque Coca partout, une pub Coca avant le film… »

Alexander a secoué la tête.

— Ils ne parleront que de Coca-Cola. Voilà le problème des campagnes politiques. Or, a-t-il poursuivi en passant au slide suivant (celui-là montrait des images de publicité Coca-Cola dans tous les sens, créant une impression d'étouffement), si on regarde simplement le public cible en se demandant : « Dans quelles circonstances boiront-ils davantage de Coca ? » et qu'on fait quelques recherches, on se rend compte qu'ils sont plus susceptibles de boire un Coca quand ils ont soif.

Il a fait une nouvelle pause.

— Donc, ce qu'il faut faire, c'est tout simplement… augmenter la température dans la salle.

L'image du slide suivant était celle d'un thermomètre de bande dessinée, semblant sur le point d'exploser sous la pression du mercure rouge vif.

— La solution, a déclaré Alexander, n'est pas dans la publicité. Elle est dans le public.

Il s'est de nouveau tu pour s'assurer que ses paroles atteignaient leur but.

La solution est dans le public. Je n'avais jamais envisagé les choses sous cet angle.

C'était un moment incroyable, aussi révélateur pour moi que ce qu'il avait dit lors de sa première présentation sur l'inutilité du *blanket marketing*. Le concept était visionnaire : pousser les gens à agir, en créant des conditions dans lesquelles ils seraient plus susceptibles de faire ce qu'on attendait d'eux. Une idée si simple qu'elle me donnait le tournis.

Alexander a expliqué que SCL avait appliqué ce concept dans le monde entier.

À Trinité-et-Tobago en 2010, a-t-il déclaré en passant au slide suivant, l'entreprise avait pris pour cible l'ethnicité « mixte » du pays (la moitié des habitants étaient indiens, l'autre moitié, afro-caribéens).

— Les hommes politiques d'un groupe peinaient à faire entendre leurs idées dans l'autre groupe. SCL a donc créé un programme ambitieux de graffitis politiques, disséminés en tant que messages de campagne. Et les jeunes sont venus voter en masse.

C'est génial, ai-je pensé. Le vote des jeunes est le plus difficile à obtenir lors d'une élection.

À Bogotá, en Colombie, SCL avait découvert en 2011 que la population de ce pays rongé par la corruption se méfiait de tous les candidats qu'on lui proposait. L'entreprise avait donc « engagé des tiers » pour promouvoir son candidat : inciter des membres de la population locale à recommander le candidat, sans jamais afficher son visage, avait été très efficace.

Le représentant a voulu savoir combien de temps il faudrait attendre de voir le résultat du travail de SCL, si les Nigérians en venaient à l'engager pour l'élection.

Je connaissais déjà la réponse d'Alexander, pour l'avoir lue dans les brochures de SCL : les services de la société étaient « orientés vers le résultat ». SCL travaillait invariablement avec ses clients afin de s'assurer que l'effet de ses services serait « immédiatement identifiable et quantifiable ».

Le représentant a semblé satisfait.

Après la présentation, j'ai dîné avec Alexander. Nous avons parlé de la campagne nigériane et de toutes celles qu'il avait effectuées au fil des années, et je me suis rendu compte qu'Alexander Nix pourrait très bien être le consultant électoral le plus expérimenté du monde. J'ai commencé à le considérer comme un mentor. Alors même qu'il avait été difficile d'apprendre à le connaître pendant mes premières semaines au sein de l'entreprise, voilà qu'il m'invitait à rendre visite à sa famille ou à assister à l'un de ses matchs de polo – et j'ai pris conscience, surprise, que ces deux perspectives me semblaient plutôt attrayantes.

Puis, le jour où nous avons repris l'avion pour Londres, nous avons partagé un bon moment qui m'a fait me sentir presque comme son égale. Conformément à la tradition de SCL, nous avions des sièges en classe économique, mais il m'a proposé avant l'embarquement de le rejoindre dans le salon de la classe affaires, où nous avons trinqué à notre succès futur avec une coupe de champagne gratuite. Santé – et à l'avenir.

À notre retour à Londres, Noël approchait. La soirée de fin d'année de l'entreprise avait pour thème la prohibition, et j'ai porté pour l'occasion une robe des années 1920 et une paire de gants blancs empruntés à une amie costumière. J'ai discuté avec autant de gens que j'ai pu : Pere, Sabhita, Harris McCloud – un Canadien blond aux yeux bleus, spécialisé en messages politiques. J'ai parlé à quelques-uns des experts en données, dont le Dr Eyal Kazin et Tadas Jucikas, les bras droit et gauche d'Alex Tayler. Je ne faisais pas encore partie de l'équipe : j'étais jeune, et il m'était assez difficile de me présenter dans une salle aussi bruyante – ce qui ne m'a pas empêchée de me mêler à toutes les conversations possibles. Alexander était en déplacement au Ghana avec Ceris, à essayer de raviver les négociations avec le président local. Je l'enviais d'avoir du travail pour s'occuper l'esprit.

Soudain, un expert en données que je n'avais pas encore rencontré est venu me saluer.

— Alors, ça se passe bien, le trucage d'élections ?

Je n'ai pas su quoi répondre. Je suis restée un moment à le fixer, avant de reporter mon attention sur le verre qu'il avait à la main : un expresso martini, le même que le mien. Sans mes longs gants blancs, j'aurais été bien en mal de tenir ce verre glacé. Malgré les cocktails, j'ai soudain senti la température de la pièce s'élever brusquement.

Je ne me rappelle plus ce que j'ai fini par lui dire. Une plaisanterie, probablement. Après tout, que répondre à un commentaire pareil ? Et que voulait-il dire par là ?

À peu près en même temps que j'avais rejoint les rangs de SCL, j'avais commencé à sortir avec un Écossais adorable du nom de Tim. Il était différent de la plupart de mes ex-petits amis, et me rappelait vaguement Alexander. Lui aussi avait fait toute sa scolarité en école privée et venait d'une famille fortunée. À l'image d'Alexander dans ma vie professionnelle, Tim était l'une des personnes les plus conservatrices que je connaisse personnellement. Il travaillait dans le développement d'entreprises, comme moi – même si je venais juste de commencer. C'était un animal social, celui qu'on ne peut pas manquer de remarquer quand on entre dans une pièce. Il s'habillait en costume de tweed trois pièces, et aurait pu poser en couverture de *Gentlemen's Quarterly*.

Je n'avais pas beaucoup parlé de lui à ma famille – pas encore. Les dernières nouvelles que je leur avais données ne leur avaient pas énormément plu. Lorsque je lui avais annoncé que j'avais ce nouveau travail, ma mère s'était tout de suite inquiétée.

— Oh non, j'espère que tu ne comptes pas laisser tomber ton doctorat !

Je lui avais assuré que ce n'était pas mon intention.

Pour Noël, je n'avais littéralement nulle part où rentrer. Ma famille avait déjà commencé à faire ses cartons pour quitter la maison, et l'idée de la rejoindre m'emplissait d'angoisse. À la place, je me suis jetée corps et âme dans mon travail à SCL, comme si cela allait me permettre d'empêcher tous les désastres en train de se produire à l'autre bout du monde. J'ai suivi de près l'affaire des Nigérians. Peut-être ce contrat finirait-il par aboutir. J'en mourais d'envie : qu'au moins une chose se déroule comme prévu. J'aurais voulu continuer à travailler pendant toute la période des fêtes, pour ne pas penser à mes problèmes personnels, mais les bureaux de SCL ne restaient ouverts que jusqu'à Noël.

Finalement, Tim m'a invitée chez ses parents en Écosse. Ces vacances m'ont semblé être un bon moyen de me distraire. La famille de Tim habitait deux cottages mitoyens du début du siècle dernier, entourés d'une pelouse dont pas un brin d'herbe ne dépassait. Tout le monde s'est montré chaleureux et accueillant, et j'ai passé un Noël agréable à discuter, boire du thé et siroter du bon vin, entourée de conversations et de rires. Je me sentais comme chez moi. Mais, étant donné ce qui était en train de se dérouler au sein de ma propre famille – et dont je n'avais parlé ni aux parents de Tim ni à Tim lui-même –, cette idée était aussi mélancolique que réconfortante.

La maison était si perdue dans la campagne écossaise qu'il n'y avait presque pas de réseau. Avec la permission des parents de Tim, j'avais donné le numéro de leur ligne fixe, en cas d'urgence. Je n'en avais fait part qu'à ma mère, à Alexander, au prince Idris et aux Nigérians. Alexander m'avait affirmé que, si la rencontre de Madrid s'était bien passée, nous aurions peut-être des nouvelles du prince ou du représentant pendant les fêtes.

— C'est maintenant ou jamais, avait-il ajouté avant de s'envoler pour le Ghana, puis en vacances avec sa famille.

L'élection n'était plus que dans un mois et demi.

Un soir, le téléphone a sonné. Le frère de Tim s'est précipité pour décrocher, et j'ai écouté d'une oreille depuis la pièce voisine.

— Je ne sais pas ce que vous vendez, mais on n'en veut pas ! l'ai-je entendu aboyer.

Sa mère, qui se trouvait à côté de lui, s'est précipitée pour lui prendre le combiné. Elle savait que j'attendais des appels importants. Lorsqu'ils ont eu fini de se chamailler, le frère de Tim est venu vers moi, très rouge.

— Euh, Britanny, c'est pour toi. C'est… c'est un prince ?

Il a haussé les épaules.

Le prince Idris. J'ai pris la communication.

— Bonsoir, Votre Altesse Royale.

Il avait de très bonnes nouvelles. Il venait d'appeler Alexander pour le mettre au courant : les Nigérians voulaient négocier avec nous – immédiatement. Et ils voulaient parler de notre proposition en personne. Ils se trouvaient à Washington.

Alexander était en vacances et ne pouvait pas se libérer.

— Vous devez vous préparer pour les rejoindre aussitôt que possible, a conclu le prince Idris.

En raccrochant, je pouvais à peine respirer. SCL n'allait pas m'envoyer là-bas, si ? Ils avaient des gens plus expérimentés pour gérer ce genre de missions. Je n'étais qu'une étudiante qui travaillait pour eux à mi-temps depuis trois semaines et demie.

Soudain, le téléphone a sonné de nouveau. C'était Alexander, qui ne m'a pas laissé le temps de dire autre chose que : « Allô ? »

— OK, Brits, a-t-il dit – utilisant un diminutif que jamais personne n'avait employé pour me parler –, tu es prête à faire tes preuves ? Ces types disent qu'ils sont partants, mais ils veulent conclure l'accord en personne. Or, il faut *toujours* conclure en personne.

Je n'ai rien répondu, tétanisée.

— Tout le monde est en vacances ou injoignable. Il ne reste que toi, ma chère !

Je ne savais vraiment pas si j'en serais capable.

— Si tu le veux vraiment et que tu les crois dignes de confiance, c'est maintenant ou jamais, a-t-il commenté. Si on décroche ce contrat, je t'en devrai une.

4

Davos

Janvier - avril 2015

Mon déplacement à Washington s'est mieux déroulé que dans mes rêves les plus fous – mieux que dans les rêves de n'importe qui.

Juste après Noël, j'ai quitté la maison de famille de Tim en Écosse pour aller rencontrer l'un des milliardaires nigérians à l'origine de toute l'affaire. Quand je suis arrivée, il avait déjà discuté avec des membres du gouvernement et des hommes d'affaires dans l'espoir de provoquer un mouvement de contestation contre Muhammadu Buhari, l'adversaire de son candidat, mais il n'avait pas eu beaucoup de succès, et comptait sur un contrat avec SCL.

C'était un homme imposant, sérieux, et évidemment, riche – ce qu'il a mis un point d'honneur à me démontrer. Il m'intimidait. De son côté, il n'avait pas l'habitude de traiter avec des femmes, encore moins une jeune femme américaine, et je sentais bien qu'il n'était pas très content qu'Alexander m'ait envoyée à sa place.

J'avais apporté ma proposition, et j'ai fait de mon mieux pour expliquer ce que SCL serait capable d'accomplir au cours des six semaines restantes avant l'élection présidentielle, selon Alexander.

Le Nigeria était divisé entre les deux partis les plus puissants du pays : celui de Goodluck Jonathan, le Parti démocratique du peuple (PDP), et celui de Buhari. Il ne restait plus assez de temps pour convertir qui que ce soit. Notre travail consisterait à s'adresser aux électeurs de Jonathan pour les pousser à aller voter, et, plus important encore, à lui assurer une marge de victoire considérable afin d'éviter un résultat serré, qui pourrait donner lieu à des tensions et à des violences.

Nous nous servirions principalement de la radio, l'un des moyens de communication les plus répandus dans les zones rurales, en saturant les fréquences de publicités, d'interviews sponsorisées et de micros-trottoirs. Nous diffuserions aussi des publicités à la télévision et dans les journaux. Étant donné que seuls 10 % de la population avaient Internet, notre campagne numérique se limiterait aux zones urbaines, mettant en œuvre des publications Facebook, des tweets, des vidéos YouTube et des bannières publicitaires. Enfin, nous mettrions des panneaux dans certaines zones ciblées, même si nous n'avions ni le temps ni les données nécessaires pour nous livrer au microciblage ou modéliser quoi que ce soit – la modélisation était une manière scientifique d'analyser les données afin de prédire le comportement des individus.

En dépit de toutes ces stratégies, ai-je annoncé au milliardaire, SCL n'était pas en mesure de garantir la victoire de Goodluck Jonathan. Mais, au point où ils en étaient, nous représentions leur meilleure chance de réussite.

L'homme a hoché la tête, avant de demander combien tout cela allait coûter.

D'après Alexander, il faudrait au moins 3 millions.

L'homme a regimbé, proposant plutôt 1,8 million.

— Ça vous va si je mets tout l'argent dans un jet privé et que je vous l'envoie ? À moins que vous ne préfériez une voiture avec le paiement en liquide dissimulé dans les parois. On la fera livrer dans un endroit secret prévu à l'avance, en enlevant les portières et en crevant les pneus. Comme ça, personne ne la volera, a-t-il ajouté.

Visiblement, c'était ainsi que fonctionnaient les transactions dans son pays. Choquée et prise complètement au dépourvu, j'ai téléphoné à Alexander en urgence.

Quand j'ai enfin réussi à le joindre, il m'a tranquillement expliqué que nous n'acceptions pas les paiements en liquide, comme si on lui proposait souvent cette option. À la place, il m'a dit de réclamer un virement bancaire. Cela n'a posé aucun problème : le temps que je rentre en Angleterre, le 2 janvier, l'argent se trouvait déjà sur le compte dont Alexander m'avait communiqué le numéro. Ce dernier était aux anges. Ce contrat à 1,8 million était le plus gros que SCL ait jamais décroché en si peu de temps. Il était certain, m'a-t-il dit, que je continuerais à l'étonner. Cet accord avec les Nigérians ne relevait pas simplement de la chance du débutant.

Moi aussi, j'étais ravie. Je pensais toucher une commission substantielle, ou bien un pourcentage du profit – peut-être assez d'argent pour sauver la maison de mes parents des griffes des créanciers, et leur fournir un matelas financier pour quelque temps. J'ai appelé ma sœur pour lui faire part de la nouvelle.

Mais Alexander avait autre chose en tête. Nous n'avions jamais évoqué la possibilité d'une commission ; d'ailleurs, le prince Idris en attendait une, lui aussi, pour nous avoir mis en contact avec les clients. Et puis, c'est Alexander qui avait choisi l'équipe chargée de ce contrat, et lui également qui avait fixé le budget – tout cela allait coûter cher.

J'étais âprement déçue. Je venais de décrocher un énorme contrat pour l'entreprise, et je n'en retirerais rien de plus que mes indemnités journalières. Ce n'était pas juste.

J'ai appelé Chester, à la recherche d'une oreille compatissante.

Je ne sais pas exactement à quel stade de notre amitié j'avais compris que Chester menait une existence privilégiée à laquelle je n'accéderais jamais. Il avait fait toute sa scolarité dans des pensionnats en Suisse, et il avait voyagé partout – j'ai appris un jour que, parfois, ces voyages avaient eu lieu en jet privé. Il n'avait pas accès à la fortune familiale, si bien qu'il devait tout de même travailler pour gagner sa vie, mais il pouvait compter sur sa famille en cas de coup dur. Nous n'appartenions pas à la même classe sociale, même pas de loin.

De temps à autre, il disait ou faisait quelque chose qui me rappelait brusquement les différences qu'il y avait entre nous, les expériences qu'il avait eues, et d'où il venait. Après m'avoir écoutée me plaindre au téléphone, il m'a assuré qu'il était d'accord avec moi, que ce que j'avais accompli pour SCL était remarquable, et que je méritais mieux. Puis il m'a parlé d'une idée qu'il avait eue pour faire encore plus de rencontres professionnelles et éventuellement conclure de nouveaux contrats pour SCL, qui me rapporteraient une véritable commission : ensemble, nous pouvions nous rendre à Davos pour la conférence annuelle du Forum économique mondial, prévu à la fin du mois de janvier, dans quelques semaines.

Cette simple suggestion m'a fait comprendre à quel point Chester avait le bras long. Je savais qu'il s'était déjà rendu à Davos, mais j'ignorais jusque-là ce que cela signifiait. Bien sûr, j'avais beaucoup lu au sujet de cette conférence. Depuis 1971, la petite ville montagnarde de Davos, dans les Alpes suisses, accueille chaque année le Forum économique mondial, une association de renommée mondiale qui a pour membres des milliardaires de toutes origines et les dirigeants des entreprises les plus influentes de la planète. Aux côtés de ces ultrariches viennent chaque année à Davos des intellectuels, des journalistes, et les chefs d'État des 70 pays possédant le plus gros PIB, afin de « prendre des décisions à l'échelle mondiale, régionale et sectorielle[1] », lors de séances portant sur un large éventail de sujets allant de l'intelligence artificielle à la résolution de crises économiques. Cette année-là, les participants devaient inclure Angela Merkel, le Premier ministre chinois Li

Keqiang, le secrétaire d'État américain John Kerry, et des leaders économiques issus de sociétés du classement Fortune 200[2].

Malgré toutes ces belles intentions, Davos était également devenu tristement célèbre pour sa décadence – les grandes fêtes, les frasques, les poseurs et les stars de cinéma. En 2011, Anthony Scaramucci, qui deviendrait plus tard directeur de la communication de Donald Trump pendant le laps de temps le plus bref de l'histoire, avait organisé une dégustation de vins qui avait dégénéré – selon un journaliste – en « soûlerie générale ». Il circulait des rumeurs d'orgies, mais Chester affirmait que c'était ridicule, et que personne ne prendrait de tels risques pour sa réputation sur la scène internationale[3].

Non, m'a-t-il dit, Davos était surtout un endroit où les gens accomplissaient l'équivalent d'un an de transactions commerciales en une semaine, et où il était important de se faire bien voir.

Comment aurais-je pu ne pas y aller ? Ce n'était pas vraiment une question.

— Mais méfie-toi, a-t-il ajouté. Ces gens sont des vautours. Ne les laisse pas abuser de toi. Ne bois pas trop, et ne parle pas aux gens auxquels tu n'as rien à dire.

Son dernier conseil ? Ne pas prendre de chaussures à talons. Davos se situait en pleine montagne, et les rues étaient très en pente. Les Suisses étaient si soucieux de leurs beaux parquets qu'ils refusaient de saler les trottoirs, et le sol devenait si glissant au mois de janvier que les résidents comme les participants à la conférence avaient adopté un nouveau passe-temps : regarder les passants – présidents, ministres ou P-DG – se casser la figure.

Mieux valait éviter de se donner en spectacle, a conclu Chester.

Alexander avait choisi son équipe pour le Nigeria dès les premiers jours de janvier : Pere, Harris, et James Greeley, le touche-à-tout de SCL. Il avait envisagé de m'y inclure, moi aussi, avant de changer d'avis. J'avais fait du si bon travail en concluant cet accord qu'il préférait me laisser suivre d'autres pistes potentielles. « Tu as un don pour la vente », a-t-il affirmé, une bonne manière de me brosser dans le sens du poil pour me faire oublier à quel point j'aurais voulu travailler sur cette campagne.

Et puis, un don pour la vente ? Cela semblait exagéré, même si je commençais à apprendre les ficelles du métier.

— Fais-moi confiance, disait-il. Tu as de l'avenir ici. Tu pourrais même devenir P-DG, un jour.

Au début, j'ai cru qu'il plaisantait, mais il l'a répété suffisamment souvent pour que je finisse par croire qu'il entrevoyait vraiment ce potentiel en moi.

L'équipe du Nigeria était co-dirigée par Ceris et par un homme que je n'avais jamais rencontré. Il s'appelait Sam Patten. En tant que conseiller principal de SCL Group, c'était l'un des consultants les plus expérimentés à notre disposition pour diriger une campagne sur le terrain en pays étranger. Il avait travaillé sur les élections législatives de 2014 en Irak, et joué un rôle crucial dans l'élection du gouvernement d'opposition dans l'ancienne République soviétique de Géorgie. Il avait également été le conseiller de George W. Bush[4]. Malheureusement, même si nous ne pouvions pas nous en douter en 2015, Sam Patten deviendrait une figure tristement célèbre de l'enquête de Robert Mueller sur l'influence de la Russie dans l'élection présidentielle de 2016. Son associé commercial, l'Ukrainien Konstantin Kilimnik, attirerait l'attention de Mueller dans le cadre des liens entre Donald Trump et les Russes, et serait ensuite accusé d'avoir fait de l'espionnage pour les services de renseignements russes.

Lorsque je l'ai rencontré, néanmoins, Sam m'a fait l'effet d'un professionnel fiable et sérieux, le genre de personne qui vous regarde droit dans les yeux et vous dit exactement ce qu'il pense.

Il est arrivé dans les locaux de Mayfair le 3 janvier 2015, vêtu d'un costume correct, mais avec un polo au lieu d'une chemise et portant à la main un sac d'ordinateur usé jusqu'à la corde : sans doute possible, c'était un Américain, et il avait traîné ce sac aux quatre coins du monde pendant des années.

J'ai mis Sam au courant du peu que je savais sur les Nigérians avant de lui passer la main. Le projet consistait essentiellement en de la « com de crise » : produire autant de matériel que possible, aussi vite que possible, afin de créer un impact aussi important que possible. J'avais déjà baptisé la campagne « Nigeria Forward » (Nigeria en avant) et je m'attendais à ce que, durant les quelques semaines qui nous restaient, tout soit mis en œuvre pour soutenir Goodluck Jonathan. J'imaginais les spots radio, les vidéos, et bien sûr les rassemblements – autour de camions dont l'arrière se dépliait comme une scène, du même genre que ceux utilisés par SCL lors d'une campagne au Kenya.

Moins de deux semaines plus tard, les choses avaient changé radicalement au Nigeria. La Commission électorale prévoyait de repousser l'élection du 14 février à la fin du mois de mars ; les insurgés de Boko Haram perturbaient le nord du pays, menaçant de rendre impossible toute opération de sondage ; s'ajoutaient à cela des problèmes technologiques et logistiques, comme la difficulté de distribuer les cartes d'électeur et le mauvais fonctionnement des lecteurs de cartes biométriques. La nouvelle élection a été annoncée pour le 29 mars. Cela aurait dû être une bonne nouvelle, puisque l'équipe aurait plus de temps pour atteindre ses objectifs, mais ce délai allait mener à une situation encore plus compliquée avec les Nigérians.

Le décalage de l'élection avait occasionné un scandale international. Le secrétaire d'État américain, John Kerry, insistait pour que la date d'origine soit maintenue, et accusait le gouvernement nigérian d'utiliser « des questions de sécurité comme prétexte pour entraver le processus démocratique[5] ». Le parti de Buhari, le All Progressives Congress (APC), qualifiait cette décision de « provocation » et d'« atteinte à la démocratie[6] ». Quant au secrétaire général de l'ONU, Ban Ki-moon, il « encourageait le gouvernement à prendre toutes les mesures nécessaires pour permettre aux Nigérians de voter en temps et en heure[7] ».

Le projet et le contrat n'étaient valides que jusqu'au 14 février, et notre équipe avait pensé quitter Abuja le jour précédent pour éviter le moindre problème. Nous avons donc contacté les clients pour les informer que, s'ils voulaient prolonger le contrat et la présence de l'équipe de SCL, ils devraient nous fournir davantage de fonds – une somme équivalente, voire supérieure, à celle qu'ils avaient déjà payée. L'équipe ne voyait pas d'inconvénient à rester plus longtemps, d'après ce que j'avais entendu raconter au bureau. Le jour, ils travaillaient dans leur « bunker » du Hilton d'Abuja, et ils passaient leurs soirées à boire avec l'équipe de David Axelrod, qui travaillait pour l'opposition. Nous n'avions pas reçu la moindre plainte de leur part.

Personnellement, j'étais ravie de la tournure des événements. Si je parvenais à conclure un nouvel accord avec les Nigérians, j'aurais ma chance de remporter la commission dont je rêvais depuis le début. Mais les clients voyaient d'un mauvais œil une prolongation du contrat, arguant qu'ils n'avaient pas constaté de résultats suffisants pour justifier une telle dépense. Notre équipe travaillait peut-être d'arrache-pied sur le terrain, mais qu'avait-elle accompli ?

Je n'avais pas de réponse à cela. Mon expérience des élections était assez grande pour que je sache que l'apparition d'effets tangibles prend du temps ; dans le cas de l'élection au Nigeria, la preuve de notre efficacité serait tout simplement le résultat de l'élection. Mais les Nigérians désiraient voir ce que l'équipe avait fait, concrètement. Où étaient les panneaux d'affichage ? Les spots radio ? Comment avait-on dépensé leur argent ? Je savais qu'il fallait au moins deux semaines pour lancer les opérations : tout cela devait être en cours.

Afin de rassurer les clients, Alexander a ordonné à Ceris de rédiger un rapport montrant tout ce qui avait été fait jusque-là sur le projet. De mon côté, j'ai téléphoné à Chester pour lui demander conseil.

Il m'a proposé d'inviter les Nigérians à Davos avec nous – ainsi qu'Alexander, pour qu'il puisse les rencontrer et les rassurer. J'ai demandé si je pouvais également convier mon ami John Jones, l'avocat spécialisé dans les droits de l'homme. Avec son expertise, il serait en mesure d'aider les Nigérians à obtenir le soutien international contre Buhari dont ils avaient besoin.

Pour moi, le plan était parfait.

Mais rien ne se passe jamais comme prévu.

Pendant son séjour à Davos, Chester était chargé d'organiser une réception – et pas n'importe quelle réception, mais une soirée vraiment inhabituelle, à l'intention d'un consortium de milliardaires qui avaient fondé une société dans le but d'extraire des métaux précieux dans l'espace, sur des astéroïdes.

— Des astéroïdes ?

— Oui, m'a-t-il expliqué. Ils veulent envoyer des fusées atterrir sur ces astéroïdes et y installer des mines d'extraction. Ils n'ont pas encore commencé, mais ils ont prévu de se retrouver à Davos.

Ils avaient demandé à Chester d'organiser une soirée à cette occasion, dans le lieu de son choix. Puisque je venais à Davos, je n'avais qu'à lui donner un coup de main : la société de mines sur astéroïdes promettait de bien nous payer.

L'organisation de cette réception me rapporterait plus d'argent en un seul jour qu'un mois de travail à SCL. Je n'avais jamais accompli ce genre de tâche, encore moins à Davos, mais j'étais partante.

J'étais donc arrivée sur place avec une semaine d'avance afin de préparer toutes les rencontres auxquelles je souhaitais participer, ainsi que la soirée elle-même, évidemment. Et j'avais été bien avisée. Il y avait énormément de choses à faire, et la logistique d'organisation était incroyablement compliquée dans ce village en pleine montagne, à cette folle période de l'année. Chester avait loué un appartement en plein centre de la zone de haute sécurité, juste en face du Palais des congrès de Davos, où auraient lieu la majorité des interventions du Forum économique mondial. Il n'était pas facile de faire entrer ou sortir quoi que ce soit de ce quartier. La soirée devait compter des traiteurs, des barmen, des camions entiers d'alcool, de nourriture, de meubles et autres fournitures, et l'accès à notre bâtiment était à peu près aussi restreint qu'à Fort Knox.

Le soir de la fête, la température était glaciale, comme souvent en janvier à Davos, mais tout était prêt. Nous avions installé des radiateurs sur l'immense toit-terrasse de l'appartement, où se trouvait le bar : nous avions choisi des tables et des chaises phosphorescentes afin de donner à l'endroit une apparence presque extraterrestre, en accord avec le thème spatial de la soirée.

Et nous avions répandu du sel partout pour éviter aux invités de glisser.

À l'intérieur, j'avais accroché des bannières et aidé à disposer la nourriture. Çà et là, j'avais glissé quelques-unes de mes cartes de visite, ainsi que des brochures de SCL.

Alexander et John Jones ont été parmi les premiers à arriver. Tous deux étaient ravis d'être là – c'était la première fois qu'ils mettaient les pieds à Davos.

Debout devant la porte, j'ai accueilli les invités au fur et à mesure. Ils étaient tous plus célèbres les uns que les autres :

l'entrepreneur Richard Branson, Ross Perot père et fils, quelques membres de la famille royale néerlandaise… En tout, il y avait plus d'une centaine de personnes, éparpillées sur la terrasse, où les barmen faisaient des tours de magie, préparaient des cocktails et jonglaient avec des torches, ou dans le grand salon, à regarder une installation gigantesque apportée par les aspirants mineurs de l'espace : une maquette d'astéroïde sur laquelle était perché un dispositif ressemblant à un trépied, probablement censé représenter une sorte de puits de pétrole.

John Jones semblait très à l'aise au milieu de tous ces invités. Alexander, tout en étant conscient que SCL ne jouait pas dans la même catégorie que les grandes entreprises représentées autour de lui, appréciait cette occasion d'étoffer son carnet d'adresses – surtout lorsqu'il a aperçu Eric Schmidt, le P-DG de Google. Avant de s'approcher pour le saluer, il m'a confié que c'était Sophie Schmidt, la fille de celui-ci, qui lui avait inspiré la création de Cambridge Analytica.

Tout marchait comme sur des roulettes jusqu'à ce que mon téléphone vibre : les Nigérians étaient arrivés et attendaient en bas, devant la porte de l'immeuble.

Nous leur avions concocté un comité d'accueil tape-à-l'œil, avec une limousine pour les attendre à l'aéroport de Zurich et une escorte de voitures de police, sirènes hurlantes et gyrophares tournoyants, afin de montrer qu'ils étaient des invités de marque.

Mais, lorsque je les ai eus au téléphone, ils étaient très mécontents.

Ils avaient faim. Où était leur dîner ?

Je les avais invités à la réception ; il y avait à manger là-haut, ai-je expliqué. Chester et moi avions dépensé des centaines et des centaines de dollars du budget rien qu'en nourriture.

Mais les Nigérians ont refusé de monter. Ils étaient fatigués : tout ce qu'ils voulaient, c'était qu'on les emmène dîner, qu'on leur montre où ils devaient loger, et qu'on les laisse dormir. Ils n'avaient que faire d'une fête. Ils n'avaient rien mangé dans l'avion – douze heures de vol –, et ils voulaient du poulet frit. À moi d'en trouver et de leur en apporter.

Je n'ai pas eu d'autre solution que d'enfiler mon manteau et mes bottes pour descendre les rejoindre sur le trottoir gelé. Ils se tenaient en bas de l'immeuble, près d'une file de gens qui attendaient encore d'être admis à ma réception. Les cinq hommes ont à nouveau refusé de monter se restaurer au buffet, insistant pour que je leur trouve du poulet frit.

Impossible d'aller en chercher en voiture : la limousine n'était pas autorisée à circuler dans le centre-ville. Nous allions devoir marcher. J'ai pris la tête du groupe, dans le froid polaire.

Mes invités ne s'étaient pas préparés à une telle température. Ils ne portaient ni bottines ni manteau, juste une chemise et des mocassins légers. Nous sommes allés de restaurant fermé en restaurant fermé, avec force glissades et dérapages, et sans trouver la moindre trace de poulet frit – ce qui n'était pas surprenant, dans un village de montagne suisse. Enfin, nous sommes tombés sur un restaurant encore ouvert, où le cuisinier a accepté de préparer des pâtes avec du poulet grillé. Une fois munie des boîtes en plastique contenant la nourriture, j'ai mené jusqu'à leur logement les cinq milliardaires frigorifiés, qui avaient toutes les peines du monde à marcher sans tomber. Une fois dans leurs quartiers, je me suis assurée qu'ils étaient bien installés avant de leur souhaiter bonne nuit. Ils semblaient gelés, épuisés et furieux contre moi.

Toute cette opération m'avait pris presque deux heures. Quand je suis retournée à la réception, il était 2 heures du matin, et la fête battait son plein.

Chester était introuvable. Personne ne se tenait devant la porte pour accueillir les invités. Personne ne s'occupait de l'intendance.

Le bar était à court d'alcool, il ne restait plus une miette de nourriture, et les invités commençaient à s'agiter. Juste avant mon retour, une princesse ivre avait fait une chute sur la terrasse : elle n'était pas blessée, ce qui ne l'empêchait pas de se livrer à un véritable scandale alcoolisé en ameutant tout le voisinage.

Pour la deuxième fois de la soirée, l'air s'est empli du bruit des sirènes et de flashs de lumière bleue. La police suisse était en chemin pour mettre fin aux réjouissances. Avec l'aide du fils du directeur de la police, nous avons pu les dissuader d'arrêter qui que ce soit, mais la fête a tout de même été interrompue.

Lorsque tout a été fini, je me suis retrouvée debout au milieu du salon désert. Je mourais de faim. Tout comme les Nigérians, je n'avais rien avalé depuis des heures.

Alexander était tout aussi satisfait de cette soirée qu'il l'avait été de mon contrat avec les Nigérians. Il avait trouvé la réception très festive, rencontré des personnes qu'il n'aurait pas pu croiser ailleurs, et repartait à présent les poches pleines de cartes de visite de gens parmi les plus riches et les plus influents de la planète.

Il ignorait encore à quel point la nuit avait été désastreuse pour notre relation avec nos clients. Et les choses ne se sont pas arrangées lorsque ces derniers ont appris, le lendemain matin, qu'Alexander avait repris l'avion en direction de Londres sans même se donner la peine de venir les saluer.

Ils ont exigé que je les rejoigne immédiatement. Eux-mêmes refusaient de sortir. Il faisait trop froid.

Je me suis donc frayé un chemin le long des rues glissantes, chaussée de mes bottines mal adaptées, et gagnée par l'agacement.

Je ne m'étais jamais fait crier dessus par un milliardaire africain. Celui-ci et les autres ne comprenaient pas pourquoi on les traitait si mal. Ils étaient des VIP, tout aussi importants que les autres VIP assistant à la conférence. Pourquoi n'avait-on pas organisé une réception spécialement pour eux ? Pourquoi le P-DG de l'entreprise à laquelle ils avaient versé près de 2 millions de dollars n'était-il pas resté pour les voir ? De plus, ils n'étaient pas du tout satisfaits du travail effectué au Nigeria.

— Où sont les spots radio ? Où sont les panneaux ? À quoi sert notre argent ?

J'ignorais comment les raisonner. Ils n'avaient encore jamais investi dans une élection, et ne savaient pas à quoi s'attendre. Peut-être avaient-ils imaginé un immense rassemblement à l'arrière d'un camion équipé d'écrans et de mégaphones ; mais notre équipe n'avait rien organisé de tel. Il n'est pas facile de mesurer l'impact d'un travail électoral de ce genre et, comme je n'étais à SCL que depuis un mois, je n'arrivais pas à leur expliquer pourquoi le résultat de nos interventions n'était pas plus visible à l'œil nu. Pour ce que j'en savais, on ne découvrirait peut-être pas les fruits de notre labeur avant le jour même de l'élection. Ils devraient se montrer patients.

Mais ils refusaient de m'écouter. Non seulement j'étais jeune, mais j'étais une femme, et leur attitude ouvertement méprisante à mon égard me mettait extrêmement mal à l'aise, au point que j'ai fini par me sentir menacée. J'avais affaire à des hommes riches et puissants, des hommes qui n'avaient pas peur de remplir un jet privé de millions de naira, la monnaie nigériane. De quoi seraient-ils capables si cet argent n'était pas dépensé comme ils le souhaitaient ?

Lorsque j'ai réussi à leur organiser une vidéoconférence avec Alexander, il se sont montrés plus calmes et beaucoup plus respectueux. Ils ne lui ont pas crié dessus, mais ils ne se laissaient pas amadouer pour autant. Malgré cela, Alexander n'a pas semblé saisir la gravité de la situation.

Je me suis donc arrangée pour leur amener John Jones, dans l'espoir qu'ils trouvent le moyen de travailler ensemble. Nous avons élaboré des stratégies visant à exposer Buhari dans la presse et à étaler au grand jour ses prétendus crimes de guerre, mais, lorsque j'ai laissé les Nigérians en compagnie de John pour rentrer à notre appartement, j'avais la certitude angoissante qu'aucun accord ne viendrait prolonger le contrat au-delà du 14 février. Même si les clients ne l'avaient pas dit explicitement, la manière dégradante dont ils m'avaient traitée laissait peu de place au doute, et je ne me sentais pas du tout capable de retourner les voir pour négocier un nouveau contrat. Les choses s'annonçaient mal ; pire encore, j'avais passé presque tout mon temps à m'occuper d'eux au lieu d'explorer de nouvelles pistes pour SCL, si bien que ce voyage à Davos ne me rapporterait absolument rien.

Et, comme si tout cela ne suffisait pas, le site Internet Business Insider a publié ce matin-là un article à propos de la veille au soir : « Arrêt forcé d'une réception à Davos après que les invités ont descendu assez d'alcool pour au moins deux soirées[8] ».

Alexander m'a appelée sur ces entrefaites. Il avait sans doute lu l'article : même si mon nom ne figurait nulle part, cela risquait de faire de la mauvaise publicité à SCL. Ou alors les Nigérians lui avaient téléphoné pour lui dire le fond de leur pensée.

Mais il était d'excellente humeur. Visiblement, ce n'était ni l'un ni l'autre.

— Brittany, c'était merveilleux. Merci à toi et à Chester pour cette excellente soirée ! Je t'appelle pour te dire que je te propose un poste permanent à SCL, comme tu l'espérais !

Je pouvais presque entendre son clin d'œil.

— Fini le consulting : tu fais partie de l'équipe, maintenant. Tu auras droit à une prime de 10 000 dollars par an, un salaire régulier, des cotisations, et tu auras une carte de crédit de l'entreprise.

Je serais en mesure de travailler sur tous les projets qui m'intéresseraient, à condition qu'ils soient aussi profitables que la campagne nigériane. La barre était haute, mais j'avais commencé sur les chapeaux de roue.

— Bienvenue à bord, a déclaré Alexander.

5

Conditions d'utilisation

Février - juillet 2015

Une fois devenue employée à plein temps chez SCL, il ne m'a pas fallu longtemps pour accéder aux échelons supérieurs de la hiérarchie interne. Par un mail adressé à une poignée de gens – Pere, Kieran, Sabhita, Alex Tayler et moi – qu'il jugeait importants et « marrants », Nix nous a invités un week-end à déjeuner chez lui, dans le centre de Londres.

Située dans Holland Park, sa résidence principale – il possédait aussi une résidence secondaire à la campagne – était une demeure de quatre étages en pierre de taille, dont l'intérieur ressemblait à un club privé ou à un salon de Buckingham Palace, à la différence près que les œuvres d'art accrochées du sol au plafond, loin d'être signées de grands maîtres, affichaient une modernité provocante.

Nous avons commencé à midi avec une coupe de champagne millésimé dans le salon, puis nous avons passé plusieurs heures dans la salle à manger, pendant lesquelles le champagne a coulé à flots. Alexander et les autres ont raconté leurs histoires d'anciens combattants, du temps où ils étaient ensemble en Afrique. En 2012, par exemple, Alexander avait emmené au Kenya toute sa famille et une équipe de SCL, afin de pouvoir gérer lui-même les élections de 2013. Son personnel était alors assez réduit, et l'opération n'avait pas été facile. La recherche se limitait à des enquêtes de porte-à-porte, et le message était transmis par le biais de spectacles itinérants à bord de ces camions-théâtres dont j'ai parlé précédemment.

— Voilà pourquoi ce que nous faisons aux États-Unis est si passionnant, dit Alexander. Frapper aux portes n'est plus le seul moyen d'obtenir des données. Elles sont partout. Et chaque décision est désormais fondée sur elles.

Nous sommes restés chez lui jusqu'au soir et, tous un peu éméchés, nous sommes partis boire des cocktails dans un bar, puis dîner dans un restaurant, avant de terminer la soirée dans un autre bar.

C'est le genre d'événements dont on a du mal à se souvenir parfaitement le lendemain, même si, au bureau, je commençais à comprendre que l'enthousiasme d'Alexander pour les États-Unis allait au-delà des bavardages entre deux verres.

Tandis que je continuais à suivre des projets internationaux, mes collègues chez SCL se focalisaient de plus en plus sur les États-Unis, et leur travail ne se bornait plus aux réunions dans l'Étouffoir. Tous les jours, je les entendais en grande conversation au sujet de leur client Ted Cruz. C'est à la fin de l'année 2014 que nous avions signé avec lui un petit contrat, mais il rémunérait désormais nos services à hauteur de 5 millions de dollars. Kieran et les autres créatifs produisaient maintenant des tonnes de contenu pour le sénateur du Texas. Penchés sur leur ordinateur, ils réalisaient des publicités et des vidéos, dont ils se vantaient parfois ou qu'ils contemplaient en grimaçant.

De son côté, Alexander se consacrait exclusivement aux États-Unis. Comme l'équipe de campagne de Cruz avait accepté de signer un contrat sans clause de non-concurrence, il était libre de s'occuper également d'autres candidats républicains. Il est bientôt devenu le conseiller en communication du Dr Ben Carson. Il a ensuite entrepris une action systématique auprès de chacun des 17 prétendants à l'investiture républicaine. Jeb Bush a un moment envisagé d'embaucher SCL ; Alexander disait qu'il était même venu à Londres le rencontrer. Finalement, il a décidé qu'il ne voulait pas d'un cabinet prêt à travailler en même temps pour ses rivaux. Les Bush sont une de ces familles qui exigent une loyauté farouche de la part de leurs collaborateurs.

Pour préparer les présidentielles américaines de 2016, l'équipe chargée des données chez Cambridge Analytica interprétait les résultats des élections de mi-mandat de 2014. Dans leur bureau vitré, ils rédigeaient des études de cas évoquant le succès de la collecte de fonds menée par John Bolton, la campagne sénatoriale de Thom Tillis, ou les primaires en Caroline du Nord. Pour expliquer la réussite de Cambridge, ils élaboraient une documentation expliquant qu'ils subdivisaient le public visé en plusieurs catégories : « noyau républicain », « républicains fiables », « votants possibles », « à persuader en priorité » et « imprévisibles ». À chaque groupe étaient adressés des messages spécifiques, sur des questions allant de la sécurité nationale à l'économie en passant par l'immigration.

Au sein du département d'analyse des données, Jack Gillett établissait des présentations graphiques : cartes, graphiques et tableaux multicolores qui s'ajoutaient aux diaporamas et aux discours. À la recherche de nouvelles informations, Alex Tayler ne cessait de téléphoner à des courtiers en données, d'un bout à l'autre des États-Unis.

J'étais encore chargée des projets de SCL à l'étranger, mais, à mesure que Cambridge Analytica est monté en puissance au cours de l'année 2016, je suis parfois tombée par hasard sur des informations confidentielles, dans les études de cas, les vidéos, les publicités, et toutes les conversations autour de moi. Je n'étais pas dans la boucle des mails à cette époque, mais j'entendais les bruits qui circulaient et je voyais des images sur les écrans d'ordinateur voisins.

Cela me posait un problème d'ordre moral. L'été précédent, quand Allida Black, fondatrice du *super PAC* Ready for Hillary, était en ville, j'avais été entièrement briefée sur les projets du Parti démocrate pour l'élection. Maintenant, j'étais salariée d'une entreprise travaillant pour les républicains. J'avais du mal à accepter cette situation, et je savais que ce serait aussi le cas pour d'autres.

Sans que personne ne me le demande, j'ai commencé à rompre mes liens avec les démocrates, mais je n'ai pas eu le courage de leur dire pourquoi. Je ne voulais pas que le groupe SCL soit mentionné sur mon profil LinkedIn ou sur ma page Facebook. Je connaissais des cadres du Parti démocrate, j'avais reçu d'eux certaines informations, et je ne voulais pas qu'ils redoutent l'usage que je pourrais en faire. J'ai fini par ne plus répondre aux mails du *super PAC* Ready for Hillary et de Democrats Abroad, et, quand j'envoyais des courriers personnels à des amis démocrates, je veillais à ne jamais inclure le nom SCL dans mes messages. L'équipe Clinton a dû croire que j'avais tout simplement disparu sans laisser d'adresse. Cela n'a pas été facile pour moi. J'étais tentée de lire tout ce que je recevais, des informations sur des rencontres et des projets enthousiasmants. Au bout d'un moment, je me suis contentée de ne plus ouvrir ces mails, ils restaient non lus dans ma boîte de réception : ce n'étaient que des vestiges de mon passé.

Je ne voulais pas non plus être une source d'inquiétude pour mes collègues chez Cambridge Analytica ou pour nos clients républicains. Après tout, j'étais une démocrate employée dans une entreprise qui travaillait aux États-Unis pour les républicains exclusivement. J'ai supprimé la campagne Obama et le Comité national démocrate de mon profil LinkedIn (mon CV public) et j'ai effacé toutes les autres références publiques au Parti démocrate ou à mon adhésion à ses idées. Cela s'est avéré pour le moins pénible. À contrecœur, j'ai cessé d'utiliser mon compte Twitter, @EqualWrights, véritable catalogue de mes déclarations de militante de gauche. Je n'ai pas aimé fermer ces portes et dissimuler des pans entiers de ma personnalité, mais je savais que c'était nécessaire pour devenir la consultante en technologie politique que je voulais être. Un jour, peut-être, je pourrais rouvrir ces deux comptes et cette partie de moi-même.

Mon changement d'identité ne s'est pas fait que sur Internet. À Londres, j'ai ouvert une grande caisse que ma mère m'avait envoyée par FedEx ; comme elle travaillait pour des compagnies aériennes, les envois internationaux ne lui coûtaient pratiquement rien. Elle m'avait envoyé des dizaines de tenues tirées de ses armoires : de superbes tailleurs Chanel, d'autres de chez St. John, des vêtements achetés chez Bergdorf Goodman, qu'elle avait portés des années auparavant, quand elle était employée par Enron. Je l'imaginais à cette époque-là, quand elle partait chaque matin, du temps où nous habitions Houston. Elle était toujours impeccable, vêtue de tailleurs hors de prix, perchée sur des talons d'une hauteur incroyable, parfaitement maquillée. Et voilà que j'héritais de tout ça. J'ai tout accroché dans le placard du nouvel appartement que je louais dans le quartier de Mayfair.

Le studio était minuscule, une seule pièce avec un coin-cuisine doté d'une plaque électrique et une salle de bains au bout d'un couloir, mais c'était un choix stratégique. Il se trouvait près du bureau et, surtout, dans le bon quartier, dans Upper Berkeley Street. Quand un client me demandait, avec cette insolence typique des Britanniques, « Et où habitez-vous en ce moment ? », parce que mon adresse révélait mes moyens financiers et ma classe sociale, je pouvais répondre sans hésiter que j'habitais Mayfair. Tant mieux s'ils s'imaginaient un appartement magnifique avec vue imprenable. En fait, mon studio était si petit que j'en traversais presque la moitié rien qu'en franchissant la porte ; quand je me tenais au milieu, je n'avais qu'à étendre les bras pour toucher les murs.

Chaque matin, je quittais mon appartement dans Mayfair vêtue d'un des anciens tailleurs extravagants de ma mère, sûre que personne ne remarquerait la différence entre moi et l'une de ces gosses de riches qui possédaient la moitié du quartier.

Un jour, Alexander m'a dit : « Je veux que tu apprennes à faire un pitch. » Depuis des mois, je présentais l'entreprise à nos clients, mais il fallait toujours qu'Alexander ou Alex Tayler interviennent à la fin pour conclure la négociation. Il voulait que j'apprenne à présenter un argumentaire de vente *correctement*, avec autant de compétence et d'assurance que lui.

Alexander avait beau être le P-DG, il restait le seul véritable vendeur de la société, et il était de plus en plus demandé. Il avait besoin de moi à ses côtés. Je n'avais encore jamais dû faire de présentation PowerPoint seule devant un client. C'était tout un art, m'expliqua Alexander, et il allait me l'enseigner.

Le plus important était d'apprendre à me vendre, et à l'impressionner. Je pouvais choisir n'importe quel pitch que je l'avais vu faire : celui de SCL ou celui de Cambridge Analytica.

À l'époque, comme j'avais du mal à rentrer des contrats pour SCL après l'accord avec le Nigeria, je me suis dit que je devais peut-être changer d'approche. Certains aspects du travail de SCL en Afrique me mettaient de plus en plus mal à l'aise. Parce que j'étais jeune et que j'étais une femme, beaucoup des Africains que je rencontrais ne me respectaient pas et ne m'écoutaient pas. Cela me posait aussi un problème sur le plan moral, car certains accords potentiels manquaient de transparence ou frôlaient même l'illégalité, selon moi. Par exemple, personne ne voulait jamais de trace papier, ce qui signifiait que, le plus souvent, il n'y avait pas de contrat écrit. Dans les rares cas où il y en avait un, il ne devait inclure aucun nom réel, ni le nom d'entreprises reconnaissables. Il y avait toujours des écrans, des façades et des tiers restant dans l'ombre. Ces arrangements me déplaisaient pour des raisons éthiques ainsi que pour des motifs plus égoïstes : chaque fois qu'un accord ne semblait pas très net, pas très direct, cela limitait mes chances d'obtenir la commission qui m'était due.

Tous les jours, chez SCL, je découvrais d'autres « pratiques courantes » en politique internationale. Rien n'était clairement énoncé. Pendant des négociations avec les contractants d'une société israélienne de défense et de renseignement, en vue d'une intervention en free-lance dans une campagne électorale, j'ai entendu les contractants déclarer fièrement que leur entreprise se chargeait de tout, que ce soit de signaler au client que des attaques se préparaient contre sa campagne ou de dénicher des documents utiles pour des contre-attaques et des messages d'opposition. D'abord, cela m'a paru assez inoffensif, et même malin et utile. La société contractante présentait à ses clients un argumentaire de vente semblable à celui du groupe SCL, voire identique, et elle avait travaillé sur presque autant d'élections qu'Alexander. SCL n'avait pas en interne les moyens de mener des contre-attaques, mais son activité avait quand même un petit air de guérilla. Plus j'en apprenais sur la stratégie de chaque société, plus l'une et l'autre me semblaient prêtes à faire n'importe quoi pour gagner, et cette zone grise a commencé à me gêner. J'avais suggéré à SCL de collaborer avec cette société, car j'imaginais qu'ensemble elles permettraient à leurs clients d'avoir un impact plus grand, mais on m'a vite retirée de la boucle, selon l'habitude d'Alexander, et on ne m'a pas tenue au courant de ce qui était fait concrètement pour atteindre ces résultats.

Alors que j'essayais de prouver ma valeur et de signer mon premier accord, j'avais présenté cette société israélienne aux

Nigérians. Je ne sais pas trop ce que j'en attendais, si ce n'est de paraître plus expérimentée, mais l'effet ne fut pas du tout ce que j'avais prévu. Les clients nigérians ont embauché les Israéliens en plus de SCL et, comme je l'ai appris plus tard, ils ont tenté d'infiltrer la campagne de Muhammadu Buhari et d'obtenir des informations privilégiées. Ils y sont parvenus, et ont ensuite transmis à SCL des renseignements utiles. Leurs messages ainsi élaborés ont discrédité Buhari et éveillé la peur, ce que j'ignorais à l'époque, pendant que Sam Patten gérait les opérations sur le terrain. En fin de compte, les contractants et SCL n'ont pas réussi à inverser le cours de l'élection en faveur de Goodluck Jonathan. Il faut reconnaître que la campagne n'avait même pas duré un mois, mais ce fut un échec spectaculaire car Buhari l'emporta avec 2,5 millions de voix d'écart. L'élection devait entrer dans les annales parce que, pour la première fois, un président nigérian sortant avait été battu, et aussi parce qu'il s'agissait de la campagne la plus coûteuse dans l'histoire du continent africain.

À l'époque, ce qui me préoccupait le plus d'un point de vue éthique, c'était ce que devenait l'argent des Nigérians. Comme Ceris allait me l'apprendre, sur 1,8 million de dollars versés à SCL par le magnat nigérian du pétrole, l'équipe n'avait dépensé que 800 000 dollars durant le peu de temps où elle avait travaillé pour ce milliardaire : autrement dit, le bénéfice avait été phénoménal.

Le reste de l'argent que l'entreprise avait touché grâce à moi, un million de dollars tout rond, avait fini dans les poches d'Alexander Nix. Dans la mesure où notre marge de profit normale tournait entre 15 et 20 %, le chiffre était vertigineux, et selon moi bien au-dessus de la moyenne habituelle du secteur. J'hésitais à proposer un prix à nos clients dans certaines parties du monde où les candidats voulaient gagner quels que soient les coûts. Bien sûr, il est légal d'encaisser de gros bénéfices, mais cela devenait profondément immoral quand Alexander annonçait aux clients que nous avions épuisé le budget et qu'il nous faudrait une rallonge pour maintenir notre équipe sur le terrain jusqu'à la date d'une élection différée. J'étais sûre que nous avions plus de ressources, mais je craignais de révéler à Alexander que je connaissais sa marge ; ma lâcheté sur ce point me tourmentait.

Sincèrement, même certains contrats européens de SCL ne m'ont pas paru très honnêtes quand je me suis mise à les regarder dans le détail. Sur un contrat signé pour l'élection du nouveau maire de Vilnius, en Lituanie, une employée de notre société avait imité la signature d'Alexander afin que l'accord soit conclu plus vite. Par la suite, j'ai découvert que le contrat en question nous avait peut-être été accordé en violation d'une loi lituanienne stipulant qu'une campagne électorale doit faire l'objet d'un appel d'offres, et que nous savions déjà que nous avions « remporté » le contrat avant même l'expiration du délai pendant lequel des sociétés publiques auraient dû pouvoir présenter une offre.

Quand Alexander s'est rendu compte que sa signature avait été imitée et que le contrat n'était pas tout à fait régulier, il m'a demandé de licencier la coupable, qui était pourtant l'épouse d'un de ses camarades de classe à Eton. J'ai obéi. Plus tard, il deviendrait clair que, même s'il avait en apparence puni cette employée, ce qui le mettait le plus en colère n'était pas cette malversation, mais le fait que l'employée n'avait pas perçu pour SCL le dernier versement du parti politique en question. Il m'a ordonné de recouvrer cette somme et d'oublier Sam au Nigeria pour me concentrer sur notre prochain paiement.

Tout cela commençait à m'accabler, et je craignais d'être totalement compromise au siège social international de SCL. J'étais désemparée et je me suis mise à chercher ailleurs au sein de l'entreprise des projets sociaux où mes compétences seraient utiles. J'avais tant à offrir et tant à apprendre en matière de données ! Je n'allais pas laisser quelques clients malhonnêtes venir à bout de ma volonté et m'empêcher de terminer mes recherches en vue de mon doctorat.

Sur le plan positif, j'apprenais que les innovations les plus enthousiasmantes venaient des États-Unis, et qu'il y avait là-bas des dizaines d'opportunités dont la plupart, heureusement, n'avaient rien à avoir avec le Parti républicain. En Europe, en Afrique et dans bien des pays de la planète, SCL était limité dans son action parce que l'infrastructure de données n'était pas assez développée. Chez SCL, je n'avais pas pu travailler sur les contrats qui utilisaient nos outils les plus innovants et qui relevaient, je pense, de nos meilleures pratiques.

Comme Alexander s'était récemment vanté d'avoir presque signé un accord avec la principale association caritative aux États-Unis, je me suis jointe à lui pour l'aider à le finaliser. Il s'agissait d'aider cette association dans sa recherche de nouveaux donateurs, ce qui me plaisait beaucoup car j'avais consacré bien des années à la collecte de fonds de charité ; j'avais hâte d'apprendre comment le travail sur les données pouvait aider de nouvelles causes. Sur le plan politique, SCL défendait des pétitions soutenant la construction de barrages et de trains à grande vitesse, des projets de travaux publics qui pouvaient véritablement transformer la vie des gens. La firme s'orientait même vers la publicité commerciale et vendait de tout, objets quotidiens ou produits de santé avant-gardistes, un domaine où Alexander me laissait libre de plonger si j'en avais envie.

Je voulais apprendre comment fonctionne l'analyse de données, et le faire là où l'on pouvait voir et mesurer les résultats, là où l'on travaillait dans la transparence et l'honnêteté. Je me rappelais mon travail avec des gens comme Barack Obama. C'était un homme au-dessus de tout soupçon, de même que son entourage. Ils avaient mené une campagne totalement morale, sans donateurs milliardaires, et Barack avait aussi refusé catégoriquement toute opération visant à dénigrer ses adversaires. Il ne voulait ni attaquer ses rivaux démocrates lors des primaires, ni s'en prendre aux républicains. J'avais la nostalgie de cette époque où les élections se déroulaient non seulement selon les règles et les lois, mais aussi selon l'éthique et les principes moraux.

Il me semblait que, si j'avais un avenir chez SCL, ce serait aux États-Unis.

J'ai dit à Alexander que je voulais apprendre le pitch de Cambridge Analytica. Et, en faisant ce choix, je décidais de m'impliquer à fond dans l'entreprise, avec tout ce que cela signifiait.

Impossible d'impressionner Alexander avec mon premier pitch sans avoir d'abord rencontré Alex Tayler, pour en savoir plus sur l'analyse de données qui valait son succès à Cambridge Analytica. La présentation de Tayler était beaucoup plus technique et entrait en détails dans la mécanique du processus d'analyse, mais il m'a montré que notre « recette miracle » résidait dans une multitude d'éléments qui distinguaient CA de ses concurrents. Comme le disait souvent Alexander Nix, il n'y avait pas d'ingrédient magique, mais toutes sortes de choses qui entraient dans la composition du « gâteau ».

La première, et peut-être la plus importante, était la taille de notre base de données. Elle était prodigieuse et sans précédent par son ampleur et sa profondeur, m'a expliqué Tayler. Et elle grandissait tous les jours. Nous en étions arrivés là en achetant et en mettant sous licence toutes les informations personnelles disponibles sur tous les habitants des États-Unis. Nous achetions des données à tous les vendeurs que nous avions les moyens de payer, d'Experian à Infogroup en passant par Acxiom. Nous achetions des données sur les finances des Américains : où ils achetaient et combien ils payaient, où ils partaient en vacances, ce qu'ils lisaient.

Nous mettions ces données en relation avec les informations politiques (leurs habitudes de vote, accessibles à tous), puis il fallait associer le tout à leurs données Facebook (les sujets qu'ils avaient « likés »). Rien qu'avec Facebook, nous avions 570 points de données individuels sur les utilisateurs ; en combinant tout cela, nous obtenions environ 5 000 points de données sur chaque citoyen américain âgé de plus de dix-huit ans, soit 240 millions de personnes.

Pourtant, selon Tayler, le petit plus de la base de données était notre accès à Facebook pour envoyer des messages. Nous utilisions la plate-forme pour contacter ces gens sur lesquels nous avions compilé tant de données.

Grâce à ce qu'Alex m'a dit, j'ai pu mettre en perspective deux événements survenus durant mon passage chez SCL, le premier alors que je venais d'arriver. En décembre 2014, un de nos analystes principaux, Suraj Gosai, m'avait fait venir à son poste : il était assis devant son ordinateur avec l'un de nos étudiants en thèse et un psychologue de notre équipe.

Tous les trois, ils avaient élaboré un test de personnalité appelé « la Boussole sexuelle ». J'ai trouvé que c'était un drôle de nom. Le but affiché était de déterminer votre « personnalité sexuelle en vous posant des questions sur vos préférences érotiques, comme votre position favorite au lit ». Mais ce n'était pas seulement une partie de plaisir pour l'utilisateur. Comme j'ai fini par le comprendre, c'était un moyen de collecter des points de données à partir des réponses pour établir la « personnalité sexuelle », et donc un moyen dissimulé pour SCL de récupérer les données des utilisateurs et celles de tous leurs « amis », tout en obtenant en plus quelques points de données utiles sur leur personnalité et leur comportement.

Cette remarque vaut aussi pour une autre enquête que j'avais vue passer sur mon bureau. Elle s'intitulait « le Morse musical ».

Un petit morse de bande dessinée posait à l'utilisateur une série de questions apparemment inoffensives, pour déterminer la « véritable identité musicale » de la personne. Là encore, il s'agissait de recueillir des points de données et des informations sur la personnalité.

Il y avait aussi d'autres activités en ligne qui, m'a expliqué Tayler, servaient à atteindre les 570 points de données dont disposait déjà Facebook sur chaque utilisateur mais aussi les 570 points sur chacun de ses amis sur Facebook. Quand une personne voulait jouer à un jeu comme Candy Crush, et qu'elle cliquait sur « oui » pour accepter les conditions d'utilisation de cette application de tiers, elle acceptait de céder gratuitement ses données et celles de tous ses amis au développeur de l'appli et, du même coup, à tous ceux avec qui le développeur voudrait partager l'information. Facebook autorisait cet accès par ce qui a ensuite été connu sous le nom d'« API Friends », portail désormais tristement célèbre qui violait la législation de tous les pays en matière de données : aux États-Unis comme ailleurs, personne n'a le droit de donner un consentement pour un autre adulte sain d'esprit. Comme on peut l'imaginer, l'utilisation de l'API Friends s'est vite étendue et a rapporté énormément à Facebook. Et il a permis à plus de 40 000 développeurs, dont Cambridge Analytica, de profiter d'une faille juridique pour engranger des données sur des utilisateurs sans méfiance.

CA ne cessait de collecter des données et de les rafraîchir, pour se tenir à jour quant aux préférences des gens à tout moment. Les informations acquises étaient complétées tous les jours par l'achat de données supplémentaires sur la population américaine, données fournies chaque fois qu'un citoyen des États-Unis cliquait sur « oui » et acceptait les cookies ou cliquait sur « j'accepte » dans les « conditions d'utilisation » de n'importe quel site, et pas seulement sur Facebook ou une application de tiers.

Cambridge Analytica achetait ces données nouvelles à des sociétés comme Experian, qui suit les gens tout au long de leur vie numérique, à chacune de leurs actions et transactions, en collectant le maximum d'informations, officiellement pour fournir des cotes de solvabilité, mais aussi pour s'enrichir en vendant ces données. D'autres courtiers, comme Acxiom, Magellan, ou Labels and Lists (alias L2), en faisaient autant. Pas besoin d'option d'adhésion, par laquelle les utilisateurs acceptent la collecte d'informations en signant un règlement si long que personne n'a envie de le lire : il suffit de cocher une petite case pour que la collecte de données devienne un processus encore plus simple pour ces entreprises. De toute façon, les utilisateurs sont obligés de cliquer dans la case, sinon ils ne peuvent avoir accès au jeu, à la plate-forme ou au service qu'ils tentent d'activer.

De tout ce qu'Alex Tayler m'a appris, le plus choquant était la provenance des données. Je ne suis pas fière de vous l'avouer, mais, en achetant ce livre (ou même simplement en le lisant, si vous avez téléchargé la version e-book ou audio), vous avez produit sur vous-même un ensemble de données assez significatif pour que les annonceurs prennent le contrôle de votre existence numérique.

Si vous avez acheté ce livre en ligne, vos données de recherches, l'historique de votre transaction et le temps que vous avez passé à surfer sur le Net pour aboutir à cet achat, tout est enregistré par les plates-formes que vous avez utilisées ou par les cookies que vous avez acceptés et qui installent un traceur pour collecter vos données en ligne.

À propos de cookies, vous êtes-vous déjà interrogé sur ce qu'une page Internet vous demande quand elle veut savoir si vous « acceptez les cookies » ? C'est supposé être une version socialement acceptable des logiciels espions, et vous y consentez tous les jours. Malgré son appellation sympathique, c'est une ruse savante, déployée contre les consommateurs à leur insu.

Les cookies suivent littéralement tout ce que vous faites sur votre ordinateur ou votre téléphone. Allez voir n'importe quel module de navigation comme Lightbeam de Mozilla (anciennement Collusion), Ghostery de Cliqz International, ou Privacy Badger de l'Electronic Frontier Foundation, et vous comprendrez combien de sociétés surveillent votre activité en ligne. Vous en trouverez peut-être plus d'une cinquantaine. La première fois que j'ai utilisé Lightbeam pour voir combien de sociétés m'espionnaient, j'ai découvert qu'en visitant simplement deux nouvelles pages web en l'espace d'une seule minute j'avais autorisé la connexion de mes données avec 174 sites tiers. Ces sites revendent les informations à des « agrégateurs de données » comme Rocket Fuel et Lotame, pour lesquels vos données sont l'essence qui fait tourner leur moteur. Tous ceux qui touchent à vos données en cours de route en tirent un bénéfice.

Si vous lisez ce livre sur une liseuse, sur un iPad, ou sur Google Livres, vous produisez des ensembles de données précises (le temps que vous mettez à lire chaque page, à quel moment vous vous arrêtez pour faire une pause, quelles phrases vous avez soulignées). Combinées aux mots que vous avez saisis dans votre moteur de recherche pour trouver le livre, ces informations fournissent aux entreprises les données qu'il leur faut pour vous vendre de nouveaux produits. Ces détaillants souhaitent que vous participiez activement, et le moindre signe d'intérêt suffit à leur donner prise sur vous. Le tout sans que vous en soyez dûment informé, sans que vous ayez consenti, au sens traditionnel du terme.

Si vous avez acheté ce livre dans un magasin physique, et si vous avez un smartphone équipé d'un GPS – quand vous utilisez Google Maps, vos précieuses données de localisation sont revendues à des entreprises comme NinthDecimal –, votre téléphone a enregistré tout votre trajet jusqu'à la librairie et, dès votre arrivée, a mesuré combien de temps vous y passiez, combien de temps vous avez accordé à chaque article, et peut-être même l'identité de ces articles, avant que vous ne choisissiez ce livre plutôt qu'un autre. En l'achetant, si vous avez utilisé une carte bancaire, votre achat a été enregistré dans l'historique de vos transactions. Votre banque ou votre société de cartes de crédit a vendu cette information aux agrégateurs et aux vendeurs de données, qui l'ont à leur tour revendue au plus vite.

Si vous lisez cette page de retour chez vous, votre aspirateur robot, si vous en avez un, enregistre la localisation du fauteuil ou du canapé sur lequel vous êtes assis. Si vous avez à proximité Alexa, Siri, Cortana ou tout autre « assistant » vocal, chacun de vos éclats de rire, chacun de vos sanglots sera enregistré tandis que vous découvrirez les révélations de ce livre. Vous avez peut-être même un frigo intelligent, ou une machine à café qui enregistre la quantité de breuvage que vous consommez pendant votre lecture.

Tous ces ensembles de données forment des « données comportementales », grâce auxquelles les agrégateurs peuvent avec une précision incroyable créer votre portrait, d'une utilité infinie. Les entreprises peuvent alors adapter leurs produits pour s'aligner sur vos activités quotidiennes. Les politiciens peuvent se servir de vos données comportementales pour vous adresser des messages sur mesure, qui sonneront juste à vos oreilles et que vous recevrez au moment idéal, comme ces publicités sur l'éducation qui sont diffusées à la radio à l'instant précis où vous déposez vos enfants à l'école. Vous n'êtes pas paranoïaque. Tout cela est savamment orchestré.

Ce qu'il faut aussi comprendre, c'est que le prix auquel ces entreprises achètent vos données est dérisoire par rapport à celui auquel elles revendent aux annonceurs cet accès à vous. Grâce à vos données, n'importe qui peut acheter n'importe où des publicités numériques ciblées, à des fins commerciales ou politiques, honnêtes ou malfaisantes, sur la bonne plate-forme, avec le bon message, à la bonne heure.

Mais comment pourriez-vous résister ? Vous faites tout sur Internet parce que c'est pratique. Cependant, le revers de la médaille est loin d'être négligeable : vous cédez gratuitement un de vos plus précieux avoirs, qui permet à d'autres de s'enrichir. Ils gagnent des milliards de dollars grâce à ce que vous donnez à chaque instant sans en être conscients. Vos données ont une valeur incroyable, et CA le savait mieux que vous ou que la plupart de ses clients.

Quand Alex Tayler m'a appris ce dont Cambridge Analytica était capable, j'ai découvert qu'en plus d'acheter des données à des vendeurs de big data nous avions accès aux données exclusives de nos clients, qu'ils avaient produites eux-mêmes et qui n'étaient pas accessibles sur le marché. Selon nos arrangements avec eux, ces données pouvaient rester leur propriété ou devenir une partie de notre propriété intellectuelle : nous pouvions donc conserver leurs données exclusives pour les utiliser, les vendre ou les présenter comme nous appartenant.

Cette situation n'était possible qu'aux États-Unis. Dans des pays comme le Royaume-Uni, l'Allemagne ou la France, la loi n'autorise pas ce genre de latitude. C'est pourquoi les États-Unis étaient un terrain si fertile pour Cambridge Analytica, et pourquoi Alex qualifiait de véritable « Far West » le marché américain des données.

Quand Cambridge Analytica rafraîchissait ses données, en mettant à jour les bases de données locales grâce à de nouveaux points de données, nous passions une série d'accords avec nos clients et vendeurs. En fonction de ces documents, les ensembles de données pouvaient coûter soit plusieurs millions de dollars, soit rien du tout, car CA concluait parfois des accords de partage d'informations, pour échanger ses données exclusives contre celles d'autres entreprises. Il n'y avait pas d'argent en jeu. Prenons l'exemple d'Infogroup, dont le service de partage de données est utilisé par des organismes à but non lucratif pour repérer des donateurs potentiels. Quand un organisme partage avec Infogroup sa liste de donateurs et le montant de leurs dons, il reçoit en contrepartie les mêmes informations sur d'autres donateurs, leurs habitudes, leur fourchette de dons et leurs préférences en matière de philanthropie.

À partir de l'énorme base de données compilée grâce à ces différentes sources, CA avait su se distinguer de ses concurrents, en mélangeant les ingrédients de ce « gâteau » dont parlait Alexander. Les ensembles de données que nous possédions en étaient la base cruciale, mais encore fallait-il les utiliser d'une certaine façon, en recourant à ce que nous appelions la « psychographie », qui rendait notre travail précis et efficace.

Le mot « psychographie » renvoie au processus par lequel nous appliquions à notre base de données les résultats de nos propres tests de personnalité. En employant des outils analytiques pour comprendre des personnalités complexes, les psychologues pouvaient déterminer ce qui poussait ces individus à agir. L'équipe créative adaptait ensuite les messages à leur type de personnalité, par un processus appelé « microciblage comportemental ».

Grâce au « microciblage comportemental », marque déposée de CA, ils pouvaient se focaliser sur des individus partageant certains traits de personnalité et certaines préoccupations pour les inonder de messages précis jusqu'à obtenir exactement les résultats souhaités. Dans le cas d'élections, nous voulions que les gens donnent de l'argent ; qu'ils apprennent à connaître notre candidat et les questions politiques importantes ; qu'ils aillent au bureau de vote, et qu'ils votent pour notre candidat. De même, et de façon plus inquiétante, certaines campagnes cherchaient à « dissuader » les gens de se rendre aux urnes.

Selon ce que m'a dit Tayler, Cambridge Analytica récupérait les données générées sur Facebook grâce à des tests amusants comme la Boussole sexuelle ou le Morse musical, créés par le biais de développeurs d'applis de tiers, et les mélangeait aux données venues de vendeurs externes comme Experian. Nous attribuions alors des millions de notes individuelles « OCEAN », en fonction des milliers de points de données dont nous disposions.

Le modèle OCEAN était issu de cette discipline universitaire qu'est la psychologie sociale et comportementale. CA l'utilisait pour déterminer comment se construisent les personnalités. En proposant des tests et en fusionnant les points de données, il était possible de savoir à quel point un individu était « ouvert » (O), « consciencieux » (C), « extraverti » (E), « agréable » (A) ou « névrosé » (N). Dès que CA avait élaboré un modèle de ces différents types de personnalité, chaque individu pouvait être associé à d'autres déjà présents dans la base de données, afin de former des groupes par affinités. C'est ainsi que CA pouvait savoir qui était O, C, E, A ou N, ou même une combinaison de ces différents traits, parmi les millions de gens dont CA connaissait les points de données.

C'est ce modèle qui permettait l'approche en cinq étapes de Cambridge Analytica.

Premièrement, mieux qu'aucune autre entreprise de communication, CA pouvait segmenter la masse d'individus sur lesquels elle possédait des informations en groupes plus subtils, plus nuancés. (Oui, les autres entreprises étaient également capables de segmenter la population par-delà les éléments de base comme le sexe et l'ethnie, mais, lorsqu'elles déterminaient des caractéristiques avancées comme les préférences politiques ou les priorités, ces sociétés avaient souvent recours à des sondages grossiers pour connaître les positions des gens.) La notation OCEAN, fine et complexe, permettait à Cambridge Analytica de percevoir les individus à l'intérieur du spectre de chaque catégorie. Certains étaient avant tout « ouverts » et « agréables ». D'autres étaient « névrosés » et « extravertis ». D'autres encore étaient « consciencieux » et « ouverts ». Au total, il existait 32 groupes principaux. La note d'« ouverture » indiquait si une personne appréciait les expériences nouvelles ou préférait respecter la tradition. La note de « conscienciosité » révélait si cette personne préférait prévoir ou agir spontanément. La note d'« extraversion » disait à quel point l'individu appréciait les relations avec les autres ou l'appartenance à une communauté. L'« agréabilité » révélait si la personne faisait passer les besoins d'autrui avant les siens propres. Et le « névrosisme » indiquait si l'individu était susceptible d'être influencé par la peur lorsqu'il prenait des décisions.

Selon les diverses sous-catégories dans lesquelles les personnes étaient rangées, CA ajoutait ensuite les questions pour lesquelles elles avaient déjà manifesté de l'intérêt (disons, d'après leurs « likes » Facebook) et segmentait chaque groupe de façon encore plus subtile. Par exemple, il était trop simpliste de considérer comme identiques deux femmes blanches de trente-quatre ans faisant leurs courses chez Macy's. Grâce au ciblage psychographique, et en y ajoutant toutes sortes de choses (informations sur leur mode de vie, leurs votes antérieurs, leurs « likes » sur Facebook et leur cote de solvabilité), les analystes de CA commençaient à voir à quel point ces deux femmes différaient l'une de l'autre. Les gens qui se ressemblaient n'étaient pas forcément semblables. Il ne fallait donc pas leur envoyer le même message. Cela peut paraître évident – en théorie, le secteur publicitaire maîtrisait déjà le concept quand CA est apparu –, mais la plupart des consultants en politique n'avaient alors aucune idée de la méthode à suivre ou ignoraient même que c'était possible. Cela devait être pour eux une révélation et un moyen d'atteindre la victoire.

Deuxièmement, CA offrait à ses clients, politiques ou commerciaux, un avantage propre à cette société : la précision de ses algorithmes prédictifs. Alex Tayler, Jack Gillett et les autres analystes proposaient constamment de nouveaux algorithmes, et produisaient bien davantage que de simples notes psychographiques. Ils fixaient une note pour chaque citoyen américain, prédisant sur une échelle de 0 à 100 à quel point chacun était *susceptible* de voter, par exemple ; à quel point chacun était *susceptible* d'appartenir à un parti politique ; ou quel dentifrice chacun était *susceptible* de préférer. CA savait si vous étiez susceptible de faire à un don en faveur des démocrates ou des républicains, si vous étiez susceptible de vous intéresser aux problèmes d'environnement ou au droit de port d'arme. Après avoir divisé les gens en groupes selon leurs notes prédictives, les analystes de données et les experts en stratégies numériques de CA passaient beaucoup de temps à tester à de nombreuses reprises ces « modèles », ou les groupes d'utilisateurs, appelés « publics », pour les affiner et les rendre plus exacts, avec un taux de confiance de 95 % en ces résultats.

Troisièmement, CA prenait ensuite ce que lui avaient appris ces algorithmes et se tournait vers des plates-formes comme Twitter, Facebook, Pandora (musique en streaming) et YouTube pour découvrir où les personnes à cibler passaient le plus de temps interactif. Quel était le meilleur moyen d'atteindre chaque individu ? Ce pouvait être quelque chose de simple comme un courrier papier envoyé par la poste. Ce pouvait être un spot télévisé, ou ce qui arrivait en premier dans les résultats de recherches de cette personne sur Google. En achetant à Google des listes de mots clés, CA pouvait atteindre les utilisateurs lorsqu'ils tapaient ces mots sur leur navigateur ou sur leur moteur de recherche. À chaque fois, ils tombaient sur un matériau (publicités, articles, etc.) que CA avait conçu spécialement à leur intention.

À la quatrième étape du processus, autre ingrédient de notre recette, qui plaçait la société très en avance par rapport à ses rivaux, et au-dessus de tous les cabinets de consultants en politique, CA avait le moyen d'atteindre les publics ciblés et de vérifier l'efficacité de sa méthode par le biais d'outils de prospection clients, dont un que la firme avait conçu spécialement pour son propre usage. Baptisé Ripon, ce logiciel de démarchage destiné au porte-à-porte et à la prospection téléphonique permettait un accès direct à vos données alors même que son utilisateur s'approchait de chez vous ou composait votre numéro de téléphone. Les outils de visualisation des données aidaient aussi à choisir une stratégie avant même que vous n'ouvriez votre porte ou que vous ne décrochiez votre téléphone.

Les campagnes pouvaient ainsi être élaborées selon le contenu assemblé par notre équipe en interne, et la dernière et cinquième étape, la stratégie de microciblage, permettait d'utiliser tous les moyens – annonces imprimées, audio ou vidéo – pour atteindre les cibles identifiées. Grâce à un système automatisé qui affinait inlassablement ce contenu, nous pouvions comprendre pourquoi les utilisateurs individuels étaient *captivés*. Nous pouvions apprendre qu'il fallait parfois jusqu'à 20 ou 30 variantes de la même publicité envoyée à la même personne 30 fois et placée à différents endroits des réseaux sociaux qu'elle consultait avant qu'elle clique dessus. Partant de là, nos créatifs, qui produisaient constamment des nouveaux contenus, savaient comment atteindre ces mêmes personnes la fois suivante.

Les tableaux de bord de données encore plus sophistiqués installés par CA dans ses « centres de crise » offraient aux gestionnaires de projet ou de campagne des mesures en temps réel : ils pouvaient savoir à chaque minute comment tel contenu fonctionnait et combien de clics ou de vues il générait par dollar dépensé. Ils pouvaient voir en direct ce qui marchait et ce qui ne marchait pas, voir s'ils obtenaient le retour sur investissement souhaité et comment mieux ajuster leur stratégie. Avec ces outils, il était possible à tout moment de suivre sur le tableau de bord jusqu'à 10 000 « campagnes à l'intérieur des campagnes ».

Ce que faisait CA était fondé sur du concret. Nos clients étaient en mesure de voir clairement comment leur cible était atteinte et, par l'étude scientifique d'un échantillon représentatif, de constater quel pourcentage des personnes visées agissaient en conséquence de nos messages.

C'était révolutionnaire.

Quand Alex Tayler m'a appris tout cela, je suis restée abasourdie mais aussi fascinée. Je ne soupçonnais pas l'ampleur de la collecte de données aux États-Unis, et, même si cela m'a rappelé les mises en garde d'Edward Snowden à propos de la surveillance de masse, Tayler m'a tout expliqué de façon si simple que j'y ai vu une façon naturelle de procéder.

Tout semblait logique ; il n'y avait rien d'obscur ou de dérangeant. Je m'imaginais que c'était le flux normal de l'économie des données. J'ai bientôt compris à quel point j'avais été naïve de croire que je pourrais atteindre mes objectifs sans grande base de données. Ne voulais-je pas être entendue ? Ne voulais-je pas être efficace ? Bien sûr que si. À l'époque, il n'y avait rien que je désirais davantage.

Malgré le succès de cette approche en cinq étapes, j'ai appris en 2015 qu'elle allait changer, quand Facebook a annoncé qu'à partir du 30 avril, il priverait d'accès à ses données les développeurs d'« applis de tiers » comme Cambridge Analytica. Selon Tayler, c'était un élément essentiel de la collecte de données de CA qui serait alors compromis. Il ne pourrait plus obtenir de Facebook des données gratuites par le biais de l'API Friends.

Il ne pourrait plus utiliser la Boussole sexuelle ou le Morse musical.

Il nous restait très peu de temps pour recueillir toutes les données possibles avant que cette fenêtre ne se ferme, m'a dit Tayler.

Et CA n'était pas la seule entreprise concernée. Dans le monde entier, c'était la ruée générale. Facebook allait devenir un jardin clôturé. Après le 30 avril, m'a dit Tayler, les sociétés de collecte de données auraient le droit d'utiliser les données *déjà* obtenues auprès de Facebook, de faire de la publicité sur sa plate-forme et d'utiliser ses capacités d'analyse, mais les sociétés ne pourraient plus engranger de nouvelles données.

Tayler m'a montré une liste comportant des milliers de catégories de données encore accessibles, sinon sur Facebook même, du moins grâce à l'un de ses développeurs. Apparemment, d'autres développeurs d'applis revendaient des données collectées sur Facebook, donc, même si CA ne pouvait plus les recueillir directement, il pourrait facilement en acheter à plusieurs sources. Si facilement, a dit Tayler, que je ne me suis même pas posé de questions.

Nous avions l'embarras du choix. Il existait des regroupements d'individus en fonction de leurs goûts (alimentaires, vestimentaires) et opinions (sur le changement climatique, par exemple). Toutes ces informations étaient disponibles. J'examinais les listes et je cochais les groupes qui me semblaient les plus intéressants, selon les clients que nous pourrions avoir à l'avenir. Tayler avait confié les mêmes listes à d'autres employés de CA en leur demandant aussi de choisir des groupes.

Plus il y en aurait, mieux cela vaudrait, disait-il.

Je sais à présent que cela allait à l'encontre de la décision de Facebook, mais l'un des ultimes achats de données Facebook a été effectué par Tayler le 6 mai 2015, une semaine entière après la date butoir officielle. Bizarre, me suis-je dit. Comment la société avait-elle obtenu ces données si l'API Friends était déjà fermée ?

Après avoir passé pas mal de temps avec Alex Tayler, j'ai préparé mon pitch pour Cambridge Analytica, en m'inspirant librement de Tayler et d'Alexander Nix. J'ai utilisé certaines parties de leur PowerPoint, mais en les adaptant et en y ajoutant des éléments de mon cru, pour me sentir plus à l'aise quand je devrais présenter moi-même la société à nos clients.

Un après-midi, dans l'Étouffoir, j'ai finalement soumis mon pitch à Alexander. À la fin, il m'a dit que je m'étais très bien débrouillée, mais que je devais peaufiner certains détails pour me montrer plus claire et plus assurée.

« L'essentiel, c'est de te vendre, m'a-t-il rappelé. La vente de données se fait tout naturellement dès que les clients t'aiment », a-t-il ajouté. Et il m'a envoyée faire ma présentation à chacun des employés. C'est ainsi que j'ai pu mieux connaître la société et aussi mes collègues.

Krystyna Zawal, chef de projet adjointe, polonaise, embauchée depuis peu, et qui acceptait les chocolats comme monnaie d'échange, m'a aidée à mettre au point la partie de ma présentation où j'utilisais les études de cas tirées du *super PAC* de John Bolton et des élections de mi-mandat en Caroline du Nord.

Grâce à Bianca Indipendente, une de nos psychologues internes, italienne et enjouée, j'ai compris le contexte plus large du modèle OCEAN : l'expertise de CA venait de l'organisme à but non lucratif d'où SCL était sorti, l'Institut de dynamique comportementale (BDI), un centre de recherche à l'université de Cambridge. Selon Bianca, cet institut était affilié à plus de 60 institutions universitaires, ce qui conférait au groupe SCL un certain sérieux. Elle se donnait beaucoup de mal pour compléter les connaissances de la société par le biais d'expériences.

Harris McCloud, expert en messages, et Sebastian Richards, créatif, m'ont appris à mieux présenter aux profanes les concepts techniques complexes. Et Jordan, qui travaillait dans la recherche, m'a fourni des visuels pour mieux expliquer ces concepts dans mon PowerPoint. Kieran a réalisé avec moi de nouvelles images.

Avec tous ces collègues qui m'offraient leur expertise, je me suis senti pousser des ailes. Tout devenait clair, et, quand je suis revenue vers Alexander pour lui soumettre mon pitch dans l'Étouffoir, j'étais prête.

J'avais soigné les détails, comme pour rencontrer un vrai client : tenue impeccable, rouge à lèvres écarlate, lumière tamisée. Et j'ai commencé.

« Bonjour. »

Sur le mur est apparu le logo de Cambridge Analytica, image schématisée d'un cerveau humain et du cortex cérébral, composés non pas de matière grise mais de courts segments géométriques imprimés en blanc sur fond écarlate.

« Cambridge Analytica est la société la plus jeune et la plus innovante dans l'espace politique américain. Nous sommes spécialistes de cette science que nous appelons le changement comportemental par la communication. Cela signifie (ici, nouvelle image, montrant deux pièces de puzzle s'emboîtant parfaitement) que nous avons su combiner les aspects cliniques et expérimentaux de la psychologie comportementale avec une analyse de données de calibre international. »

Nouvelle image.

« Nous avons dans ces bureaux les meilleurs chercheurs et analystes, qui travaillent avec des psychologues pour élaborer des stratégies fondées sur les données. Cela veut dire que vos stratégies de communication ne reposent plus sur de simples hypothèses, mais sont fondées sur la science. »

Ensuite, je prouvais que la publi-information non ciblée ne servait à rien, et j'exposais comment le groupe SCL avait pris ses distances par rapport au vieux modèle publicitaire datant de l'époque de *Mad Men*.

Nouvelle image : un homme des années 1960 buvant un martini.

« Au lieu d'aller "du haut vers le bas", nous travaillons "du bas vers le haut". » Nouvelle image expliquant nos enquêtes et la notation OCEAN.

« Nous ne cherchons pas à faire entrer les gens dans des catégories selon leur apparence physique ou selon d'autres présupposés, mais selon leurs motivations sous-jacentes et leurs "leviers de persuasion".

Pour notre modèle, nous visons l'exactitude dans les prévisions de participation (déterminer si telle personne est susceptible de voter) et le taux de conviction (savoir si telle personne peut se laisser persuader de voter). Ces variables nous aident à cibler les indécis. Et c'est sur les indécis que notre travail se concentre en grande partie. »

Je faisais défiler les images pour expliquer comment nous jugions « persuadables » les électeurs catégorisés selon la notation OCEAN et des centaines d'autres algorithmes. Ces « persuadables » étaient à leur tour subdivisés, et nous continuions à tester nos algorithmes pour atteindre 95 % d'exactitude ou davantage.

Pour que notre méthode paraisse plus claire, Alexander m'avait suggéré l'exemple d'une initiative populaire en faveur du droit de port d'arme.

Sur une base de données de 3,25 millions de votants possibles, on pouvait voir que 1,5 million de gens voteraient contre, 1 million pour, et qu'il y avait 750 000 indécis. Je montrais alors comment, après avoir procédé à l'évaluation psychologique de ces derniers, nous pouvions choisir le meilleur message pour les atteindre.

Le schéma le plus éloquent de mon PowerPoint était une comparaison des indécis. Un des groupes était baptisé « Fermés et Agréables ». Nous lui adressions une publicité sur les armes, dont le texte et les illustrations soutenaient les valeurs familiales et traditionnelles.

Nouvelle image : un homme et un petit garçon, en silhouette, chassant le canard au lever du soleil. Légende : « De père en fils... depuis la naissance de notre nation. » Selon le message, les armes pouvaient être présentées comme des objets que l'on partageait avec ses êtres chers. Par exemple, mon grand-père m'avait appris à tirer quand j'étais enfant.

Une autre image pour un tout autre public : les indécis « Extravertis et Désagréables ». Cette fois, on voyait une femme.

« L'électeur "Extraverti et Désagréable" a besoin d'un message lui rappelant la possibilité d'affirmer ses droits. Ce type d'électeur aime qu'on l'écoute. Quel que soit le sujet. Il sait ce qui est le mieux pour lui. Son locus de contrôle interne est très élevé et il déteste qu'on lui dise ce qu'il doit faire, surtout si c'est le gouvernement qui le dit. »

La femme tenait un revolver, l'air menaçant. Légende : « Ne dites pas que je n'ai pas le droit de posséder une arme, et je ne dirai pas que vous êtes idiot de ne pas en avoir une. » Même si je n'avais jamais possédé d'arme, je me reconnaissais en partie dans cette femme.

C'était le point culminant de mon discours.

Après quoi, j'ai conclu. En regardant Alexander dans les yeux, j'ai déclaré : « Ce que vous offre Cambridge Analytica, c'est le bon message pour la bonne cible, venant de la bonne source, sur la bonne chaîne, au bon moment. Voilà comment vous gagnerez. »

Puis j'ai attendu sa réaction.

Alexander s'est rencogné contre le dossier de sa chaise, gardant le silence.

Tout en le dévisageant, je ne pouvais m'empêcher de penser à la trajectoire accomplie durant mon court séjour chez SCL et à l'importance décisive de sa réaction pour mon avenir. J'avais tellement envie de lui plaire.

Depuis quelques semaines, je restais tard au bureau et je me liais davantage avec mes collègues. À la fin de la journée, souvent à la nuit tombée, nous allions ensemble au restaurant ou dans un bar, et je rentrais chez moi bien des heures après.

Ma vie avait changé. J'appartenais à un monde nouveau, où on travaillait dur mais où on faisait la fête comme pour oublier la journée et pour se vider la tête. Je ne sais pas si c'était simplement l'effet de la mentalité « *Work hard, play hard* », mais Alexander nous encourageait à agir ainsi ; il voulait que nous devenions amis.

Alexander venait d'un milieu où son comportement n'avait aucune conséquence. Il laissait de l'alcool dans le frigo du bureau, et parfois, quand il avait une bonne nouvelle à annoncer, un nouveau contrat, par exemple, il surgissait de son fauteuil comme un bouchon de champagne et il ouvrait une bouteille pour qu'on fête ça tous ensemble. Le lendemain matin, nous avions la gueule de bois, et Alexander taquinait ceux qui n'avaient pas l'air très frais. Lui semblait toujours en pleine forme, même s'il lui arrivait, suite à une soirée prolongée, de n'arriver au bureau que dans l'après-midi, après de prétendus « rendez-vous à l'extérieur ». Nous ne pouvions pas, nous autres, nous permettre ce luxe, donc nous devions travailler toute la journée, faire la fête le soir, puis repartir à zéro le lendemain matin.

Le champagne millésimé coulait aussi à flots lors des matchs de polo auxquels Alexander invitait notre petit groupe d'élite. Quand les beaux jours revenaient et que s'ouvrait la saison de polo, nous avions l'habitude de passer nos week-ends au terrain de la reine, le Guards Polo Club, dont Alexander était membre et où nous pouvions le regarder disputer un match.

Je ne connaissais pas grand-chose à ce sport, mais je savais qu'il y avait joué toute sa vie et que son équipe avait un excellent niveau. Elle incluait des membres de l'aristocratie britannique et de très bons joueurs venus d'Argentine et d'autres pays. Je ne comprenais presque rien aux règles, je savais seulement que les manches s'appelaient « chukkas », mais au lieu d'apprendre les spécificités du jeu je me suis mise à savourer ces moments où, installée dans les tribunes, ou pendant un repas servi au club-house, j'admirais Alexander qui traversait ces champs verdoyants, monté sur un cheval musclé, pour frapper une petite balle avec son maillet, puis revenir au galop prendre une coupe de champagne pendant les pauses. Je la lui remplissais et il buvait sans descendre de sa monture, comme un prince.

Le soir, nous nous retrouvions dans son cottage ; comme dans sa résidence londonienne, les murs étaient couverts d'œuvres d'art moderne et la cave était bien garnie. À travers une brume – les longues soirées passées à boire, à danser, à raconter des histoires idiotes et à ne pas dormir –, à travers toute cette gaieté, j'en suis venue à croire que c'était un univers dont je voulais faire partie. C'était un monde de confort et de réussite, que je désirais comme jamais je n'avais rien désiré auparavant, et j'étais résolue à y entrer.

Dans l'Étouffoir, je me demandais si Alexander allait me complimenter pour ma présentation. Allions-nous ouvrir une bouteille de champagne et fêter ça ?

Finalement, il s'est penché vers moi et a prononcé ces mots fatidiques : « Génial, Brittany. Tu y es arrivée. Bravo. Tu es enfin prête pour que je t'emmène aux États-Unis. »

6

Rencontres et réunions

Juin 2015

Facebook n'a joué aucun rôle dans la création de Cambridge Analytica. Non, c'est un autre géant d'Internet qui a donné naissance au bébé d'Alexander.

En 2013, une jeune femme nommée Sophie Schmidt est venue faire un stage chez SCL avec Alexander[1]. Sophie était diplômée de Princeton et il se trouve que son père n'était autre qu'Eric Schmidt, mentionné plus haut, le P-DG de Google. Durant son stage, Sophie a décrit à Alexandre les innovations apportées à l'entreprise de son père. Comme il lui demandait le plus souvent possible de lui montrer ces nouveautés, elle se connectait à des tableaux de bord et lui expliquait l'importance de toutes les mesures. Alexander prenait des notes discrètement et digérait les informations, qui semblaient s'adapter parfaitement à son modèle économique du moment.

Il était sensible en particulier à l'évolution de Google Analytics, qui servait désormais à collecter et analyser les données des visiteurs sur près de la moitié des sites les plus performants au monde. En plaçant des cookies un peu partout, Google Analytics accumulait un ensemble de données comportementales sur un nombre gigantesque d'habitants de la planète, et Google pouvait ainsi proposer à ses clients toutes sortes de visualisations des données et des mesures sur l'efficacité d'un site Internet. Les clients pouvaient voir le taux de clics, ce que les gens téléchargeaient, ce qu'ils lisaient et regardaient, et le temps qu'ils passaient à faire tout cela. Ils pouvaient littéralement observer les mécanismes qui attiraient l'attention des internautes et qui la retenaient le plus longtemps.

Les progrès de Google en matière d'analyse ne s'arrêtaient pas à la performance des pages web ; la firme s'était mise à employer des publicités traçantes et avait permis à Google Search de classer les contenus en mettant en avant les matériaux les plus performants. Mieux un contenu fonctionnait, et plus haut il apparaissait dans la liste.

Aussitôt après le stage de Sophie Schmidt, Alexander a mis en œuvre la création d'une entreprise qui exploiterait l'analyse prédictive avant-gardiste qu'utilisait Google. Il était tout à fait logique d'intégrer ce type d'analyse à ce que SCL faisait depuis vingt ans dans le monde entier. Cela permettrait à la société de repenser et de recommercialiser ses services préalablement fondés sur les données.

Depuis sa création, SCL n'avait pas cessé de se réinventer. En 1989, les frères Nigel et Alex Oakes, des amis du père d'Alexander, avaient fondé le groupe de réflexion à but non lucratif dont Nigel lui-même m'avait parlé : l'Institut de dynamique comportementale, le BDI. L'Institut étudiait comment le comportement humain pouvait être compris, puis influencé, par le biais de la communication. À partir de ces recherches, le BDI avait obtenu des résultats utiles pour endiguer la violence, et il s'était mis en relation avec l'industrie de la défense. En 1994, quand les frères Oakes avaient lancé une campagne visant à éviter les violences électorales en Afrique du Sud, ils avaient contribué à l'élection pacifique de Nelson Mandela. Comme me l'a montré Alexander le premier jour où j'ai visité ses bureaux, SCL avait reçu l'approbation de Mandela en personne.

Le premier âge d'or de la société avait commencé après le 11 septembre 2001, quand SCL était devenu un partenaire essentiel pour les gouvernements, notamment en Grande-Bretagne, dans la lutte contre le terrorisme. SCL s'était engagé dans le combat contre la communication d'Al-Qaïda, en proposant des programmes de formation aux armées du monde entier, ce qui lui avait valu les compliments de l'Otan. Nigel n'aurait jamais pu imaginer que, dans la deuxième décennie du XXIe siècle, quand les budgets de la défense allaient se tarir, il y aurait un autre moyen pour SCL de rester rentable et pertinent à l'ère du numérique.

Pour son activité post-11 Septembre, SCL avait eu recours à la psychologie sociale et comportementale élaborée au BDI pour interpréter les données. À l'époque, il y avait peu de données à vendre, les échantillons étaient grossiers et limités, et le processus de collecte passait avant tout par les groupes de discussion, les enquêtes de porte-à-porte et les sondages téléphoniques. SCL pouvait associer certaines informations aux données fournies par le recensement ou par l'ONU, mais devait se borner à identifier des problèmes communs pour établir une segmentation basique au sein de grands groupes de population.

En créant Cambridge Analytica, Alexander voulait mettre la prévisibilité du comportement au service de la machine électorale. Il avait besoin d'amasser le maximum de données possible, auprès de toutes sortes de sources, et d'en améliorer l'« hygiène » plus radicalement que quiconque. On parle d'« hygiène des données » pour désigner le processus par lequel les ingénieurs rapprochent les nouvelles données des anciennes et corrigent les erreurs. Chez Cambridge Analytica, cela consistait d'abord, très simplement, à vérifier que le nom et le prénom d'une personne étaient corrects dans les deux ensembles de données, en s'appuyant sur des éléments basiques comme le code postal et la date de naissance. Venaient ensuite des « nettoyages » de plus en plus spécifiques. Plus les données étaient propres, plus les algorithmes étaient précis et donc meilleure était la prévisibilité. L'analyse de données pouvait rendre toujours plus précis, toujours plus scientifique, le travail qu'accomplissait déjà SCL.

Les États-Unis étaient l'endroit idéal pour fonder une telle entreprise, parce que ce pays n'avait aucune réglementation en matière de confidentialité des données, et parce que les données personnelles étaient automatiquement collectées sans qu'aucun consentement particulier soit requis en dehors de la simple présence sur le territoire américain. L'achat et la vente de données s'y déroulaient librement, presque sans aucun contrôle gouvernemental. Les données étaient alors accessibles partout, aux États-Unis ; c'est encore vrai aujourd'hui.

Lorsqu'il s'est tourné vers les États-Unis pour trouver des clients auxquels vendre de nouveaux produits fondés sur l'analyse des données, Alexander s'est vite focalisé sur les républicains. Ce virage à droite n'avait pas grand rapport avec ses opinions personnelles. En politique, Alexander était plutôt modéré. C'était un tory, un conservateur britannique qui aimait se croire supérieur à certaines idées antédiluviennes de l'extrême droite, un homme fondamentalement conservateur en matière de fiscalité mais capable d'idées très libres sur des questions sociales comme le mariage pour tous. Si le marché américain avait été plein de clients démocrates, il les aurait courtisés avec autant d'énergie. Le problème était que le marché était déjà saturé.

Au lendemain des campagnes Obama en 2008 et en 2012, toute une série de firmes étaient apparues pour répondre aux besoins des candidats de gauche. Les cinq plus grandes étaient Blue State Digital, BlueLabs, NGP VAN, Civis Analytics et HaystaqDNA. BlueLabs était la création d'un de mes anciens camarades à Andover,

Chris Wegrzyn, avec qui j'avais travaillé sur la campagne Obama. De l'équipe *new media*, au scin de l'équipe Obama, était issue toute une génération de gourous numériques qui rivalisaient pour assurer la communication du monde politique.

Après avoir été chargé de la stratégie numérique pour les deux campagnes d'Obama, en 2008 et en 2012, Joe Rospars a fondé Blue State Digital. Lui et son équipe se présentaient comme des pionniers : ils savaient que « les gens ne votent pas seulement le jour du scrutin, ils votent tous les jours avec leur porte-monnaie, avec leur temps, avec leurs clics, leurs *posts* et leurs tweets[2] ». D'autres hauts responsables de l'équipe d'analyse Obama for America ont fondé BlueLabs en 2013[3]. Durant la campagne de 2012, « la première dans l'histoire de la politique présidentielle à recourir aux modèles de persuasion », Daniel Porter avait été directeur de la modélisation statistique.

Le père de Sophie Schmidt, Eric, a fondé Civis en 2013, l'année du stage de Sophie chez SCL. La mission de Civis était de « démocratiser la science des données pour que les organisations cessent de tâtonner et prennent leurs décisions en s'appuyant sur des chiffres et des faits scientifiques ». Détail intéressant, l'un des points clés de son énoncé de mission était aussi : « Pas de trous du cul[4] ».

Le nouveau paysage médiatique étant déjà encombré à gauche, Alexander était de fait obligé de chercher à droite ses clients cibles : c'était la seule possibilité pour introduire la science des données en politique. C'était une décision commerciale, purement et simplement.

Pour trouver des fonds et des idées, Alexander s'est tourné vers les principaux conservateurs américains, dont beaucoup étaient indissociablement liés. Lors de son premier voyage aux États-Unis, il a rendu visite à Steve Bannon, personnalité conservatrice du milieu des médias. Quand j'ai rejoint le groupe SCL, j'ignorais qui était Bannon, même après l'avoir rencontré. Je ne me rendais pas compte que c'était un producteur prolifique de contenu conservateur, imprimé, audiovisuel ou numérique. Breitbart News, l'entreprise dont Bannon a repris les commandes après la mort de son fondateur, Andrew Breitbart, allait bientôt devenir la quatrième agence de médias du pays. Et Glittering Steel, la société de Steve, réalisait aussi bien des longs-métrages anti-Clinton que des publicités numériques pour les *super PAC*.

Surtout, parmi les autres personnes contactées par Alexander figuraient Robert Mercer et sa fille Rebekah.

Apparemment, Steve Bannon avait dit un jour que Bob et Bekah, qui était chargée du décaissement des fonds du vaste empire de Bob, étaient « vraiment des gens incroyables… Ils ne posaient jamais de question ». Selon Steve, les Mercer avaient des « valeurs très classe moyenne » et avaient accédé à leur « grande fortune tard dans la vie ». Quand Alexander a contacté les Mercer, ils étaient milliardaires et faisaient des dons aux causes conservatrices.

Bob Mercer avait en effet eu des débuts modestes. Brillant spécialiste des données chez IBM, il avait d'abord beaucoup travaillé sur l'intelligence artificielle. Il avait conçu les premiers algorithmes permettant aux ordinateurs de comprendre la parole humaine, et il était l'auteur ou le coauteur de la plupart des premiers articles sur Watson, le programme d'intelligence artificielle d'IBM.

Après avoir quitté IBM, Bob est devenu le premier à employer en Bourse la modélisation prédictive, ce qui lui a valu sa réputation de magnat des fonds spéculatifs. Renaissance Technologies, implanté à Long Island, était et reste le fonds spéculatif le plus lucratif au monde, avec des avoirs dépassant 25 milliards de dollars[5]. Bekah, l'une des trois filles de Bob et de son épouse Susan, était la plus active en politique, et elle a pris le contrôle des dons que faisait sa famille au parti conservateur.

Dans ces circonstances, quoi de mieux, aux yeux des Mercer, qu'un magnat des médias pour produire des messages et une société d'analyse de données pour cibler leur public ? Selon de nombreux témoignages, Steve Bannon allait devenir pour eux une sorte d'Obi-Wan Kenobi.

Steve, Bob, Bekah et Alexander étaient faits pour s'entendre : ils avaient en commun leur amitié avec Mark Block, éminence grise des républicains dans le Wisconsin. En 2013, à bord d'un avion, Block a rencontré par hasard un expert en guerre informatique de l'US Air Force, qui lui a chanté les louanges de SCL. Block a voulu être présenté à Alexander. Il connaissait l'utilisation que la campagne Obama avait faite des données, mais après avoir rencontré Alexander il a compris que la vision de Nix avait « des années-lumière d'avance » sur ce dont disposait alors le camp démocrate[6].

Block a dès lors voulu réunir tous ses amis. Il a raconté à un journaliste la première rencontre entre Nix, Bannon et les Mercer. Alexander et lui sont arrivés dans un « bar sportif miteux » au bord de l'Hudson où on leur avait dit qu'ils retrouveraient les Mercer. Block et Alexander se demandaient bien pourquoi le milliardaire et sa fille avaient choisi un endroit pareil. « Putain, c'est quoi ce rade ? » s'était exclamé Block. Bekah leur a envoyé un SMS annonçant l'arrivée imminente de son père, et le *Sea Owl*, le « super yacht de la famille Mercer, long de soixante mètres et d'une valeur de 75 millions de dollars, s'est avancé jusqu'au quai, derrière le bar miteux ». Steve Bannon était déjà à bord avec Bob et Bekah[7]. Block et Alexander les ont rejoints, et le reste est entré dans l'histoire.

Ce n'est pas un hasard si Bob Mercer a investi dans une nouvelle société de conseil fondée sur l'analyse de données. L'une de ses petites phrases préférées était : « Des données, on n'en a jamais trop[8]. » Et ses choix politiques allaient de soi : ses convictions étaient ultra-conservatrices et anti-étatistes. Les prétendues opinions extrêmes de Mercer ont fait couler beaucoup d'encre. On dit, entre autres, qu'il considère comme une terrible erreur le vote de la loi de 1964 sur les droits civiques des Noirs (je ne le savais pas à l'époque).

Alexander ne m'a jamais parlé directement de la somme investie par Bob Mercer dans Cambridge Analytica, mais il m'a dit ceci : depuis la minute où il a terminé son tout premier pitch devant lui, en évoquant tous les aspects possibles de l'utilisation des données, pour cibler les électeurs, pour repérer les convaincus ou pour persuader les indécis, Bob Mercer lui a apporté un soutien indéfectible. La sensibilité conservatrice des Mercer est bien connue, mais Bob voyait réunis chez Cambridge Analytica ses intérêts politiques et son goût pour la science des données. Sa réaction à la présentation avait été quelque chose comme : « Il vous faut combien, et j'envoie l'argent où ? »

Désormais, le trio Steve, Bekah et Bob formait le conseil d'administration de la nouvelle société nommée Cambridge Analytica, avec Alexander Nix à la barre. Alexander avait déjà engagé quelques analystes, mais il en a embauché davantage, et a ordonné aux employés de SCL de partager leur temps entre les États-Unis et le reste de leur action internationale. Les analystes ont commencé à acheter le plus de données possible, et Cambridge Analytica a décollé en quelques mois.

J'ai fait la connaissance de Bekah Mercer en juin 2015, quand Alexander m'a emmenée pour la première fois aux États-Unis. À Londres, mon pitch l'avait impressionné, et j'en étais très fière. J'étais retournée aux États-Unis plusieurs fois pendant mes études, mais j'étais installée à l'étranger depuis dix ans, et je n'avais pas eu les moyens de rentrer chez moi très souvent. Il s'était parfois écoulé vingt-quatre mois sans que j'y remette les pieds.

Ce retour dans mon pays natal m'a fait beaucoup de bien. Je devais avouer que, même si j'envisageais de faire ma vie en Angleterre, j'en avais un peu assez du Royaume-Uni sur le plan des affaires, et pas seulement pour SCL. Les Britanniques étaient d'une politesse excessive, et on ne savait jamais s'ils vous appréciaient vraiment ou s'ils avaient l'intention de faire des affaires avec vous.

Ce que j'aimais aux États-Unis, et surtout à New York, où je suis allée rencontrer Bekah avec Alexander, c'est que, comme à Londres, tous les gens étaient tellement pris par leur vie professionnelle qu'ils n'avaient pas le temps de bavarder. D'autres auraient pu trouver cela irritant, mais ce sentiment d'urgence me plaisait.

Je connaissais à peine New York : j'y avais passé quelques weekends quand j'étais au lycée, quand j'y allais en train avec des amis. Mais je me suis alors rappelé comment la ville fonctionnait : les passants filaient, entièrement absorbés par leurs préoccupations personnelles, sans jamais croiser le regard des inconnus dans le bus ou le métro.

D'un autre côté, en affaires, les Américains étaient en général d'une franchise rafraîchissante. Quand un Américain ne vous trouvait pas sympathique ou n'avait pas l'argent nécessaire pour travailler avec vous, vous le saviez tout de suite. Et vous le saviez toujours quand on vous racontait des bobards. Du moins, c'était ce que je pensais à l'époque.

Et c'était l'impression que donnait Bekah Mercer. Elle ne dissimulait rien. Quand nous sommes entrés dans son bureau, ce jour-là, le 15 juin, elle n'avait pas beaucoup de temps à nous consacrer, mais elle s'est montrée directe et aimable, pleine d'entrain. Elle nous a regardés droit dans les yeux. Avec son élégant tailleur et ses chaussures à talons, elle était grande et svelte, les cheveux roux, la peau claire, le front haut. Elle portait des lunettes fumées aux montures incrustées de brillants. Ses mains étaient fines, mais elle avait de la poigne, comme il convenait à une femme de pouvoir.

Je ne savais pas encore grand-chose sur son compte, hormis le fait qu'elle était puissante. J'avais entendu sa voix pendant les conférences téléphoniques, une voix ferme et catégorique. J'allais bientôt apprendre qu'elle était titulaire d'un double diplôme en biologie et en mathématiques, et d'un master en recherche opérationnelle et en ingénierie des systèmes économiques. Elle avait travaillé comme trader dans un cabinet financier new-yorkais[9]. On prétendait qu'elle était le plus féroce animal politique de toute la famille Mercer[10].

Bekah savait ce qu'elle voulait et je faisais maintenant partie de l'équipe qui allait le lui offrir. Alexander appelait Bekah sa *work wife*, son « épouse au travail », titre qu'il n'expliquait guère, sauf pour dire qu'il avait plus en commun avec Bekah qu'avec sa propre femme, Olympia. Entre sa collection d'art moderne et ses matchs de polo, Alexander semblait passer avec Bekah et sa famille davantage de temps que ne l'exigeait Cambridge Analytica. Plus j'en savais, et plus j'avais l'impression qu'il était plus proche des Mercer que de sa propre famille.

Quand j'ai rencontré Bekah, je venais d'apprendre que c'était elle qui avait mis Alexander et CA en relation avec la campagne Cruz en 2014. Après que le sénateur Cruz avait eu une entrevue avec Alexander et Steve Bannon à Washington, à l'automne 2014, juste avant que je ne sois embauchée chez SCL, les Mercer avaient investi 11 millions de dollars pour soutenir Cruz, disait-on.

À l'époque, Cambridge Analytica travaillait sur des dizaines de campagnes moins importantes. Pour sa première tentative aux États-Unis, Alexander avait espéré remporter un contrat de campagne pour un sénateur, ou pour un gouverneur si la chance lui souriait. Mais ce n'était pas assez pour les Mercer.

Selon la presse, Bekah et Bob voulaient trouver un candidat à opposer aux démocrates en 2016, quelqu'un qui ait le profil du trouble-fête et qui révolutionnerait le fonctionnement de la Maison Blanche. Bob et Bekah voulaient acquérir une réputation de « milliardaires qui veulent tout faire sauter[11] ». On les prétendait attirés par les idées d'un certain Pat Caddell pour l'avenir de Washington. À en croire ce consultant, la politique américaine avait besoin d'un personnage comme celui qu'incarne James Stewart dans le film de 1947 *Mr Smith au Sénat*. Caddell voulait « découvrir une nouvelle classe de dirigeants pour la politique, les affaires et la vie civile aux États-Unis » ; il était parti en quête de cette personnalité, ayant initialement baptisé sa mission « Recherche Smith désespérément ».

Cette idée plaisait à Bob et Bekah ; eux aussi recherchaient un M. Tout-le-Monde, un homme « qui irait à Washington pour s'attaquer à la corruption sans dévier de ses principes[12] ».

Alors pourquoi les Mercer avaient-ils choisi le sénateur Ted Cruz ? Ses résultats dans les sondages étaient lamentables, son nom ne disait pas grand-chose aux gens, et il déplaisait à tous ceux qui le connaissaient. À son propos, le sénateur Lindsey Graham avait lancé cette boutade : « Si Ted Cruz était tué par balle en plein Sénat, personne ne prendrait la peine d'appeler une ambulance. » Bekah et Bob avaient certainement conscience des faiblesses de Cruz, mais ils partageaient les valeurs qu'il défendait, et ils comptaient sur Cambridge Analytica pour le propulser à la Maison Blanche.

Peu à peu, les efforts de CA ont porté leurs fruits. Dès les premières enquêtes, Alexander pouvait se flatter d'une efficacité accrue de plus de 30 % pour les messages de la campagne Cruz. Davantage de gens connaissaient le nom et le visage du candidat, et beaucoup de ces personnes en sont venues à changer d'attitude, pour adhérer à la campagne et envoyer massivement leurs dons. L'investiture républicaine de Cruz a commencé à devenir une possibilité, et le milieu politique a remarqué l'existence de Cambridge Analytica.

Tout en soutenant CA, Bekah et Bob préféraient faire profil bas. Certains les présentaient comme des antisémites, anti-immigration, porteurs d'un discours haineux et communautaire. D'autres décrivaient Bekah comme « aussi redoutablement intelligente en politique qu'on peut l'être sans s'être jamais sali les mains ». Certains la voyaient comme un génie malfaisant, image qu'elle détestait[13]. Dans un article d'opinion publié en 2018 par *The Wall Street Journal*, Bekah expliquait que sa « réticence naturelle à parler aux journalistes » avait fait d'elle « la proie des fantasmes invraisemblables des médias ». Elle disait être attachée à la recherche et à la méthode scientifique, à un gouvernement local et moins interventionniste, et vouloir notamment « combattre la corruption invétérée dans les deux camps[14] ».

À New York, en juin 2015, Alexander m'a présentée à Bekah. La rencontre a eu lieu dans son bureau, au 27e étage du NewsCorp. Building, presque à la nuit tombée. Il lui a très aimablement dit que j'étais le « nouveau génie de la bande », que j'avais déjà connu de beaux succès chez SCL, et que j'étais désormais chargée de tout le développement commercial de Cambridge Analytica.

Bekah m'a souhaité la bienvenue au sein de l'équipe. Elle allait devoir nous quitter parce qu'il était déjà tard (elle avait quatre enfants). Mais elle espérait bien nous revoir.

Moi de même.

Si Alexander avait organisé le rendez-vous en toute fin de journée, c'est aussi parce qu'il voulait rencontrer Brandon Muir, directeur exécutif d'un organisme à but non lucratif que finançait Bekah. Alexander n'aimait pas du tout le projet de Bekah, Reclaim New York (« Reconquérir New York »), dont le but affiché était d'accroître la transparence du gouvernement dans l'État de New York. Steve Bannon l'avait lancé en versant environ 3 millions de dollars via par la Fondation Mercer, mais Alexander estimait que c'était gaspiller l'énergie de Bekah. L'organisation se contentait de soumettre des demandes d'informations officielles en vertu de la loi d'accès à l'information pour découvrir quelles entreprises avaient versé des dessous-de-table pour réparer des nids-de-poule sur les routes ou qui avait acheté des manuels scolaires pour toute la ville sans jamais les payer.

Alexander voulait que Bekah lui consacre toute son attention et tout son temps. Il avait besoin de ses relations et de son aide pour harponner de gros poissons. Même si ces clients-là n'avaient pas les moyens de payer Cambridge Analytica, Bekah soutiendrait la cause, ferait un don stratégique aux clients en question, et CA aurait du pain sur la planche.

Ce soir-là, l'intention d'Alexander n'était donc pas de passer du temps avec Bekah, mais de courtiser le directeur exécutif de Reclaim New York pour le convaincre de laisser tomber le projet.

Brandon Muir travaillait alors depuis un an pour Reclaim New York. Il avait une grande expérience des élections en Amérique du Sud, c'était un républicain convaincu, et il parlait couramment espagnol. Ce serait une recrue idéale pour CA en cas d'expansion vers l'Amérique latine, où les données restaient à conquérir.

Comme je n'avais jamais eu l'occasion de présenter un pitch « en vrai », Alexander voulait que je m'entraîne devant Brandon, employé potentiel de CA, et il m'a présentée à lui non comme le nouveau petit génie de la société, mais comme son unique « sale démocrate ».

Alexander avait choisi un moment historique pour notre voyage aux États-Unis. Le 16 juin 2015, le lendemain de notre visite dans les bureaux de Reclaim New York, Donald Trump descendait en grande pompe un escalator doré de la Trump Tower et annonçait qu'il était candidat à la présidence des États-Unis. Présenté à la foule par sa fille Ivanka, il était monté sur scène alors que des haut-parleurs diffusaient de part et d'autre la chanson de Neil Young *Rockin' in the Free World*.

« Quand le Mexique nous envoie des gens, ce ne sont pas les meilleurs. Ce ne sont pas des gens comme vous et moi. On nous envoie des gens à problèmes, des problèmes qu'ils apportent chez nous. Ils nous apportent la drogue, la délinquance. Ce sont des violeurs. Et certains, je suppose, sont des gens bien », disait Trump.

Il voulait construire « un grand mur ». « Personne ne construit les murs mieux que moi, croyez-moi, et je les construirai sans que ça coûte cher, je construirai un énorme mur sur notre frontière sud. Et je le ferai payer par le Mexique. »

Dans nos bureaux londoniens, la possible candidature de Trump alimentait la rumeur et nourrissait les inquiétudes depuis quelque temps. En mars 2015, Trump avait formé un comité de réflexion pour la présidence. En mai, il avait annoncé la création d'une équipe dirigeante alors qu'il se trouvait dans le New Hampshire, l'État où se déroule toujours l'une des premières primaires présidentielles du pays.

Trump serait-il un rival de taille pour le sénateur Cruz, notre principal client ? J'en doutais fort.

Je ne pouvais pas prendre Trump au sérieux. Et beaucoup d'autres aux États-Unis n'y arrivaient pas non plus. À l'époque, un sondage avait montré que, pour l'ensemble de la nation, environ 7 électeurs sur 10 se déclaraient certains de ne pas voter pour lui[15]. J'étais quasiment sûre qu'il n'était une menace ni pour les autres clients de CA ni pour moi. Il ne gagnerait jamais.

Alexander était du même avis. Voilà pourquoi nous étions à Washington le 16 juin. Nous étions venus voir Steve Bannon, qui, selon Alexander, pourrait nous aider à contacter Trump, vache à lait utile à des fins commerciales, et sujet d'expériences possibles en politique.

Tout ce que je savais à propos de Steve Bannon quand je l'ai rencontré, c'était qu'il avait fondé CA avec Alexander et les Mercer, et que c'était une grosse pointure dans les médias et la production de films. Alexander parlait toujours de « Steve » avec beaucoup de respect : c'était un homme d'influence, l'intermédiaire entre CA et l'argent des Mercer, celui qui rendait possibles des campagnes politiques. C'était le « parrain de CA ». Et, même si j'étais flattée de lui être présentée, le rencontrer m'intimidait.

Steve habitait dans A Street, en pleine colline du Capitole, dans une maison du XVIIIe siècle à deux étages en brique, qu'Alexander appelait « l'Ambassade ». J'avais entendu dire qu'elle appartenait aux Mercer, mais que seul Steve y vivait. Comme Alexander en avait les clés, nous sommes entrés. La maison était plongée dans l'obscurité. Nous nous tenions sur le seuil, où flottait le drapeau américain. Steve était sans doute dans le bureau, et Alexander m'a conduite au sous-sol, un espace faiblement éclairé où une poignée de jeunes travaillaient en silence sur des ordinateurs.

Nous avons franchi une porte-fenêtre pour pénétrer dans une grande salle du conseil. Personne. Alexander a sorti son téléphone et a passé un appel. Quelques instants après, Steve Bannon faisait irruption dans la salle et fonçait droit vers Alexander pour l'accueillir. Bannon portait une tenue décontractée, bien plus que je ne m'y attendais, puisque nous nous étions mis sur notre trente et un, Alexander et moi. Il nous a rapidement serré la main à tous les deux, avant de rejeter en arrière les cheveux qui lui tombaient dans les yeux, révélant des joues rouge vif et des yeux injectés de sang ; il avait sans doute eu une nuit très agitée. J'ignorais alors que Steve ne buvait pas une goutte d'alcool, et en voyant ses yeux et son teint rougeaud, j'ai cru qu'il avait la gueule de bois, ce qui m'a rendue un peu moins nerveuse.

Alexander m'a présentée en prenant bien soin de me dénoncer comme démocrate, ainsi qu'il l'avait fait avec Brandon.

— Donc nous avons une espionne parmi nous ? a dit Bannon avant d'éclater de rire.

— Oui, mais elle roule pour Obama, pas pour Hillary.

Et Alexander a expliqué que j'avais participé à la campagne de 2008.

Steve a alors pris son téléphone et a lancé une vidéo.

— Regardez un peu ça.

C'était un spot publicitaire qui durait entre trente et quarante secondes, où une actrice déguisée en Hillary, assise à un bureau, jetait un coup d'œil par-dessus son épaule et échangeait une enveloppe suspecte avec quelqu'un.

— C'est un de nos bébés.

Steve parlait de la vidéo. Il était radieux.

— Vous avez lu *Clinton Cash* ?

Il faisait référence à un livre d'où serait tiré un documentaire. Il m'a expliqué comment le trouver en ligne.

— Vous devriez le lire. En plus, on est en train de l'adapter pour le cinéma.

Nous sommes restés une dizaine de minutes dans la salle, à parler des clients qu'Alexander souhaitait avoir pour CA : des organismes à but non lucratif comme la Heritage Foundation, des groupes politiques comme For America. Mais, quand nous avons abordé la question des candidats républicains à la présidence, Alexander m'a demandé de sortir. J'ai supposé qu'ils allaient discuter de Trump.

Alexander pensait que Steve pouvait nous obtenir un rendez-vous avec le directeur de campagne de Trump, Corcy Lewandowski.

J'ai fermé la porte-fenêtre et me suis frayé un chemin entre les ordinateurs pour me présenter. Mes interlocuteurs me rappelaient mes collègues chez Cambridge Analytica – ils étaient jeunes et brillants, mais tous américains – et ils semblaient tout aussi passionnés par leur travail que les employés de SCL.

Ils étaient journalistes ou designers numériques. Certains s'occupaient des réseaux sociaux. « Pour Breitbart », disaient-ils.

Je ne comprenais pas mais j'ai fait comme si je voyais très bien. Je n'avais encore jamais entendu parler de Breitbart et, quand Alexander et Steve sont réapparus, je n'avais toujours pas une idée très claire de ce que c'était, à part un genre de site Internet destiné aux conservateurs.

— Bon, a dit Steve au groupe, nous avons tous terminé notre journée.

Il ne parlait pas seulement d'Alexander et de moi.

Il était temps de se préparer pour le grand événement, a-t-il annoncé. Ce soir-là, il accueillait Ann Coulter, qui venait dédicacer son dernier livre.

Je ne pouvais pas supporter Ann Coulter. Je ne savais pas grand-chose sur Steve Bannon et je n'avais jamais entendu parler de Breitbart, mais elle, on ne pouvait pas la rater : une vraie garce, gourou des conservateurs, qui tenait une chronique dans la presse. Son nom suffisait à me donner la nausée. Dans son nouveau livre, *¡ Adios, America ! The Left's Plan to Turn Our Country into a Third World Hellhole*, titre charmant qui anticipait les « pays trous à merde » dont parlerait plus tard Donald Trump, Coulter affirmait : « Aujourd'hui, les immigrés ne viennent pas ici pour respirer librement, ils viennent pour vivre à nos dépens[16]. » Elle prétendait aussi que Carlos Slim Helú, le milliardaire d'origine mexicaine propriétaire du *New York Times*, avait racheté le journal parce qu'il voulait publier « des articles pro-immigration clandestine » dans le quotidien de référence aux États-Unis[17].

Steve voulait que nous restions pour rencontrer Ann.

— Ah, a répondu vaguement Alexander. Mais nous avons un autre rendez-vous important.

Steve a promis de nous envoyer des exemplaires dédicacés d'*¡ Adios, America !* et je me suis efforcée de ne pas lever les yeux au ciel.

À l'instant où nous sommes sortis, Alexander s'est tourné vers moi :

— Tu peux me dire qui est Ann Coulter ?

J'ai été choquée.

— Alexander ! ai-je murmuré. Cette femme est le pire individu qui ait jamais existé.

— Ah, d'accord, a-t-il conclu quand j'ai eu fini de lui donner des détails. Alors nous l'avons échappé belle.

Il a ajouté en plaisantant qu'il réclamerait à Steve les exemplaires dédicacés. Il rangerait le sien dans sa collection de littérature fasciste, sur l'étagère que j'avais remarquée le jour où j'étais entrée dans son bureau pour la première fois.

J'aimais voyager avec Alexander. Pendant notre séjour aux États-Unis, j'ai vite appris à mieux le connaître. Sa soif d'art moderne était insatiable, et, partout où c'était possible, nous nous arrêtions dans les galeries pour admirer de nouvelles œuvres. C'était aussi un père attentionné, du moins autant qu'il pouvait l'être compte tenu de son agenda chargé. Je l'ai aidé à choisir des cadeaux pour ses enfants, chez Lego et chez American Girl.

Alexander avait des rituels particuliers qui faisaient aussi partie du voyage. Il tenait à boire un verre dès qu'il arrivait quelque part, et il disait que chaque rendez-vous professionnel l'après-midi exigeait ensuite un dîner professionnel. Comme il le répétait souvent, il aimait « sceller un accord par des mondanités ». C'était le genre d'homme d'affaires qui pensait que le coût relativement modeste de quelques repas et de quelques verres pouvait tout changer à une relation professionnelle.

Quand nous avons commencé à passer plus de temps ensemble aux États-Unis, et en me voyant dans mon nouveau rôle de directrice du développement commercial, Alexander s'est remis à dire que j'avais un avenir dans la société, un grand avenir. Peut-être, déclarait-il souvent, pourrais-je même devenir P-DG un jour.

« Quand je serai vieux et moche, c'est toi qui seras aux commandes. »

Il venait d'avoir quarante ans, c'était un bébé, mais il me paraissait si mûr, si expérimenté. Et, comme j'étais la seule personne, chez Cambridge Analytica, à être formée directement par lui, sa prophétie finirait peut-être par se réaliser.

Le soir de notre rencontre avec Bannon, nous avons dîné et je suis remontée dans ma chambre d'hôtel. J'avais réussi à me procurer *Clinton Cash*, le livre sur la Fondation Clinton que Steve m'avait recommandé. Le sous-titre était : *The Untold Story of How and Why Foreign Governments and Businesses Helped Make Bill and Hillary Rich*, par Peter Schweizer, éditeur principal chez Breitbart. Comme le film qui en a été tiré, ce livre avait été financé par les Mercer.

Dans le documentaire, Schweizer jouait même le rôle du narrateur. Quand le film est sorti, en mai 2016, il proposait une vision biaisée de la Fondation Clinton, en suggérant que, durant le mandat de Hillary comme secrétaire d'État, les Clinton avaient bénéficié directement de dons illégaux. Dans ce récit douteux, les Clinton – qui avait laissé la Maison Blanche « sur la paille », selon Hillary – avaient rebâti leur empire financier en acceptant des pots-de-vin en échange d'aide humanitaire, de discours, surtout dans des pays comme le Nigeria et Haïti, et de modifications de la politique des États-Unis. Ces dessous-de-table, prétendait Schweizer dans le film, avaient fini dans les caisses de la Fondation Clinton comme paiement (toujours à un prix exagéré) pour les discours prononcés par Clinton. Selon ce qu'écrit Schweizer, c'était « du capitalisme de copinage qui dérape ».

Quand j'ai lu le livre et que j'ai ensuite vu le film, j'ai éprouvé du mépris et de l'inquiétude. C'était curieux. Je n'étais pas de ces démocrates obsédés par Hillary, et, après avoir visionné le documentaire, je n'ai pu m'empêcher de penser que, même si la moitié de ses allégations étaient fausses, je comprenais parfaitement pourquoi les républicains étaient si opposés à ce que Hillary devienne présidente des États-Unis.

Pendant notre séjour à New York, j'ai fait un petit voyage à Boston, pour ma dixième réunion d'anciens élèves à Andover.

Il y avait pour moi quelque chose de très émouvant dans ce retour sur les lieux où ma conscience politique s'était éveillée. En 2001, j'y faisais ma première année, et ma rentrée a eu lieu le 11 Septembre. Depuis ma chambre dans les dortoirs, j'ai assisté à l'événement qui avait secoué le monde et tout mon entourage.

Certains de mes camarades de classe ont perdu des membres de leur famille dans l'une des Twin Towers ou dans l'un des avions qui se sont écrasés sur le Pentagone ou dans un champ de Pennsylvanie. La fille avec qui je partageais ma chambre a appris que son oncle était le pilote du vol 11, qui avait percuté la tour nord. Par ce beau mardi de septembre, dans le Massachusetts, j'ai vu mes camarades courir dans tous les sens pour joindre leurs parents. Je les ai vus apprendre qu'un de leurs proches était porté disparu. J'ai vu tout cela, et j'ai partagé leur chagrin.

Ces événements auraient pu me pousser vers le conservatisme en politique, mais ils ont eu l'effet inverse.

J'étais née de gauche. C'était ma façon naturelle de voir le monde. Et, après le 11 Septembre, je me suis orientée encore plus à gauche. Je voyais qu'au lendemain de ces attentats terroristes les libertés civiles aux États-Unis avaient été rabotées. Le pays était sous surveillance. Le 26 octobre 2001, le Patriot Act a été voté sans soulever de véritables protestations ; il donnait au gouvernement le droit de recueillir des données sur les citoyens sans avoir besoin de leur consentement. (Par une ironie du sort, c'est l'extension des pouvoirs du gouvernement en 2001 qui allait conduire à la grande razzia sur les données à la fin de cette même décennie.)

Cette intrusion dans la vie privée me perturbait, tout comme la militarisation du pays. C'est là que je me suis pour la première fois mêlée de la politique nationale. Au printemps suivant, quand une des filles les plus intelligentes de ma promo a lancé une invitation au rassemblement pour Howard Dean dans le New Hampshire, je me suis aussitôt inscrite et j'ai pris le bus. Je n'avais que quinze ans, mais je savais que Dean était un candidat résolument progressiste, et quand je suis revenue à Andover je me suis mise à travailler pour lui de loin, comme bénévole. De l'ordinateur de ma chambre, j'envoyais des mails aux électeurs indécis.

Durant ma deuxième année, j'ai été officiellement invitée à participer à Lead America, un programme de formation au leadership destiné aux jeunes. C'est ainsi que j'ai rencontré le tout jeune Barack Obama. Il était à Boston pour la convention nationale démocrate de 2004 et il prononçait un discours lors d'un meeting pour l'environnement au port ; après avoir écouté ses propos inspirants, qui n'avaient attiré qu'une trentaine d'auditeurs, je l'ai attendu à la sortie.

Il était grand, beau, il était trentenaire mais on lui donnait dix ans de moins. Il dégageait tellement d'enthousiasme et d'espoir qu'il suffisait d'être à ses côtés pour avoir l'impression que tout allait s'arranger. Je me suis présentée en disant que je venais de

Chicago, comme lui, et je lui ai parlé de mon travail bénévole pour Dean.

— Eh bien, je veux obtenir un siège au Sénat, a dit Obama. Vous seriez prête à m'aider pour ma campagne ?

Bien sûr, j'ai accepté. J'ai été bénévole durant sa campagne pour le Sénat, puis, pendant les vacances, j'ai fait un stage dans son équipe lorsqu'il briguait les plus hautes fonctions de l'État. J'étais si dévouée à Obama que j'ai pris un congé de l'université pour consacrer mes jours et mes nuits à son ambition présidentielle. J'étais tellement fan que j'ai demandé à ma mère de confectionner des cookies à son effigie pour mes camarades bénévoles.

Voilà celle que j'étais à Andover. Celle que j'étais avant de travailler pour Cambridge Analytica.

Avant la réunion des anciens élèves, j'ai réfléchi à ce que mes ex-camarades savaient de moi. Il n'était question du groupe SCL ni sur ma page LinkedIn ni sur mon profil Facebook. Les dernières mises à jour qu'ils avaient pu voir à mon sujet concernaient ma rencontre avec des dignitaires à Londres ou la mission commerciale en Libye que j'avais dirigée.

Lors de la réunion, j'ai d'abord évité de parler de ce que je faisais désormais. J'ai laissé croire que je travaillais encore dans l'humanitaire ou dans la diplomatie.

— Toi, tu as dû faire des choses passionnantes depuis que tu as obtenu ton diplôme, supposaient certains.

Peut-être bien, mais ces derniers temps ma vie avait pris un tour inattendu. Je menais une existence diamétralement opposée à celle que j'avais peu auparavant. Tout juste un an avant, j'étais une militante progressiste et je faisais des recherches sur les droits de l'homme en Inde. Tout à coup, j'étais directrice du développement commercial d'une société qui avait travaillé main dans la main avec la CIA et qui aidait maintenant le Parti républicain. Avec une facilité digne d'un élève de l'Actors Studio, j'étais entrée dans un nouveau rôle.

À quelques rares personnes, j'ai avoué tout bas quel métier j'exerçais vraiment. La plupart d'entre elles étaient issues de riches familles, ou des gens avec qui j'avais jadis eu des discussions politiques.

— C'est invraisemblable. On n'aurait jamais cru ça de toi, disaient-ils quand je décrivais mon travail au Nigeria et sur les opérations psychologiques, ou quand je racontais que SCL concevait des stratégies électorales dans le monde entier.

Et, tout en expliquant à ces rares personnes que j'étais désormais employée aux États-Unis par une entreprise dérivée de SCL, Cambridge Analytica, je tentais de me l'expliquer aussi à moi-même.

Notre second voyage pour voir Steve Bannon a eu lieu à la mi-septembre 2015. Il voulait savoir de quelles nouvelles pistes nous disposions, et nous sommes allés le briefer à Washington, Alexander et moi.

Cette fois, je le connaissais mieux. J'avais lu quelques articles enflammés que Steve avait publiés sur Breitbart, et j'avais pris conscience que la plupart de ses convictions étaient opposées aux miennes. J'étais anxieuse, bien plus que lors de la première rencontre. Croyait-il vraiment tout ce qu'il écrivait ? Impossible. Il me semblait être fin stratège. Qu'avait-il à gagner en semant la peur dans les articles que je voyais sur Breitbart.com ?

Cette fois, quand je suis arrivée à « l'Ambassade » avec Alexander, c'est Steve qui nous a ouvert la porte. Il portait un vieux caleçon et un T-shirt blanc ordinaire ; en nous voyant sur le seuil, il a dû décider qu'il devait se changer. Il a disparu, puis nous a retrouvés au sous-sol, en sweat-shirt et en jean.

Nous lui avons soumis nos dossiers. Entre autres perspectives, Alexander a expliqué que nous étions sur le point de nous rendre en

France pour présenter notre argumentaire de vente à l'ex-président Nicolas Sarkozy. Comme Alexander l'a fièrement annoncé à Steve, nous envisagions aussi de travailler en Allemagne, pour le parti d'Angela Merkel, la CDU.

Steve avait son opinion sur ces deux points. Il nous a répondu qu'il préférait cibler les candidats d'extrême droite, comme Marine Le Pen, mais son téléphone a sonné.

Il a consulté l'écran, a eu l'air très content de lui, et a tourné son téléphone face à nous. L'appelant était identifié comme « Donald Trump ».

Steve a placé le téléphone contre son oreille. « Donald ! s'est-il exclamé d'une voix tonitruante. Qu'est-ce que je peux faire pour toi ? » Il a activé le haut-parleur, et j'ai entendu la voix d'un homme qui m'inspirait à peu près autant de respect que les semblables d'Ann Coulter et de Marine Le Pen, ce timbre nasal, arrogant que j'avais découvert lors du *reality show* surréaliste où le milliardaire donnait audience sur un trône doré, dans un château doré, et fustigeait ses subalternes comme un roi ordonnant qu'on décapite les bouffons et les bons à rien.

— Je deviens dingue, ici, à préparer cette réunion sur l'accord contre l'Iran, a dit Trump.

Il était à New York, et j'imagine qu'il nous appelait depuis son château.

Alexander avait dit que Trump allait partager la une avec Ted Cruz, et manifestement Trump n'en était pas ravi. Steve avait organisé cet événement par le biais de négociations en coulisses ; le but était d'élargir la base de Trump, tout en propulsant Cruz, mais aucun des deux hommes ne semblait apprécier l'autre.

— On fait nos valises pour aller vous voir demain, Ted et toi, a poursuivi Trump. On est tellement occupés. Ça prend des proportions énormes, vraiment énormes. Quand est-ce que tu m'envoies tes Anglais ?! a-t-il hurlé.

Steve nous a regardés.

— Eh bien, en fait, je suis avec eux en ce moment. L'Anglais et Brittany ! Tu veux que je te les envoie tout de suite ?

Je n'avais pas compris à quel point la collaboration de CA avec Trump était imminente. Alexander avait arrangé une rencontre avec Corey Lewandowski en juin 2015, avant le jour fatal où Trump avait descendu l'escalator de la Trump Tower pour annoncer son intention d'être candidat. Ils avaient été présentés par Steve Bannon, et ils savaient depuis longtemps qu'une sorte de campagne se préparait. Que Donald ait voulu devenir président ou créer un plus vaste empire commercial, nous avions faits de gros efforts pour travailler sur le dossier. Au cours des trois mois écoulés depuis juin, nous avions eu de nombreux échanges avec Corey, sans qu'aucune rencontre ne soit confirmée. Mais voilà que Donald en personne demandait à Steve Bannon de nous envoyer à la Trump Tower pour l'aider. Comment Corey pouvait-il dire non au patron ? Corey Lewandowski pourrait nous accueillir à la Trump Tower le lendemain matin de bonne heure, a dit Trump. « Et nous prendrons l'avion à 10 heures pour le Capitole. »

Alexander m'avait promis que je ne serais jamais directement impliquée dans la politique républicaine. Ce jour-là, il m'a promis que, de toute façon, la présentation destinée à Trump n'était pas nécessairement politique : c'était simplement une formidable relation d'affaires qui pourrait se concrétiser par toutes sortes de contrats. Une occasion en or. Nous ne pouvions pas la laisser passer.

Ce soir-là, nous sommes partis pour Union Station et nous avons pris un train pour New York. Les paysages crépusculaires du Maryland puis du Delaware défilaient derrière les vitres, et la nuit tombait un peu plus à chaque kilomètre de voie ferrée.

J'ignorais ce qu'Alexander voudrait exactement que je fasse le lendemain.

— Donc je lui fais un pitch commercial ou politique ? Ou les deux ? lui ai-je demandé.

— Hmm, a-t-il dit d'un air distrait. N'importe lequel.

Il s'est replongé dans ce qu'il était en train de faire.

— Peu importe, mais il faut que tu m'impressionnes.

Il me le disait souvent.

Et je n'avais pas besoin de m'inquiéter, a-t-il ajouté. Trump n'était que candidat *théorique* aux présidentielles. Pitch politique ou commercial, ça revenait au même. Si Donald Trump se présentait, m'a expliqué Alexander, c'était en réalité pour favoriser le lancement de « Trump TV ». Autrement dit, sa candidature n'était rien de plus qu'un tour de passe-passe. Le politique et le commercial y étaient inextricablement liés.

Cette information m'a pétrifiée : toute la « campagne » de Trump n'avait rien à voir avec la présidence des États-Unis ?

Non, a répondu Alexander. Il s'agissait uniquement de rassembler un public motivé pour ce qui devait être la plus audacieuse de ses entreprises commerciales à ce jour, et qui devrait surpasser son empire immobilier : en d'autres termes, un gigantesque empire multimédia.

Était-ce bien vrai ? L'éventualité d'une présidence Trump pouvait donc être exclue ?

Alexander m'a expliqué que l'idée de Trump président des États-Unis était évidemment absurde. Jamais les Américains ne le voudraient ; tout ce projet était ridicule. Cruz, Rubio ou un autre obtiendrait l'investiture, puis perdrait face à Hillary. La candidature de Trump était depuis toujours une façade pour ce gigantesque projet commercial, et CA serait présent dès la *naissance* de cet empire. Nous serions aux premières loges. Après tout, Trump TV était une histoire de données. Et ce que CA faisait consistait déjà largement à consolider son monopole sur la base de données conservatricc afin de créer un produit sans lequel Trump TV ne pourrait prospérer.

En somme, en organisant ce rendez-vous, Steve nous remettait les clés du nouveau royaume de Trump.

Nous avions rendez-vous à 8 heures le lendemain matin. Comme je n'étais jamais entrée dans la Trump Tower, Alexander m'a conseillé de l'attendre devant la porte principale.

Je n'avais pratiquement pas dormi de la nuit. Les révélations d'Alexander m'avaient mis les nerfs en pelote. J'avais aussi appris que l'argent finançant Trump TV était celui des Mercer, et que Steve Bannon était l'agent du projet, son concepteur et son défenseur. Pendant la prétendue campagne, l'organisation Trump allait rassembler des données alimentant directement une entreprise qui servirait de porte-voix aux idées politiques de Steve, de Bob et de Bekah. Ce contrat serait le plus beau coup réussi par Alexander. En même temps, CA ne nuirait aucunement à la campagne de Cruz. Notre travail pour Trump TV pourrait même l'aider, en lui offrant une plate-forme après son élection. Autrement dit, il n'y avait aucun souci à se faire, m'assurait Alexander.

Chaque meeting, chaque débat, chaque annonce, et même chacune des phrases scandaleuses que prononçait Donald Trump, tout cela n'avait pour but que d'identifier son public enthousiaste et de consolider son emprise sur lui. La campagne des primaires était un ballon d'essai pour toute cette affaire. Et la « base » croissante de Donald Trump inclurait les clients de son nouveau projet. Sa candidature, pour laquelle il dépensait très peu, était un moyen unique, intelligent et d'un excellent rapport qualité-prix pour tester son message ; CA allait faire fortune en l'aidant, et deviendrait ensuite la principale équipe de communication et d'analyse de données pour ce nouvel empire commercial.

Autour de moi, dans la Cinquième Avenue, les gens filaient vers leur travail, les hommes en costume, les femmes en baskets, tenant à la main leurs chaussures à talons. Les enfants partaient pour l'école. Et aucun d'eux ne soupçonnait ce qui se tramait réellement.

Une fois à l'intérieur de la Trump Tower, derrière les portes plaquées bronze, nous avons pris un ascenseur. Nous nous sommes élevés, Alexander et moi, un étage après l'autre, et quand les portes se sont rouvertes je suis restée stupéfaite. Ce qui s'offrait à mes yeux m'était curieusement familier, sans que je sache pourquoi. J'essayais encore de comprendre quand Corey Lewandowski est sorti d'un bureau d'angle, l'air très sûr de lui, vêtu d'une chemise à col bleu, les manches retroussées comme s'il venait de travailler sur un dossier important et difficile. Il paraissait soucieux, mais je ne pouvais deviner pourquoi. Il avait l'air de ne pas avoir grand-chose sous le crâne. Ses quinze minutes de gloire l'avaient déjà précédé : à ce qu'on racontait, du temps où il était assistant administratif de Bob Ney, député de l'Ohio (ce même Bob Ney qui a plus tard été condamné pour corruption dans un scandale de lobbying), il avait été arrêté pour avoir introduit à la Chambre des représentants un revolver dissimulé dans un sac de linge sale. Corey prétendait que c'était un accident, ce qui suggère qu'il n'était pas très malin, mais j'avais toujours pensé que cela révélait sa vraie nature de brute.

Il s'est approché et nous a serré la main sans grande vigueur ni cordialité, lâchant la nôtre très vite. Je me suis dit qu'il n'avait peut-être accepté de nous voir que pour faire plaisir à Steve Bannon.

J'ai regardé tout autour de moi. L'étage où nous nous trouvions était quasiment inhabité. Les plafonds étaient très hauts, apparemment soutenus par des colonnes d'or. Personne ne travaillait dans cet immense espace où la décoration se résumait à des panneaux suspendus aux murs dorés, « Rendre sa grandeur à l'Amérique ».

Je ne pouvais m'empêcher de penser que j'avais déjà vu cet endroit.

Corey a dû s'en apercevoir, et cela l'a amusé.

— Ça vous rappelle quelque chose, pas vrai ? Ah, vous regardez *The Apprentice*, non ?

Puis, sans me laisser répliquer – j'avais en effet vu cette émission de téléréalité –, il a lui-même répondu à sa question :

— Mais bien sûûûûûûr !

Il venait de Lowell, Massachusetts, et, même après des années à Washington, il avait encore un petit accent de Nouvelle-Angleterre.

— Et voilà, bienvenue dans le décor ! a-t-il dit avec un grand geste, les bras déployés.

Je n'avais encore jamais rencontré d'homme politique qui ressemble autant à un marchand de voitures d'occasion. Corey nous a expliqué qu'il « croulait sous le boulot » tant son client était « populaire ». Donald était le *meilleur*, absolument le meilleur, et nous avions de la chance d'avoir cette conversation en vue de soutenir un type aussi formidable.

Nous nous étions assis dans le bureau de Corey, mais j'écoutais à peine ce qu'il racontait. Une seule pensée occupait mon esprit : *Le quartier général de la campagne présidentielle de Donald Trump est-il un décor de téléréalité ?*

Trump s'agitait dans la pièce voisine, il se préparait à prendre l'avion pour Washington. Je l'ai aperçu deux ou trois fois, mais je ne lui ai pas été présentée et je ne lui ai pas adressé la parole, car nous avons passé l'heure suivante à négocier avec Corey, et nous voulions partir « gagnants ». D'abord, nous avons dû écouter Corey nous raconter sa vie, puis nous dire combien son candidat était important et exceptionnel.

Après ce monologue, par lequel il cherchait essentiellement à se vendre lui-même et à nous vendre Donald, j'ai enfin pu lui présenter mon pitch. Corey n'était pas étranger à la politique républicaine ; il avait passé une bonne partie de sa carrière à travailler sur des campagnes, mais certaines de mes descriptions du travail d'analyse l'ont un peu déconcerté, et il m'a interrompue… afin de nous expliquer plus longuement que, du fait de sa popularité, Donald n'avait pas vraiment besoin d'aide.

Nous avons riposté, Alexander et moi, en soulignant pourquoi notre travail était non seulement important mais nécessaire. Autrement, comment Donald pourrait-il l'emporter sur les 16 autres candidats à l'investiture, et plus encore contre un char d'assaut tel que Hillary Clinton ?

À la fin de cette conversation où nous étions en concurrence avec lui, Corey semblait avoir l'esprit plus ouvert. Il a appelé Steve depuis son bureau et a mis en marche le haut-parleur.

— Tes Anglais sont ici, Steve ! Et tu sais quoi ? Ils me *supplient* de participer à cette campagne ! Tu sais que les gens travaillent pour nous gratuitement, tellement ils ont envie de participer ! Alors, tu me proposes quel genre de marché ?

7

Le visage du Brexit

Septembre 2015

Paris, fin septembre : il fait beau, la foule des touristes diminue, et les enfants ont repris l'école. La ville est à vous si vous le voulez, et nous sommes venus conquérir la France, Alexander et moi.

J'étais alors censée travailler exclusivement pour Cambridge Analytica. En fait, j'étais en train de m'installer à Washington, où CA ouvrait sa première antenne américaine. Mais Alexander m'avait demandé de l'accompagner en France pour présenter notre pitch à l'équipe de campagne de Nicolas Sarkozy. Cela resterait exceptionnel, avait-il promis. Une faveur. Il savait que j'étais occupée. Il ne me redemanderait plus jamais une chose pareille.

Bien que débordée – je faisais la navette entre Londres et Washington, je cherchais des bureaux et un appartement, je devais faire transporter quelques effets personnels, et faire convertir mon salaire de livres en dollars –, j'ai trouvé cette proposition irrésistible.

L'entreprise grandissait vite, mais nous manquions de personnel : j'étais la seule et unique employée du service « développement commercial international », à cheval sur notre action internationale et sur les États-Unis. J'adorais Paris. Si nous obtenions un contrat avec Sarkozy, je me voyais déjà aller et venir entre la capitale des États-Unis et la Ville lumière, ce qui n'aurait pas été pour me déplaire.

Alexander avait rencontré Nicolas Sarkozy en 2012, mais Sarkozy avait refusé son offre et avait perdu, à 3,2 % près, face à François Hollande. Alexander voulait que l'équipe Sarkozy ne répète pas son erreur. Cette fois, il se présentait sous une nouvelle étiquette, l'Union pour un Mouvement Populaire (UMP) ayant été rebaptisée « Les Républicains » : c'était un parti de centre droit, et il fallait préparer l'équipe. Les élections n'avaient lieu que dans deux ans, le délai semblait confortable, mais Alexander disait toujours qu'une élection peut être gagnée en six à neuf mois seulement quand on ne peut pas faire autrement et quand les conditions sont les bonnes. Deux ans, c'était une durée idéale pour planifier les choses.

Nous devions faire l'aller-retour dans la journée, en Eurostar. Nous sommes partis de bonne heure, et à midi Alexander faisait son pitch, dans un immeuble haussmannien du centre de Paris, dans une pièce très haute de plafond, aux murs recouverts de boiseries. Il s'exprimait devant des consultants en communication politique et commerciale avec lesquels nous espérions nouer un partenariat. Les Français avaient la quarantaine, ils étaient bien habillés et me paraissaient particulièrement attentifs.

Certains ont un peu décroché lors des passages techniques concernant l'analyse de données, mais les deux dirigeants du cabinet semblaient plus intéressés. Ils voulaient savoir comment CA obtenait ses données, comment nous les traitions, et comment nous procédions au microciblage. Mais, quand Alexander a terminé et a demandé s'il y avait des questions, silence de mort.

L'un des hommes s'est éclairci la gorge.

— Non, a-t-il dit. Ça ne marchera pas, tout simplement.

L'autre dirigeant a secoué la tête.

— C'est impossible. Les Français n'accepteront jamais ça.

Alexander était réellement intrigué.

— Parce que… ?

— À cause des données, bien sûr. Si les gens savaient qu'un candidat agit ainsi, ce serait la défaite garantie.

Alexander et moi, nous connaissions la législation française : dès lors que les utilisateurs acceptaient de partager leurs données, ils prenaient une décision consciente, informée et légale. Cela valait aussi pour la Grande-Bretagne.

— Nous ne sommes pas aux États-Unis, a dit l'un des hommes.

Non, en effet. Aux États-Unis, on ne demande pas leur avis aux utilisateurs et la collecte des données est autorisée par la loi sans aucune limite ; il y existe très peu de protections comparables à ce que l'on trouve en France et au Royaume-Uni.

Le sous-entendu était cependant clair : les Américains n'avaient pas le même bagage que les Européens. Comme les Allemands et bien d'autres habitants de l'Europe occidentale, les Français étaient bien plus sensibles, et on peut le comprendre, quant à l'utilisation des informations personnelles. La loi permettait de rassembler des données avec la permission des individus concernés, mais les cas avérés d'utilisation abusive de ces données étaient terrifiants.

Par leur collecte de données sur les Juifs et les Roms, les handicapés et les homosexuels, les nazis avaient rendu l'Holocauste à la fois possible et cruellement efficace. Au lendemain de la Seconde Guerre mondiale et à l'aube de l'ère numérique, les législateurs européens s'étaient montrés stricts en matière de données, pour éviter qu'un phénomène semblable ne se reproduise. La confidentialité des données était un des principes sous-jacents de l'Union européenne, et des règles très claires limitaient le risque d'abus et de violation des droits de l'homme.

Nous savions tout cela, Alexander et moi, mais nous ne pensions pas que ces lois pourraient constituer un obstacle insurmontable en France ou ailleurs en Europe. Du moins, nous ne le pensions pas jusqu'à cet instant précis.

Alexander a tenté de persuader son auditoire que notre processus était transparent, parfaitement respectueux de la lettre et de l'esprit de la loi, et que, de nos jours, on restait à la traîne si l'on tentait de construire une campagne sans s'appuyer sur les données. Pourtant, les deux hommes n'en démordaient pas. Nous nous sommes séparés en bons termes, mais nous étions sous le choc, Alexander et moi. L'utilisation des données en politique nous semblait non pas scandaleuse mais inévitable.

En silence, nous avons repris l'Eurostar pour Londres. L'Europe n'était pas l'Amérique. Les plaies de la Seconde Guerre mondiale n'étaient pas encore refermées.

Le train a roulé très vite de Paris à Calais, puis s'est arrêté. J'avais lu quelque part que les retards à l'entrée dans le tunnel étaient monnaie courante du côté français. Les réfugiés qui connaissaient la grande crise des migrants avaient dressé leur camp à l'entrée, et ils étaient prêts à tout pour gagner l'Angleterre, parfois en grimpant sur les trains de marchandises, ou sur les pare-chocs et le toit des camions. Beaucoup étaient morts ainsi, certains étant tombés, d'autres s'étant noyés dans les canaux à la frontière. Au cours des neuf derniers mois, on disait que les garde-frontière avaient empêché 37 000 tentatives de ce genre, chiffre à peine croyable. Ils décrivaient les « "incursions nocturnes" de centaines de migrants qui essayaient de prendre le tunnel d'assaut, dans l'espoir que quelques heureux parviendraient de l'autre côté[1] ».

La crise des réfugiés en Europe était sans précédent. Selon le Haut Commissariat des Nations unies pour les réfugiés, les conflits à travers le monde avaient déplacé 60 millions de personnes, soit autant que la population de l'Italie[2]. Rien qu'en 2015, plus de 1 million d'individus étaient entrés dans les pays de l'UE, et beaucoup souhaitaient spécifiquement se rendre en Grande-Bretagne, où les soins de santé et les logements sociaux étaient gratuits, et qui était souvent le dernier recours pour un réfugié ayant déjà tenté sa chance en chemin dans tous les autres pays[3].

La plupart des réfugiés venaient de pays à majorité musulmane. Les raisons de leur fuite étaient variées, allant du conflit armé aux effets du changement climatique. Ils affluaient depuis la Syrie, la Libye, le Soudan du Sud, l'Érythrée, le Nigeria et les Balkans.

La traversée depuis l'Afrique était d'autant plus dangereuse que les passeurs exigeaient des sommes exorbitantes et que les réfugiés s'entassaient parfois par centaines dans des radeaux ou des bateaux précaires pour voguer sur la Méditerranée traîtresse[4]. Les autorités estimaient que plus de 1 800 migrants s'étaient déjà noyés cette année-là[5].

Nous sommes restés bloqués à Calais pendant une éternité. Quand le train s'est finalement enfoncé dans la gueule du tunnel creusé sous la Manche, Alexander s'est tourné vers moi. Il avait réfléchi : une occasion formidable allait se présenter en Grande-Bretagne. Il s'agissait d'un référendum historique sur l'appartenance du Royaume-Uni à l'Union européenne.

Aux États-Unis, on organisait constamment des référendums ; au niveau local ou à l'intérieur d'un État, nous votions sans arrêt, pour déterminer si nous voulions financer de nouvelles écoles, publier des ordonnances sur l'ébriété publique, autoriser les scooters électriques à se garer sur les trottoirs... Mais le référendum britannique serait national. Dans l'histoire moderne de la Grande-Bretagne, on ne dénombrait que deux autres référendums nationaux : celui de 1975, sur le maintien dans les Communautés européennes, et celui de 2011 sur le vote alternatif, mais le vote à venir était controversé et lourd de conséquences. Il pourrait changer la face de l'Europe.

Suite au traité de Maastricht, l'Angleterre faisait partie de l'Union européenne depuis la fin des années 1990, mais il existait depuis longtemps d'importants désaccords sur les avantages d'une Europe sans frontières et sur la participation britannique.

Quel intérêt y avait-il pour la Grande-Bretagne à partager une monnaie et un marché avec les autres nations européennes ? L'UE reposait sur de nobles idéaux : l'équité économique en Europe, la non-discrimination, et les valeurs communes de démocratie et de droits de l'homme. Elle offrait la liberté de mouvement, sans frontières internes, et renforçait la solidarité entre les pays. Pour son action en faveur de la paix et de la prospérité parmi les États membres, elle avait même reçu le prix Nobel de la paix en 2012[6].

Pourtant, de plus en plus de Britanniques devenaient nationalistes et séparatistes. Le nationalisme et le communautarisme étaient en hausse en Angleterre, tout comme aux États-Unis. Comme les États-Unis, la Grande-Bretagne avait une longue histoire d'autonomie et de farouche indépendance. Dernièrement, les voix populistes incitant à « sortir » de l'UE se faisaient aussi puissantes que celles désireuses de « rester ».

Le référendum à venir sur le « Brexit » opposerait donc deux camps : les *remainers*, avec leur slogan « Plus forts ensemble », voulaient rester au sein de l'Union européenne. Ils étaient favorables à un cadre supranational, avec des lois et des réglementations communes, défendant les libertés et les droits de l'homme, non sans coûter à la nation une partie de son droit à l'autodétermination.

Les *leavers* ou *brexiters* faisaient campagne pour sortir entièrement de l'UE. Leur argument était que la Grande-Bretagne devait pouvoir choisir ses propres règles, fermer ses frontières à l'afflux massif d'immigrants, et garder ses finances pour des institutions britanniques comme le National Health Service, le service public de santé que les Britanniques chérissent tant.

Il serait peut-être délicat pour SCL de s'impliquer dans le référendum, Alexander le reconnaissait. Après tout, il s'agissait d'un vote britannique et, en tant que firme britannique, SCL s'était toujours tenu à l'écart de la politique britannique ; la société n'avait pas à prendre parti à l'intérieur de son propre pays, même si c'était exactement ce qu'elle faisait partout ailleurs.

Alexander m'a expliqué qu'il avait envie de travailler avec l'un ou l'autre des deux camps, mais que les *remainers* étaient sûrs de gagner et ne croyaient pas avoir besoin de consultants coûteux comme SCL. Il se présentait donc une occasion auprès de leurs adversaires, occasion trop tentante pour qu'on la refuse.

Deux groupes importants rivalisaient pour mener la campagne officielle du mouvement pro-Brexit. En vue du choix, chacun devait d'abord présenter son dossier à la Commission électorale. SCL avait de la chance, parce que les deux groupes voulaient travailler avec nous.

Les deux rendez-vous étaient imminents, m'a dit Alexander. Il avait donc une nouvelle faveur à me demander. Les pro-Brexit n'étaient pas faciles en affaires. Parmi eux figuraient quelques-unes des personnalités les plus polarisantes de l'histoire britannique moderne. Vu ce qui venait de se passer à Paris, Alexander préférait ne pas s'associer à eux et passer pour un paria. La situation lui semblait un peu semblable à la mienne : je répugnais à être associée à Cruz ou à Trump, aux États-Unis. Alexander ne voulait pas être mis dans le même sac que des gens dont les opinions et les idées politiques lui déplaisaient.

« Je sais que tu as déjà pas mal de pain sur la planche » (il voulait parler de mon emménagement à Washington), m'a-t-il dit, mais il espérait que j'accepterais de présenter notre pitch aux pro-Brexit et de travailler avec eux, le temps qu'il faudrait pour qu'ils signent un contrat avec nous. Pendant une durée très courte, je serais le visage de SCL pour le Brexit, et en échange

Alexander continuerait à être le visage de Cambridge Analytica pour les républicains américains.

J'étais déjà très occupée, mais cette tâche supplémentaire ne me semblait pas trop difficile. Premièrement, j'avais lu les mêmes journaux que tout le monde en Angleterre. J'étais moi aussi certaine que les pro-Brexit n'avaient aucune chance de gagner.

Deuxièmement, les rencontrer pourrait me donner une expérience des référendums. Je pourrais peut-être participer à un vote historique.

Troisièmement, je sortais avec Tim. Sa famille et ses amis étaient des conservateurs écossais et anglais, et ils étaient absolument ravis de quitter l'Union européenne pour évoluer vers plus d'autodétermination, surtout les Écossais, qui avaient déjà essayé par trois fois de sortir du Royaume-Uni. Mon fiancé comptait voter « oui » au Brexit, donc, si je travaillais pour les *leavers*, je n'aurais pas à me disputer avec lui.

Quatrièmement, j'avais toujours espéré en secret, dans un coin de mon esprit, obtenir un jour la nationalité britannique. J'avais aussi rêvé d'avoir des enfants et de les élever dans un pays où le service public était bien financé et où régnaient les valeurs libérales.

Cinquièmement, il y avait de bonnes raisons politiques pour que le Brexit se révèle une bonne chose pour les citoyens britanniques. En tant que militante pour les droits de l'homme, j'avais vu la Grande-Bretagne devenir toujours plus conservatrice au sein de l'Union européenne. L'UE l'avait obligée à appliquer certaines lois supranationales nettement plus restrictives sur certaines questions, comme la vente du cannabis et des substances psychédéliques, pénalisée à tort, à mon avis. Mes propres valeurs me faisaient espérer qu'une Grande-Bretagne indépendante pourrait paradoxalement mieux servir sa population et devenir plus progressiste.

Voilà pourquoi je n'ai pas hésité à rendre à Alexander le service qu'il me demandait. Après cette journée déprimante en France –

sans parler de la jolie commission qu'Alexander m'avait fait miroiter si nous travaillions pour les pro-Brexit –, la mission me semblait assez inoffensive, et pas plus compliquée que si nous nous étions mis d'accord pour diviser l'addition en deux après un déjeuner au restaurant. « Je prends les Américains, toi, tu prends les British », avait gaiement proposé Alexander. Et il avait promis qu'ensuite je n'aurais plus jamais à craindre que mon image publique soit associée aux conservateurs.

Le premier groupe auquel j'ai dû soumettre mon pitch était Leave.EU. Mon contact était un important homme d'affaires nommé Arron Banks, courtier en assurances et très généreux donateur pour les causes conservatrices. Banks avait d'abord été tory mais il avait changé de bord, m'a expliqué Alexander : il avait rejoint le Parti pour l'indépendance du Royaume-Uni (UKIP). De lui, nous pourrions tirer des millions.

L'équipe de Leave.EU, groupe hétéroclite de cinq individus, est arrivée aux bureaux de SCL un vendredi de fin octobre et a immédiatement fait forte impression. Arron Banks, quinquagénaire au visage poupin, en costume-cravate, est entré dans la salle de réunion en se dandinant comme un parrain de la mafia, précédé par sa bedaine. D'une voix de stentor, il s'est présenté, puis nous a broyé les doigts dans sa main droite.

Il était accompagné par Chris Bruni-Lowe, directeur de la communication, et par Liz Bilney, P-DG de Leave.EU et bras droit d'Arron. En dehors des longs cheveux aile de corbeau de Liz, qui se déversaient autour de son visage comme une marée noire, ces deux-là n'avaient rien de bien remarquable.

Le quatrième était Matthew Richardson, joyeux avocat à lunettes qui se présenta comme le conseiller juridique – mais de qui ? De Leave.EU, ou de Banks ?

Et le cinquième était Andrew (« Andy », ou « Wiggsy » pour les intimes) Wigmore, un drôle d'oiseau qui était pour Arron une sorte d'associé, mais dont je devais ne jamais bien comprendre le rôle dans la campagne. Je lui trouvais l'air d'un sportif sur le retour plus que d'un homme politique, et j'apprendrais plus tard que c'était un ancien footballeur et tireur sur cible. Andy était un excentrique : avant de s'asseoir, il a tiré de son sac à dos tout un assortiment de minuscules bouteilles d'alcool, comme on en trouve à bord des avions, et il les a distribuées à tous ceux auquel on le présentait. Elles contenaient du rhum du Belize, a-t-il expliqué.

Outre le pitch devant l'équipe de Leave.EU, ma tâche consistait ce jour-là à rassembler assez d'informations sur leurs besoins et sur leurs capacités en matière de données pour leur rédiger une proposition formelle. Arron, qu'Andy appelait « Banksy », était si enthousiaste à la fin qu'il a déclaré vouloir employer SCL non seulement pour la campagne, mais aussi pour le parti, l'UKIP, et pour sa compagnie d'assurances.

La question la plus urgente, a dit Arron, était de faire mieux que la concurrence. « Vote Leave », le groupe rival de Leave.EU, avait des chances de l'emporter. Il était composé de parlementaires connus et bien établis, aux relations puissantes. En tout juste quatre semaines, Leave.EU prévoyait d'organiser un débat public avant de déposer sa candidature officielle auprès de la Commission électorale du Royaume-Uni. Il s'agissait de monter un spectacle qui prouverait que Leave.EU saurait mieux mener campagne que Vote Leave.

Obtenir l'approbation de la Commission électorale était crucial, car cela signifiait un soutien financier (avec des dépenses plafonnées à 7 millions de livres) et des créneaux publicitaires réservés à la télévision. Ce dernier avantage était énorme en Grande-Bretagne car, selon la loi britannique, seuls les groupes politiques officiellement désignés sont autorisés à recourir aux formes conventionnelles de publicité.

Pour aider l'équipe d'Arron à préparer sa présentation, il me fallait savoir de quelles données ils disposaient. Ensuite, nous pourrions leur soumettre une proposition en deux temps, afin que la première partie du travail soit effectuée avant l'événement.

Il était encore un peu tôt, a dit Arron, mais il valait mieux agir sans attendre. Son équipe nous enverrait ce qu'elle pourrait le plus vite possible.

Vote Leave avait prévu un rendez-vous avec SCL, mais ils ont annulé quand ils ont su que nous avions reçu leurs concurrents. Un peu comme Jeb Bush, ils exigeaient l'exclusivité. Leave.EU, de son côté, était un peu comme Ted Cruz, aux abois : la victoire leur semblait si loin qu'aucune fierté ne les obligeait à signer un accord de non-concurrence.

Après cette rencontre, j'ai trouvé sur mon bureau deux mails concernant Leave.EU. Le premier, adressé à Banksy et Wiggsy, émanait de Julian Wheatland, directeur administratif et financier de SCL. Il décrivait le travail envisagé en vue de la conférence de presse, « un court programme d'analyse de données et de soutien créatif » conçu pour « mettre en évidence des compétences intellectuelles et une approche de la campagne fondée sur les données ». Le message contenait aussi une demande, formulée avec une courtoisie toute britannique, pour que nos services soient réglés d'avance.

L'autre mail, signé d'Arron, était la conséquence directe de notre rencontre. Il se demandait si SCL pourrait organiser aux États-Unis une collecte de fonds pour Leave.EU, en ciblant des Américains « ayant des liens familiaux avec la Grande-Bretagne ». Je n'étais pas très sûre de comprendre ce qu'il voulait, ni pourquoi cela lui semblait être une bonne idée. J'ai remarqué que Steve Bannon figurait, entre autres, parmi les destinataires en copie.

Cela expliquait comment Arron Banks avait pu connaître Alexander et SCL. Steve devait nous avoir recommandés. Après tout, Bannon était une version américaine de Nigel Farage, et les deux hommes étaient amis. Directeur fondateur de l'UKIP, Farage était un individu haut en couleur, dont la seule raison pour être député européen était son désir de démanteler l'UE de l'intérieur[7]. Comme j'avais passé toute ma vie d'adulte au Royaume-Uni, Steve ne me semblait pas être une personnalité aussi en vue que Nigel, mais c'était un trublion tout aussi énergique. Les deux hommes pratiquaient un populisme hargneux, en plein essor d'un bout à l'autre de la planète.

Bannon et Farage étaient adeptes du populisme du type « nous contre eux », ils affirmaient que l'« establishment » et les « élites » étaient corrompus et que l'homme de la rue avait des motivations bien plus pures. Tous deux croyaient, ou du moins déclaraient haut et fort, que le politiquement correct servait simplement de façade à un élitisme excluant le précieux « franc-parler[8] ». Tous deux bravaient les tabous sociaux et s'exprimaient avec une remarquable grossièreté. Il était assez logique qu'ils soient amis.

Tandis que je me préparais pour la mission qui m'attendait, je me suis dit que, si Arron Banks nous était arrivé par Nigel Farage et Steve Bannon interposés, j'avais intérêt à me montrer très efficace au service de Leave.EU.

Il a fallu plus de temps que prévu pour obtenir les données de l'équipe de Leave.EU. Arron nous a d'abord envoyé Liz Bilney ; bien que P-DG de Leave.EU, elle s'est révélée ne rien savoir sur les données qui pouvaient exister. Elle m'a mis en rapport avec quelqu'un d'autre, à leur QG de Bristol, qui m'a appris qu'il ne disposait pas de grand-chose, mais qu'il pouvait nous y donner accès. Après avoir demandé conseil aux autres participants à notre première rencontre, j'ai été contactée par Matthew Richardson, qui était sûr de pouvoir m'aider. À l'entendre, l'UKIP avait une énorme base de données sur tous ses adhérents, en plus d'informations précieuses recueillies grâce à des enquêtes. À son tour, il nous a mis en contact avec les informaticiens de l'UKIP, en disant qu'il ferait en sorte que l'un d'eux nous transfère les données de manière aussi rapide et sûre que possible.

Comment pouvait-il y avoir accès ? ai-je demandé à Julian, qui m'a vite répondu que Matthew était en fait le secrétaire de l'UKIP.

Je n'en croyais pas mes oreilles. Comment Richardson pouvait-il être à la fois conseiller juridique de Leave.EU et l'un des dirigeants du parti ? La question fondamentale était de savoir si la campagne pouvait utiliser les données du parti ; or une personne qui avait toutes les raisons de vouloir les utiliser n'était pas précisément le tiers impartial censé résoudre ce genre de problèmes. Ce n'était pas très logique, mais j'ai pensé qu'il devait bien avoir la permission d'utiliser les données, en tant que cadre du parti. Il nous fournirait ce qu'il avait, et cela nous donnerait une base de travail.

Entre-temps, j'ai dû me rendre aux États-Unis, car j'avais prévu d'aller à New York avec ma famille. J'ai dit à nos analystes que je partais, mais je leur ai demandé s'ils pourraient se mettre tout de suite au travail sur les données de l'UKIP, au cas où elles arriveraient en mon absence. Les jours étaient comptés.

Sur le plan financier, ce voyage aux États-Unis était pour moi une folie. J'avais offert l'avion à mes parents et à ma sœur, pour passer quelques jours avec eux dans un bel hôtel new-yorkais. Nous sommes allés dans de bons restaurants, nous avons assisté à un spectacle à Broadway, et nous avons visité un musée. J'ai dépensé pour les distraire tous les dollars que j'avais sur mon compte en banque, mais cela en valait la peine pour passer de bons moments en famille, et pour oublier les mauvais souvenirs liés à la perte de tout ce que nous possédions encore quelques mois auparavant.

Malgré les réjouissances que j'avais organisées, mon père était encore étrangement indifférent, et il lui arrivait souvent de rentrer seul à l'hôtel, avant tout le monde. Sa situation restait déplorable : il séjournait provisoirement chez sa sœur, dans une chambre d'amis, il n'avait pas trouvé de travail et n'avait pas la motivation nécessaire. Malgré tout, j'étais heureuse de pouvoir le gâter, ainsi que ma mère et ma sœur, et j'aurais aimé faire davantage, puisque je touchais un salaire régulier depuis six mois et que je commençais à me sentir plus à mon aise. Comme j'allais bientôt emménager à Washington, comme je serais enfin de retour aux États-Unis pour la première fois de ma vie d'adulte, j'aurais aussi l'occasion de les voir plus souvent.

Pendant ce séjour, je leur ai très peu parlé de mon travail, sauf dans les grandes lignes. Ma sœur, Natalie, avait fait des études de psychologie et semblait réellement intéressée par le fait que Cambridge Analytica utilisait le modèle OCEAN pour identifier la personnalité des électeurs. Nous avons évoqué comment les capacités de CA pourraient s'appliquer dans des domaines ayant un impact social positif. Les opinions politiques de Natalie étaient assez semblables aux miennes, elle était progressiste et résolument démocrate, comme moi. Quand j'ai laissé échapper que je travaillais avec Steve Bannon, je n'ai donc pas été étonnée par sa réaction, même si elle ne m'a pas spécialement fait plaisir.

Ma sœur a mis un doigt dans sa bouche comme pour se faire vomir.

— Comment tu as pu ?

— C'est un homme remarquable, ai-je répondu, faute d'une meilleure explication.

C'est au milieu d'une conversation comme celle-là que j'ai reçu un curieux appel de l'un de nos principaux analystes à Londres, David Wilkinson, qui devait s'occuper des données de Leave.EU. Quand il m'a téléphoné, il était hilare.

— Brittany, a-t-il déclamé d'un ton plein de noblesse, tes données sont arrivées !

La blague, c'était que Matthew Richardson avait envoyé quelqu'un en train, de Bristol jusqu'à Londres, pour apporter une gigantesque tour d'ordinateur, déposée dans nos bureaux en grande cérémonie, en suggérant qu'elle contenait une masse d'informations. Mes collègues avaient été surpris et amusés, dans la mesure où il existait bien des manières de transmettre des données sans recourir à la livraison physique d'un objet aussi encombrant, datant des années 1990.

Par ailleurs, le disque dur ne contenait que deux petits dossiers Excel, l'un répertoriant les membres de l'UKIP, l'autre indiquant les résultats d'une enquête apparemment menée sur les attitudes face au Brexit. Soit une quantité dérisoire de données, deux dossiers qui auraient aisément pu nous parvenir sous la forme de fichiers joints dans un mail, ou même sur une clé USB, mais c'était suffisant pour un début, selon David.

À mon retour à Londres, la modélisation permise par ces deux ensembles de données était prête, et elle s'est avérée très utile, au moins dans un premier temps.

David avait découvert que la communauté des adhérents de Leave.EU se composait de quatre segments auxquels notre équipe avait attribué les surnoms suivants : « Militants motivés », « Jeunes réformateurs », « Tories déçus » et « Laissés pour-compte ».

Les Militants motivés étaient très politisés, ils cherchaient l'occasion de s'impliquer davantage et de se dévouer à la cause.

Ils étaient assez pessimistes au sujet de l'économie et du service public de santé.

Les Jeunes réformateurs étaient célibataires, enseignants, politiquement actifs, à l'aise avec les membres de différents groupes ethniques ; ils n'aimaient pas parler trop de l'immigration. En général, ils étaient assez optimistes quant à l'avenir de l'économie et du service public de santé.

Les Tories déçus étaient assez satisfaits du gouvernement actuel et des précédents, mais ils étaient mécontents de la position des dirigeants du pays face à l'Union européenne et à l'immigration. En général, ils avaient une vision positive de l'économie et du NHS, et ils estimaient que la criminalité déclinait. Il s'agissait pour la plupart de membres aisés des professions libérales ou de cadres moyens.

Les Laissés-pour-compte étaient peut-être les plus intéressants. Ils se sentaient de plus en plus exclus par la mondialisation et par la société dans son ensemble. Ils étaient profondément attristés par la situation de l'économie et du NHS, et considéraient l'immigration comme la question clé de leur époque. Ils se méfiaient de l'establishment (classe politique, banques, entreprises) ; ils s'inquiétaient pour leur sécurité économique, pour l'ordre public en décomposition et pour l'avenir en général. Autrement dit, si David avait le temps de procéder à la notation OCEAN, les Laissés pour compte apparaîtraient comme hautement névrosés, et donc très sensibles aux messages jouant sur leurs craintes.

Nous avons réalisé une maquette à partir de ces résultats, un PowerPoint et des documents, mais Julian et Alexander sont intervenus tous les deux pour me dire de ne pas les partager avec Arron, Andy ou le reste de l'équipe Leave.EU. Ils n'avaient pas encore payé le travail que nous avions accompli, et on m'a fait comprendre que je ne pouvais pas « leur en faire cadeau ». Je pouvais leur présenter nos conclusions et même quelques schémas, mais je ne devais rien remettre de concret tant qu'ils n'auraient pas signé le contrat promis et payé le travail demandé. Cela semblait logique, mais j'ai riposté : nous devions avancer, puisque Arron nous avait donné son « feu vert » par écrit. Julian me l'avait confirmé. J'imaginais qu'il suffirait de quelques allers et retours entre les avocats pour que le contrat soit signé et payé. Matthew Richardson nous avait assuré qu'il s'occupait des contrats entre l'UKIP, CA et Leave.EU pour que le partage de données soit entièrement légal. Je comptais donc utiliser pour leur campagne les résultats déduits des données, et j'ai travaillé avec l'équipe SCL pour tirer le maximum de connaissances du travail accompli durant cette première phase.

Quand est arrivée la réunion de synthèse, prévue pour le 17 novembre, la veille de la conférence de presse, nous n'avions toujours pas été payés et le contrat n'avait pas encore été signé. Nous avions rencontré quelques difficultés juridiques mais, à ma connaissance, elles semblaient avoir été résolues. Nous n'étions pas sûrs qu'il soit légal de partager avec Leave.EU les données concernant les adhérents de l'UKIP et les enquêtes réalisées par l'UKIP. À l'époque où les données avaient été recueillies, personne n'avait demandé aux membres de l'UKIP s'ils consentaient à les partager avec Leave.EU ou une autre organisation politique, et il nous fallait donc l'approbation des juristes avant de les utiliser.

C'est ce matin-là que Julian a enfin obtenu un avis juridique rédigé par Philip Coppel, qui validait le travail accompli pour l'UKIP. Membre du Conseil privé de Sa Majesté, cet avocat était un expert qualifié, et je me fiais entièrement à son opinion. Ouf ! Nous pouvions maintenant présenter nos analyses. En attendant, un contrat de partage des données entre l'UKIP et Leave.EU serait rédigé séparément, qui autoriserait un usage plus large de notre travail sur les données.

À l'époque, je n'avais prêté attention qu'au contenu de l'avis juridique du document fourni par Julian, et j'étais ravie à l'idée qu'il nous autorise à poursuivre notre travail sur les données. Je remarquerais plus tard que ce texte n'était pas seulement l'œuvre d'un éminent avocat, mais qu'il avait eu pour coauteur Matthew Richardson, juriste spécialement embauché par CA pour ce projet. Je pensais qu'il était avocat avant tout, sa position de cadre de l'UKIP passant au second plan. Peut-être avait-il aidé Philip Coppel sur certains points de détail – puisqu'il connaissait parfaitement le dossier –, mais rétrospectivement je m'aperçois qu'il était étrange qu'il se soit accordé le droit d'accomplir un travail dont il était le commanditaire. Sur le moment, comme je croulais sous les préparatifs de la conférence de presse de Leave. EU, je n'ai pas pensé à ces détails. J'ai mis la touche finale à ma présentation et j'ai peaufiné mon PowerPoint.

L'actualité était alors très déprimante. Le 13 novembre, prétendument en représailles après une opération militaire française en Irak et en Syrie, l'État islamique avait perpétré à Paris plusieurs attentats coordonnés. Les bombes avaient éclaté à côté du Stade de France, à Saint-Denis, pendant un match ; elles avaient tué dans des cafés et des restaurants ; et une fusillade avait fait de nombreuses victimes au Bataclan pendant le concert d'un groupe de rock américain – pour un bilan total de 131 morts (dont un suicide par la suite) et de 413 blessés. Deux jours plus tard, en représailles, la France avait renforcé ses frappes aériennes sur un bastion de l'EI en Syrie, et, le 16 novembre, le président François Hollande, dans un discours prononcé devant le Parlement réuni en Congrès à Versailles, avait déclaré que la France était en guerre contre l'État islamique.

Le 17 novembre, je me suis rendue aux bureaux londoniens de Leave.EU, dans la Millbank Tower, consciente de vivre dans un monde plongé dans le chaos. La réunion de synthèse s'est pourtant très bien déroulée. Toute l'équipe était présente, nous nous sommes présentés et avons expliqué le travail accompli jusque-là.

Étaient réunis Arron Banks, Andy Wigmore, Chris Bruni-Lowe et Liz Bilney. Matthew Richardson était également là, venu exprès du QG de l'UKIP. Richard Tice, important homme d'affaires conservateur, s'était joint au petit groupe, tout comme Ian Warren, éminent spécialiste de démographie et grand connaisseur du Parti travailliste, censé nous apprendre comment cibler les électeurs de gauche. Le membre le plus impressionnant de l'auditoire était un certain Gerry Gunster, P-DG de l'entreprise américaine Goddard Gunster, qui avait pris l'avion depuis Washington pour l'occasion. Gerry était un expert en référendums, et son travail aux États-Unis était semblable à celui de CA : recherche, analyse de données et prise de décisions stratégiques pour les campagnes électorales (en découvrant qui étaient les électeurs clés et comment les convaincre de voter). Il avait aidé ses clients à remporter un nombre impressionnant de victoires, avec un taux de réussite supérieur à 95 % pour les référendums, le cœur d'activité de son entreprise[9].

Arron a annoncé que la campagne avait à ce jour récolté plus de 2 millions de livres. Richard Tice a signalé que plus de 300 000 adhérents s'étaient inscrits depuis l'été précédent et que plus de 200 groupes de soutien avaient été organisés dans l'ensemble du pays. Il nous a appris que ça « bougeait dans les sondages » et que Leave.EU était désormais au coude à coude avec son rival Vote Leave pour la désignation par la Commission électorale.

Matthew Richardson nous a informés des projets de l'UKIP en matière de démarchage et d'organisation d'événements. L'idée était de lancer la plus grande campagne d'inscription sur les listes électorales dans l'histoire du pays. Gerry a présenté l'art du ciblage stratégique : si le référendum avait lieu au printemps 2016, six à huit mois suffisaient amplement pour s'y préparer. Ian a exposé quelques questions importantes concernant les électeurs libéraux. Richard Tice a expliqué que Londres, capitale financière de la planète, pourrait viser une croissance sans précédent dès que la Grande-Bretagne serait indépendante de la paperasserie et des réglementations de l'Union européenne. Pour sa part, Andy Wigmore – dont je ne comprenais toujours pas le rôle exact – était à nouveau arrivé chargé de petites bouteilles de rhum du Belize, qu'il distribuait à ceux qu'il n'avait pas rencontrés la fois précédente. Il semblait plus désireux de promouvoir les exportations du Belize que de participer au jeu du Brexit.

J'ai ensuite présenté toutes les informations que j'avais pu rassembler, les résultats de la modélisation des données, et un PowerPoint permettant de visualiser chaque groupe d'électeurs, leurs préoccupations, et le type de message à leur adresser. J'ai aussi résumé quelles données il était possible de se procurer sur l'électorat britannique, ce qui contribuerait à créer non seulement des modèles encore plus précis, mais aussi toute une base de données sur les citoyens britanniques en âge de voter, comme nous l'avions fait aux États-Unis, avec tous les modèles nécessaires pour remporter des élections ou convaincre les consommateurs. C'était un outil que, selon nous, personne d'autre n'avait encore utilisé au Royaume-Uni, et qui leur donnerait une puissance sans précédent pour faire campagne.

Mes propos ont frappé l'auditoire, comme nous nous y attendions. Il semblait si facile de segmenter la population selon les personnalités et les préoccupations, afin de microcibler les gens. J'ai montré à quoi ressemblerait notre action, les messages personnalisés par le biais de campagnes numériques, par les réseaux sociaux, ou par le démarchage porte à porte, et l'utilisation plus générale des données pour renforcer le contenu des discours et des grandes manifestations. Tous semblaient comprendre précisément ce que CA pourrait apporter à leur campagne.

Avant de mettre un terme à la réunion, nous avons évoqué comment élaborer une proposition plus détaillée encore, afin de préparer Leave.EU à passer devant la Commission électorale, en attendant le référendum.

— J'espère que la désignation n'est pas un concours, a dit Arron.

Il espérait écarter la concurrence de Vote Leave bien avant que la Commission n'ait à se prononcer. Il lui fallait donc un énorme coup de pub : sur la scène, je représenterais Cambridge Analytica avec les autres experts embauchés, et ce spectacle prouverait que Leave.EU était le groupe le plus apte à pousser la nation à agir lors du référendum.

Le matin du débat public, qui avait lieu dans une église du centre de Londres, la presse titrait que la police française avait fait une descente dans une cellule terroriste à Saint-Denis, tuant deux hommes, dont le cerveau des attentats du 13 novembre. Nous pensions tous à ces événements récents, très présents à l'arrière-plan de ce que les participants avaient à dire. Leave.EU tenait à mettre la question de l'immigration au cœur de la campagne, et voyait dans ce phénomène l'équivalent d'une invasion ou d'une « bombe à retardement[10] ».

Quand je suis montée sur scène pour diriger un premier débat, j'étais été rejointe par Arron Banks en personne, Liz Bilney, Gerry Gunster et Richard Tice. Après le discours d'ouverture, où Richard soulignait les avantages commerciaux qu'il y aurait à quitter l'UE, un journaliste a demandé si les attentats parisiens sonnaient le glas de l'Union européenne dans son ensemble. Arron a éludé la question, mais a dit :

— Le Royaume-Uni se porterait tellement mieux hors de l'UE.

Le référendum était pour le pays l'occasion unique de devenir « assez grand », « assez fort », « libre de fixer ses propres lois et de contrôler ses propres frontières – sans être menotté par l'Union européenne.

— Nous faisons campagne pour le peuple, a-t-il ajouté.

Un autre journaliste a remarqué, pince sans rire :

— Si c'est la campagne des gens ordinaires, je n'en vois aucun parmi les participants à ce débat.

Sous les rires, un reporter du *Daily Mail* a demandé :

— Pourquoi votre principal partisan se trouve-t-il derrière moi et pas sur scène ? Vous avez honte de lui ?

Il faisait référence à Nigel Farage, assis dans le public, observant un silence fort inhabituel de sa part – « Le devin au sourire de pyromane », comme devait plus tard le décrire le magazine *Time*[11]. La contribution de Farage au débat avait consisté à placer sur chaque siège un T-shirt Leave.EU arborant le slogan : « Si tu aimes la Grande-Bretagne, quitte l'UE. » Dans chaque vêtement était emballée une tasse portant cette inscription : « Personne n'a le droit de me prendre pour une cruche », autre manière de laisser entendre que rester au sein de l'UE c'était bon pour les gogos.

Un autre journaliste a souligné la présence de deux non-Britanniques dans l'équipe, Gerry Gunster et moi. Il se demandait ce que venait faire en Angleterre le « patriotisme américain » des campagnes électorales des États-Unis.

La question a agacé Gerry.

— Aux États-Unis, on vote pour tout. On a des centaines de référendums sur tout et n'importe quoi. On vote pour savoir si on a besoin d'impôts. Pour savoir s'il faut un supermarché Walmart dans la rue. L'an dernier, dans le Maine, ils ont voté pour savoir si on pouvait utiliser des beignets à la confiture et de la pizza pour appâter les ours.

Gunster savait ce qu'il faisait, et c'est pour ça qu'il avait été recruté dans l'équipe.

J'ai répondu à peu près la même chose. Ce que Cambridge Analytica apportait, c'était la capacité d'organiser une campagne du bas vers le haut. Nous pourrions comprendre pourquoi les gens voulaient quitter l'Union européenne, et nous saurions persuader plus d'électeurs que jamais auparavant. Nous étions exclusivement là pour ça.

8

Facebook

Décembre 2015 - février 2016

L'année 2015 s'achevait et, à en croire Alexander, Cambridge Analytica était promis à un bel avenir. Nous jouions un rôle dans le Brexit – enfin, c'est ce que nous pensions à l'époque. Même si le contrat n'était pas encore signé, ce n'était qu'une question de jours – Julian en avait eu la confirmation noir sur blanc lors d'un échange avec Arron Banks. Nous avions une part active dans ce qui risquait d'être un véritable tournant dans l'histoire de la Grande-Bretagne. Un processus susceptible de transformer l'Europe et, bien sûr, l'avenir du Royaume-Uni. Le Brexit aurait-il lieu ? Sans doute pas (la plupart des gens pensaient sincèrement que cela n'avait aucune chance d'arriver), mais être partie prenante de ce référendum historique était déjà énorme.

Par ailleurs, le jour où je représentais l'agence lors d'une conférence de Leave.EU, Alexander tentait de convaincre le parti chrétien-démocrate allemand, la CDU. Il s'agissait d'intégrer la future campagne électorale d'Angela Merkel, qui visait un quatrième mandat au poste de chancelière. Après notre échec cuisant en France et vu nos relations avec Leave.EU, il était certain d'avoir trouvé une bonne manière de présenter le rôle de Cambridge

Analytica. Les opérations de fichage menées dans l'Allemagne nazie hantaient encore les mémoires dans le pays : pas question de ressusciter ce sinistre souvenir.

Cependant, à ce moment-là, l'ouverture de nos bureaux de Washington était peut-être notre plus beau succès. Juste avant que j'emménage dans la capitale, nous avions loué un nouvel espace, plus grand. Tout se mettait en place en vue d'une année 2016 qui s'annonçait très prenante, nous en étions persuadés. Cette perle rare, nous l'avions trouvée à Alexandria, dans l'État de Virginie, à l'intérieur d'un superbe immeuble ancien sur la promenade le long du Potomac, avec un panorama imprenable sur la capitale de l'autre côté du fleuve. Nous avions pour voisins les plus grandes sociétés de conseil liées au Parti républicain. Nous avons annoncé notre arrivée, et, très vite, les rendez-vous se sont enchaînés. Les mois à venir promettaient d'être exceptionnels.

Ces bureaux de Washington étaient ceux d'une entreprise de la Silicon Valley qui commençait à se faire un nom. Nous avions été créés dans l'esprit de Google et de Facebook et nous marchions dans leurs pas – avec de meilleurs locaux, davantage de personnel, davantage de clients et une masse de données qui n'avait jamais été aussi importante. « *Move fast and break things.* » Avancer vite, casser les codes : nous suivions la devise originelle de Facebook à la lettre, chaque jour un peu plus.

Alexander voulait profiter de notre fête de fin d'année, début décembre, pour montrer à l'Amérique qu'il fallait compter avec Cambridge Analytica. L'entreprise avait pris une nouvelle dimension, il était temps de le prouver. Nous avions des amis et des clients dans les plus hautes sphères. L'information a été transmise en grande pompe à nos invités, tous triés sur le volet. Parmi eux, une grosse centaine de clients et de partenaires de CA, le directeur de la communication du Comité national républicain, Sean Spicer, le militant conservateur Ralph Reed, l'analyste Kellyanne

Conway, le sulfureux Joe Arpaio, shérif dans l'État d'Arizona, ainsi que des membres de l'« ambassade » de Breitbart. Et, puisque Alexander était d'avis qu'il faut être proche de ses amis et encore plus proche de ses ennemis, il avait également invité l'ensemble des candidats qui ne faisaient pas partie de nos clients, même s'ils se présentaient contre eux.

Mais ce n'était pas le plus étonnant : nous partagions la soirée avec une autre société de microciblage, Targeted Victory. À une certaine époque, Robert et Rebekah Mercer avaient songé à la racheter pour le compte de CA, mais ses fondateurs n'avaient pas souhaité vendre. Noël approchait à grands pas et nous étions donc en concurrence avec les autres organisateurs de cette soirée. Qu'importe : tout était déjà prêt. *The show must go on*, comme on dit. Et cela a été le cas. Au final, plutôt que d'unir nos forces avec Targeted Victory, nous leur avons volé l'un de leurs meilleurs éléments, une experte en techniques de publicité numériques, Molly Schweickert.

La soirée était également coordonnée par America Rising, une société d'*opposition research*. Leur spécialité ? Rassembler des informations contre les adversaires de leurs clients. Dans la période qui a suivi, son directeur, Matt Rhoades, a fondé Definers Public Affairs, une agence de communication devenue célèbre, et pas pour de bonnes raisons : elle a été embauchée par Facebook pour piloter des attaques contre le milliardaire George Soros, largement condamnées pour leur caractère antisémite. Une démarche pas si éloignée de certaines campagnes de dénigrement qu'America Rising avait lancées, dès sa création, contre des démocrates candidats à différents postes.

Alors que ces polémiques se multipliaient, la fête s'est tenue dans un restaurant privatisé par souci de discrétion vis-à-vis de nos clients. Partout figuraient les logos d'entreprises diverses et variées. Une façon de montrer que CA jouait désormais dans la cour des grands, parmi les pros du conseil stratégique à destination du monde politique. Dans l'esprit des soirées qui se tenaient chaque année dans le milieu, nous avions embauché un DJ et proposé un immense *open bar*, ainsi qu'un buffet somptueux. Il ne restait plus qu'à espérer que l'ambiance ne soit pas gâchée par une catastrophe survenue la veille.

Or, le 11 décembre 2015, un article du *Guardian* sur Cambridge Analytica et la campagne de Ted Cruz a fait l'effet d'une bombe. Les révélations étaient explosives : CA aurait obtenu de Facebook les données personnelles de près de 30 millions d'utilisateurs du site, ainsi que celles de leurs amis. Le tout au mépris de ses conditions d'utilisation, puisque la plupart de ces personnes n'avaient pas formellement accepté de partager ces informations. Pire : à en croire cet article, CA se servait de ces données pour peser sur le résultat des primaires républicaines et faire de Ted Cruz le candidat du Grand Old Party à la présidentielle de 2016[1].

L'article se lisait comme un roman d'espionnage. Son auteur, le reporter Harry Davies, prétendait que l'entreprise avait acquis cette masse de données sous le manteau. Désormais « associée » à la campagne de Cruz, elle était en train de mettre en œuvre un véritable arsenal secret destiné à cibler et à manipuler des électeurs influençables. Derrière cette machination se cachait le propriétaire de Cambridge Analytica, Robert Mercer, que l'article présentait comme un milliardaire diabolique, prêt à déstabiliser le système politique des États-Unis pour imposer une ligne ultradroitière.

La manière dont CA était entré en possession de ces données enfreignait directement les conditions d'utilisation de Facebook. L'entreprise s'était assuré les services d'un homme qui avait lui-même violé le règlement de Facebook en utilisant une application tierce, l'API Friends, pour « aspirer » une masse considérable de données personnelles. Cet homme était Aleksandr Kogan, enseignant à l'université de Cambridge et lié à la Russie. Il avait menti à Facebook en rassemblant ces données sous couvert de mener des recherches scientifiques. Au lieu de quoi, il avait retourné sa veste et les avait vendues dans un but commercial à Cambridge Analytica. Certes, les conditions d'utilisation ne spécifiaient pas qu'elles pouvaient être collectées dans un but commercial, mais Kogan n'était pas censé les vendre. On venait d'enfreindre les lois sur la protection des données, voilà ce que sous-entendait Harry Davies.

Le *Guardian* avait contacté le principal intéressé, qui avait clamé son innocence. Facebook l'avait autorisé à utiliser ces informations à sa guise, il était en mesure de le prouver. En revanche, le quotidien anglais avait été « dans l'incapacité » d'obtenir une réaction de la part de CA. Rien d'étonnant : la plupart d'entre nous étaient en route vers Washington pour notre grande fête et personne n'avait pris la peine de répondre, à l'exception d'un employé de nos bureaux temporaires à New York. Mais, étant pressé, il avait inexplicablement raccroché au nez du journaliste.

L'article dressait un portrait sombre de l'entreprise, qui semblait avoir tous les torts. On laissait entendre qu'elle ne s'était pas contentée d'infiltrer un réseau social, le plus important et le plus sécurisé au monde : elle avait enfreint les règles de la vie publique.

Pas un de nous n'osait croire à ces accusations. À titre personnel, je n'avais jamais entendu parler de cet Aleksandr Kogan. Grâce Alex Tayler, avec qui je préparais mes prises de parole, je savais que SCL travaillait avec des chercheurs de l'université de Cambridge. C'était d'ailleurs là-bas que lui et Jack Gillett avaient décroché leur doctorat. Le nom même de l'entreprise (qui aurait été inventé par Steve Bannon) rappelait ce lien étroit. J'étais également au courant que nous possédions un volume considérable de données Facebook. Nous n'hésitions jamais à le préciser quand nous communiquions. Nos plaquettes et nos présentations PowerPoint déclaraient ouvertement que nous avions des informations sur environ 240 millions d'Américains. Et, parmi eux, plus de 30 millions de personnes sur lesquelles nous détenions 570 points de données (en moyenne), tous issus de Facebook.

Pourquoi les mettre en avant si tout cela avait été obtenu illégalement ? Nous aurions pu nous en passer, vu tout ce que nous avions à notre disposition. Cela n'aurait pas nui à notre travail.

Lancée en 2010, l'API Friends avait permis à des entreprises comme SCL d'installer leurs propres applications sur Facebook pour récolter des données sur les utilisateurs du site et leurs amis. Tout le monde était parfaitement au courant, alors où était le problème ? Au moment d'ouvrir une application sur le réseau social, il fallait obligatoirement cocher une case présentant l'ensemble des conditions d'utilisation. Personne ou presque ne prenait la peine de les lire. Mais, ce faisant, l'utilisateur acceptait de donner accès à 570 points de données sur son propre compte et la même quantité sur chacun de ses amis. Il n'y avait rien d'illégal dans cette transaction pour celles et ceux qui donnaient leur accord : tout était indiqué noir sur blanc pour les rares personnes qui souhaitaient déchiffrer ce jargon juridique. Il n'empêche : trop pressés de lancer le test ou le jeu que l'application proposait, les gens ne lisaient pas le document et transmettaient donc leurs informations privées, ainsi que celles de leurs amis. Des amis qui n'avaient pas formellement donné leur autorisation. Et le vrai problème était là.

Une partie des données Facebook en notre possession venaient d'applications comme la Boussole sexuelle ou le Morse musical (qui avaient circulé dans nos bureaux de Londres, d'ailleurs), mais l'entreprise les avait développées et utilisées sur le site bien avant le 30 avril 2015, date à laquelle la plate-forme avait fermé ses portes aux développeurs tiers. Dans les semaines qui avaient précédé, Alex Tayler avait signalé cette date butoir imminente à plusieurs employés, dont moi. En conséquence, j'avais passé au crible des lots de données qu'il était encore possible d'acheter. Ce qui avait permis de déterminer le genre d'informations que nous avions intérêt à acquérir. L'article du *Guardian*, lui, affirmait que les données collectées par Aleksandr Kogan remontaient à l'année 2013, c'est-à-dire bien avant ce 30 avril fatidique.

En quelques heures, la nouvelle a fait le tour des médias. Après avoir été reprise partout, l'investigation de Harry Davies a donné lieu à des compléments d'enquête dans des publications de premier plan comme *Fortune* et *Mother Jones*, ainsi que sur des sites comme Business Insider et Gizmodo.

En 2013, Kogan avait commencé à collecter des données sur une plate-forme du Marketplace d'Amazon, le Mechanical Turk. Il avait payé des utilisateurs 1 dollar pour qu'ils effectuent un test de personnalité intitulé *This Is Your Digital Life*. Lorsqu'ils répondaient à ce questionnaire sur Facebook, l'application se connectait à l'API Friends pour prendre leurs données personnelles et celles de l'ensemble de leurs amis. À partir des réponses qu'il avait obtenues par ce biais, Kogan avait créé un programme d'entraînement afin qu'un algorithme apprenne à modéliser les personnalités de tous les participants. Il avait ensuite vendu cette synthèse et l'ensemble de données à CA. Alex Tayler et le reste de l'équipe avaient testé les modèles de Kogan puis en avaient élaboré d'autres, plus précis, mais fondés sur des outils d'évaluation de la personnalité similaires.

Lors de notre soirée, les membres de CA et de SCL ont évoqué l'article du *Guardian* et se sont interrogés. À qui la faute ? Est-ce que le responsable n'était pas ce Kogan, puisqu'il avait violé les règles d'utilisation de Facebook en 2013 ? Sans compter qu'il avait menti sur son compte, auprès du réseau social et auprès de nous.

Alex Tayler avait travaillé avec lui. Et, même s'il a été poussé dans ses derniers retranchements, il a insisté sur le fait que son interlocuteur lui avait transmis ces données en toute légalité. Non, ce qui l'inquiétait vraiment, c'était l'image déplorable que cette affaire renvoyait dans la presse. Les répercussions de cet article allaient entacher la réputation et les recettes de l'entreprise. Il faudrait du temps, beaucoup de temps pour « redresser la barre ». Par ailleurs, nos relations avec Facebook étaient sur la corde raide, elles aussi. Tayler avait passé la journée à échanger des mails et des coups de fil tendus avec la direction de Facebook, à Palo Alto.

Et Alexander ? Était-il affecté par tous ces remous ? Manifestement, non. À l'entendre, cette mauvaise pub serait sans conséquence. Il a alors désigné la pièce d'un geste : tout le monde se moquait éperdument de ce papier, alors autant boire un verre et s'éclater. Mais, ce qui m'a étonnée, c'est qu'un peu plus tard il a fini par trouver cette fête sans intérêt. L'ambiance était nettement moins sympa que dans les soirées qu'il avait organisées en Angleterre. On s'amusait plus là-bas ! Il a ensuite avalé une gorgée de son cocktail et lancé :

— Ce qu'on s'emmerde, avec les républicains.

Il a très vite rassemblé ses « chouchous », dont je faisais partie, et nous sommes partis avant la fin de la fête. Direction l'un des nouveaux appartements loués par l'entreprise. Le champagne a coulé à flots et nous sommes restés là-bas jusqu'à pas d'heure. Et, comme l'a dit Alexander au moment de nous séparer, l'ambiance était plus détendue sans les autres.

À mon entrée chez SCL, j'avais tout de suite saisi une chose. Si Alexander avait de grandes ambitions pour l'entreprise, elles étaient largement inspirées par l'exemple de Facebook et par toutes les perspectives que Google Analytics lui avait laissé entrevoir. En 2011 et 2012, Facebook était devenu public et s'était transformé en un véritable mastodonte en matière de collecte de données. Des quantités d'informations que le réseau social monnayait pour doper encore un peu plus sa valeur marchande.

Pour Alexander, c'était un modèle à suivre. Et la preuve vivante qu'il fallait croire dans un projet, malgré les doutes des uns et des autres.

Pour les jeunes qui travaillaient chez Cambridge Analytica, il y avait de quoi être gonflé à bloc. C'était mon cas. Nous travaillions pour une entreprise avec un projet d'ampleur, un projet concret, susceptible de rendre le monde connecté plus engagé.

Ma pratique de Facebook n'était pas éloignée de celle des autres *millennials*. En un sens, cela avait toujours fait partie de ma vie. Je ne connaissais pas directement Mark Zuckerberg, mais, lorsqu'il avait fondé son entreprise, en 2004, c'était avec l'un de mes amis de lycée, Chris Hughes. Nous avions été responsables du journal d'Andover, le *Phillipian*, lui et moi. J'étais ravie que l'un de mes camarades participe à un projet aussi innovant que « The Facebook », alors qu'il n'avait pas encore fini ses études à la fac !

À l'époque, les profils de Mark et de Chris sur AOL Instant Messenger contenaient des liens vers « The Facebook ». Même chose pour tous mes autres amis qui avaient fait leur cursus secondaire à la Phillips Academy, avant de prendre le chemin de Harvard. Les seuls utilisateurs étaient les étudiants de la prestigieuse université : ils invitaient les gens à les chercher dans ce trombinoscope informatique. Il suffisait de cliquer sur le lien pour voir le numéro de leur chambre et leur date de naissance. En septembre 2005, Facebook (le « The » avait disparu entretemps) était mis à la disposition des étudiants des meilleurs lycées des États-Unis et des universités à l'étranger. Je n'avais qu'une hâte : avoir mon propre profil. Je me suis d'ailleurs inscrite juste après avoir reçu ma lettre d'admission, au mois de juillet 2005. Cette adresse mail m'a servi à me connecter à Facebook avant d'ouvrir ma vraie boîte mail de fac. En 2006, à la fin de ma première année, tout le monde pouvait s'inscrire à condition d'avoir une adresse électronique valide. Le domaine réservé des étudiants d'université venait d'être ouvert à la planète entière.

Un an plus tard, Chris Hughes rejoignait l'équipe d'Obama en même temps que moi. Il était la première personne ayant une expérience directe de Facebook à intégrer une campagne électorale. Une expertise qu'il a apportée au QG de Chicago, avec pour objectif de révolutionner la façon dont les démocrates s'adressaient à leur base. J'ai travaillé à ses côtés au sein du groupe chargé des médias 2.0. Avec le recul, c'était une période pleine d'enthousiasme et d'idéalisme.

Facebook ne possédait pas encore les mécanismes qui seraient bientôt élaborés pour accompagner le processus de campagne. Un jour, notre équipe s'est aperçue que nos bénévoles passaient beaucoup trop de temps à accepter ou à refuser les demandes d'amis adressées au sénateur Obama. Il faut dire que le code électoral interdisait à un candidat à la présidence d'être « ami » avec une personne qui aurait affiché des armes, de la drogue ou des images à caractère sexuel sur son profil. L'afflux de ces centaines de milliers de demandes nous a obligés à réagir. Afin de contrôler notre charge de travail, nous avons décidé d'opérer un changement radical : il était désormais impossible de « devenir ami » avec le sénateur. Le profil Facebook que j'ai créé pour Barack Obama est ainsi devenu la première « page officielle ». Il n'était plus question de « devenir ami » avec lui : on ne pouvait que le « liker » ou le « follower ». Les politiciens, les musiciens, les acteurs et les autres figures publiques s'en sont inspirés.

Auparavant, il fallait être une personne physique pour avoir une page Facebook. Transformer celle du sénateur Obama en un compte officiel a été une grande avancée et a incité d'autres structures (des partis politiques, des associations, des marques) à être présentes sur le réseau social. Et, maintenant que celui-ci était *open for business*, il fallait créer de nouveaux outils pour accompagner l'évolution de ces nouveaux comptes.

Facebook n'avait encore pas d'outils de statistiques. Pour savoir qui visitait la page du sénateur Obama, notre équipe procédait à l'ancienne, en entrant les renseignements sur chaque utilisateur dans des tableaux Excel, les uns après les autres. Et à la main. Nous répondions également aux messages et aux *posts*. Là encore, un par un. Une démarche qui nous a valu énormément de compliments : les gens étaient ravis d'échanger directement avec le sénateur Obama, par le biais de messages personnalisés. Pour la première fois, j'ai compris que la communication de masse devait s'adresser à chacun pour être efficace. J'ai aussi compris que notre collecte de données, aussi rudimentaire soit-elle, était d'une importance capitale.

Et pour cause : il n'y avait pas encore de fil d'actualité sur Facebook. Il était impossible de communiquer ou de s'adresser à un public précis, directement sur le site, en s'appuyant sur ses données privées. À la place, nous nous reposions, d'une part, sur notre compte mail pour recevoir des informations et, d'autre part, sur notre service de messagerie électronique pour contacter nos sympathisants et nous adresser à eux. J'étais fière du travail que nous menions, malgré les efforts que cela représentait, en coulisses. Cette collecte de données artisanale nous a permis de cibler des citoyens d'un bout à l'autre du pays, ainsi que les sujets qui leur tenaient à cœur, et les intéresser à la vie politique de manière à ce qu'ils s'engagent davantage. Statistiquement parlant, de nombreuses personnes (de tous les âges et vivant aux quatre coins du pays) reprenaient goût à la politique. Tout ça grâce à notre travail minutieux de collecte de données et d'envoi de mails, simple mais précis.

L'équipe de campagne a également lancé un appel sur différentes plates-formes à destination des milieux créatifs : les artistes pouvaient nous envoyer leurs œuvres et nous nous réservions le droit de les utiliser comme outil de communication. Je me souviens très bien du jour où j'ai reçu le mail de Shepard Fairey, un artiste diplômé de l'école de design de Rhode Island, sans aucun lien avec le camp du candidat démocrate. Il avait réalisé un superbe portrait d'Obama en rouge, blanc et bleu – c'était une œuvre de *street art*, à l'origine – et nous l'envoyait gratuitement. L'affiche, digne de la célèbre photo de Che Guevara, est devenue virale et s'est imposée comme l'image emblématique de la présidentielle. Au final, les résultats de cette demande ciblée en forme d'appel à contribution adressé aux artistes ont dépassé toutes nos attentes.

L'innovation que Facebook proposait alors à ses utilisateurs pour les aider à interagir avec d'autres personnes était le bouton « like ». Lorsque quelqu'un « likait » votre page, il lui était possible de « voir » vos *posts* sur son mur. Les contenus sponsorisés n'existaient pas. Cela avait suscité de nombreuses discussions dans la sphère publique : Facebook saurait-il développer un modèle économique durable, vu que personne n'avait encore compris comment le rendre rentable ? En réalité, le bouton « like » permettait aux utilisateurs de rassembler des informations basiques sur leurs *followers*. Mais, pour le site, c'était bien davantage : tous ces « like » représentaient des centaines de milliers de points de données qu'il pouvait compiler et, à terme, transformer en dollars.

En 2007, Facebook avait quelque chose de chaleureux, d'accueillant et d'authentique, à première vue. Le vocabulaire adopté se voulait bienveillant, lui aussi. On « devenait ami » avec les gens. Il était encore impossible de ne pas aimer un *post* – c'était bien avant que la plate-forme propose des émojis permettant de montrer son mécontentement, sa tristesse ou son étonnement. Si Google était là pour informer, Facebook avait pour seul but de créer du lien entre les gens[2]. Et, même lorsque les commentaires adressés au sénateur Obama étaient d'une violence sidérante, il était possible de gérer les problèmes au cas par cas. Il n'y avait pas encore d'algorithmes pour détecter un comportement ou des propos insultants. De la même façon, il était impossible d'empêcher automatiquement quelqu'un de laisser des commentaires sur une page. Facebook n'était pas encore une « agora » nationale et internationale avec des clivages marqués, ce que la plate-forme est devenue par la suite. Je me souviens encore d'avoir été choquée par certains discours tenus sur la page du sénateur Obama[3]. Il avait cependant refusé de descendre sur le même terrain. Il avait eu suffisamment d'élégance pour ne pas réagir violemment aux commentaires racistes et au venin qu'on lui crachait au visage. Nous nous sommes relayés pour rassembler toutes ces menaces et les signaler au FBI.

Pendant ce temps, Facebook refusait de s'imposer en arbitre de la discussion publique et continuait d'affirmer qu'il était une plate-forme sociale, sans ligne éditoriale. La liberté d'expression régissait ses décisions en interne. Ce n'était pas le cas chez nous. À la fin de l'été 2007, l'équipe chargée du numérique a estimé que l'outil Facebook avait de nombreux défauts. Et que nous devions nous-mêmes bannir les *posts* injurieux. Cela a suscité un vif débat : censure contre incitation à la haine. Au bout du compte, nous avons décidé d'effacer les propos déplacés, qu'il s'agisse des remarques un tant soit peu agressives (à l'endroit des rivaux démocrates d'Obama ou des républicains) ou des menaces de mort visant le sénateur. En réalité, notre équipe bannissait l'ensemble des commentaires négatifs. Faire le ménage était une opération fastidieuse qui demandait des heures et des heures de travail, chaque jour, à nos bénévoles, qui ont très vite formé une armée de censeurs.

La présidentielle de 2008 a permis l'essor d'experts en analyse de données. Après avoir fondé des entreprises comme BlueLabs et Civis Analytics, ils sont revenus lors des élections de 2012, avec de nouveaux outils. Ils savaient comment faire de la publicité sur Facebook et optimiser la manière dont les démocrates l'utilisaient. Leur savoir-faire en matière de création de contenus et de communication était remarquable. Ce n'est pas tout : BlueLabs et consorts proposaient des analyses prédictives et des modélisations. Si, rétrospectivement, leurs techniques étaient peut-être moins complexes qu'aujourd'hui, ces entreprises ont aidé les démocrates à ne plus seulement segmenter les électeurs en fonction de leur âge, de leur sexe ou de leur sensibilité politique. Elles les ont poussés à s'intéresser sérieusement au fait que les électeurs pouvaient préférer un candidat plutôt qu'un autre, être indécis ou avoir une sensibilité politique marquée. Des sujets spécifiques, comme l'accès aux soins ou l'emploi, ont également été pris en compte.

Je ne faisais pas partie de la campagne d'Obama de 2012, mais j'ai entendu parler des nouvelles potentialités de Facebook et de ce qui a permis à cette campagne de réélection d'utiliser si intelligemment les données personnelles et leur analyse. En 2010, Facebook avait trouvé plusieurs manières de se vendre à des acteurs économiques désireux de profiter de cette masse de données qu'il produisait. C'était à des millions de personnes dans le monde qu'ils pouvaient avoir accès ! L'une des plus lucratives a été le développement de l'API Friends. En échange d'un forfait, les développeurs pouvaient implanter leur propre appli sur le site et, par ce biais, récupérer les informations personnelles des utilisateurs. Exactement ce qu'a fait Kogan.

Ce fut une avancée absolument décisive pour l'équipe d'Obama, qui a développé ses propres applications pour les mettre sur Facebook. Grâce aux données collectées, sa communication a gagné en précision et en efficacité. Si ces applications employées lors de la présidentielle de 2012 n'étaient pas ouvertement contestables, c'était en grande partie parce que ses utilisateurs étaient déjà des militants d'Obama. Ils avaient fait ce choix de leur propre chef, pour rester dans la boucle et faire parler de son programme à un public encore plus large. Pour autant, malgré toute l'inventivité des concepteurs pour cacher cette clause dans les conditions d'utilisation de l'application, celles et ceux qui s'en servaient n'auraient jamais dû se retrouver en capacité de partager les données de leurs amis sans leur demander leur avis. Aux yeux de la loi, Facebook n'avait donc pas le droit de laisser des développeurs accéder à toutes ces données. Entre-temps, les membres de l'équipe d'Obama ont fini par déclarer qu'ils regrettaient d'avoir participé à cette collecte illégale, même s'ils pensaient agir pour la bonne cause : cette démarche était donc moins contestable éthiquement parlant. La responsable de ces questions durant la campagne, Carol Davidsen, qui avait travaillé sur ces questions pour Obama for America, la structure officielle de la campagne, a d'ailleurs écrit à ce sujet : « Seule l'application API Friends nous posait problème. Cela étant, nous sommes restés dans les clous et nous ne nous sommes pas servis de ces données de façon malhonnête[4]. »

Facebook a représenté un formidable retour sur investissement pour cette campagne de réélection. Entre 2010 et 2012, l'ouverture de la plate-forme à des applications tierces a permis à des entreprises de récolter encore plus d'informations. Avec près de 40 000 développeurs tiers et une augmentation exponentielle du temps passé sur Facebook par des utilisateurs toujours plus nombreux, le réseau social était désormais en mesure de transmettre des centaines de points de données sur ceux qui s'y connectaient, à n'importe qui. Les reproches adressés en 2010 à Mark Zuckerberg et Facebook par la Commission Fédérale du commerce (Federal Trade Commission, FTC, l'organisme fédéral chargé du contrôle des pratiques commerciales) pour l'emploi de l'API Friends et ces « pratiques trompeuses » avaient eu des conséquences : la société était « désormais enjointe de combler ces failles ». Mais elle avait du mal à faire coïncider cette exigence avec sa stratégie de développement[5]. La protection de la vie privée était-elle compatible avec des profits toujours plus importants ? Il s'agissait de deux buts contradictoires, et Facebook a commencé à prendre des risques avec ces collectes de données et les utilisations contestables qui en étaient faites.

Pourquoi la FTC n'a-t-elle pas été plus vigilante en 2012 ? Tout le monde se le demande. Ce qu'avait déclaré la directrice d'exploitation de Facebook, Sheryl Sandberg, en amont de l'introduction en Bourse du réseau social n'était pas passé inaperçu : Facebook entretenait une relation lucrative avec des entreprises de courtage de données. Et, en plus d'engranger une quantité croissante d'informations qui venaient s'ajouter à celles déjà en sa possession, le site élaborait des outils de ciblage toujours plus efficaces et précis pour les publicités payantes. Le message était clair : Facebook était largement capable de monétiser sa base de données[6]. Le réseau social n'a d'ailleurs pas changé ses règles pour les développeurs utilisant l'API Friends avant 2015, et la FTC n'est jamais revenue à la charge[7]. Ce qui a été une excellente nouvelle pour les démocrates en 2012 : Obama a été élu pour un second mandat en s'appuyant sur la puissance de Facebook pour y parvenir. Mais cette année 2012 a été tout aussi extraordinaire pour le réseau social, qui est entré en Bourse avec une valeur de 18 milliards de dollars[8].

Au moment des élections de mi-mandat de 2014, lorsque Cambridge Analytica a commencé à utiliser la plate-forme, l'entreprise a tiré profit de toutes ces innovations. La précision des outils publicitaires du site avait fait des progrès considérables depuis 2012. Il y avait désormais deux façons de s'en servir pour faire de la publicité. Avant le mois d'avril 2015, CA (comme n'importe quelle entreprise ou structure) avait la possibilité de payer des développeurs d'applications tierces pour obtenir des données Facebook et proposer des contenus publicitaires aux utilisateurs du réseau social, partout sur Internet : on savait beaucoup plus de choses sur eux que par le passé. Une entreprise pouvait également s'appuyer sur sa propre base de données et engager une démarche encore plus innovante : sélectionner au sein de cette masse d'informations le type de personnes qu'elle souhaitait contacter, puis payer Facebook pour « assimiler » ces listes et rechercher un certain nombre de « profils similaires », 10 000, 100 000, voire 1 million. L'entreprise n'avait plus qu'à envoyer ses contenus publicitaires à ces « profils similaires » sur la plate-forme, directement.

La fermeture de l'API Friends a eu une conséquence majeure : désormais, plus personne n'était en mesure de monétiser les données Facebook, hormis Facebook. Privés de cet outil précieux, les développeurs étaient à présent obligés d'employer les espaces publicitaires proposés par la plate-forme pour s'adresser aux utilisateurs. Impossible d'employer des informations du site pour produire des modélisations en externe. Enfin, c'est ce que la plupart des gens croyaient.

À la fin de l'année 2015, lorsque l'article du *Guardian* a menacé de faire vaciller Cambridge Analytica et la campagne de Ted Cruz, Facebook était toujours droit dans ses bottes et, à entendre la direction, l'ensemble des données personnelles de ses utilisateurs était pleinement « maîtrisé ». Non, insistait-on, il n'y avait plus de raison d'être inquiet quant à la sécurité des données. L'API Friends avait pu représenter un risque en matière de respect de la vie privée, mais l'application n'existait plus depuis la fin du mois d'avril. L'entreprise n'était pas directement mise en cause, contrairement à Aleksandr Kogan et Cambridge Analytica.

Facebook était devenu la plus grande plate-forme publicitaire du monde. Si elle n'était pas sécurisée ou si la vie privée de ses utilisateurs était violée, ce n'était pas elle qu'on allait montrer du doigt.

Jusqu'à la fin du mois de janvier 2016, Alex Tayler s'est efforcé de dissiper le « malentendu » autour des données Facebook. En tant que directrice du développement commercial de la société, je recevais une copie des mails échangés entre lui et Allison Hendricks, chargée des questions légales chez Facebook. Des échanges qui se sont étalés sur des semaines. Dans un message intitulé « Déclaration d'innocence », il interrogeait directement son interlocutrice : était-elle pleinement satisfaite de l'explication qu'il lui avait fournie sur la façon dont CA était, bien involontairement, entré en possession de ces données obtenues illégalement ?

La réponse a été sans appel : non, elle n'était pas convaincue. CA avait violé les règles d'utilisation de Facebook. Kogan avait frauduleusement collecté ces données et les utilisateurs du site n'avaient pas donné leur accord pour qu'elles soient employées à des fins commerciales ou politiques.

Alex a alors expliqué que CA les avait achetées par le biais d'un intermédiaire, GSR. Le contrat autorisait l'entreprise à les utiliser à sa guise et à les conserver de façon illimitée dans le temps. Bref, il s'agissait d'un énorme malentendu. Restait une question : la direction de Facebook était-elle prête à rédiger un communiqué de presse avec CA afin de mettre les choses au clair ?

Allison Hendricks n'a pas daigné répondre. Selon elle, les règles de Facebook en matière de données personnelles étaient strictes. Mais, du côté de CA, avait-on partagé ces informations collectées par Kogan en dehors de l'équipe de campagne de Cruz ? Et, si on comptait les effacer, comment avoir l'assurance qu'il n'en traînait pas une copie quelque part ?

Alex a répondu que CA n'avait transmis ces informations à personne, pas même à l'équipe de Ted Cruz. On s'en était servi en interne, pour effectuer des modélisations, rien de plus. Et les clients ? Ils n'avaient reçu que des contacts, « accompagnés peut-être de quelques *tags* », ainsi que des éléments chiffrés, comme le fait que les individus en question étaient sûrs à 75 % d'aller voter, ou névrosés à 90 %. Ce n'était pas tout : les graphiques de Kogan étaient virtuellement inutiles. Les résultats qu'ils avaient produits durant les phases de test n'étaient pas concluants, loin de là. Le chercheur avait simplement apporté la preuve que la modélisation de la personnalité était réalisable et efficace, voilà tout. L'entreprise était capable de rassembler des données, mener des tests et élaborer des modèles par ses propres moyens. Par ailleurs, effacer les données transmises par Kogan ne posait pas le moindre problème puisque personne n'en avait vraiment l'utilité, avait-il également fait valoir.

J'ai été pour le moins troublée par ces déclarations. Alex Tayler m'avait toujours vanté l'importance et la valeur de ces données Facebook. Pourquoi était-il prêt à les effacer, tout d'un coup ? Certes, nous avions besoin de rester en bons termes avec eux. Si on nous interdisait de proposer des contenus publicitaires sur leur site, autant mettre la clé sous la porte. Mais était-il bien nécessaire de perdre cette manne ?

Heureusement pour nous, Allison Hendricks s'est laissé convaincre lorsque Alex lui a écrit à la fin du mois de janvier : il avait « en toute bonne foi » effacé leurs données de nos serveurs et s'était assuré qu'il n'en existait aucune copie. Si son interlocutrice avait signé ses précédents mails « Allison », le dernier message qu'elle lui a adressé était simplement signé « Alli ». Une marque d'amitié qui rappelait que l'ambiance était au beau fixe entre les deux entreprises. Et que le dossier était clos.

En contactant CA pour réclamer la destruction des données de Kogan, Facebook a pu artificiellement mettre un terme à ce scandale public. Tout avait été fait pour remédier à ce problème : la direction était rassurée (et l'opinion publique pouvait l'être aussi). Pour autant, aucune recherche poussée n'a été menée dans les fichiers de CA. Et aucun document n'est venu confirmer officiellement que les informations personnelles des utilisateurs avaient réellement été effacées. CA avait honoré sa promesse et Facebook avait pris cette affirmation pour argent comptant. Sans demander la moindre preuve, sans engager la moindre démarche juridique, sans observer un minimum de prudence.

Après quoi, le réseau social a exclu Aleksandr Kogan. L'une des nombreuses solutions cosmétiques censées tranquilliser les utilisateurs. Cambridge Analytica avait obtenu ces données en enfreignant le règlement du site, mais qu'importe. « Circulez, il n'y a rien à voir », disait-on en substance. Comme Hendricks l'avait écrit dans son échange de mails avec Alex Tayler, c'était la dernière fois qu'une histoire pareille était appelée à se produire.

9

Persuasion

Septembre 2015 - février 2016

Avant même que je ne m'installe à Washington, le marché que j'avais conclu avec Alexander Nix était devenu nul et non avenu. Certes, j'avais promis de ne jamais travailler avec les républicains, mais nous n'avions qu'un simple accord de principe et les coups de canif dans le contrat se multipliaient de jour en jour. Tout à fait involontairement, d'ailleurs. Durant l'automne 2015, au cours des mois qui ont précédé la publication de l'article du *Guardian*, je me suis retrouvée de plus en plus liée au Grand Old Party. J'aurais sans doute dû m'en douter bien avant : pour que la branche commerciale Cambridge Analytica puisse décoller, il fallait que la branche politique enchaîne les victoires de prestige.

Mais ce n'est pas uniquement pour cette raison que je me suis laissé entraîner sur cette pente dangereuse.

Il y avait une dimension psychologique là-dedans. Ainsi qu'une question d'ego. Et puis une forme d'appât du gain ou, plus exactement, une envie grandissante de toucher un salaire qui ne me servirait pas seulement à payer mes factures. Mais ce changement de cap tient également au fait que je suis tombée sous l'emprise d'un homme très persuasif, qui a exploité mes failles. J'assume pleinement la responsabilité des choix que j'ai faits lorsque je travaillais pour Alexander Nix et Cambridge Analytica. Mais je me dois d'ajouter que j'étais jeune, et vulnérable. Alexander ne savait pas tout sur moi, car je cachais la vérité sur la situation financière de ma famille, à lui comme aux autres. Il n'empêche : il a rassemblé juste assez de points de données pour me convaincre de faire des choses qui ne me ressemblaient pas, loin de là.

Alexander était le brillant fondateur d'une entreprise qui poussait des électeurs du monde entier à choisir leur camp (et ce n'était pas juste une formule). Qu'importe si ce n'était pas toujours dans leur intérêt à long terme. En un sens, je l'ai laissé jouer un rôle similaire dans ma vie : j'avais beau me croire du bon côté des outils d'analyse, c'est moi qu'on voulait manipuler, depuis le début.

Psychologiquement parlant, cette dérive tenait au fait que j'avais grandi auprès d'un père qui débordait de vie et d'idées. Tout lui réussissait. C'était une personnalité hors normes, à l'énergie inépuisable et au caractère bien trempé. Il m'inspirait un mélange d'amour et de crainte. Et depuis que mon père passait ses journées allongé sans la moindre énergie, incapable de faire quoi que ce soit et indifférent à tout, j'avais retrouvé chez Alexander cette figure d'homme d'affaires à succès que j'ai toujours admirée. Quelque part, c'était tout sauf une surprise.

Alexander était aussi dynamique que lui, voire plus. Dès qu'il entrait dans une pièce (comme une fusée), on le voyait courir à droite, à gauche. Avec toutes les idées qu'il avait dans la tête, il allait à deux cents à l'heure, c'était dur de le suivre. Il était d'une bonne humeur communicative, d'un enthousiasme contagieux. Les gens avaient envie d'adopter ce rythme effréné, sans faiblir, de tout donner pour lui, d'être galvanisés par un compliment de sa part. Alors se passer de tant d'énergie ? À mes yeux, c'était devenu impossible, inimaginable.

Lors de mon premier été à Londres, je restais au bureau jusque tard le soir, en partie pour montrer que je travaillais dur et que je me donnais à fond. Alexandre passait en toute fin d'après-midi, juste après son match de polo. Il portait encore ses bottes de cavalier. Sa chemise, sur laquelle il jetait un blazer bleu, était trempée de sueur, et son pantalon, couvert de crins de cheval. Je le trouvais à la fois ridicule et magnifique. Il était légèrement éméché, les joues rouges et le cœur léger. Et, lorsqu'il était enivré par la victoire, il se lançait dans le récit de ses prouesses de l'après-midi.

Mais ce bon vivant* doublé d'un cavalier hors pair avait un tout autre visage. Lorsque je levais le nez de mon travail, il m'arrivait de l'apercevoir en train de nous observer, moi et les autres, derrière les vitres de son bureau. Les yeux plissés, il semblait guetter un bon prétexte pour nous taper sur les doigts, que ce soit pour une broutille, une vraie bourde ou une faute grave. Car il n'était pas rare de le voir surgir et nous voler dans les plumes devant tout le monde. S'il appelait quelqu'un « p'tite tête », c'était le signe qu'il était vert de rage.

Une fois, en passant devant l'ordinateur d'un collègue, j'avais vu une vidéo dans laquelle Ted Cruz tenait des propos anti-avortement atroces. J'avais éclaté de rire avant de faire une remarque bien sentie. Mais il faut croire qu'Alexander avait une ouïe surdéveloppée, car il était brusquement sorti de son bureau pour me crier dessus. Un client aurait pu m'entendre ! J'avais intérêt à ne pas recommencer. Et à garder mes opinions pour moi, dorénavant.

Je vivais dans la crainte de ces moments-là. Pourtant, même si on les comptait par dizaines, il ne restait jamais longtemps de mauvaise humeur. Il pouvait pousser un coup de gueule, puis se tourner vers vous et demander où vous souhaitiez dîner, le plus gentiment du monde. Comme s'il ne s'était rien passé.

— Je ne suis pas rancunier. Mais ça ne veut pas dire que j'ai changé d'avis, pas du tout. Je préfère crever l'abcès et passer à autre chose. On part là-dessus, d'accord ?

Voilà ce qu'il m'avait expliqué la première fois où il m'avait passé un savon.

Alexander me considérait comme l'étoile montante de l'entreprise. Il n'a pas tardé à m'en demander beaucoup, beaucoup trop. Résultat : il était déçu lorsque je n'étais pas à la hauteur de ses attentes. Je ne rapportais pas assez d'argent à son goût. Mon erreur a été de placer la barre trop haut, trop tôt. La sienne a été de ne pas comprendre que ma première négociation réussie était un coup de chance.

Lorsque le second contrat avec le Nigeria a capoté (en nous privant des 2 millions de dollars supplémentaires qui allaient avec), Alexander était fou de rage. Il m'a passé un savon, de toutes ses forces, et de longues minutes. C'était la première fois que ça m'arrivait. Le contrat ne s'était pas fait, c'était vrai, mais j'avais des tas de bonnes raisons à avancer. Pourquoi Alexander avait-il quitté la Suisse sans même rencontrer les Nigérians, ne serait-ce que par politesse ? Pourquoi la stratégie de Sam Patten avait-elle tourné court, sur le terrain ? Et pourquoi l'entreprise avait-elle demandé énormément d'argent aux commanditaires alors qu'elle avait investi 800 000 dollars seulement dans la campagne elle-même (ce que Ceris m'avait appris, à son retour) ?

Malgré tout, je me suis contentée d'encaisser, sans rien dire. Autant tourner la page.

Après le Nigeria, je n'ai pas décroché le moindre contrat pour SCL, que ce soit dans le domaine social ou dans l'humanitaire. Et aucun des projets électoraux ou commerciaux que j'avais tenté de négocier n'a abouti. Ce qui n'a pas amélioré l'humeur d'Alexander. Même dans une conversation à bâtons rompus, il pouvait subitement retrouver son ironie mordante. Et, parfois, ces piques avaient l'air préméditées.

Mais il y avait plus terrible que ses accès de colère. Et c'était qu'il cesse de faire attention à vous, qu'il commence à vous traiter comme quantité négligeable. Imaginer une chose pareille était à proprement parler insupportable, même s'il lui arrivait de se montrer très cassant. Si vous arriviez à le satisfaire, bravo. En revanche, si vous étiez incapable sortir du lot, il n'y avait pas pire.

C'est à partir de là que j'en ai fait une question d'ego. Vers la fin de l'année 2015, Alexander a envoyé un mail à toute l'entreprise. SCL allait être restructuré. Le nouvel organigramme comprenait une équipe de développement de produits et une équipe télé axée sur les données, appelée à travailler avec des entreprises du secteur audiovisuel comme TiVo et Rentrak. Leur mission : toucher les électeurs par de nouveaux biais. Alex Tayler et Jack Gillett allaient quant à eux diriger un pôle analyses élargi et piloter à la fois les experts en analyse et gestion de données basés à Londres et ceux basés à Houston, au QG de campagne de Cruz.

D'autres, comme Kieran Ward et Pere Willoughby-Brown, recevraient de nouvelles responsabilités, avec davantage de personnel sous leurs ordres. Sabhita Raju, promue directrice générale adjointe, partirait pour Washington. Julian Wheatland, le directeur administratif et financier, serait beaucoup plus présent. Et bientôt, en plus des bureaux de Washington, nous allions récupérer des locaux sur la Cinquième Avenue grâce à Reclaim New York, une structure fondée par Bekah Mercer.

Et, à l'approche des résultats des primaires républicaines, Alexander avait recruté deux excellents profils – j'avais participé à leur sélection, leur entretien d'embauche, leur recrutement et leur formation. La première recrue, Molly Schweickert, de Targeted Victory, avait travaillé pour le gouverneur du Wisconsin Scott Walker, avant qu'il n'abandonne la course à l'investiture, au mois de septembre 2015. Elle prendrait la tête d'une équipe marketing et stratégie numérique. L'autre, Matt Oczkowski, était l'ancien responsable du numérique du gouverneur Walker. Il serait responsable du développement de produits et travaillerait avec SCL Canada, alias AggregateIQ (AIQ). Sa mission : développer de nouveaux outils à destination de nos clients, toujours plus nombreux. C'était le partenaire exclusif du groupe SCL en matière de développement de programmes et de technologie numérique. Le lien était si étroit qu'AIQ était généralement appelé SCL Canada. C'était une « marque blanche », sous les radars. Les employés de cette entreprise se servaient même des adresses de SCL et de Cambridge Analytica pour leurs mails pro.

En revanche, il n'était pas question de moi dans ce fameux mail.

Jusque-là, je n'avais pas ménagé mes efforts, en me disant que j'étais un maillon essentiel de l'entreprise. En plus de participer au recrutement de Molly et de Matt, j'avais monté notre antenne de Washington. Ce n'est pas une formule : j'avais repéré les meilleurs consultants et embauché les membres du personnel, que j'avais tous formés. Cette année-là, chaque fois qu'Alexander m'avait demandé quelque chose, je l'avais fait. J'avais démarché Corey Lewandowski. Géré la question du Brexit pour qu'Alexander n'ait pas à s'en charger. Je l'avais accompagné à Paris pour essayer de convaincre les Français de se convertir à l'analyse de données. Toutes ces missions ponctuelles m'empêchaient de conclure mes propres dossiers. Résultat : j'étais devenue invisible.

Si je m'étais installée à Washington, c'était pour l'entreprise, et au prix de nombreux sacrifices. Mais qu'avais-je reçu en échange ? Pas l'ombre d'une promotion, pas l'ombre d'une récompense.

C'est là que l'appât du gain (appelons ça comme ça) est entré en jeu.

Cela ne se voyait peut-être pas au premier coup d'œil, mais on ne peut pas dire que le succès de Cambridge Analytica me rapportait beaucoup. Depuis le début, Alexander m'avait promis monts et merveilles. La carotte était à portée de main, mais juste assez loin pour que je ne puisse pas l'attraper.

Le temps a passé. La question pécuniaire se posait toujours, mais plus de la même façon. Il ne parlait plus de mon salaire mais de mes futures primes. Des dividendes que je méritais de toucher, à l'entendre. À partir de maintenant, nous allions nous serrer la ceinture, voyager en classe éco et dormir dans des hôtels pas chers, mais, puisque j'étais dans l'aventure depuis le début, je recevrais une partie de la valeur de la société lorsqu'elle serait cotée en Bourse. Il évoquait souvent la possibilité que je prenne sa place. Il n'aurait plus qu'à partir : l'entreprise serait entre de bonnes mains. Mais si ça se trouve, ajoutait-il d'un air réjoui, c'était moi qui risquais de le doubler, de quitter CA, de fonder ma propre société et de devenir la consultante en communication politique la mieux payée et la plus recherchée au monde.

Alors il concluait :

— Reste avec moi, Brits.

Auparavant, je me voyais rester chez CA un an ou deux. Et puis j'avais poussé à cinq. Désormais, j'étais partie pour rester indéfiniment, ou du moins jusqu'à ce que je touche un gros chèque. J'avais vingt-huit ans. Je comptais me donner à 200 %, bosser comme une dingue pour montrer ce que je valais, rester patiente et oublier tout le reste. Devenir indispensable aux yeux d'Alexander et de Cambridge Analytica, c'était ça, mon plan. Et tant pis si je contribuais à faire élire des gens pour qui je n'aurais jamais voté.

Par ailleurs, en revenant aux États-Unis, j'avais dû abandonner mon doctorat. Faire une croix sur celui-ci et sur le titre qui allait avec. Un vrai crève-cœur. Lorsque je l'avais dit à Alexander, il m'avait répondu :

— Mais c'est pour avoir ce travail que tu faisais ce cursus.

Et il avait ajouté :

— Bientôt, avec tout l'argent que tu vas gagner, tu feras absolument tout ce que tu voudras.

À l'entendre, je pouvais même retourner en Angleterre et finir ma thèse. Mais cette fois ils seraient ravis de m'avoir. Et, avec un peu de chance, ils me paieraient pour que je les rejoigne !

J'avais tellement envie de le croire.

Alexander m'a appris comment travailler aux États-Unis. De A à Z.

On pouvait fréquenter n'importe qui s'il y avait de l'argent à se faire : c'était la leçon numéro un. Il suffisait de se boucher le nez d'une main et d'attraper les billets de l'autre.

Fallait-il respecter les gens avec qui travaillait l'entreprise ? Non. CA ne travaillait pas *pour* le Parti républicain ou *pour* les partisans du Brexit. Nous leur proposions nos services. Je me contentais de les pitcher, sans faire partie de leur staff. J'étais là pour conclure un accord, rien de plus. Ce que les équipes de campagne faisaient après mon départ, c'était une autre histoire. Je n'avais pas une vue d'ensemble du processus, mais de temps à autre certains des contenus utilisés dans le cadre de la campagne passaient par moi. Le rôle qu'ils jouaient ne m'échappait pas. Les messages adressés aux électeurs n'étaient pas tous positifs, loin de là. Cela avait beau être décevant, ce n'était pas surprenant non plus. Insister sur les défauts du candidat adverse ? J'ai appris que c'était de bonne guerre. Et, de mon point de vue, cela n'allait jamais trop loin. Certains messages étaient même très constructifs et motivants. J'avais une certitude : les équipes de campagne travaillaient dans l'honnêteté et le respect. Cela me motivait : je vendais des outils efficaces et de grande qualité. Notre travail permettait de remporter des élections, mais aussi de conquérir des cœurs et des esprits.

Pour autant, le fait d'être une simple commerciale ne me plaisait pas. À mon entrée chez SCL, d'un commun accord avec Alexander, nous avions opté pour le terme de « conseillère spéciale », en écho à mon ancien poste aux Nations unies. Plus tard, sur mes nouvelles cartes de visite, je serais « directrice du développement de programmes » pour Cambridge Analytica. Pas une commerciale. Mon rôle, c'était de développer des projets. D'inventer, de créer du lien entre les gens. Avec un titre pareil, je pourrais un jour réintégrer les Nations unies ou rejoindre une ONG.

En parallèle, Alexander m'a appris à ne pas juger les clients. Il y avait vraiment très peu de gens qu'il ne supportait pas et il veillait à ne rien laisser paraître. Moi, j'avais plus de mal. Une bonne partie d'entre eux étaient une caricature, à mes yeux, tout comme les valeurs qu'ils défendaient. Les choses se seraient peut-être mieux passées si, au lieu d'en pleurer, j'avais préféré en rire.

Tandis que ma nouvelle vie commençait, d'autres ont préféré mettre un terme à cette mascarade. Ceris, dont je me sentais très proche puisqu'elle venait du monde de l'humanitaire, avait démissionné. Continuer de travailler chez CA alors que les *brexiters* faisaient partie de nos clients ? Pour elle qui était anglaise, c'était hors de question. *Idem* pour Harris, qui vivait avec un homme : il ne souhaitait plus relayer le discours évangéliste et antigay de Ted Cruz. Il en avait assez de rester là à pester et à fulminer devant des messages expliquant que le mariage était l'union d'un homme et d'une femme, point final.

Tout cela me révulsait, moi aussi, mais je ne me formalisais quasiment plus devant les évangélistes américains et leur conception de leur religion. Il faut dire que j'avais entendu ces mêmes arguments sur le mariage entre personnes du même sexe depuis mon plus jeune âge. Discuter avec des gens croyants ? C'était loin d'être évident. Et, même si je n'étais pas du même avis, j'avais l'impression qu'aborder la question avec des membres de la communauté évangéliste était un combat perdu d'avance, bien souvent. Et puis c'était un axe de communication tout trouvé pour une certaine frange très croyante de l'électorat américain. Cela étant, ces propos antigays me révoltaient et je n'ai pas été surprise de voir Harris quitter le navire et, *in fine*, intégrer le cabinet du gouvernement britannique. Ironie du sort, il a dû passer de longues journées à préparer des communiqués de presse au sujet du Brexit.

De mon côté, j'ai tout fait pour me rendre indispensable aux yeux d'Alexander et de l'entreprise, dès mon arrivée aux États-Unis. Je n'avais qu'un but : défendre notre travail auprès des clients qui m'intéressaient vraiment et décrocher des contrats qui me rapporteraient une commission rondelette. À l'automne 2015, au cours des semaines qui ont précédé la publication de l'enquête du *Guardian*, j'ai travaillé sans relâche, en démarchant énormément d'organismes au sein du camp conservateur et de la sphère associative, ainsi qu'à peu près tous les membres du Parti républicain qui briguaient un poste au plus haut niveau.

C'est ainsi que je me suis retrouvée au Sunshine Summit, un événement XXL que le Parti républicain organisait à Disney World, en Floride. Du pur délire. J'ai éclaté de rire en voyant l'ancien vice-président Dick Cheney monter sur la scène de la grande salle de réception, au son de la *Marche impériale* de *Star Wars*. Le plus sérieusement du monde. Il n'y avait rien de drôle, mais voir un homme politique que je ne portais pas dans mon cœur se moquer de lui-même était assez réjouissant. Étaient-ils au courant qu'ils faisaient n'importe quoi et que tout cela n'était qu'un jeu ? Peut-être. C'est ce que je me disais, en tout cas.

Alors que 2016 approchait à grands pas, j'avais démarché sans regret à peu près tous les prétendants à la primaire républicaine. Sans me faire prier, je m'étais pressée, comme d'autres, pour regarder Donald Trump signer des autographes sur son portrait en couverture du magazine *Time*. J'avais posé pour une photo avec Ted Cruz. Je m'étais rendue à Phoenix, dans l'Arizona, pour rencontrer le shérif Joe Arpaio. J'étais repartie avec une pièce de monnaie de collection, avec son visage gravé sur une face et l'inscription « Dites non à la drogue » sur l'autre, ainsi que sa signature sur l'un de ces boxers roses qu'il faisait porter aux détenus dans ses locaux. J'ai aussi bu des bières en compagnie de nombreux membres de la National Rifle Association (NRA), le puissant lobby des armes. Des hommes que j'aurais auparavant considérés comme des ennemis. Je leur ai quand même présenté le travail de CA.

Dans ces différents cas, et dans bien d'autres, je n'ai jamais hésité au moment de répondre à la question piège qui brûlait les lèvres de beaucoup de personnes : « Comment peux-tu travailler avec des types pareils ? » La campagne de la NRA s'appelait « Trigger the Vote », mais ne concernait pas les armes, en dépit de son nom (« Dégainez votre vote »). Il s'agissait d'inciter les gens à s'inscrire sur les listes électorales. Certes, ces futurs électeurs et électrices étaient pro-républicains, mais, en un sens, cette démarche aidait les Américains à s'impliquer en faveur d'une démocratie plus représentative, non ? Et le fait de travailler pour le sénateur Ted Cruz, Ben Carson ou pour le Comité national républicain ? N'était-ce pas une façon de ramener un peu de pluralisme dans un paysage électoral déséquilibré ? Alexander le répétait sans arrêt : le Parti démocrate disposait d'outils technologiques et d'un vrai savoir-faire en matière de numérique depuis 2008, il était temps d'offrir les mêmes services à ses adversaires. Quelqu'un devait s'en charger. Alors pourquoi pas nous[1] ?

C'était du relativisme poussé à l'extrême. Si d'aventure une petite voix dans ma tête me disait : « Tu es en train de te voiler la face, Brittany », je ne l'écoutais pas. Si travailler pour Cambridge Analytica revenait à passer un pacte avec le diable, ce n'était pas mon rôle (ni mon intérêt) de juger le diable. Mais, si je l'avais fait, j'aurais dû me juger moi-même par la même occasion.

Aussi étrange que cela puisse paraître, je n'ai pas eu le moindre cas de conscience. Ma propre incohérence ne m'effleurait pas. Et je comprends pourquoi aujourd'hui. Plus je fuyais qui j'étais, plus ma personnalité changeait. Je devenais une personne bien trop sûre d'elle, cassante, qui répondait au quart de tour aux critiques, sûre de son bon droit et complètement refermée sur elle-même.

Alors que je nageais en pleine contradiction, j'ai ouvert l'un de mes livres de droit et pensé à l'une de mes idoles, John Jones, le grand avocat du cabinet Doughty Street Chambers, à Londres. Au moment de défendre des personnes accusées d'avoir commis des crimes de guerre, un bon défenseur des droits de l'homme ne juge pas ses clients. Il défend la loi et ses principes. Tandis que ma gymnastique mentale m'amenait à justifier mes choix, quitte à me fondre dans l'univers d'individus que j'aurais méprisés dans d'autres circonstances, je pensais de toutes mes forces à mes années de droit et au poids de ce code éthique infaillible.

Pourquoi en savoir trop sur les clients de CA en tapant leur nom sur Google ou en faisant des recherches sur eux ? Ma décision était prise : c'était une perte de temps. Cela ne faisait pas partie de ma « fiche de poste ». Et j'étais occupée, comme je ne cessais de me le répéter. J'enchaînais les présentations mécaniquement, sans jamais dormir, toujours entre deux avions, toujours entre deux coups de fil. Résultat : je me concentrais sur les qualités de chacun.

Le shérif Arpaio était « à mourir de rire ».

Le sénateur Cruz avait « une sacrée poignée de main ».

Rebekah Mercer était « exquise » et « d'une politesse irréprochable ».

Quant à la responsable du comité d'action politique de Cruz, Kellyanne Conway, elle avait une grande qualité : sa « résilience ».

S'il y a quelqu'un qu'il était difficile d'apprécier au sein de la sphère républicaine, c'est justement Kellyanne. Toujours prête à vous contredire, en toute circonstance, elle avait la mauvaise habitude de jouer la carte de la morale et de parler aux autres d'une manière très condescendante. Elle défendait son point de vue avec beaucoup de conviction. Et parfois on était forcé de se dire qu'elle avait peut-être raison, même si elle était complètement à côté de la plaque.

Mais nous n'avions pas le choix. Fallait-il travailler avec elle ? La réponse était oui. Étant une amie proche de Bekah, elle arrivait avec le territoire que Bekah avait balisé pour nous. Même si cela peut paraître anecdotique, je respectais son entreprise 100 % féminine, The Polling Company. J'avais toujours eu du mal à me dire que les femmes pouvaient vraiment s'imposer en politique, surtout au sein du camp conservateur. Mais il en fallait davantage pour me convaincre. Kellyanne passait souvent dans les bureaux de Cambridge Analytica – pour une raison qui m'échappait parfois, mais toujours avec Bekah. Pendant quelque temps, j'ai préféré changer mes plans si je savais qu'elle allait être là. Autant prendre une longue pause-déjeuner plutôt que de supporter ses regards dédaigneux.

Elle avait toujours un reproche à faire. Elle critiquait tout. Rien n'était à la hauteur, jamais : tout ce qu'on faisait coûtait trop cher et rien n'était jamais réglé assez rapidement. Ou alors nous n'atteignions pas les objectifs qu'elle attendait de nous. Fort heureusement, elle ne m'avait quasiment pas repérée : je n'avais aucune importance à ses yeux. Certaines fois, je me trouvais dans nos bureaux de New York au moment des réunions de Keep the Promise (KtP1) qu'elle dirigeait en qualité de responsable du comité d'action de Ted Cruz. Des réunions qui se tenaient parfois dans la salle de réunion de Reclaim New York. Je la voyais aller d'une pièce à l'autre, avec Bekah qui la suivait comme un petit chien.

À la moindre occasion, Kellyanne se plantait sous le nez d'Alexander pour se plaindre. Elle l'agaçait profondément, mais il n'osait pas tellement répliquer : il était un employé de Bekah. Les rapports de forces étaient donc légèrement déséquilibrés lorsqu'elle était dans nos locaux. En privé, il m'a fait un aveu : à la demande de notre employeuse, nous étions en train de céder des recherches d'une valeur inestimable, entre autres services. Le tout gratuitement. Une manière de dire qu'on les avait bradés, lui et l'entreprise. En ma présence, il a fait le vœu que, si notre patronne finançait un autre *super PAC*, il ne soit pas dirigé par « cette garce », comme il l'avait appelée.

Les Mercer ont investi des millions dans la campagne de Cruz et KtP1. Et puisqu'ils faisaient partie du conseil d'administration de Cambridge Analytica, au même titre que Steve Bannon, une grande partie de cet argent (au moins 5 millions de dollars) a alimenté directement nos caisses. Ce qu'on appelle un *feedback loop* financier, on ne peut plus classique, et très efficace. Entre CA, la campagne de Cruz et KtP1, l'argent circulait de façon variable, mais en restant au sein du même écosystème. En regardant les fichiers de la Commission électorale fédérale (Federal Election Commission, FEC), on avait l'impression qu'il était distribué. En réalité il revenait immédiatement dans les poches dont il venait de sortir.

En raison (notamment) de ce financement constant, Cruz s'était imposé comme le grand favori des primaires, tout au long de l'année 2015. Cela n'aurait pas été le cas sans CA. De son côté, il a tenu plus longtemps que ses concurrents Rick Perry et Scott Walker. Et il s'est bien défendu face à Marco Rubio et Donald Trump, débat après débat. Au lieu de dénigrer ses adversaires, il jouait selon les règles tout en mobilisant la base électorale évangéliste comme jamais.

Et s'il était devenu mieux qu'un prétendant parmi d'autres, c'était parce qu'en coulisses Cambridge Analytica avait jeté son dévolu sur lui. Alexander était de cet avis. Lorsque le sénateur s'était lancé dans la course à l'investiture, 5 % seulement de la population américaine connaissaient son nom. Et parmi ceux qui le connaissaient (surtout au Sénat, où il n'avait guère eu le temps de se faire remarquer depuis son élection, en 2012), il avait très mauvaise presse, avec peu de soutiens (si ce n'est aucun), que ce soit au Congrès ou au sein du grand public.

Tandis que la campagne en elle-même prenait une tournure qu'aucun de nous n'aurait pu prédire, une chose était claire : notre formule secrète semblait fonctionner. Cruz faisait l'objet d'un intérêt grandissant et le mouvement spontané de petits donateurs qu'il suscitait rappelait la campagne d'Obama. Le QG de Houston nous signalait un taux de mobilisation en forte hausse, de plus en plus de *followers* et de gens déterminés à voter pour lui aux caucus et aux primaires.

En septembre 2015, j'ai présenté ce modèle magique à Kellyanne Conway lors d'une visioconférence entre Londres et ses bureaux aux États-Unis. Mon but était de convaincre KtP1 de signer un nouveau contrat avec nous. Il s'agissait de mener un travail d'analyse de données pour le compte de Cruz en utilisant notre système de microciblage psychographique et d'attirer plus d'électeurs vers lui grâce aux enjeux de son programme. L'équipe serait peu nombreuse mais aurait un budget potentiellement illimité. Mieux : grâce à un arrêt récent de la Cour suprême, les dépenses de campagne ne seraient pas plafonnées, en vertu de la liberté d'expression garantie par le premier amendement de la Constitution américaine. La direction de CA espérait que KtP1 ferait largement connaître Cruz, dans la perspective de son face-à-face avec Hillary Clinton. La candidate démocrate « se réveillait tous les matins en n'étant jamais la plus populaire, même chez elle », pour reprendre l'expression de Kellyanne. Si les excellents résultats que nous appelions de nos vœux se confirmaient, nous risquions fort de compenser le déficit de popularité de Cruz, de faire de lui le champion du Parti républicain à la présidentielle et pourquoi pas de l'envoyer à la Maison Blanche. Cela étant, je n'ai jamais cru qu'il irait aussi loin. Mais si je parvenais à décrocher ce contrat avec KtP1, Alexander me regarderait d'un très bon œil et me donnerait peut-être une jolie commission au passage. C'était ma seule préoccupation.

— Bonjour, Brittany. Expliquez à mon équipe pourquoi elle devrait travailler avec vous, m'a brusquement lancé Kellyanne.

La visioconférence venait tout juste de démarrer.

— Comment comptez-vous nous aider ? Vu qu'ils ne vous connaissent pas, ils veulent savoir à quoi s'attendre, a-t-elle ajouté.

Elle savait exactement ce qu'on faisait, mais je me suis dit qu'elle jouait l'avocat du diable pour me tester. Logique, je n'étais pas la plus expérimentée de l'équipe d'Alexander. Allais-je répondre à ses attentes ou devenir une autre employée de CA dont elle aurait à se plaindre ?

Je ne pouvais pas la voir, et elle ne pouvait pas me voir. Des slides étaient affichés sur les écrans des pièces où nous nous trouvions, chacune de notre côté.

J'étais dans la fosse aux lions.

Pour commencer, j'ai expliqué comment CA avait obtenu d'excellents résultats lors des élections de mi-mandat en 2014 avec le *super PAC* de John Bolton. Notre antenne de Londres avait mené une étude de cas remarquable sur la segmentation psychographique et le microciblage – pour l'essentiel des publicités sur la famille et le patriotisme, sans discours clivant. Seule l'une d'entre elles me dérangeait un peu, mais elle prouvait qu'il était très facile de jouer sur les peurs des gens, surtout en matière de sécurité nationale. Ici, pas d'enfants en train de courir joyeusement dans une prairie.

On voyait des drapeaux blancs dressés au sommet de plusieurs monuments d'Amérique, avec l'inscription : « Nous ne nous sommes jamais rendus. Ce n'est pas maintenant que nous allons commencer. » J'ai montré à l'équipe les cinq versions différentes de cette publicité dont nous nous étions servis pour le compte du comité d'action de Bolton. Chacune avait été sélectionnée en fonction des profils de personnalité des électeurs et de la modélisation du public visé. Les données démontraient sans la moindre ambiguïté que chaque clip avait parfaitement fonctionné. J'avais un tableau indiquant les taux de clics et la mobilisation. Le résultat de cette campagne de communication était sans appel : on constatait une hausse des opinions favorables. Bolton avait même eu recours à un autre prestataire pour confirmer cette tendance. Le bilan de ce sondage réalisé après coup était encore plus éloquent.

En s'appuyant sur des études de personnalité pour développer ses campagnes de communication, sur Internet et à la télé, CA avait convaincu les électeurs de renouveler le mandat de plusieurs sénateurs républicains, dans l'Arkansas, en Caroline du Nord et dans le New Hampshire. Ce n'était pas tout : grâce à ces contenus, les électeurs étaient de plus en plus conscients que la sécurité intérieure était un enjeu électoral majeur. En Caroline du Nord, nous avions diffusé nos messages auprès d'un groupe de jeunes femmes testées comme étant extrêmement « névrosées » selon le modèle OCEAN. Au terme de l'opération, nous avons découvert, en comparant ces femmes avec un groupe témoin, que nous avions fait progresser ce sujet de 34 % dans leurs préoccupations. Ce qui avait influencé leur façon de voter. Nous en étions sûrs à 95 %.

À la suite de quoi j'ai dressé un résumé détaillé des services que Cambridge Analytica avait mis à la disposition du sénateur Cruz. Il était désormais temps de passer aux choses sérieuses. Et d'expliquer ce que nous pouvions faire pour lui, avec des études psychographiques encore plus complexes que celles réalisées pour Bolton.

Cambridge Analytica avait déjà fait le plus gros du travail. Nos experts avaient analysé la base électorale dans l'Iowa et en Caroline du Sud, deux États clés au début des primaires. On y avait identifié, respectivement, un groupe de 82 184 électeurs susceptibles d'être convaincus et un autre de 360 409. Parmi ces indécis, notre équipe avait identifié quatre types de personnalité distincts, dans chacun d'eux. Dans l'Iowa, il y avait les « Stoïques », les « Empathiques », les « Traditionnalistes » et les « Impulsifs ». Les Stoïques représentaient 17 % de l'ensemble des électeurs ciblés. Parmi eux, 80 % d'hommes blancs âgés de 41 à 56 ans. Les Empathiques englobaient 40 % du total : il s'agissait quasi exclusivement de femmes entre 45 et 64 ans. Les Traditionnalistes (36 %) étaient presque tous des hommes de 48 à 60 ans. Quant au dernier groupe, les Impulsifs, il était constitué de 60 % d'hommes et de 40 % de femmes, majoritairement blancs, et âgés de 18 à 32 ans. En Caroline du Sud, les groupes étaient en grande partie similaires, à une différence près : au lieu des Impulsifs, on avait rebaptisé ce groupe les « Individualistes ».

Afin de déterminer quelles étaient les principales préoccupations de chacun de ces groupes, les experts en données de Cambridge Analytica avaient eu recours à des modèles prédictifs, avec plus de 400 points de données démographiques et commerciales. Ils avaient ensuite segmenté encore davantage leurs membres afin de comprendre quels étaient leurs besoins individuels en matière de « mobilisation », de « persuasion » ou de « soutien ». La « mobilisation » signifiait amener les gens à interagir avec la campagne, s'engager comme bénévole ou participer à une levée de fonds. Un geste aussi simple que de partager des contenus sur les réseaux sociaux pouvait faire l'affaire. La « persuasion » voulait dire convaincre l'électeur des points forts du candidat ou de la candidate, ainsi que ceux de son programme, afin d'emporter réellement leur adhésion. Enfin, le « soutien » voulait dire amener les gens à donner de l'argent ou à s'impliquer encore davantage.

Une fois cette typologie définie, nous préparions la communication. Les messages étaient élaborés sur mesure en fonction de chaque électeur ou électrice, selon ses besoins. Un « Stoïque » concerné par la sécurité intérieure, l'immigration et la morale traditionnelle allait recevoir des messages employant des mots comme *tradition*, *valeurs*, *passé*, *action* et *résultats*. Le contenu devait aller à l'essentiel et jouer sur la corde patriotique, s'en tenir aux faits et utiliser des images précises, comme la célèbre photo de ce détachement de marines plantant le drapeau américain au sommet du mont Suribachi lors de la bataille d'Iwo Jima.

Un message à destination d'une personnalité dite « empathique » était radicalement différent. L'accent était mis sur la famille et employait des mots comme *communauté*, *honnêteté* et *société*, sur un ton chaleureux. Les publicités centrées sur la famille étaient particulièrement efficaces. Si un message sur la détention d'armes à feu indiquait : « Le deuxième amendement, une assurance pour toute votre famille », un autre sur l'immigration devait être un peu plus appuyé et jouer sur la peur : « Pas question de prendre de risques avec nos familles. Sécurisons nos frontières. »

Les « Individualistes » de l'Iowa, eux, étaient plus réceptifs à un tout autre type de message. Il fallait employer les mots (ou évoquer l'idée de) *résoudre* et *protéger* : « L'Amérique est la seule superpuissance du monde. Il est temps pour nous d'agir comme tel. »

Au bout du compte, cette réunion a été un immense succès. Kellyanne Conway et KtP1 se sont engagés pour le dernier trimestre de l'année 2015, avec en point de mire le premier trimestre de 2016 et même davantage. À charge pour nous d'élaborer un plan d'action et de le détailler. Pendant ce temps, le sénateur Cruz continuait de grimper dans les sondages, à l'approche du caucus de l'Iowa.

Kellyanne avait beau être impitoyable avec nous, elle était pleinement engagée aux côtés de Cruz. Une loyauté qu'elle a démontrée à plusieurs reprises. Un jour, durant cet automne 2015, peu après ma visioconférence avec elle, je travaillais dans nos bureaux de New York quand Alexander m'a demandé de le rejoindre dans la salle du conseil d'administration. Kellyanne, Bekah et Steve Bannon étaient là. Il voulait faire le point sur un autre dossier : la campagne de Trump. Moins d'un mois plus tôt, en sa compagnie, nous avions pitché Corey Lewandowski à la Trump Tower. J'ai résumé les démarches engagées pour décrocher le contrat avec le camp du milliardaire et ce que nous avions prévu pour la suite.

Avant que je puisse poursuivre, Kellyanne m'a coupée. Elle était furieuse. Cambridge Analytica démarchait d'autres candidats alors que nous représentions le sénateur Cruz ? Voilà qui était plus que discutable. Nous devions nous engager à fond derrière lui, et, si nous n'étions pas prêts à le faire, elle n'avait plus du tout l'intention de travailler avec nous.

Histoire d'apaiser la situation, Alexander a fait appel à son sens du fair-play. Et déclaré :

— Mais enfin, Kellyanne, on a une entreprise à faire tourner, là. Et tu ne nous as pas demandé de signer une clause d'exclusivité.

Brusquement, la voix d'Alexander s'est brisée. Sans me regarder, il m'a soufflé :

— C'est tout, Brittany. Tu peux y aller.

Et il m'a montré la porte.

Il avait dû voir ce que j'avais surpris moi-même : ces éclairs dans le regard de Kellyanne.

J'ai tourné les talons, mais avant que j'atteigne la porte elle est passée devant moi dans son tailleur Chanel à froufrous, perchée sur ses talons aiguilles. Une vraie fusée. Avec un air de poupée Barbie boudeuse, elle s'est engouffrée dans l'ascenseur, en laissant dans son sillage comme une odeur de roussi.

Plus tard, Alexander m'a rassurée : Steve et lui allaient la ramener à de meilleurs sentiments en lui soufflant, comme lui-même me l'avait confié, que Trump n'allait pas *vraiment* gagner, de toute façon. Et vu que le milliardaire ne représentait pas une menace pour Cruz, elle finirait par se faire une raison. C'était visiblement l'argument qui allait nous permettre de (potentiellement) travailler à la fois pour Trump et pour Cruz. Car, à l'automne 2015, à peu près personne n'osait croire qu'un candidat aussi atypique défendrait les couleurs du Parti républicain.

Kellyanne avait beau être révulsée à l'idée que nous puissions travailler pour Trump, les révélations fracassantes du *Guardian* sur Cambridge Analytica, Aleksandr Kogan, la campagne de Cruz et Facebook ont eu des conséquences encore plus chaotiques que prévu. Elle était dans une colère noire. À ses yeux, ce papier entachait la réputation de Cruz. Et cela a continué de hanter la relation entre KtP1 et CA, pendant des mois.

Un jour, j'étais dans nos locaux d'Alexandria lorsque Sabhita Raju est arrivée. Les nerfs à vif, elle se rendait à une réunion en visioconférence avec Kellyanne. Sabhita est ressortie de la salle une heure plus tard, groggy. On aurait dit qu'une meute de chiens enragés s'était jetée sur elle. À l'époque, on avait toujours l'impression que quelqu'un de chez nous était au téléphone avec Kellyanne, en train de se faire descendre en flammes. Et, chaque fois qu'on prononçait son nom, Alexander levait les yeux au ciel.

Kellyanne n'était pourtant pas la seule personnalité compliquée du camp Cruz. Les chefs de la campagne officielle du sénateur à Houston (Cruz for President) n'étaient pas des tendres, loin de là. Avec leur carrure et leur mine pas commode, ils faisaient peur à l'équipe de CA basée à Houston. Il faut dire qu'ils se promenaient parfois armés d'un 45 mm. Et ils étaient du genre à se plaindre à la moindre occasion : ils ont notamment prétendu qu'un logiciel de statistiques que Cambridge Analytica avait développé pour eux n'avait jamais fonctionné. Il s'agissait peut-être de Ripon… et ils disaient avoir été arnaqués. Il est vrai que ce programme avait des bugs, mais je savais que des gens l'utilisaient sur leur tablette lorsqu'ils faisaient du porte-à-porte. Il n'empêche : les membres de l'équipe de Cruz savaient que, s'ils lâchaient Cambridge Analytica, l'argent des Mercer risquait de disparaître avec nous. Ils sont donc restés, sans cesser de se plaindre. Et pendant ce temps les dons continuaient d'affluer.

Parallèlement, ils ont rendu la vie du personnel de l'entreprise impossible. Seul aspect positif de cette relation avec les gros durs du Texas : chaque fois que nos collègues revenaient de Houston, ils rapportaient des chapeaux de cow-boy, des ceintures en cuir avec des boucles en forme d'étoile et des bottes qu'ils montraient à tout le monde au bureau. S'habiller à la mode texane était désormais de rigueur, en partie pour plaisanter, mais aussi pour montrer que nous faisions partie de leur équipe.

Au final, Cruz a remporté un vif succès au caucus de l'Iowa, avec 27,6 % des suffrages. Cela ne représentait que 51 666 voix, mais elles lui ont donné à la fois huit délégués (dans la perspective de la convention nationale du parti) et la première victoire de la saison électorale. Un succès retentissant qui a eu des répercussions d'un bout à l'autre du pays. Et qui était en partie dû à nos analystes en chapeau de cow-boy.

Le 1er février 2016, le soir de cette victoire, j'ai fini par me libérer du poids que mon travail exerçait sur moi. Dans les appartements loués par l'entreprise à Crystal City, avec Alexander et Julian Wheatland, nous avons suivi la soirée électorale en buvant du champagne. La fête a duré jusque tard dans la nuit. Je me suis sentie vraiment bien, pour une fois : j'avais réussi quelque chose. Cet exploit était un peu le mien.

J'ai sorti mon portable pour regarder une photo de moi en compagnie du sénateur Cruz. Un souvenir du Sunshine Summit à Disney World. On était tous les deux souriants, enlacés comme de vieux amis. Depuis mon retour aux États-Unis, j'avais posté très peu de choses en lien avec mon travail sur les réseaux sociaux. Mais ce soir-là j'ai partagé cette photo sur Facebook, avec l'inscription : « ON A GAGNÉ L'IOWA !!!!!!!! », puis j'ai ajouté les hashtags #datadrivenpolitics (#lesdonnéesenpolitique), #CambridgeAnalytica, #IowaCaucus, #groundgame (#travaildefond), #CruzControl (#Cruzauxcommandes), #winning (#victoire), ainsi que les émojis 🎉🎈💌🍾😜 et les mots : « Le sénateur Cruz et moi, à Disney World ».

C'était une erreur. Je m'en suis aperçue le lendemain matin, en me réveillant. En l'espace de quelques heures, tous mes amis progressistes m'étaient tombé dessus. Un vrai raz-de-marée.

« Tu as le droit d'aimer la #victoire, m'a écrit un vieil ami, mais ça ne t'empêche pas de dormir ? »

C'était dur. Je me suis sentie seule au monde. Alors que j'avais décroché le contrat pour KtP1, Alexander ne m'avait jamais vraiment accordé le mérite de cet exploit. Il estimait que c'étaient lui et Bekah qui avaient conclu ce marché, pas moi. Et je n'ai pas touché le moindre centime. Oui, Cambridge Analytica avait permis au sénateur Cruz de remporter une superbe victoire, mais aux yeux d'Alexander c'était comme si je n'y étais pour rien. Malheureusement, en me vantant de cette victoire aux yeux de tout le monde, je venais de prêter le flanc aux critiques que j'espérais éviter. Jusque-là, à défaut de juger mes actes, je m'étais arrangée pour que mes connaissances plutôt orientées à gauche ne puissent pas me critiquer. Et me rayer de leur existence.

C'est là que mon ancienne vie s'est écroulée pour de bon. Les réactions négatives à mon *post* sur la victoire de Cruz n'étaient que le début de ce déferlement de haine. De vieux amis m'ont lâchée.

Et en retour j'avais l'impression qu'il ne me restait qu'une solution : me fondre dans le monde pour lequel je les avais abandonnés.

Plus question de rester neutre : je me suis approprié des valeurs radicalement opposées à celles qui m'habitaient jusque-là. Des valeurs que j'aurais combattues en temps normal. Je ne sortais plus avec les mêmes gens. Je faisais beaucoup plus attention à la façon dont je m'habillais et aux personnes avec qui je passais du temps. Je saisissais la moindre occasion de côtoyer ceux dont les privilèges pouvaient m'être utiles. Et j'ai commencé à regarder mon passé avec dédain. Pourquoi avais-je été si loyale envers les démocrates ? Je ne leur devais rien !

Si je nourrissais un ultime espoir de retrouver ce monde-là un jour, la porte s'est refermée pour toujours au cours de ce printemps 2016. Il y a eu ce *post* Facebook, mais surtout un coup de fil avec un collègue de Londres, Robert Murtfeld, un spécialiste des droits de l'homme que j'avais rencontré avant mon entrée chez CA. Un Allemand au caractère très ouvert, et encore plus organisé que le meilleur des logiciels de gestion.

J'ai décroché et il m'a demandé :

— Tu m'entends ?

J'étais sur Times Square, au milieu d'un tourbillon de touristes et de coups de klaxon. Je me suis glissée sous l'auvent d'une boutique pour l'entendre.

— Assieds-toi ou adosse-toi à quelque chose, m'a-t-il dit.

J'ai regardé autour de moi et je me suis assise par terre, à l'arrière d'un immeuble, à même le sol.

— C'est bon, vas-y.

John Jones était mort.

J'apprenais la nouvelle avant qu'elle ne sorte dans la presse. C'était Robert qui m'avait présentée à John, des années plus tôt. Il s'était senti obligé de me l'annoncer lui-même. Les circonstances étaient troublantes. Il circulait toutes sortes de rumeurs. Robert ignorait ce qui s'était passé. John avait été retrouvé sur les rails d'une gare du métro londonien, mais les images des caméras de surveillance n'avaient pas encore été visionnées. Impossible de savoir comment il avait atterri là.

Est-ce qu'on l'avait poussé ? Des tas de gens pouvaient avoir souhaité sa mort, à commencer par ceux qui détestaient ses clients les plus sulfureux, qui allaient de Kadhafi à Julian Assange en passant par les exécuteurs du génocide dans les Balkans. Sans oublier tous ceux qu'il avait traînés devant les tribunaux. Avait-il été assassiné ?

John avait traversé une grave dépression. Il avait fait un séjour à l'hôpital – ce que nous avons appris par la suite. On l'avait laissé sortir beaucoup trop tôt. Son travail devait lui peser, d'autant qu'il ne touchait pas grand-chose. C'était sans doute trop dur à supporter pour lui, voilà ce que nous avons été nombreux à nous dire. Et pourtant sa mission était si noble. Utopique, oui, mais tellement importante ! Les Nations unies le choisissaient régulièrement comme conseil juridique dans les dossiers les plus épineux. Et il était recherché dans le monde entier, pour son érudition et sa gentillesse.

Sa disparition m'a hantée. Les premiers temps, je ne me suis pas expliquée pourquoi.

John avait une place à part dans le monde des droits de l'homme. La preuve : on lui a rendu hommage en trois occasions différentes. J'ai assisté à chacune d'entre elles. La première cérémonie a été organisée à New York, par Robert, dans les locaux de l'International Center for Transitional Justice. La deuxième s'est tenue à La Haye, et la troisième, à Londres. Toutes les grandes figures de la défense des droits de l'homme étaient là, comme Amal Alamuddin Clooney, la collègue de John, ou maître Geoffrey Robertson, le fondateur des Doughty Street Chambers, le cabinet où il exerçait. Il y avait des délégations du monde entier et un nombre impressionnant d'avocats parmi les meilleurs spécialistes de la discipline, des militants et des juristes. Les gens ont fait des discours, lu des poèmes et montré des vidéos de John à l'œuvre. Le voir plaider, c'était assister à un spectacle hors du commun. On le savait : sa mort était une véritable tragédie pour le monde entier. J'avais du mal à le supporter.

Tandis que je pleurais la mort de John, j'ai pris conscience que je portais également le deuil d'une partie de moi-même. Sans vouloir l'admettre, j'avais nourri un secret espoir. Si j'avais cessé de travailler pour Alexander – mais encore aurait-il fallu que j'y arrive –, un seul endroit aurait été capable de me ramener dans le droit chemin, maintenant que j'étais passée du côté obscur : Doughty Street. Et, là-bas, quelqu'un m'aurait accueillie les bras ouverts : John Jones.

Il ne m'aurait pas jugée. Il ne m'aurait pas tenu rigueur d'avoir travaillé pour les mauvaises personnes. Il avait montré au reste du monde qu'il fallait défendre les gens indéfendables. Qu'aurait-il pensé en me voyant ? Que j'étais sincèrement attachée à certains principes mais que je m'étais égarée en cours de route. Et qui sait ? Il ne se serait peut-être pas arrêté à mes fautes : il aurait regardé celle qui les avait commises. Il m'aurait pardonnée. Pour tout ce que j'avais fait de mal et pour tout ce que j'aurais pu faire au nom de Cambridge Analytica.

Mais à quoi bon se bercer d'illusions ? Il était parti et il n'y avait plus personne pour m'aider à tourner la page ou me prendre sous son aile. La voilà, la vérité.

Au début du mois de mars 2016, il ne restait plus que quatre candidats républicains encore en lice : Marco Rubio, John Kasich, Donald Trump et Ted Cruz. Une question nous obsédait : avait-il vraiment une chance d'être le candidat du Grand Old Party ?

Certes, s'il sortait vainqueur de la primaire, Hillary Clinton était presque assurée de gagner la présidentielle. Lors d'un débat que Fox News organisait à Detroit (et qui a dégénéré en un festival d'attaques *ad hominem*), Cruz a essayé, sans y parvenir, de se donner une posture présidentielle. Aussi absurde que cela pouvait paraître, ce type (détestable, au demeurant) avait une chance de l'emporter grâce au soutien de notre société. Seulement, voilà : il ne tenait pas le rythme imposé par Donald Trump. Chaque jour, le milliardaire multipliait les outrances verbales et cassait les codes du jeu politique d'une façon qui commençait à ravir pas mal de gens. Marco Rubio venait tout juste de s'abaisser à son niveau et de s'en prendre à son teint orange invraisemblable ainsi qu'à ses mains étonnamment petites. Lors de ce débat, Trump a défendu la taille de ses mains et laissé entendre qu'il était « pas mal loti plus bas aussi ». Il faisait évidemment référence à la taille de son sexe. Tout le monde a frémi d'effroi.

Le lendemain, j'étais à la Conservative Political Action Conference (CPAC), la fête annuelle du mouvement conservateur. En cette année d'élection, le congrès se tenait non loin de Washington, à National Harbor, dans le Maryland, sur la rive droite du Potomac. On avait demandé à Alexander de participer à une table ronde intitulée « Votants et non-votants. Une analyse de l'électorat en 2016 ». Problème : il devait partager la scène avec Kellyanne Conway. Il a donc trouvé un moyen de se défiler… en me demandant de prendre sa place. Il a prétendu qu'il avait une réunion importante avec un grand donateur du Parti républicain, Sheldon Adelson, un magnat des casinos. Pourtant, lorsque la table ronde a débuté, il s'est glissé dans l'auditorium, ce que j'ignorais à ce moment-là.

En remplaçant Alexander, je tenais une chance de tirer mon épingle du jeu face à des journalistes chevronnés qui collaboraient avec des publications plutôt classées à droite. Et face à Kellyanne.

C'était la première fois qu'on m'offrait une telle visibilité au sein de la galaxie républicaine. Et je ne pouvais pas rêver mieux en matière de public : plus de 10 000 personnes étaient rassemblées dans l'auditorium et bien d'autres nous regardaient sur C-Span, un réseau de chaînes câblées consacrées à l'actualité politique et institutionnelle. J'allais sortir de l'ombre. Et, pour la première fois, CA était à deux doigts de s'imposer comme l'une des toutes meilleures agences de communication politique. C'était également l'occasion de marquer des points auprès du Parti républicain, puisque nous aidions certains de ses candidats à gagner des élections. En interne, nous avions de quoi nous réjouir. Et j'étais désormais l'un des visages de cette réussite.

J'ai essayé de ne pas m'emballer. Je m'étais préparée au mieux, vu le peu de temps à ma disposition. J'avais une feuille de route. À mon sens, ma mission consistait à présenter les services offerts par Cambridge Analytica et la valeur ajoutée que nous représentions. J'ai profité d'être en coulisses pour discuter avec le président de la NRA, Wayne LaPierre. Et puis la table ronde a commencé. J'ai fait mon entrée chaussée des bottes de cow-boy qui avaient appartenu à ma tante et vêtue d'un tailleur crème que mettait ma mère du temps où elle travaillait chez Enron (mais j'avais pris soin de retirer les épaulettes, très années 1980). J'ai essayé de paraître sûre de moi. J'étais la plus jeune de tous les intervenants. La moins expérimentée, aussi, et de loin.

Le modérateur, le président de l'American Conservative Union, Matt Shlapp, nous a présentés à l'auditoire. Il parlait de Kellyanne comme d'une « sondeuse ». C'était le terme qu'elle préférait employer, bizarrement.

Au départ, la conversation était censée dresser un portrait de l'électorat américain en 2016, mais elle n'a pas tardé à dériver : il s'agissait désormais de cerner la façon dont Donald Trump était en train de chambouler le Parti républicain et les conclusions qu'il fallait en tirer. J'étais loin de mon élément.

Charles Hurt, du *Washington Times*, a pris la parole : Trump inspirait des sentiments très contrastés, ce qui le laissait perplexe. La veille, il était dans le public à Detroit, lors du débat des prétendants à l'investiture. Pour lui, la position de Trump sur l'usage de la torture témoignait d'un véritable clivage au sein du parti. Les spectateurs d'une même rangée étaient restés bouche bée en entendant le milliardaire affirmer qu'il était prêt à assumer la pratique du *waterboarding*, une technique de torture par noyade, et même à aller plus loin. Mais, quelques rangs derrière, les gens avaient crié de joie et brandi le poing.

Bref, on était à un moment de bascule.

Le parti pouvait-il encore se rassembler ? a alors demandé Matt Schlapp. Fred Barnes, du *Weekly Standard*, couvrait l'actualité politique à Washington depuis 1976, date à laquelle un cultivateur de cacahuètes de l'État de Géorgie était devenu président – Jimmy Carter, en l'occurrence. Il a répondu qu'il avait vu tout et son contraire dans la vie politique américaine, mais que Trump n'irait jamais à la Maison Blanche. L'antipathie qu'il inspirait conduirait à la désignation d'un candidat républicain indépendant, ce qui permettrait à Hillary Clinton d'être élue. Exactement comme Ross Perot avait permis à son mari Bill de s'imposer en 1992 face à George Bush. Telle était sa prédiction.

Je n'avais toujours pas ouvert la bouche.

Kellyanne est alors intervenue et, comme à son habitude, a pris les rênes de la conversation.

Oui, si un républicain se décidait à se présenter au dernier moment et à jouer les trouble-fêtes, Hillary Clinton aurait l'assurance de gagner. Mais il y avait de l'espoir. Là-dessus, elle s'est redressée, les mains posées sur les genoux, et a fixé les 10 000 personnes présentes dans le public.

Pour elle, peu importe qui était le candidat républicain à la présidentielle, au bout du compte. Il y avait un moyen de se rassembler derrière l'homme appelé à défendre les couleurs du Grand Old Party. À l'entendre, ce que les politologues américains appelaient l'*electability*, c'est-à-dire la capacité d'un candidat à catalyser le plus grand nombre de suffrages, n'était qu'un mythe. Et il avait fait long feu. Il ne fallait plus catalyser mais polariser. Un constat extraordinairement prémonitoire. Et brillant. J'aurais pu sauter sur l'occasion et évoquer les techniques de Cambridge Analytica pour aider un candidat à polariser l'électorat. C'est ce qu'on avait fait avec Cruz, après tout.

Mais non. Pendant toute la table ronde, je n'ai parlé qu'une fois, et c'était quand Matt Schlapp m'a directement interrogée sur les nouvelles façons de contacter les électeurs.

J'ai expliqué comment nous procédions. Comment nous trouvions des électeurs indécis. Et, plus important, comment nous trouvions leurs « leviers de persuasion ».

Plus tard, lorsque j'ai croisé Alexander et que j'ai appris qu'il était dans le public, j'ai espéré qu'il serait fier de moi. Avait-il été convaincu par ma prestation ? Est-ce que je m'en étais bien tirée ? Est-ce que j'avais trouvé ses fameux leviers de persuasion pour lui montrer que j'étais une personne de valeur, digne d'éloges ?

Hélas, je n'ai pas eu le temps de poser toutes ces questions.

Il était soûl, mais sans cette lueur qui brillait dans ses yeux quand il revenait d'une partie de polo, à moitié emporté par l'ivresse de la victoire. Il s'est borné à dire :

— Beau travail. Au moins, tu n'as pas merdé.

Et j'ai dû me contenter de ça.

10

Sous influence

Été 2016

À long terme, créer une dynamique autour du sénateur Cruz s'est avéré difficile. Le déficit de popularité dont il souffrait a fini par avoir raison de lui. Et tout ce que nous mettions en œuvre pour peser sur le comportement des électeurs n'y a rien changé. D'après ce que j'ai entendu dire en interne, Cambridge Analytica avait réalisé un travail énorme pour soutenir la campagne du candidat et son *super PAC*. Le mouton noir du Congrès était devenu une célébrité. Hélas, une petite phrase lancée par Trump sur « Ted le menteur » était restée et Cruz a dû jeter l'éponge dans la dernière ligne droite.

CA n'a jamais estimé qu'il s'agissait d'une défaite. On a même fêté ce parcours comme une victoire. Les succès remportés par la machine Cruz, semaine après semaine, étaient soulignés dans les journaux et les émissions de télé, d'un bout à l'autre des États-Unis. Ils éveillaient même l'intérêt dans d'autres coins du monde. L'emploi de l'analyse de données en politique suscitait une vraie curiosité. « Et si l'équipe de Cruz sauvait la presse papier ? », avait même demandé un journaliste de *Forbes*. Manifestement, il espérait que nous détenions le secret pour ramener des lecteurs et des abonnés vers les médias traditionnels malgré le passage à l'ère numérique… « Comment l'équipe de Cruz utilise le ciblage psychologique pour s'assurer des succès électoraux », proclamait-on ailleurs. Les contacts avec des entreprises et des politiciens se sont multipliés, en dépit de la défaite du sénateur texan face à Trump.

Malgré le temps et les efforts que l'entreprise et les Mercer avaient engagés, cette sortie de scène ne voulait pas dire que nous étions nous aussi hors course dans l'élection présidentielle. La preuve : CA et les Mercer collaboraient avec Trump depuis un moment. Bien avant que l'information ne soit rendue publique.

Aux yeux de certains, les Mercer étaient des parias. À entendre un ancien collègue revanchard de Bob, ce dernier estimait « que les êtres humains n'avaient aucune valeur propre en dehors de la quantité d'argent qu'ils rapportaient ». On lui prêtait des propos selon lesquels « un chat a de la valeur… parce qu'il procure du plaisir aux humains », alors qu'une personne défavorisée a « une valeur négative[1] ». Je n'avais rien contre lui. À mon sens, ces idées étaient celles d'un expert en données introverti. La plupart de ceux que je connaissais étaient asociaux et préféraient les chiffres à leurs semblables. Quoi qu'il en soit, je m'étais trouvée dans la même pièce que lui trois fois seulement et je n'avais pas d'autres éléments pour me faire une opinion.

J'ai fait la connaissance de Bob en juillet 2016, dans nos grands bureaux de New York. Nous ne nous occupions plus de Cruz mais de Trump.

Il s'était rendu sur place pour contrôler les nouveaux chantiers auxquels il allait participer financièrement. Jusque-là, CA n'occupait qu'une petite pièce au sein des locaux de Reclaim New York, l'organisation de Bekah, dans le News Corp. Building. Juste quelques bureaux et une table de ping-pong qu'Alexander utilisait comme espace de travail – une solution de fortune pas banale qui avait son bon côté puisque cela nous permettait d'improviser une petite partie, de temps en temps. Les nouveaux bureaux étaient au septième étage du Charles Scribner's Sons Building, à l'angle de la Cinquième Avenue et de la 48e Rue, à deux pas de la Trump Tower. L'espace était sobre, épuré et moderne, avec une vraie salle de réunion dotée de vitres opacifiées pour plus d'intimité. Les murs étaient, eux, recouverts d'œuvres d'art ultracontemporaines tirées de la collection de la sœur de Bekah, qui nous les avait prêtées.

Bob, qui était connu pour craindre la foule, est arrivé avant la pendaison de crémaillère. Une fois, lors d'un discours (et il en prononçait rarement), il avait dit préférer « la solitude d'une salle des ordinateurs, tard dans la nuit, le souffle de la clim dans la pièce, […] le bruit des disques durs et des imprimantes qui tournent à plein régime[2] ». Lorsque nous nous étions salués, ce jour-là, c'est tout juste si nous avions échangé un mot. Il serrait la main d'une façon froide et mécanique, mais il avait une telle carrière derrière lui ! Il ne devait même pas me remarquer.

À en croire Steve Bannon, comme les Mercer étaient devenus riches sur le tard, ils avaient « des valeurs très classe moyenne[3] ». Je n'avais pas vraiment cette impression en les voyant, mais rien ne dit que ce n'était pas vrai. À leurs yeux, je n'étais que l'employée d'un de leurs employés, quelqu'un à qui ils disaient bonjour gentiment.

Je voyais Bekah Mercer au bureau. Quelquefois, si je restais tard au travail et qu'Alexander était censé dîner avec elle, il me téléphonait pour me demander de les rejoindre au restaurant. Ce qui me permettait d'informer Bekah sur les dossiers en cours. Je n'étais jamais conviée et je n'ai jamais pensé que cela arriverait. J'étais une subalterne qui passait tard à la fin d'un repas. En l'écoutant, je la trouvais plutôt modérée. Elle méprisait peut-être mes idoles du camp démocrate, mais, si elle émettait des critiques, elles n'étaient pas plus blessantes que celles de mes proches pro-républicains.

Quelle que soit sa sensibilité politique, le pouvoir qu'ils détenaient à l'intérieur comme à l'extérieur de notre société, elle et son père, était considérable. Ce que j'ai fini par comprendre plus clairement au cours de ma période chez CA. Au fil du temps, j'ai veillé à ne jamais oublier qu'elle était le moteur qui faisait avancer Cambridge Analytica – et, au bout du compte, le camp de Trump.

Suite à ma présentation à Corey Lewandowski au mois de septembre 2015, les négociations avaient été chaotiques mais n'avaient jamais été interrompues. J'avais rédigé la première mouture du contrat avec l'équipe de Trump et je venais de la remettre à des gens bien plus haut placés que moi quand la situation avait commencé à se gâter. L'un des problèmes tenait à une exigence de Trump : il refusait que l'accord soit signé directement avec lui, afin qu'il n'y ait pas de connexion visible entre lui et les Mercer. À l'époque, l'un de ses arguments de campagne était qu'il était en mesure de se financer lui-même, sans dépendre des gros donateurs. Au départ, Alexander et Julian ont proposé que nous utilisions AIQ, mais le lien avec Cambridge Analytica était trop évident à leur goût. À ce moment-là, AIQ était chargé de toutes les opérations numériques de l'entreprise et nous partagions des données tous les jours. On m'a fait comprendre qu'en fin de compte c'était une holding appelée Hatton International qui avait été choisie pour jouer les intermédiaires, en toute discrétion. Hatton était détenue par Julian Wheatland et avait déjà été utilisée pour des montages similaires, en lien avec SCL.

En prenant leurs distances avec Trump, les Mercer ont pu agir en sous-main pendant de longs mois. Bien plus tard, on a présenté les choses de la façon suivante : les Mercer étaient des partisans de Cruz qui avaient accepté de rejoindre le camp du vainqueur au dernier moment – et plus précisément au milieu du mois d'août

2016, lorsque la « mercerisation » de la campagne de Trump a eu lieu. En d'autres termes, quand Steve Bannon est devenu le numéro un de la campagne, avec Kellyanne Conway à la manœuvre.

En réalité, cette transition a eu lieu au printemps 2016. À l'époque, le lien entre la campagne de Cruz et les Mercer ne tenait plus qu'à un fil. C'était le cas depuis le mois de janvier, lorsque la révélation du premier scandale Facebook - Cambridge Analytica avait fait la une la presse. Rien n'a empêché la machine de dérailler, pas même la victoire du sénateur au caucus de l'Iowa, en février. Chaque jour donnait lieu à de nouvelles passes d'armes entre la direction de CA et l'équipe de Cruz à Houston. Après une prise de bec mémorable, au mois de mars, Alexander m'avait soufflé que ces reproches des Texans seraient peut-être la goutte d'eau qui priverait Cruz du soutien des Mercer. Bonne chance à eux pour la suite… À compter de ce moment, les Mercer (et CA) ont tout à la fois récupéré la campagne de Trump et engagé une refonte totale du comité d'action de Cruz, KtP1, en faveur du milliardaire, même si l'information devait rester confidentielle. Alexander l'avait fait jurer à tous les employés de l'entreprise.

Après avoir reçu le feu vert de la part de Bekah, Alexander n'a pas cessé d'œuvrer en coulisses avec le gendre de Trump, Jared Kushner, pour échafauder un plan d'action. Aux mois de mars et d'avril, Matt Oczkowski (Oz pour les intimes), un ancien membre de l'équipe de Scott Walker qui nous avait rejoints, travaillait sur la campagne Trigger the Vote de la NRA. Le hasard avait voulu qu'il doive équilibrer la bande passante en faveur de Trump. En parallèle, Molly Schweickert a développé un outil numérique sur mesure. Enfin, du côté du *super PAC*, la consultante conservatrice Emily Cornell, une ancienne employée du Comité national républicain, jamais de bonne humeur et, à mon avis, sans grand talent pour l'intelligence émotionnelle, a mis au point une stratégie qui aurait pu être celle de toute la campagne. Defeat Crooked Hillary

(« Battons Hillary la corrompue ») : tel aurait dû être le nom du comité d'action si la Commission électorale fédérale l'avait autorisé. Celui-ci ayant été retoqué, on s'est rabattu sur Make America Number One (MAN1), qui a mené la charge anti-Hillary Clinton.

À la fin du mois de juin, deux équipes de Cambridge Analytica étaient opérationnelles, l'une à New York, l'autre à San Antonio. Les Mercer étaient derrière l'une et l'autre.

San Antonio était le centre névralgique de la campagne de Trump – c'était là qu'opérait Paul Manafort lorsqu'il dirigeait la campagne, et pas à la Trump Tower, où se trouvait le QG officiel. Pourquoi ? Parce que c'est à San Antonio que vivait Brad Parscale, le cofondateur du cabinet Giles-Parscale. Ce dernier était le web designer de Trump depuis longtemps. C'est lui que le milliardaire avait choisi comme responsable numérique. Le problème étant qu'il n'avait aucune expérience en matière d'analyse de données et de communication basée sur les données. Bekah savait donc que Trump avait besoin de CA.

Quand la première équipe de Cambridge Analytica (composée de Matt Oczkowski, Molly Schweickert et une poignée d'experts en données) a débarqué à San Antonio, au mois de juin, Brad et la communication numérique de la campagne de Trump étaient au point mort. Il y avait de quoi s'inquiéter. Oz m'a écrit le 17 juin, alors que je venais de lui poser une question sur un client. Il n'avait pas le temps de m'aider : il avait besoin de toute son énergie pour aider Brad à mettre sur pied leurs outils d'analyse. D'après ce qu'on m'a dit, l'entreprise travaillait là-bas gratuitement. Une sorte de « projet pilote » pour montrer ce qu'on valait. Pour Alexander, cela n'était pas facile à avaler, loin de là. Voir plusieurs de ses meilleurs éléments travailler à temps plein gratis… Mais sans doute a-t-il songé que c'était un mal pour un bien quand Trump a fini par signer.

À leur arrivée sur place, les membres de l'équipe de CA sont tombés de haut. Brad n'avait élaboré aucune modélisation de l'électorat et aucun dispositif marketing. Cinq instituts de sondage différents récoltaient des informations, toutes contradictoires.

Au début d'une campagne bien organisée, on s'attendrait plutôt à trouver une base de données déjà opérationnelle, avec un programme de modélisation en état de marche. Cela permet aux sondeurs de coordonner leurs questions pour qu'elles soient pertinentes. Il s'agit, à terme, de catégoriser efficacement chaque électeur au niveau national afin de savoir, sur une échelle de 0 à 100, si, par exemple, cette personne ira voter ou si elle sera intéressée par un candidat plutôt qu'un autre.

Dans le cas présent, les données étaient tellement incohérentes que l'équipe de CA a dû tout reprendre depuis le début[4].

Comme je les avais aidés à rédiger le contrat, je savais qu'ils avaient l'intention de bâtir une base de données avec des modélisations à l'échelle nationale, puis d'organiser la stratégie de campagne autour de trois axes qui se recoupaient. La première partie aurait pour but d'établir des listings et de solliciter des dons, d'autant que l'équipe de Trump n'avait pas encore commencé ses levées de fonds. Et ces fonds étaient déterminants pour agir sans perdre de temps et faire passer la campagne nationale à la vitesse supérieure. Peu importe ce que Trump disait devant les caméras, il ne se finançait pas lui-même.

La deuxième phase, qui devait commencer un mois plus tard, allait se concentrer sur la persuasion : il fallait trouver les indécis et les convaincre de pencher pour Donald Trump, d'une manière ou d'une autre.

La dernière, elle, avait pour but d'assurer le maximum de votes. En veillant, notamment, à ce que les électeurs soient inscrits sur les listes électorales et en poussant les sympathisants de Trump à se rendre à leur bureau de vote, le jour même de l'élection ou plus tôt.

Tout le monde s'est mis au travail avec une certitude : la campagne de Trump allait investir beaucoup d'argent dans les réseaux sociaux. Au final, les sommes engagées en la matière ont battu tous les records. Rien qu'à travers CA, 100 millions de dollars ont été dépensés pour la communication en ligne du candidat républicain, sur Facebook, pour l'essentiel. De telles dépenses se sont traduites par de meilleures prestations – de la part de toutes les plates-formes, et pas seulement de Facebook. Ce service cinq étoiles, ces sociétés nous le proposaient fréquemment, en détaillant les nouveaux outils et les prestations susceptibles d'aider les campagnes en temps réel.

Mais les réseaux sociaux ne se contentaient pas d'offrir de nouvelles technologies : ils proposaient également de la main-d'œuvre.

Pour épauler Molly, Matt et nos analystes, des employés de Facebook, Google, Twitter et bien d'autres acteurs du numérique avaient intégré l'équipe. Facebook décrivait son implication dans la campagne de Trump comme un « service client amélioré[5] ». Google disait jouer un « rôle de conseil ». Et, chez Twitter, on parlait de « travail sans contrepartie financière[6] ». Si l'équipe de Trump accueillait ces renforts les bras ouverts, le camp de Hillary Clinton a, étrangement, préféré décliner l'aide de Facebook. Une aide qui a donné à Trump un avantage sur son adversaire, difficile à quantifier, certes, mais bien réel. Et pour cause : un groupe supplémentaire de personnes compétentes est très précieux dans un processus électoral de longue haleine, d'autant qu'elles n'ont pas besoin d'être dirigées ou formées par un directeur de campagne qui travaille déjà à temps plein, avec des nuits courtes.

Comme je l'ai appris plus tard, le personnel de Facebook a montré au staff de la campagne et de CA comment agréger des profils similaires, créer des publics sur mesure et augmenter les *dark ads*, ces contenus que seuls certains utilisateurs peuvent voir sur leurs murs. Si les équipes de Hillary Clinton maîtrisaient peut-être certaines de ces compétences en interne, l'assistance concrète dont bénéficiait chaque jour le camp de Trump était inestimable. C'était l'idéal pour tirer pleinement profiter de ces outils et de ces fonctionnalités nouvelles dès l'instant où ils étaient disponibles.

Après l'élection, j'ai découvert que les opérations menées par les employés des autres réseaux sociaux avaient produit des résultats similaires. Twitter avait un nouveau produit appelé « Conversational Ads ». Il suffisait de cliquer sur l'un des hashtags recommandés pour retweeter automatiquement le contenu ainsi que le hashtag. Ce qui permettait aux tweets du camp Trump de prendre le dessus par rapport à ceux de Hillary Clinton. Snapchat a également poussé l'innovation plus loin avec « webView Ads », qui comprenait un outil de récolte de données. Il était demandé aux utilisateurs de s'inscrire en tant que sympathisants de la campagne, ce qui contribuait à collecter de nouvelles données et à développer le public ciblé. Les employés de Snapchat ont également présenté au staff de CA un tout nouveau produit, peu onéreux, appelé « Direct Response », qui ciblait les jeunes souvent connectés. En passant votre doigt sur une photo, du bas vers le haut, vous étiez conduit à un écran où vous pouviez entrer votre adresse email. En outre, grâce aux conditions d'utilisation, toutes sortes de nouvelles données étaient disponibles. Ce qui n'a pas empêché certains filtres de remporter un grand succès, comme celui qui vous permettait de faire un selfie derrière les barreaux d'une prison aux côtés de Hillary Clinton.

Google a également facilité la possibilité de monnayer certains termes de recherche de manière à contrôler la « première vue » des utilisateurs. Cet achat de mots clés a extrêmement bien fonctionné. Si un ou une internaute tapait les mots « Trump »,

« Irak » et « guerre » sur Google, le premier résultat était une page intitulée « *Hillary voted for the Iraq War – Donald Trump opposed it* » (« Hillary Clinton a voté pour la guerre en Irak alors que Donald Trump s'y est opposé »). Un lien redirigeait vers le site d'un comité d'action, sur lequel on pouvait lire : « *Crooked Hillary voted for the war on Iraq. Bad Judgement !* » (« Hillary la corrompue a voté pour la guerre en Irak. Quel mauvais choix ! ») Et, si l'on entrait dans la barre de recherche les termes « Hillary » et « commerce », le premier résultat était la page « lyingcrookedhillary.com » (« hillarylamenteusecorrompue.com »). Le taux de clics pour ce site était particulièrement élevé.

Mais la plate-forme a également vendu des listes de recherches à Trump, tous les jours, en prévenant son staff quand de nouveaux espaces publicitaires exclusifs étaient mis à disposition, comme la page d'accueil de YouTube, le domaine le plus convoité du web. Un bon moyen de proposer des contenus incitant à faire certaines recherches.

Au bout du compte, toutes ces possibilités offertes en amont du jour de l'élection, le 8 novembre, ont attiré un nombre considérable de nouveaux électeurs et les ont poussés à se rendre dans leur bureau de vote.

Tandis que le comité d'action de Trump et son équipe de campagne œuvraient en coulisses durant l'été, je tentais de décrocher des contrats qui m'intéressaient. L'un d'eux consistait à former les communicants du Premier ministre slovène. À ma grande surprise, j'avais reçu un appel du département d'État sur mon portable : CA était pressenti pour devenir l'un de ses partenaires. L'idée était de montrer aux délégations étrangères ce que les États-Unis faisaient de mieux en matière d'innovation. On m'a alors proposé de recevoir l'équipe du chef du gouvernement slovène et de lui donner un cours sur la communication en politique. Pourquoi me faisait-on une telle offre ? Certainement parce que Cambridge Analytica commençait à être un nom connu et recherché dans les hautes sphères de Washington. J'étais à la fois impressionnée et honorée. J'ai répondu que je serais ravie d'animer cette séance de formation.

La rencontre a eu lieu le 21 juin, dans nos bureaux. Et elle s'est passée à merveille. Je leur disais au revoir quand la personne la plus timide du groupe m'a interrogée sur Trump. Est-ce que ma société travaillait pour lui ? Ils étaient conscients que je risquais de ne rien dire, bien sûr. Je leur ai adressé un sourire, en songeant qu'au même moment Matt et Molly étaient à pied d'œuvre, du côté de San Antonio. Et puis je leur ai expliqué que je ne pouvais pas répondre, ni par l'affirmative ni par la négative. Mais j'ai fait un petit clin d'œil. Et quelques minutes plus tard, avant de sortir, l'un de mes interlocuteurs m'a confié qu'ils étaient très enthousiastes à l'idée qu'une Slovène entre à la Maison Blanche : « Vous savez que Melania est originaire de chez nous, hein ? On espère que vous travaillez pour son mari et que vous allez gagner, on croise les doigts ! »

11

Brexit blues

Printemps-été 2016

En ce début d'été 2016, une bonne partie de l'entreprise mettait les bouchées doubles aux côtés du camp de Trump. Pour ma part j'étais en train de laisser de côté la politique, pour la première fois depuis mon retour aux États-Unis, à l'automne précédent. Le printemps s'était achevé et je n'avais plus aucune présentation à faire. Il n'était plus temps de signer des contrats pour la période électorale : j'étais enfin libre de me concentrer sur le domaine commercial et social aux États-Unis, et pas seulement. J'ai décroché des contrats avec un cabinet juridique, une enseigne de mode, un groupe de services médicaux, une chaîne de restaurants et un fonds d'investissement. Pour Cambridge Analytica, c'était une première : nous nous ouvrions à de nouveaux secteurs, c'est-à-dire à des sociétés auxquelles nous proposions notre technologie. Je dormais peu, sans prendre vraiment soin de moi. Je passais le plus clair de mon temps dans l'avion, à faire la navette entre New York, Londres, Washington et les bureaux de tous les clients que je pitchais. Alexander m'avait prévenue : pas question que je m'emballe. Mais c'était plus fort que moi : je me sentais vivante dès que j'étais entre deux avions. Les choses bougeaient grâce à moi. Et tant pis si j'étais complètement déboussolée à force de me réveiller sans savoir si j'étais dans mon appartement d'Upper Berkeley Street, dans l'appartement de Tim, où je ne me contentais plus de laisser une simple brosse à dents, dans l'appartement de Crystal City, ou dans un hôtel pas cher quelque part. Ce qui me réconfortait, c'était de constater que j'avais enfin trouvé mon rythme de croisière.

J'avais des congés qui tombaient en juin. Et, comme je souhaitais les passer avec Tim, nous nous sommes envolés pour le Portugal, où vivait l'un de ses amis. La famille de notre hôte possédait une maison dans la région ensoleillée de l'Algarve, connue pour ses demeures aux murs blancs perchées sur des falaises, au-dessus de plages paradisiaques. Une grosse dizaine de personnes occupaient cette villa de trois étages au bord de la mer, avec des chambres pour tout le monde. La plupart des invités étaient anglais, mais tout le monde avait un point commun : nous tentions tous d'échapper au référendum sur le Brexit, même si c'était pour des raisons différentes.

En dépit de ma participation (en rien secrète) à cette fameuse conférence de presse du mois de novembre 2015, mon lien professionnel avec le Brexit avait été de courte durée. Et, à ma connaissance, c'était également le cas pour Cambridge Analytica.

Même si j'avais partagé la scène avec l'équipe de Leave.EU, je n'ai eu qu'un seul autre contact avec eux, à savoir la fois où je me suis rendue à Bristol en compagnie de David Wilkinson pour visiter le « QG officiel » du mouvement. Ma mission consistait à présenter au staff les services que CA comptait mettre à sa disposition. Je devais également effectuer un audit des données que la campagne était en train de récolter et expliquer comment utiliser les analyses que nous avions déjà menées.

Cette journée n'était vraiment pas comme les autres. J'avais toutes les peines du monde à comprendre pourquoi le QG de Leave.EU était à Bristol et pas à Londres. Et puis nous sommes arrivés sur place. J'ai alors découvert que cette espèce de blockhaus abritait également les locaux d'Eldon Insurance, la société d'Arron Banks.

Il n'était pas évident de faire la différence entre l'équipe de campagne de Leave.EU et le personnel de la compagnie d'assurances lorsqu'on passait devant eux pour se rendre à la grande salle de réunion. Il y avait environ dix personnes en tout et pour tout, chacune chargée d'un secteur précis : la presse et la communication, le numérique, le démarchage, l'événementiel et la centrale d'appels. La mine pâle et habillés simplement, pour la plupart, ils étaient assis mollement sur leur fauteuil, leur badge autour du cou, l'air assez peu motivé. Enfin, jusqu'à ce qu'ils écoutent ce que nous avions à leur dire, David et moi. Dès qu'ils ont compris ce qui nous amenait ici, ils se sont réjouis de notre présence.

À vrai dire, ils se sentaient « comme des poissons hors de l'eau ». Aucun d'eux n'avait encore participé à une campagne de cette ampleur et cela les soulageait qu'une spécialiste de la question vienne les aider. Il est vite devenu évident qu'ils n'étaient que de simples employés d'une compagnie d'assurances à qui on avait confié un travail qui les dépassait. Cela m'a intriguée, même si cela montrait, *a minima*, le pragmatisme d'Arron.

Il n'empêche, c'était bizarre. Et quand nous avons visité la centrale d'appels, David et moi, nous nous sommes tout de suite aperçus que c'était celle utilisée par Eldon Insurance. Comme je l'ai expliqué plus tard devant la commission du Parlement britannique chargée du numérique, de la culture, des médias et des sports lors de son enquête « Désinformation et *fake news* », une soixantaine de collaborateurs étaient au téléphone, sur environ cinq rangées. Ils passaient des appels aux clients qui faisaient partie, m'avait-on dit, de la base de données d'Eldon pour leur poser des questions. Alors qu'en temps normal ils répondaient aux questions des clients de leur compagnie d'assurances.

La responsable de la centrale d'appels était une jeune femme qui avait à peu près mon âge. Elle m'a gentiment proposé d'afficher le questionnaire qu'ils utilisaient sur l'écran d'un des ordinateurs. David et moi y avons jeté un œil.

« Souhaitez-vous quitter l'Union européenne ? »

« Estimez-vous que l'immigration est un problème ? »

« Estimez-vous que notre service public de santé n'est pas assez financé ? »

Les questions étaient biaisées, très orientées. Ils s'y prenaient trop mal pour que les résultats soient exploitables. Mais CA avait d'autres outils pour mettre la campagne sur de bons rails.

À mon retour à Londres, j'ai écrit un mail à l'équipe de Bristol pour qu'ils m'envoient le maximum de données – que ce soit des informations sur leurs abonnés, sur les donateurs, ou autre. David allait travailler sur ces données, et les conclusions qu'il en tirerait permettraient à Cambridge Analytica de poser les bases d'une proposition pour la deuxième phase de notre travail en faveur de Leave.EU.

Leur gourou en matière de réseaux sociaux, Pierre Shepherd, a laissé CA accéder à tous les comptes et à toutes les données dignes d'intérêt. Notre staff a alors entamé la conception de la phase deux.

Problème : cette phase deux n'a jamais vu le jour. Lorsque l'entreprise a mis au point le projet pour prolonger le travail effectué en phase un, « Banksy » et « Wiggsy » ont disparu des écrans radar. Cela les a-t-il empêchés d'écrire sur leur site web qu'ils œuvraient main dans la main avec nous ? Non. Ils parlaient même constamment du lien qui nous unissait. Julian a contacté Arron à de nombreuses reprises. Il semblait toujours intéressé par cette phase deux, mais nous a-t-il payés pour nos prestations ? Jamais. Des données sensibles contenant des informations personnelles précises sur des électeurs britanniques avaient été transférées chez CA, combinées à des résultats de questionnaires, on les avait ensuite modélisées pour définir des groupes ciblés que Leave.EU avait intérêt à exploiter… Où était passée cette masse de données ? Pourquoi Alexander avait-il laissé ce projet (qui se déroulait chez lui, en Angleterre) se négocier sans contrat, comme au Nigeria ?

La fin apparente de notre relation de travail avec Leave.EU nous a mis dans une situation inconfortable. Nous étions publiquement associés à eux depuis le mois de novembre. Au total, nous avions passé trois jours à les conseiller, deux à préparer la conférence de presse et un à essayer de faire passer leur équipe de Bristol à la vitesse supérieure. À cela s'ajoutaient les nombreuses heures de travail que nous avions consacrées à ces données qu'ils nous avaient transmises, pour clôturer la phase un, en vue d'une présentation lors de cette fameuse conférence de presse. Nous ne leur avions jamais envoyé les slides, mais j'avais analysé tous ces résultats dans le détail avec l'équipe de Leave.EU. Et pourtant qu'avons-nous reçu en contrepartie de tous ces efforts ? Rien. Pas le moindre contrat signé, pas la moindre rétribution. Dans ces conditions, comment capitaliser sur ce travail ou tourner la page ?

Puisqu'il évitait systématiquement de nous répondre, nous n'avons pas su si Arron Banks allait continuer de s'impliquer dans le référendum. Par conséquent, pendant une courte période, Cambridge Analytica a démarché Vote Leave. Vote Leave rassemblait des membres de Westminster, des figures politiques établies et bien connues, issues à la fois du camp des Tories et du Parti libéral anglais, et d'importants clients potentiels. Nous les avons approchés très tôt, mais il leur a suffi d'apprendre que nous collaborions avec Leave.EU pour qu'ils fassent machine arrière. Aux yeux de nombreuses personnes dans l'entreprise, dont moi, notre implication dans le Brexit venait manifestement de prendre fin.

Durant l'hiver et le printemps 2016, Leave.EU a semblé remporter un certain succès, même sans notre aide. Mais, à force d'observer leur campagne de l'extérieur, j'ai eu du mal à ne pas me poser des questions. Est-ce qu'ils ne s'appuyaient pas sur au moins une partie du travail de consulting et de segmentation que CA avait mené pour leur compte ? Arron Banks et Leave.EU ont dépensé des millions pour mener leur propre campagne de communication sur Internet. Une campagne qui, de leur propre aveu, reposait entièrement sur l'analyse de données. Arron n'hésitait d'ailleurs pas à mentionner le nom de l'entreprise dès que ça l'arrangeait. Il proclamait partout que Leave.EU était devenu un phénomène viral et incontournable au Royaume-Uni, avec 3,7 millions d'inscrits en une semaine sur Facebook. « Si cette campagne agace les mêmes personnes en permanence, c'est qu'il y a une bonne raison », disait-il.

Quelques jours avant le vote, Leave.EU a publié sur Facebook une « enquête en immersion » qui prétendait prouver que les passeurs n'avaient aucun mal à faire traverser la Manche aux migrants. La structure a également relayé un *post* d'Andy Wigmore : une série de photos censées montrer une femme violemment attaquée par un homme en sweat à capuche. « Des migrants en train de tabasser une jeune femme à Tottenham, ce samedi », était-il écrit.

Cette publication a déclenché une vague de protestations et des discussions violentes. Peu de temps après, un événement tragique a eu des conséquences similaires.

Le 16 juin 2016, une semaine avant le référendum, un jardinier au chômage du Yorkshire, Thomas Mair, a assassiné Jo Cox, une députée qu'il estimait favorable au maintien dans l'Union. L'homme était psychologiquement instable et sa pensée était profondément influencée par l'extrême droite, les messages anti-migrants du camp du *leave*, la propagande du Front national ainsi que les textes qu'il avait trouvés sur Internet, tous rédigés par des néo-nazis américains et des membres du Ku Klux Klan. Armé d'un fusil à canon scié, il a atteint sa victime à la tête et dans la poitrine, avant de la poignarder à 15 reprises. S'il subsistait un

À La Haye pour un entretien d'embauche chez Doughty Street International. John Jones, avocat du Conseil privé de Sa Majesté, m'y proposait un emploi, mais il lui manquait le financement. *(novembre 2014)*

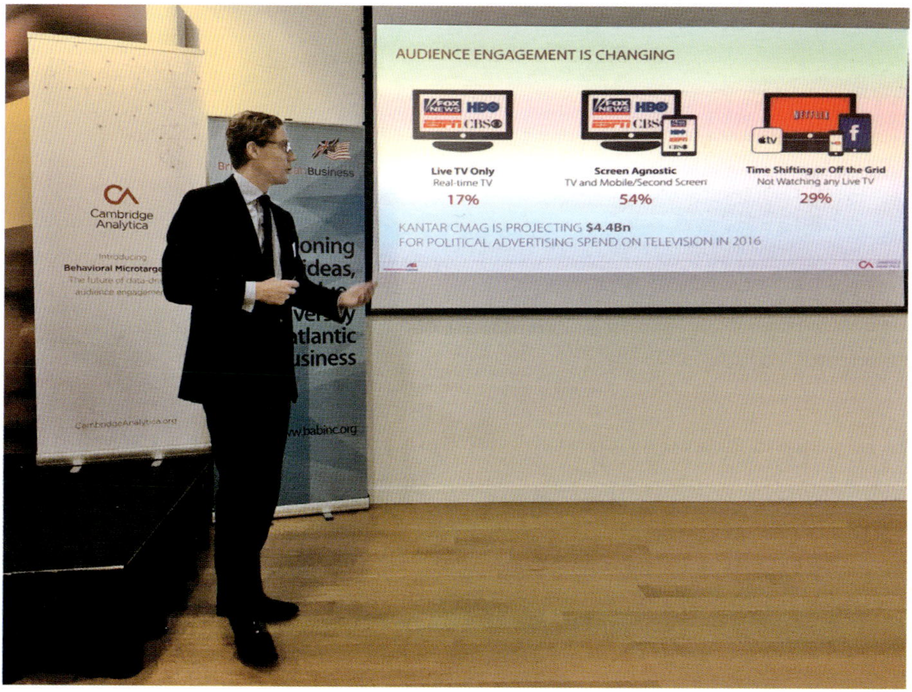

Alexander Nix, lors d'une présentation pour Ernst & Young, expliquant en quoi l'implication du public est en train de changer. *(Londres, 2015)*

Déjeuner du « premier cercle » de SCL-CA, chez Alexander Nix. Au milieu, Livia Krisandova, gestionnaire de projets et assistante personnelle d'Alexander. *(Holland Park, Londres, 2015)*

À Madrid après le sommet de Davos pour évoquer les initiatives diplomatiques fondées sur les données à destination de la Libye, et pour le suivi de la campagne au Nigeria. *(janvier 2015)*

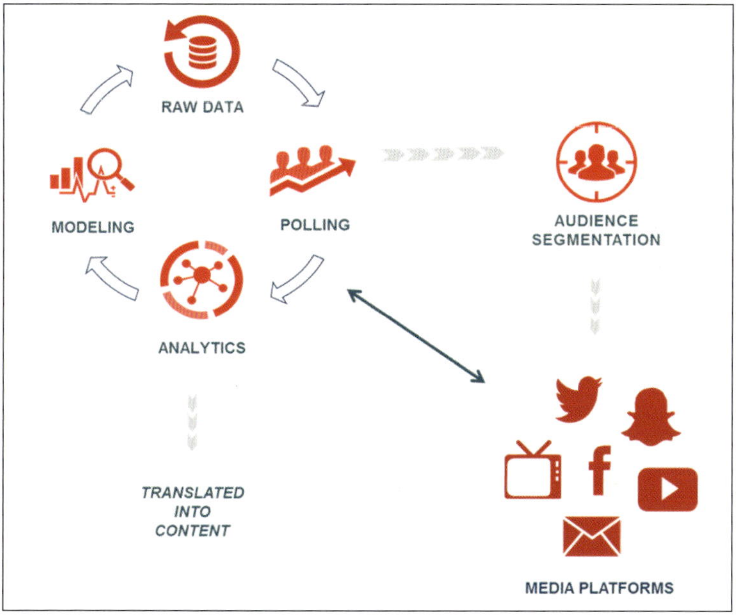

Schéma du cycle d'analyse des données et processus de microciblage, débriefing de la campagne de Trump. *(décembre 2016)*

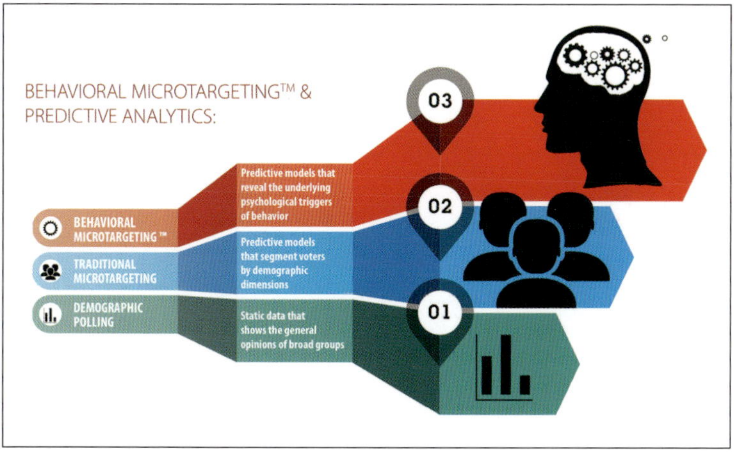

Infographies de microciblage comportemental et d'analyse prédictive, tirées des premières brochures et présentations du groupe SCL, où l'on distingue la modélisation comportementale des méthodes traditionnelles.

Le jour de l'élection présidentielle en France, les yeux de Marine Le Pen ont été crevés sur l'affiche de la candidate, à laquelle on a mis une moustache hitlérienne. *(Calais, 2016)*

Sur scène avec Kellyanne Conway, lors de la Conférence d'action politique conservatrice (CPAC) 2016, pour débattre de la disparition du « mythe de l'éligibilité ». Cette année-là, Cambridge Analytica fut l'un des parrains de l'événement. *(février 2016)*

Donald Trump dédicaçant son portrait en couverture du magazine *Time* à son arrivée au congrès du Parti républicain de Floride, devant la salle de bal Fantasia, à Disney World. (*Orlando, Floride, novembre 2015*)

Mark Turnbull, ex-responsable du département Politique internationale du groupe SCL, présentant le dossier de la campagne Trump lors du congrès Leadership Exchange in Arts and Disability. (*Singapour, septembre 2017*)

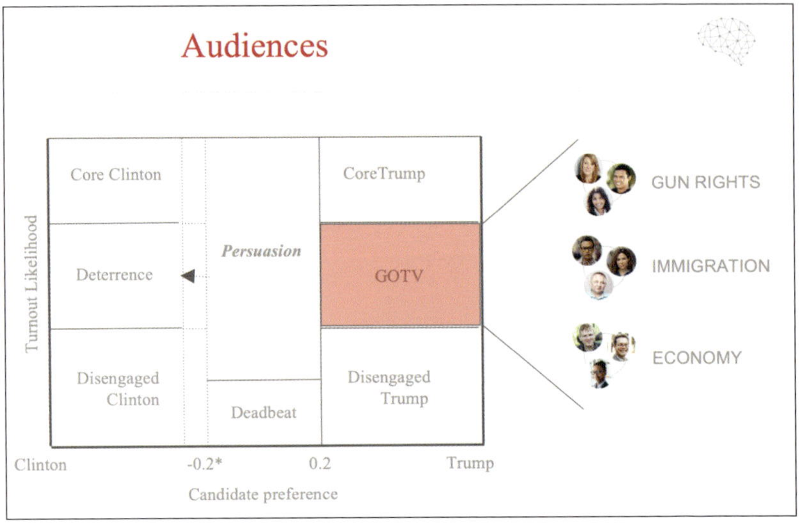

Segmentation des publics ciblés, débriefing de la campagne Trump, avec un groupe de « dissuasion » pour décourager les gens de voter. *(décembre 2016)*

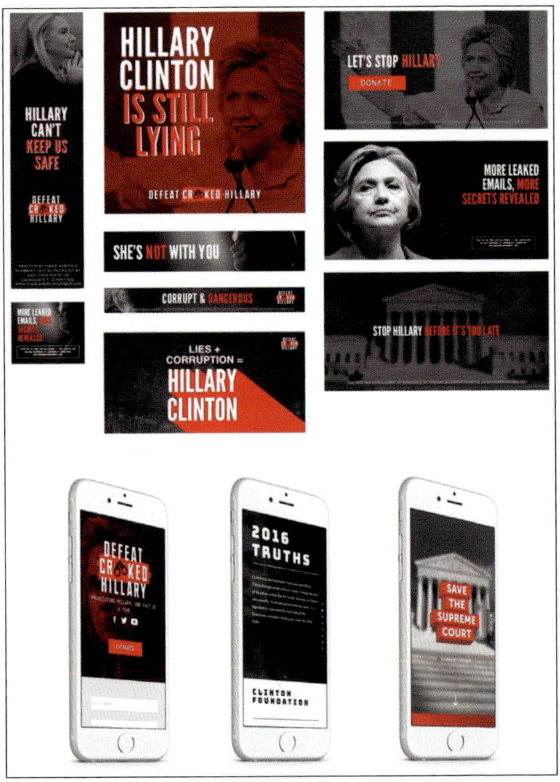

Images du compte rendu après l'action de Make America Number One (MAN1), dirigé par David Bossie de Citizens United et Emily Cornell de Cambridge Analytica. *(décembre 2016)*

Chris Christie au bout de la table du conseil d'administration de Cambridge Analytica, vue depuis mon bureau, dans nos locaux du 6e étage du n° 597, Cinquième Avenue. Christie était venu voir Rebekah Mercer et Alexander Nix pour se plaindre qu'on ne lui ait pas proposé de poste au sein de l'administration Trump. *(New York, décembre 2016)*

Alexander Nix présentant une stratégie commerciale et politique fondée sur les données, au KIO Kloud Camp. *(Mexico, septembre 2017)*

Premier visionnage du documentaire Netflix *The Great Hack : l'affaire Cambridge Analytica* dans la salle de montage de Gigantic Studios, avec l'équipe de production de The Othrs.

Interviewée par Mark Miller, rédacteur en chef de Bloomberg Live, à propos de la surveillance et de la sécurité des données, lors du sommet « Sooner Than You Think ». *(Singapour, septembre 2018)*

doute sur ce qui avait motivé son passage à l'acte, deux jours plus tard, alors qu'on lui demandait de décliner son identité au tribunal, Mair a répondu : « Je m'appelle Mort aux traîtres, Liberté pour la Grande-Bretagne. »

Le jour du référendum, tous ceux qui occupaient la villa en Algarve en même temps que nous ont essayé de mettre entre parenthèses leurs divergences. Comme Tim, une partie des invités étaient conservateurs (selon les standards britanniques) et avaient voté pour le départ de l'Union avant de prendre l'avion pour le Portugal. Les autres avaient voté pour le maintien, soit parce qu'ils étaient plutôt orientés à gauche, soit parce qu'ils avaient financièrement intérêt à ce que l'euro reste stable. Et, pour cela, la Grande-Bretagne devait rester dans l'UE. À la fermeture des bureaux de vote, nous avons débouché quelques bouteilles de vin et nous nous sommes massés autour de la seule télévision de la maison pour regarder les résultats de cette élection unique en son genre et susceptible de changer le cours de l'histoire de l'Europe.

Au bout du compte, c'est 1 % seulement de l'électorat britannique qui a fait basculer le vote. Le résultat était de 52 % en faveur du *leave*, contre 48 % pour le maintien. Les conséquences n'ont pas tardé. La valeur de la monnaie britannique a chuté, pour retomber à son plus bas niveau depuis trente et un ans, et les places boursières du monde entier ont encaissé le choc, y compris le Dow Jones[1].

Au Portugal, debout devant la télé, la moitié des Britanniques avec qui je me trouvais ont exulté. Les autres étaient effondrés. Certains pleuraient, même. Ils n'imaginaient pas la Grande-Bretagne détachée de l'Europe. Le pays semblait avoir rompu avec la raison et le bon sens. À cet instant, nous étions divisés, et j'étais quelque part au milieu de tout ça. Moi, l'expatriée américaine, la progressiste qui se faisait passer pour une conservatrice. Et dont les employeurs avaient œuvré, à une certaine période, pour le camp du *leave*. Ou avec, question de point de vue.

— Oh ! tu te retrouves embarquée là-dedans, alors ? m'avaient souvent lancé des amis anglais à l'approche du référendum et des primaires républicaines.

Mon poste les faisait penser à un film qui venait de sortir au cinéma, *Que le meilleur gagne*, avec Sandra Bullock dans le rôle d'une consultante en communication. Sa spécialité ? Les campagnes électorales dans les républiques bananières.

Je répondais toujours par un rire nerveux.

Alexander lui-même refusait de voir ce film… parce qu'il ne s'inspirait pas de son parcours. Qui pouvait se vanter d'avoir dirigé autant d'élections à l'étranger ? À part lui, personne. C'était un vrai scandale. Il n'en démordait pas.

Le lendemain du référendum en faveur du Brexit, des amis anglais au courant du fait que CA avait été impliqué dans cette élection ont commencé à me retirer de leur « liste d'amis ». Ils m'ont également exclue de leurs groupes de lecture sur Internet et de leurs forums de discussion.

Le jour de mon retour en Angleterre, le 27 juin, les personnes de mon entourage avaient l'air de tomber des nues. Et à Cambridge Analytica certaines personnes tâchaient de se consoler en se donnant des tapes dans le dos. Nous qui pensions que les partisans du *leave* échoueraient… En prévision du vote, une question nous avait taraudés : fallait-il demander à Arron Banks de retirer notre nom du site web de Leave.EU, histoire que notre réputation ne soit pas entachée ? En fin de compte, nous nous sommes dégonflés. Après tout, c'était notre direction qui nous avait présentés à ces fameux *bad boys* du Brexit. Si nous avions refusé ce travail, ils auraient peut-être été vexés. Et cela nous avait fait peur. Mais voilà qu'un heureux hasard nous permettait de revendiquer une part de cette victoire, même si notre rôle avait été ambigu, pour ne pas dire plus.

Nigel Farage a déclaré plus tard que le Brexit avait été le « moule » de la campagne de Trump. Il avait été sans concession, ouvertement populiste et suffisamment fort pour déchirer une nation entière. Il a également été, à bien des niveaux, le précurseur *technologique* de la présidentielle américaine de 2016. Et au lendemain du référendum, de l'autre côté de l'océan, la machine Cambridge Analytica tournait à plein régime.

Des mois après, j'ai appris que mon mauvais pressentiment n'était pas infondé. Oui, une partie du travail de CA avait été utilisée pour pousser les électeurs à mettre un bulletin en faveur du *leave* dans l'urne. Mais c'est Vote Leave qui a été le premier à confirmer que, oui, ils s'étaient servis de notre méthode, ou du moins d'une méthode qui s'en approchait fortement.

À ce qu'il paraît, le chef de Vote Leave, Dominic Cummings, était un fervent adepte de l'analyse de données. Son idée : faire en sorte que la campagne se joue largement sur Internet (en utilisant Facebook, en particulier). Une stratégie en rupture totale avec la façon dont s'étaient déroulées les campagnes électorales en Grande-Bretagne, depuis des décennies. Comme l'a révélé *The Observer*, Vote Leave avait signé un contrat avec AIQ, qui a travaillé pour eux jusqu'au bout, tout en prêtant main-forte à des groupes qui leur étaient liés, dont BeLeave et Veterans for Britain[2]. AIQ a même intégré le siège de Vote Leave, où a été monté un centre opérationnel restreint mais puissant. Par conséquent, tandis que Cambridge Analytica travaillait avec Leave.EU, AIQ, un autre partenaire du groupe SCL détenu par les Mercer, s'était engagé à collaborer avec son concurrent direct.

Cette nouvelle m'a sidérée. Moi qui pensais que CA et AIQ étaient intimement liés, qu'ils partageaient des données tous les jours, pour toutes sortes de clients. Comment avaient-ils pu s'occuper d'une campagne concurrente, en proposant leurs services sans nous mettre au courant ? Cela n'avait aucun sens.

Le plan numérique d'AIQ comportait de nombreux points communs avec celui de Cambridge Analytica. Si ses contenus n'étaient pas aussi sophistiqués, les méthodes étaient similaires. Plus tard, la proposition faite par AIQ a fuité : Chris Wylie avait bel et bien copié l'offre de services de SCL presque mot pour mot. Elle passait par le recours à des groupes ciblés, à des modèles psychographiques et à des algorithmes prédictifs. Des données personnelles avaient été récoltées par le biais de questionnaires et de jeux-concours, en toute légalité. Après les avoir comparées avec les listes électorales britanniques, on s'était servi d'Internet pour envoyer des messages ciblés et inciter les électeurs à voter.

Au cours de ces dix semaines d'affrontement, l'animosité qui sévissait sur le web s'est invitée dans le débat public. Les membres de Vote Leave ont répandu des informations erronées et des *fake news* sur des pays comme la Turquie, qui négociait son adhésion à l'Union européenne. Ils ont attisé la colère des électeurs indécis en laissant entendre que voter pour le maintien dans l'UE revenait à voter pour l'appauvrissement d'un emblème du Royaume-Uni, le National Health Service, le service public de santé. Je me souviens d'avoir été personnellement sensible à ce genre d'arguments. Ayant passé plus de dix ans de ma vie en Grande-Bretagne, où les soins sont gratuits, je pensais que la victoire des partisans du *leave* se traduirait par une hausse considérable des financements en faveur du NHS, ce qui aurait été une excellente chose. Avec le recul, cette stratégie de communication m'apparaît terriblement contestable et même criminelle. En prétendant que la pérennité des services publics était menacée et en brandissant l'imagerie des migrants et des terroristes prenant d'assaut les frontières du pays, la campagne pour la sortie de l'UE n'a fait que jouer sur les peurs.

Des rapports parlementaires supervisés par une chercheuse de tout premier plan, Emma Bryant, ont fini par démontrer que Leave.EU avait utilisé le travail engagé par nos équipes lors de la phase un et les propositions faites pour la phase deux. Devant elle, Andy Wigmore ne s'est pas seulement vanté d'avoir emprunté nos méthodes. Après avoir embauché des experts en données de l'université du Mississippi, il a fondé Big Data Dolphins, une copie conforme de CA, et utilisé « l'intelligence artificielle pour que le camp du *leave* l'emporte ».

12

Camisole de force

Août 2016 - janvier 2017

Durant une bonne partie de l'été 2016, Cambridge Analytica a travaillé pour la campagne de Trump. En coulisses, pour l'essentiel. Jusqu'au moment de la convention nationale appelée à investir le candidat du Parti républicain, notre équipe a exercé ses talents un peu partout. Pendant ce temps, une bonne partie d'entre nous levaient le pied. Nous avions beau proclamer que convaincre des électeurs était notre grande spécialité, certains espéraient que non.

Même si les efforts engagés pour le compte de Trump avaient été en grande partie tenus secrets pendant de longs mois, les événements d'août 2016 ont poussé les Mercer (et, par extension, CA) sous le feu des projecteurs braqués sur le milliardaire. Chaque matin, nous restions bouche bée en lisant la presse : notre direction et nos partenaires comme Steve, Bekah et Kellyanne étaient en train de prendre le contrôle de la présidentielle ! Depuis un bon moment, ces trois-là étaient considérés comme des électrons libres, capables de perturber le paysage politique conservateur mais pas assez *mainstream* pour travailler avec le candidat du parti. Les retrouverait-on un jour à la Maison Blanche ? Aucune chance !

Mais désormais les masques étaient tombés : le seul adversaire de Hillary Clinton était Donald Trump. Et son entourage était étroitement lié à CA. Chaque jour, les visages de nos dirigeants se retrouvaient dans les médias. Et ce n'étaient pas seulement les États-Unis mais le monde entier qui était soumis à leur influence.

Bizarrement, ce n'est pas uniquement à la télévision que je voyais l'équipe de Trump envahir CA. Elle investissait physiquement nos locaux, et ce n'est pas une formule. Si la Trump Tower était entourée de manifestants, ce qui n'était pas rare, ou si le « premier cercle » du milliardaire avait simplement besoin d'un peu de discrétion, nos bureaux de la Cinquième Avenue étaient devenus un siège de campagne annexe. Nos commerciaux étaient chassés de la grande salle de réunion, toujours occupée par des gens en provenance du QG de Trump. Et, lorsque les réunions étaient clairement d'ordre commercial, le client potentiel était généralement une connaissance de Mercer ou de Bannon. Une bonne façon de motiver Duke Perrucci, notre directeur des ventes tout récemment promu responsable de l'optimisation des revenus de l'entreprise, un type sérieux doublé d'un père de famille dévoué. Même chose pour le reste de l'équipe. C'était à la fois troublant et grisant. Cambridge Analytica ne cessait de grimper dans la hiérarchie des sociétés les plus puissantes et les plus dynamiques de Washington et de New York. Et on sentait dans l'air une énergie folle.

Pour ma part, j'avais passé une bonne partie de l'été aux quatre coins des États-Unis et du Mexique, pour décrocher des contrats avec des structures commerciales. Soyons clairs : le Mexique avait au moins dix ans de retard par rapport aux États-Unis en matière de prises de décisions axées sur les données. Je côtoyais des sociétés ultraperformantes, reconnues comme des acteurs économiques de premier plan sur le continent américain et dans le monde, comme AB InBev et Coca-Cola. Et, pourtant, même de tels poids lourds recouraient à peine à l'analyse de données pour communiquer auprès de leurs clients au Mexique. Les données étant chères à l'achat et difficiles à collecter, ils étaient demandeurs. À force de multiplier les offres de l'autre côté de la frontière, j'ai fini par me prendre au jeu. Autre avantage, et non des moindres : j'étais loin, très loin de la communication agressive du camp Trump et des meetings géants que le milliardaire tenait dans le nord du pays.

Mon été s'est révélé tellement prenant que j'ai à peine échangé avec ma famille, sauf pour évoquer les dépenses à venir et évaluer la contribution que j'allais apporter. Au moins, j'étais au Mexique, où la vie ne coûtait pas cher. Depuis que j'habitais à New York, je n'étais quasiment plus en mesure de leur venir en aide, comme à l'époque où je vivais avec un budget restreint. Dès que je parlais à mes parents, les nouvelles étaient franchement déprimantes, à une exception près : mon père était enfin parvenu à décrocher un job. Il vendait des assurances dans une compagnie qui ne le payait qu'à la commission, mais c'était déjà ça. Et, puisqu'il n'y avait aucun emménagement à l'horizon, je continuais de les aider à payer le garde-meubles où étaient stockées nos affaires.

Les fois où je l'avais au téléphone, il avait l'air vraiment au fond au trou.

Je demandais :

— Comment ça va ?

Il répondait :

— On fait aller.

— C'est comment, au boulot ?

— On fait aller.

Les réponses étaient toujours lapidaires. C'était à se demander comment il se débrouillait face à ses clients.

Et puis, à la fin du mois de septembre, nous avons dû nous rendre à l'évidence. La dépression et sa situation professionnelle n'étaient pas responsables de son état. Cela n'avait jamais été le cas, d'ailleurs. En réalité, mon père était gravement malade. Il pouvait s'endormir sans crier gare et il avait de plus en plus de mal à parler car sa lèvre inférieure s'était mise à tomber. Il s'est résolu à consulter un médecin, qui lui a prescrit une IRM avant de le faire hospitaliser. Le résultat était sans appel : les images avaient révélé deux tumeurs, dont l'une de la taille d'une main et qui pesait sur toute une partie de son cerveau. L'autre était plus petite qu'une pièce de monnaie et se trouvait dans l'autre hémisphère. D'après le médecin, ces tumeurs étaient là depuis trois ans, peut-être même cinq. Voilà pourquoi mon père se comportait aussi bizarrement. Voilà pourquoi il souffrait de ces crises de léthargie, de cette apathie, de cette incapacité à prendre des décisions alors que le monde s'écroulait autour de lui.

Le jour où la nouvelle est tombée, on m'a fortement conseillé de le voir sans attendre, avant l'opération. S'il survivait, il risquait de ne plus être le même, plus jamais. Quand allais-je reprendre le travail ? Je l'ignorais. C'est ce que j'ai écrit dans un bref mail adressé à Alexander et à mes plus proches collègues chez CA. Là-dessus, je me suis tout de suite envolée pour Chicago.

Aucune des deux tumeurs n'était cancéreuse mais elles avaient fait des dégâts. Les médecins n'ont retiré que la plus grosse, car mon père n'aurait pas supporté une double craniotomie. L'autre serait à surveiller, même si elle avait des chances de ne pas se développer davantage. C'était une opération très lourde et il a fallu du temps pour qu'il se réveille. Avec ma mère et ma sœur, nous avons passé des heures dans la salle d'attente de l'hôpital. De temps en temps, nous retournions à notre hôtel pour nous reposer un peu. L'hôpital était au fin fond de la banlieue de Chicago, dans un coin que nous ne connaissions pas.

Avec le début de sa convalescence, mon père nous a fait basculer dans un nouvel univers. Il n'était plus en mesure de parler. Il faisait des gestes d'un air impuissant, ses yeux scrutaient notre visage pour y trouver des réponses, pour comprendre ce qui se passait. Lorsqu'il avait assez de force pour tenir un stylo, il ne traçait que des gribouillis. Nous lui tendions son portable, pensant qu'il réussirait peut-être à taper un message, mais il ne se souvenait plus du code pour le déverrouiller. Nous avons ouvert son attaché-case. Mon père avait toujours gardé ses documents importants rangés dans son bureau, mais sa mallette ne contenait qu'un tas de papiers froissés. Surtout des factures, dont certaines auraient dû être payées depuis longtemps.

Il avait beau ne rien dire, ou presque, toute sa colère, toute sa frustration se lisaient sur son visage. Il est devenu agressif, il donnait des coups de poing, il était prisonnier de lui-même. Une conséquence de l'opération, à en croire le médecin. Les infirmières le prévenaient qu'elles seraient obligées de l'attacher au lit s'il les empêchait d'effectuer les soins prescrits. Car il risquait de tomber et de se cogner la tête. Vu son état, le faire admettre dans une maison médicalisée était la meilleure solution en attendant que les choses se précisent. Heureusement, il avait accès au Medicaid. Car, sans ce service d'aide aux dépenses de santé réservé aux revenus les plus modestes, il aurait fallu débourser plusieurs centaines de dollars tous les mois pour le soigner. Une somme bien au-dessus de nos moyens.

Pourquoi ne lui avais-je pas demandé d'aller voir un médecin plus tôt ? Pourquoi ne m'étais-je pas dit que la source du problème était physique, pas psychologique ? Parce que, comme d'autres, je n'étais pas venue assez souvent. Je n'avais pas été là pour le voir décliner de jour en jour, au cours des deux années qui s'étaient écoulées. Le poids de ma faute m'écrasait. Et si je quittais Cambridge Analytica pour rester à Chicago et prendre soin de lui ? J'y pensais, parfois. Mais, dans ces moments-là, ma mère m'attrapait la main, me regardait droit dans les yeux et me disait ce que je savais déjà : il fallait que je retourne au travail. Quelqu'un devait payer les factures, même si ce n'était que quelques centaines de dollars par-ci par-là. Et, si je voulais avoir de l'argent sur mon compte à la fin du mois, il n'y avait pas d'autre solution.

Et puis, si j'étais entrée chez CA, c'était pour gagner de l'argent et aider ma famille, non ? Dire que j'avais perdu de vue cette idée était un euphémisme, mais, pour être honnête, je m'étais surtout perdue moi-même.

De loin, ma famille m'avait regardée me transformer, avec un mélange de stupeur et d'inquiétude. Je ne l'ai appris que récemment. Chaque fois que je parlais à ma sœur, j'évitais d'évoquer mon travail, en grande partie pour ne pas être jugée. J'avais radicalement changé, et, malgré tout son soutien, elle était troublée de savoir que je n'avais eu aucun mal à tirer un trait sur ma vie d'avant.

Aux yeux de ma famille, j'étais du genre à mettre mes valeurs au-dessus de tout. Mes proches me pensaient capable de vivre dans un petit appartement loin des beaux quartiers si c'était pour bosser dans une ONG à laquelle j'étais attachée. Et tant pis si j'étais mal payée ! Désormais, j'avais complètement perdu le nord, on ne me reconnaissait plus.

Et bizarrement, quand je me regardais dans la glace, je pensais sincèrement être la jeune femme qui se trouvait face à moi.

J'étais devenue étrangère à moi-même, mais ma famille est restée un véritable point de repère dans ma vie. Voilà pourquoi j'ai vraiment été secouée quand le diagnostic de mon père est tombé. Mes proches avaient besoin de se raccrocher à quelque chose et Cambridge Analytica était notre dernière chance. Cette entreprise nous empêchait de partir à la dérive, d'être déclassés, de disparaître au sein d'une société qui oubliait facilement les gens comme nous.

Le 8 novembre 2016, date de l'élection, j'étais dans nos bureaux de New York. Cela n'a pas été une journée productive, ni pour moi ni pour les autres. Tout le monde était à San Antonio, à Washington ou à la Trump Tower. Les rares personnes encore présentes dans nos locaux du Charles Scribner's Sons Building avaient la tête tournée vers les écrans accrochés à chaque mur. On passait son temps à monter et à baisser le volume. Certains se sont éclipsés pour aller voter et sont revenus avec un autocollant « A VOTÉ » sur le revers de leur manteau, comme c'est l'usage aux États-Unis.

Détail encore plus agaçant, je n'avais pas pu voter. J'étais sur les listes électorales de l'Illinois, il aurait fallu que je fasse le déplacement. C'était mon intention, voilà pourquoi je n'avais pas fait de procuration. Hélas, les choses s'étaient passées autrement. Je venais tout juste de rentrer de Chicago, et, si j'étais repartie là-bas pour participer au scrutin, cela m'aurait brisé le cœur de voir mon père. Il était de plus en plus agressif. Il avait quitté la maison médicalisée pour un hôpital psychiatrique. Son état mental ne s'était pas amélioré, loin s'en faut. C'était même le contraire. Il devenait de plus en plus violent.

Cela avait suffi à me tenir à l'écart, mais à vrai dire j'avais trop peur de voter. Si Cambridge Analytica continuait de traiter avec Trump ou avec son groupe, ils finiraient peut-être par découvrir des informations sur moi. Des renseignements que je préférais garder pour moi, comme le fait que j'aurais voté pour Hillary Clinton et pas pour lui. Cela risquait de m'attirer des problèmes, et d'en attirer à l'entreprise. Il n'était pas difficile d'obtenir des informations sur les électeurs, j'étais bien placée pour le savoir.

Ma plus grande peur, c'était d'être ciblée.

Il était presque 17 heures quand notre antenne de San Antonio nous a appelés. Les modèles prédictifs élaborés grâce aux sondages sortie des urnes et à une synthèse d'autres données laissaient entendre que Donald Trump avait 30 % de chances de gagner. Une information qui contrariait mes projets pour la soirée. J'avais passé les deux dernières semaines à essayer de dégoter une entrée pour la soirée VIP des démocrates, au Javits Center. Elle était dans la poche arrière de mon pantalon.

Alexander m'a écrit un texto. De toute évidence, j'étais partie pour assister à la fête du camp Trump. Pas parce qu'il allait gagner, mais parce que ça s'imposait, avec l'assez bon score qu'il risquait de réaliser. En un sens, cela ferait passer la pilule. Et puis l'occasion de dire du mal de Hillary Clinton était trop belle. De plus, Cambridge Analytica avait tout intérêt à se montrer, histoire de rappeler notre valeur à Trump, au vu de ces nouveaux résultats.

Avant de sortir, nous avons bu un verre entre collègues. Nous comptions nous rendre à la fête de Trump, boire un coup là-bas et puis repartir « avant que ça dérape ». Alexander l'avait promis.

La fête était réservée aux amis et aux militants de la campagne Trump-Pence. Elle était censée commencer à 18 h 30. Alexander m'avait trouvé une invitation in extremis. Je me suis coiffée de mon chapeau de cow-boy et j'ai descendu les cinq pâtés de maisons qui séparaient nos locaux du lieu de l'événement, le Hilton Midtown. Il a fallu que je me fraye un chemin au milieu d'hommes et de femmes qui célébraient déjà la victoire. Les partisans de Hillary Clinton trépignaient d'impatience, vêtus de T-shirts « Hillary présidente » ou avec le logo du Planning familial. Ils criaient et chantaient en l'honneur de celle qui allait devenir la « première présidente des États-Unis ».

Même un soir de fête, le Hilton est un endroit assez sinistre, bien loin du faste clinquant des hôtels de Trump. Mais, si la campagne avait opté pour un bâtiment détenu par le milliardaire, la Commission électorale fédérale lui aurait infligé une amende de 100 000 dollars. Par ailleurs, étant donné le peu de monde qu'il risquait d'y avoir, à quoi bon choisir un endroit immense ? L'ambiance serait assez morose comme ça…

Avec le dispositif de sécurité, le Hilton avait des allures de forteresse. Des agents des services secrets se tenaient derrière une rangée de camions à encombrants qui avaient été alignés pour empêcher les tirs de projectiles. Pour parer à une éventuelle attaque terroriste, la police était armée de pistolets semi-automatiques. Non loin de là, un manifestant isolé vendait des boîtes à l'effigie du candidat baptisées « Cap'taine Trump », en référence à une célèbre marque de céréales. Les bénéfices seraient reversés non pas au candidat mais aux sans-abris de New York, comme il l'expliquait aux personnes rassemblées devant l'hôtel. Mais cela n'intéressait guère les partisans de Trump, coiffés de leur casquette « Make America Great Again ».

Donald Trump était du genre superstitieux. Même si ses chances de l'emporter étaient minces, il ne voulait pas tout gâcher en paradant trop tôt. À l'intérieur, l'atmosphère était calme, la fête passait presque inaperçue. La salle de bal pouvait accueillir 3 000 personnes, mais il n'y avait pas grand-monde sur place. La décoration était très sobre, avec des grappes de ballons à côté de la scène, guère plus. C'était d'ailleurs là que Trump s'exprimerait pour reconnaître sa défaite. Le discours interviendrait sans doute aux environs de minuit. J'espérais être loin d'ici à cette heure-là.

À première vue, c'était une conférence de presse qui se profilait, pas vraiment une fête de victoire. Dans le coin réservé aux journalistes, quelques-uns mâchonnaient leur sandwich. Juste à côté, isolé et complètement vide, un espace avait été réservé pour « Trump TV ». Il n'y avait rien à se mettre sous la dent, nulle part. Pas un petit-four. Pas même un steak Trump !

En revanche, un gâteau d'à peu près soixante centimètres de haut occupait le centre de la pièce. Il représentait Trump, avec une grosse tête recouverte de cheveux blonds et une mine plus amère que victorieuse. Il avait fallu plusieurs kilos de massepain pour le fabriquer. Les habitantes du New Jersey qui l'avaient réalisé de A à Z l'entouraient, toutes fières.

D'un bout à l'autre de la pièce, c'était un vrai défilé de mode, entre tenues de créateur et robes de cocktail bon marché. Sans oublier une marée de casquettes « Make America Great Again ». Des gens tenaient des pancartes où était écrit « Les femmes avec Trump », « Les Latinos avec Trump » ou « Les *bikers* avec Trump ». Très vite, les tables de bar ont été jonchées de bouteilles de bière vides.

Les invités de marque comme Alexander étaient encore à la Trump Tower avec le candidat républicain – tout comme les Mercer, Kellyanne et toute la famille du milliardaire, ainsi que Jared Kushner. Mais, dans la salle de bal ainsi qu'au bar payant, on croisait une foule bigarrée, avec des employés de Trump plus ou moins bien placés dans l'organigramme, des semi-célébrités politiques et de gros donateurs.

L'un des collaborateurs de Breitbart, le polémiste ultradroitier Milo Yiannopoulos, était là, les yeux cachés derrière des lunettes d'aviateur. Près de lui, on voyait une habituée des plateaux de Fox News, Jeanine Pirro, et l'acteur Stephen Baldwin. Sans oublier l'éditorialiste Scottie Nell Hughes, l'animatrice télé et radio Laura Ingraham, le comédien Joe Piscopo, qui avait souvent participé à l'émission *Saturday Night Live*, l'ancienne candidate à la vice-présidence Sarah Palin et l'entrepreneur Michael Lindell, patron d'une fabrique d'oreillers connue dans tout le pays. Le duo de blogueurs Diamond and Silk discutaient avec Omarosa Manigault, qui s'était fait connaître en participant à l'émission *The Apprentice*, présentée par… Donald Trump, et une flopée de milliardaires (David Koch, Carl Icahn, Wilbur Ross, Harold Hamm et Andy Beal) s'étaient rassemblés. Un élu de l'Iowa, Steve King, échangeait avec le président d'une université évangéliste privée, Jerry Falwell. Quant aux conseillers de Trump, Sarah Huckabee Sanders, Rudy Giuliani et Roger Stone, ils buvaient leur cocktail, le visage fermé. Même chose pour le sénateur Jeff Sessions, un autre fidèle de la première heure.

Les toutes premières projections sont arrivées vers 19 heures. Sans surprise, Trump avait remporté l'Indiana et le Kentucky, Hillary Clinton, le Vermont.

J'imaginais l'ambiance dans la salle gigantesque du Javits Center, déjà remplie de militants démocrates. Plus tard dans la nuit, les festivités se poursuivraient dans les rues, dans le quartier de Hell's Kitchen et le long de la High Line, un ancien tronçon de voie ferrée aérienne reconverti en parc urbain. À Times Square, les gens trinqueraient, et on tirerait des feux d'artifice à Central Park.

Au fur et à mesure que les chiffres tombaient, circonscription par circonscription, comté par comté, aux quatre coins du pays, je me suis laissé hypnotiser par ce qui s'affichait sur les écrans. Exactement comme l'avaient remarqué nos analystes, les résultats dans les *swing states*, cette poignée d'États susceptibles de faire basculer l'élection, penchaient en faveur de Trump. En me tournant vers mes collègues, j'ai noté, non sans fierté, que Cambridge Analytica avait effectué du beau travail, vu les circonstances. Et j'ai dû le dire assez fort pour qu'on m'entende. Des gens m'ont prise dans leurs bras et m'ont serré la main quand ils ont compris qui on était.

Là-dessus, les médias ont commencé à déclarer Trump vainqueur dans plusieurs États, même à certains endroits où seuls 10 % des votes avaient été dépouillés. N'était-ce pas prématuré ? Sans doute. Mais, dans la pièce, l'ambiance a changé. Et chaque prévision s'est révélée étonnamment vraie.

Vers 22 heures, alors qu'il n'y avait que l'ombre du début d'une chance que Trump puisse triompher, les Bourses asiatiques ont plongé.

Après 22 h 30, Trump a conforté son avance. Et, lorsqu'il a raflé l'Ohio, le premier gros *swing state* (qui a toujours indiqué le vainqueur de l'élection présidentielle depuis 1964), la salle a exulté. Mon cocktail avait un goût amer, tout d'un coup. J'en ai pris un autre. Au bar, une télé affichait la nouvelle : Trump venait de l'emporter en Floride.

Alexander a alors appelé. Il venait me retrouver. Les Mercer aussi. Les gens se sont mis à envahir le grand hall. L'excitation était palpable. Les militants, coiffés de leur casquette rouge, commençaient à comprendre que leur candidat était aux portes de la Maison Blanche. Je me suis placée sous l'un des écrans géants de l'entrée. Il a fallu que je fasse de grands gestes pour qu'Alexander et les autres me repèrent dans la foule. En l'observant furtivement, j'ai remarqué qu'il avait l'air hors de lui.

Alors qu'il me donnait l'accolade, il en a profité pour me souffler à l'oreille :

— Je n'ai pas bu une seule goutte de la soirée. La vache, il me faut un verre !

Je lui ai tendu mon cocktail, un Old Fashioned. Et tout haut, pour qu'on l'entende, il a lancé :

— La nuit promet d'être incroyable, effectivement ! Bekah, j'ai trouvé Brittany.

Très vite, je me suis retrouvée entre Bob et Bekah Mercer, sur leur trente-et-un, lui comme elle. J'ai tâché d'afficher un air enthousiaste.

À 22 h 30, Fox News a déclaré Trump vainqueur dans le Wisconsin. Puis, à 1 h 35 du matin, l'écran a affiché du rouge, la couleur du Parti républicain : le milliardaire venait de gagner en Pennsylvanie. Hillary n'avait pas dû investir beaucoup d'argent et d'énergie là-bas, car cet État votait très régulièrement démocrate.

Je suis restée rivée à cet écran. À 1 h 35, Trump avait 264 grands électeurs en sa faveur. À 2 h 03, quelqu'un est monté sur la scène du Javits Center. Pas Hillary Clinton, mais John Podesta, son directeur de campagne :

— Les résultats sont encore très serrés dans plusieurs États, a-t-il annoncé. Nous n'avons rien de plus à déclarer pour ce soir.

Il avait l'air assez nerveux au moment de quitter le micro.

Quelques minutes plus tard, le bandeau sur l'écran de télé a affiché : « Le *Washington Post* donne Trump vainqueur. » Bizarrement, les Mercer n'avaient rien remarqué. J'ai tapé sur l'épaule de Bekah en désignant l'écran. Bob s'est retourné à son tour.

Elle a regardé son père droit dans les yeux. Au début, on y a lu de la joie et de la surprise. Et puis elle a eu comme une révélation : elle et son père avaient fait tapis et décroché le jackpot.

13

Débriefing

Novembre - décembre 2016

Je me souviens des mois qui ont suivi comme d'un coup de téléphone qui n'en finissait pas. En réalité, il y en a eu des centaines. On en recevait, on en passait. Dans la période qui a suivi la victoire de Trump, nous avons enfin pu communiquer sur le rôle que nous avions joué dans la campagne. Et, désormais, tout le monde voulait bénéficier de nos services.

Le président du Ghana, qu'Alexander avait dans le collimateur depuis des années, souhaitait s'assurer notre collaboration en vue de la prochaine échéance électorale dans le pays. Unilever, MGM ou Mercedes : de grandes sociétés américaines et internationales avaient besoin de nous. Des directeurs de campagne et des politiciens d'à peu près tous les continents nous réclamaient. Les équipes commerciales de CA devaient caler des appels tous les quarts d'heure. Nous nous contentions de poser des questions simples : *Qui êtes-vous ? De quoi avez-vous besoin ? Quel est votre budget ?* et *Quels sont vos délais ? Merci beaucoup.* Inutile de perdre un temps précieux.

J'étais sur un nuage. L'entreprise avait remporté une élection présidentielle.

J'étais effondrée. L'entreprise avait aidé à faire élire Donald Trump.

Je travaillais de 7 heures à 23 heures, certains soirs. Je passais la nuit sans fermer l'œil. Et puis je me réveillais et je recommençais. Je mangeais mal, et je buvais trop.

C'était la fin du monde, mais la vie de Cambridge Analytica venait de commencer vraiment.

Comment avions-nous réussi ce tour de force ? Tous nos clients voulaient savoir, mais encore fallait-il que nous le comprenions avant de le leur expliquer ! Ceux qui n'étaient pas au cœur du processus n'avaient pas vraiment connaissance des détails. Or ces détails seraient des munitions utiles pour conclure des contrats.

Certes, j'avais une idée globale de la question, mais je n'avais pas vu les chiffres. Ni les recherches, ni les collectes de données, ni les modélisations. Ni les campagnes de communication menées par les uns ou les autres. Ni le contenu, les résultats ou les conclusions des tests et des études de cas. Je n'étais pas dans les pièces où l'on discutait de tout cela. On ne me transmettait pas certains mails et on ne me mettait pas en copie. À cause des limites imposées par la Commission électorale fédérale, les membres des comités d'action n'avaient pas le droit de se coordonner avec les autres prestataires de services. De la même manière, tous ceux qui ne faisaient pas partie des équipes de campagne ou du *super PAC* avaient été mis sur la touche.

Et, puisque CA était derrière chacune de ces deux entités, il y avait sûrement eu une séparation nette, une formation *ad hoc* et des clauses de confidentialité contraignantes. La plupart des gens avec qui je travaillais, tous des professionnels aguerris, s'y étaient pliés. Mais était-ce vrai pour d'autres ? Pas sûr…

Le 8 décembre, un mois jour pour jour après l'élection, une grande visioconférence a rassemblé tous les membres du personnel de l'entreprise (environ 120 personnes, dont des membres du pôle création, des analystes, des commerciaux, des chercheurs et des managers travaillant dans les bureaux de CA et de SCL à New York, Londres et Washington). Dans la salle de réunion épurée du Charles Scribner's Sons Building, sur la Cinquième Avenue, plusieurs personnes étaient assises autour d'une table, à côté d'un grand drapeau américain. Parmi elles, le directeur des ventes, mon ami Robert Murtfeld, que j'avais fait entrer dans l'entreprise en 2015, mais aussi Duke Perrucci et une nouvelle tête, Christian Morato, responsable du *business development*.

La ligne de démarcation allait s'effacer. Nous attendions ce moment depuis l'élection.

L'équipe de campagne de Trump a ouvert le bal. Puis Matt Oczkowski et Molly Schweickert sont entrés dans le détail. Ce qu'ils avaient fait pour Cruz était sans commune mesure avec leur travail pour Trump. Le sénateur texan s'était lancé dans la bataille avec une cote de popularité et de notoriété extrêmement faible, exactement comme Obama, là où le milliardaire était une figure controversée mais très populaire. La campagne avait donc été pensée sur mesure. Et, puisqu'il occupait déjà une place considérable dans les médias, ils avaient mis en œuvre un plan d'action à grande échelle. Il s'agissait d'alimenter une énorme machine numérique dont le but principal était d'attaquer Hillary Clinton.

Ils avaient été d'une efficacité redoutable. L'opération s'était passée comme sur des roulettes, par comparaison à la campagne de leur adversaire. Le QG de Hillary Clinton, à Brooklyn, était énorme. L'équipe de Trump, elle, ne comptait pas plus de trente personnes lorsque CA avait rejoint le navire au mois de juin 2016, mais elle avait fait preuve d'un sens tactique et d'une expertise bien supérieurs à ceux du camp d'en face.

Les différentes équipes de Trump travaillaient ensemble à partir du centre opérationnel spécial basé à San Antonio sous la conduite du directeur des opérations numériques, Brad Parscale.

À l'exception du pôle créatif de CA, dont les membres étaient répartis entre nos locaux de New York, Washington et Londres (ils collaboraient à la fois avec le comité d'action et la campagne de Trump), tous les acteurs de la campagne numérique se trouvaient sous le même toit. Une conséquence parmi d'autres des règles imposées par la Commission électorale fédérale. Molly et un groupe d'analystes occupaient une grande pièce remplie d'ordinateurs, avec une veille médias sur des rétroprojecteurs et de grands écrans interactifs.

Dès l'arrivée de l'équipe de CA, la construction de la base de données a été d'une importance cruciale. Comme Brad n'avait effectué aucune modélisation lui-même, établir une base de données fonctionnelle était la priorité numéro un. Surnommée « projet Alamo », l'opération a été lancée au mois de juin. Les premiers contenus publicitaires sont apparus en juillet. Il restait donc quelques mois pour agir, jusqu'au 8 novembre.

Brad avait accès à l'immense base de données du Comité national républicain, le RNC Data Trust, avec ses quarante années d'archives électorales, mais il ne savait absolument pas quoi en faire. Il n'avait aucune infrastructure pour en tirer profit et aucune stratégie globale. Chaque candidat républicain est autorisé à consulter cette base de données, tout comme les prestataires qui ont signé un contrat avec lui. Problème : celle-ci n'est pas fournie avec un mode d'emploi et exige de vraies connaissances pour être utilisée efficacement.

Par conséquent, de quelles autres bases disposait Cambridge Analytica au début de sa mission ? Voilà la question que beaucoup se posaient.

Matt a expliqué qu'ils avaient commencé à échafauder le projet Alamo avec les informations du RNC Data Trust. Manifestement, notre équipe avait souhaité utiliser sa propre base de données, mais le staff de Parscale avait préféré s'appuyer sur les éléments mis à disposition par le Comité national républicain. Et, comme Matt, Molly et le reste de l'équipe de Cambridge Analytica n'étaient pas les personnes les plus haut placées, ils n'ont pas eu envie de le contredire.

C'était une explication plausible, mais elle m'a laissée perplexe. L'un des principaux points forts de CA avait toujours été sa base de données, avec ses informations sur des millions d'utilisateurs de Facebook, collectées depuis 2015. Auparavant, elle renfermait des données issues des différentes campagnes de communication sur lesquelles nous avions travaillé : nous avions été autorisés à les conserver. Malgré tout, Matt était en train de nous dire que la campagne de Trump n'avait pas souhaité s'en servir !

Au cours des mois qui avaient précédé son départ pour San Antonio, il avait rassemblé tout ce que l'entreprise avait à proposer. Et, grâce aux projets qu'il avait menés pour le compte de la NRA et de la National Shooting Sports Foundation (NSSF), une association en lien avec l'industrie des armes, il avait récolté des données très précieuses.

Dans les trois cas, Matt avait été désigné chef de projet et il s'était occupé conjointement de la campagne de Trump et de celle de la NSSF, jusqu'au 8 novembre, toujours en jonglant entre ces différentes masses d'information. Il prétendait même qu'il lui restait les données de la campagne de Scott Walker.

Par ailleurs, il rappelait souvent que CA disposait d'informations encore plus utiles : l'entreprise les avait récoltées au cours des campagnes qu'elle avait supervisées aux États-Unis depuis 2014. Celles de Ted Cruz et de Ben Carson, notamment. Des modèles encore plus précis en avaient été tirés.

Et voilà que Matt affirmait que cette mine d'or n'avait pas été utilisée une seule fois ! L'équipe de Trump ne s'était appuyée que sur les éléments du Comité national républicain. S'ils partaient de zéro ou presque, pourquoi ne pas utiliser la base de données de l'entreprise, puisque que le processus électoral était déjà bien engagé ? Le raisonnement m'échappait, et Oz ne semblait plus aussi détendu. Mais j'ai tâché de faire abstraction.

En résumé, le RNC Data Trust avait servi de point de départ et avait été complété avec d'autres ensembles de données (mais il n'a pas précisé d'où elles venaient).

Il faut cependant savoir qu'au cours de l'année 2016 Oz avait été en pourparlers avec une société appelée BridgeTree, qui se vantait de détenir des masses de données tirées de Facebook et de LinkedIn. Et le 9 décembre, au début de cette seconde journée de débriefing, Alex Tayler a envoyé un mail à Duke pour lui confirmer que CA avait reçu de BridgeTree de nombreux blocs de données issues de réseaux sociaux. Et, bizarrement, l'un d'entre eux ressemblait trait pour trait à ces fameuses informations personnelles qu'il était censé avoir effacées un an plus tôt. Celles transmises par Aleksandr Kogan : 570 points de données sur 3 millions de personnes.

Bref, à eux deux, ils avaient alimenté à la fois la base de données de CA et le projet Alamo. La phase suivante avait alors pu commencer. On avait lancé un programme de modélisation en s'appuyant sur des recherches plus précises et plus coordonnées que celles entreprises par Brad.

Notre équipe avait eu recours à des instituts de sondages par téléphone et par Internet, comme SurveyMonkey. Des enquêtes d'opinion avaient été menées dans 16 *swing states* – bien plus que dans le camp d'en face, qui n'en avait effectué que dans 9 États. Ils avaient ensuite segmenté les électeurs en deux grands groupes, l'un favorable à Trump, l'autre favorable à Hillary Clinton. Puis ils les avaient encore segmentés. Le premier groupe Trump comprenait le « noyau dur » des électeurs du candidat républicain, ceux qui pouvaient s'impliquer en tant que bénévoles, faire des dons et participer à des meetings. Les électeurs « à assurer » comprenaient celles et ceux qui comptaient aller voter mais qui risquaient d'oublier. CA les ciblait sur des sujets importants à leurs yeux et sur lesquels ils avaient déjà une opinion arrêtée, afin qu'ils soient sûrs de se rendre à leur bureau de vote. Et l'entreprise ne comptait dépenser de l'argent pour les « sympathisants désengagés » de Trump que s'il restait des fonds.

Du côté de Hillary Clinton, il y avait le « noyau dur ». Puis le groupe à dissuader. En d'autres termes, des électeurs de la candidate démocrate qui risquaient de ne pas se rendre à leur bureau de vote si on les convainquait de ne pas le faire. De la *dissuasion*… Un euphémisme pour désigner une restriction abusive du droit de vote, mais tout dépend de la façon de voir les choses. Dans les faits, c'est le comité d'action qui s'était concentré sur ce groupe. Logique, puisque sa raison d'être* était de « battre Hillary la corrompue ».

Grâce à mon expérience dans le monde des droits de l'homme, je connaissais cette stratégie très contestable : dans certains endroits de la planète, des gouvernements et des individus puissants font pression sur des mouvements politiques, sur la liberté d'expression et sur les électeurs pour garder le pouvoir, parfois par la violence. Voilà pourquoi les États-Unis interdisent formellement qu'on empêche les citoyens d'exercer leur droit de vote. Où le camp de Trump avait-il placé le curseur entre une campagne agressive à l'endroit de l'adversaire et cette forme de dissuasion ? En règle générale, la différence était très nette, mais dans le monde 2.0 il est difficile de suivre à la trace les faits et gestes des uns et des autres. Les gouvernements n'ont plus besoin d'envoyer la police ou l'armée dans les rues pour arrêter leurs opposants. Il leur suffit de payer les bonnes personnes pour changer la mentalité des gens. Comment ? En les ciblant par le biais de ces écrans qu'ils utilisent en permanence. Tout simplement.

Voilà pourquoi le projet Alamo était au cœur de cette stratégie qui commençait à se développer : les équipes de Trump ont travaillé jour et nuit pour que les choses aillent vite, très vite. Elles ont acheté davantage de données personnelles d'utilisateurs de réseaux sociaux à bien d'autres courtiers spécialisés, afin que les informations en leur possession soient les plus fiables possibles. Et, justement, d'où venaient-elles ? Ils s'étaient montrés assez vagues sur ce point, mais j'avais envie de croire qu'ils étaient restés dans les limites de la légalité. Les données une fois compilées, les modélisations psychographiques ont pu commencer. Mais comme l'opération risquait d'être trop chronophage, paraît-il, Molly a demandé aux analystes de modéliser les sympathisants en fonction de comportements prédictifs, comme leur « propension à effectuer des dons ». Avec cela, la stratégie numérique a pris son envol dès la phase un. La campagne a engrangé 24 millions de dollars de dons sur Internet au cours des premières semaines, puis des sommes similaires, chaque mois, jusqu'au jour du scrutin.

Lors de la phase suivante, CA a eu recours à des graphiques pour cibler des électeurs indécis dans des *swing states*. L'équipe de San Antonio pouvait compter sur de nombreux outils et des renforts. Manifestement, ils avaient eu une « relation symbiotique » avec la Silicon Valley, plusieurs sociétés de premier plan de la *tech* américaine et des spécialistes de la vente de données[1].

Il leur a également été possible d'identifier des sujets cruciaux pour chaque État, chaque comté, chaque quartier, et chaque personne présente dans la base de données. Autant d'informations qui les ont aidés à planifier l'agenda de Trump, les thèmes de ses meetings et la communication sur le terrain. Ils avaient aussi élaboré des *heat maps*, un outil utilisant une palette de couleurs pour indiquer un taux de regroupement de certains publics sur un territoire donné. Ils envoyaient ces cartes tous les jours à Laura Hilger, la directrice de la recherche au QG de la Trump Tower.

Elle les a ensuite interprétées pour créer une liste de destinations prioritaires pour les déplacements du candidat.

Ces *heat maps* précisaient plusieurs éléments : le nombre d'électeurs indécis dans les régions où il avait intérêt à se rendre, les personnes à qui il fallait s'adresser en particulier, ainsi que les principaux sujets à évoquer lors des meetings et dans les médias. Après l'un de ces événements, l'équipe a effectué des sondages et des études indiquant la façon dont les gens réagissaient à un discours ou à une partie d'un discours. Elle envoyait ensuite ces informations au pôle création, qui transformait un extrait de ce discours réussi en message publicitaire.

Les publicités et les messages tiraient largement profit des informations de la base de données et permettaient ces opérations de microciblage : les analystes de CA pouvaient segmenter des individus très semblables les uns par rapport aux autres et se concerter avec les équipes créatives pour élaborer plusieurs versions d'un même message, toutes taillées sur mesure pour des groupes spécifiques. Il y avait parfois des centaines voire des milliers de versions, afin qu'elles soient personnalisées au maximum et qu'elles façonnent une réalité propre à chacun. Plus de la moitié des dépenses de Trump ont financé des opérations en ligne. Et, comme chaque message était extrêmement ciblé, la majorité des gens ne voyaient jamais la même chose que leurs voisins. Au final, l'équipe de CA a effectué plus de 5 000 campagnes de communication individuelles, avec 10 000 variantes de chaque publicité.

Quelqu'un avait lancé à Oz :

— C'est pour ça que tu n'as pas donné signe de vie pendant des mois ?

De toute évidence, oui.

Et ils avaient réussi un véritable exploit. Dans l'ensemble, la campagne a fait progresser les intentions de vote pour Trump de 3 % en moyenne. Étant donné l'écart réduit avec lequel il a gagné dans certains États, cette progression a été particulièrement utile dans la course à la Maison Blanche. Et, s'agissant de sa stratégie pour amener les gens à se déplacer, l'équipe de CA a fait grimper de 2 % le nombre de procurations déposées par les électeurs. Une vraie victoire, car, en règle générale, une bonne partie des gens souhaitant voter de cette manière ne renvoyaient jamais les formulaires demandés.

La force de Cambridge Analytica n'était pas seulement son incroyable base de données : c'étaient ses analystes et sa capacité à élaborer de nouveaux modèles efficaces. À San Antonio, Molly et son équipe ont employé un tableur appelé « Siphon », dont le but était double : assimiler des données et des profils de public élaborés par ces équipes, puis acheter de l'espace et du temps par le biais d'*inventory sources* diverses et variées, comme Google ou le *New York Times*, en passant par Amazon, Twitter, Pandora, YouTube, Politico et Fox News. Grâce à Siphon, mesurer l'efficacité des messages publicitaires se faisait en temps réel.

Depuis San Antonio, Molly et toute personne qui regardait ce tableau au même moment (que soit Jared Kushner, Steve Bannon ou Donald Trump en personne) pouvaient prendre des décisions en fonction de l'efficacité d'une opération sur une plate-forme, quelle qu'elle soit. Celles et ceux qui le consultaient disposaient d'informations comme le coût par clic, l'impact produit et les « likes ». Ils étaient aussi en mesure d'apporter certaines modifications, comme les postes de dépenses, sur la base de ces performances. En dépit des apparences, la stratégie de campagne n'était pas dictée par les tweets imprévisibles de Trump ou les discours plutôt vagues qu'il prononçait à la télé et lors de ses réunions publiques. Le moindre petit détail était enregistré en temps réel, et, dès qu'un ajustement était nécessaire, il n'y avait qu'à rectifier un message publicitaire afin qu'il soit plus efficace. L'idée était d'avoir la plus large audience possible, sans lasser les millions d'électeurs qui voyaient ces contenus.

On peine à imaginer ces milliers de messages publicitaires individuels, intégrés à d'autres campagnes de communication. CA avait jonglé avec une kyrielle de contenus proposés encore et encore à des millions d'électeurs segmentés par État, par région et même par quartier, le tout pouvant être contrôlé et rectifié presque à la seconde près, en fonction de l'efficacité des contenus. Tout cela avait de quoi donner le vertige. Une seule opération coûtait parfois plus de 1 million de dollars et générait 55 millions de vues. Et, si l'on s'interrogeait, par exemple, sur l'intérêt d'investir de l'argent dans un lot de contenus destinés à un certain public, les tests effectués par les analystes et les responsables de la stratégie numérique mesuraient absolument tout, de l'augmentation du taux de popularité de Trump à celle des intentions de vote. *In fine*, on savait si les efforts de la campagne contribuaient à transformer ces vues en votes.

Parallèlement aux tableaux sur lesquels travaillait Molly, l'équipe avait accès à des données issues de « plates-formes d'analyse de sentiment », comme Synthesio et Crimson Hexagon. Leur but ? Mesurer l'effet (positif ou négatif) provoqué par les tweets de la campagne, y compris ceux de Trump[2]. Par exemple, si l'on mettait en ligne une vidéo dans laquelle Hillary Clinton critiquait les sympathisants de Trump, il était possible d'investir de l'argent dans différentes versions du message publicitaire et regarder son efficacité en temps réel pour déterminer combien de personnes le regardaient, si elles interrompaient la vidéo et si elles la regardaient jusqu'au bout. Cliquaient-elles sur les liens inclus pour en savoir plus ? Partageaient-elles ce contenu avec leurs amis ? Que ressentaient-elles en le voyant ?

Si, pour une raison ou pour une autre, les réactions ne correspondaient pas au but recherché, il ne restait plus qu'à rectifier le contenu, par exemple en changeant le son, la couleur ou le slogan, pour voir si cela fonctionnait mieux. En dernier lieu, lorsqu'on constatait qu'une vidéo commençait à devenir virale, on investissait davantage d'argent pour qu'elle fasse le tour d'Internet. En générant de nouveaux soutiens et de nouveaux dons au passage.

Grâce à l'interface de Siphon, Molly, les cadres de la Trump Tower et n'importe quel membre du staff du candidat pouvaient observer le retour sur investissement en temps réel, comme le taux de clics ou les coûts engagés pour chaque mail. Ils pouvaient également confier le contenu à un autre service de messagerie. Et s'il n'était pas assez rentable, l'équipe avait la possibilité de le retirer et de le diffuser ailleurs. Ou d'en mettre un autre à la place. Quelqu'un était d'ailleurs chargé de surveiller le tableau de bord, en permanence.

L'équipe de CA avait également étudié les moyens à engager pour « convertir » un public sur une plate-forme donnée. Sur Internet, le nombre de *vues* nécessaires (pour reprendre le terme en vigueur) oscillait entre cinq et sept. Traduction : si un ou une internaute voyait une publicité entre cinq et sept fois, il ou elle avait de fortes chances de cliquer sur le contenu que nous voulions montrer. Cela nous a aidés à déterminer pendant combien de temps nous devions faire circuler un message publicitaire à destination d'un groupe préalablement ciblé et quelle somme il fallait investir.

Encore une chose que Molly et les autres étaient en mesure de contrôler.

L'interface de Siphon et les grands écrans du centre opérationnel proposaient également des scénarios prédictifs : les combinaisons d'États nécessaires pour remporter l'élection, 16 scénarios de victoire et un décompte des 270 grands électeurs nécessaires pour l'emporter. Des sondages permettant d'élaborer ces scénarios ont été effectués toutes les semaines, puis tous les trois jours à l'approche du jour du scrutin.

Les intervenants de ce grand débriefing ont alors donné un exemple parfait, la Géorgie. Cet État situé dans le sud-est du pays comptait 441 300 électeurs indécis. Parmi eux, 76 % de Blancs (des femmes pour la plupart) très intéressés par des questions comme la dette nationale, les salaires, l'éducation et les impôts. Mais avaient-ils envie d'entendre parler du fameux mur que Trump souhaitait construire à la frontière avec le Mexique ? Non, pas tous. Par conséquent, les plumes du candidat ou les responsables des points presse ont eu pour consigne de laisser de côté l'argumentaire sur l'immigration. La *heat map* leur indiquait également où se concentraient les indécis, afin que la campagne évite des déplacements dans des villes comme Gwinnett, Fulton ou Cobb, ce jour-là. Tous ces électeurs étaient segmentés en différents groupes – les femmes, les Afro-Américains, les Latinos, entre autres. Du fait qu'ils avaient très peu de chances de se rendre aux meetings de Trump, les messages qui leur étaient envoyés évoquaient certains sujets en priorité. Et, comme ils recevaient ces informations sur différentes plates-formes, ils étaient contactés de plusieurs façons – sur des sites à destination des femmes, ceux de la presse locale et ainsi de suite. L'équipe de campagne avait préalablement calculé la somme à investir dans chaque zone afin de produire le nombre de vues nécessaire. En l'occurrence, il a fallu près de 9 millions de vues pour emporter l'adhésion de ce groupe d'électeurs de Géorgie.

Mais la segmentation pouvait être encore plus précise. En Géorgie, le meilleur moyen de toucher, mettons, les Latinos était la plate-forme de streaming Pandora. Pour les 30 000 indécis du groupe qui souhaitaient entendre parler travail, impôts et éducation, ce sont 35 000 dollars qui ont été dépensés afin d'obtenir les 1,4 million de vues nécessaires pour les convaincre.

Autre exemple éloquent : un groupe de 100 000 Afro-Américains repérés comme étant indécis, toujours dans l'État de Géorgie. On les avait ciblés en diffusant deux contenus sur deux plates-formes différentes. L'un s'appuyait sur une fenêtre publicitaire sur leur navigateur Internet : une image avec du texte juste au-dessus. L'autre a été envoyé par vidéo sur les sites qu'ils fréquentaient le plus souvent. Il a fallu plus de 1 million de vues pour les convaincre. Coût de l'opération : 55 000 dollars.

Mais le plus inquiétant, dans cette opération à destination des Afro-Américains, était une vidéo que l'équipe de Trump avait intitulée « Hillary et les superprédateurs ». C'était la plus convaincante de toutes : elle a persuadé ces gens de voter Trump grâce à une séquence tirée d'un discours prononcé en 1996. Celle qui était alors première dame disait : « Ce ne sont plus seulement des gangs. C'est le genre de jeunes qu'on appelle des superprédateurs. Aucune conscience, aucune pitié. On peut parler de ce qui les a fait tomber si bas, mais d'abord il faut qu'on les neutralise. » Hillary Clinton avait dû s'excuser pour ces propos qu'elle avait tenus vingt ans plus tôt, lors d'un discours pour le compte de son mari alors en campagne pour sa réélection. C'est-à-dire à une époque où elle adhérait à des idées largement partagées sur la jeunesse noire et qui relevaient du pur fantasme. Et voilà qu'on s'en servait contre elle.

Pour la première fois, j'ai pu voir cet extrait, qui m'a littéralement estomaquée. J'ignorais que Hillary Clinton avait tenu un tel discours. S'il n'avait pas refait surface à l'époque où je travaillais pour Obama, c'est parce qu'on nous avait donné pour instruction de ne jamais faire de *negative campaigning*. Mais surtout ces propos avaient été manifestement sortis de leur contexte, de manière à donner l'impression que la candidate démocrate incitait à la haine raciale. Et le camp Trump les avait utilisés pour détourner la communauté noire d'un vote en faveur de Hillary Clinton.

Malgré tout, le pire était à venir.

En octobre 2016, un mois avant l'élection, l'enregistrement d'une émission de la chaîne NBC, *Access Hollywood*, avait été rendu public. Dans cet enregistrement de 2005, on entendait Trump faire étalage de sa misogynie et de son sentiment de toute-puissance. Il se vantait d'attraper les femmes « par la ch***e » et de les soumettre contre leur volonté. Dans la foulée, Cambridge Analytica a effectué une étude sur un groupe test d'électeurs indécis dans des *swing states* de la toute première importance. Surnommée « le *pussy model* », elle a été conçue dans le but d'évaluer les réactions à cet enregistrement. Les résultats étaient ahurissants. Chez les « indécis », il a produit un effet *favorable* (c'est-à-dire une *hausse* de la cote de popularité de Donald Trump), majoritairement chez les hommes, mais aussi chez certaines femmes.

J'ai essayé de chasser cette idée de mon esprit. C'était révoltant.

De façon assez stupéfiante, il y avait eu une véritable synergie entre les différents travaux de modélisation et les efforts engagés par la campagne pour aller chercher les électeurs. Les différentes prestations de Trump constituaient un atout précieux, elles aussi. Au terme de chaque discours, l'équipe de CA avait largement de quoi évaluer s'il avait été convaincant. Il n'y avait plus qu'à se servir des extraits tirés des discours les mieux reçus pour créer des contenus en ligne. Des sondages menés auprès des personnes qui avaient vu ces messages ont révélé qu'ils avaient contribué à augmenter de 11,3 % la cote de popularité de Trump (chez un total de 147 000 internautes) et de 8,3 % les intentions de vote en sa faveur. Mieux : on avait constaté une hausse de 18,1 % des recherches sur Internet effectuées par ces mêmes personnes sur des sujets évoqués dans les vidéos.

Une fois encore, celles et ceux qui animaient le débriefing nous ont rappelé l'importance d'avoir Facebook, Snapchat, Google, Twitter et consorts à nos côtés. Un nouveau produit Facebook permettait désormais d'inclure plusieurs vidéos dans un même contenu publicitaire. L'un d'eux avait eu des résultats qui dépassaient l'entendement : une hausse de 3,9 % des intentions de vote en faveur de Trump et une baisse de 4,9 % des intentions de vote en faveur de Hillary Clinton.

Une baisse des intentions de vote…

Mon cœur battait à 200 à l'heure.

Ces publicités intégrées avaient coûté cher, mais, comme on était en train de nous l'expliquer, le retour sur investissement avait été phénoménal. Un média en ligne offrait à tous ceux qui avaient les moyens de se l'offrir la possibilité d'insérer un contenu publicitaire qui se fondait à la perfection dans le reste du site. C'est-à-dire avec la même source, les mêmes couleurs, la même mise en pages. Les utilisateurs pouvaient facilement prendre ce contenu pour un véritable article. Pire : de tels messages étaient capables de tromper les lecteurs les plus aguerris et leur faire croire qu'un contenu anti-Hillary Clinton était une publication sérieuse qui dénonçait ses travers. Le camp de Trump avait, par exemple, payé Politico pour un contenu sur la corruption à la Fondation Clinton. De son côté, le service informatique du site avait formaté ces éléments pour qu'ils ressemblent trait pour trait à ses articles. Ils apparaissaient comme tels aux yeux des internautes. On a d'ailleurs calculé que le temps de visionnage de ces contenus était de quatre minutes en moyenne. Du jamais-vu. Dans le monde moderne, personne ne passe quatre minutes sur un contenu publicitaire. Un nouveau cap venait d'être franchi.

À l'approche du jour du scrutin, l'équipe avait fait encore plus fort. En vertu d'un accord passé entre le Comité national républicain et les secrétaires d'État de chaque *swing state*, nous avions reçu des résultats en direct. Parmi eux, les procurations et les votes effectués en amont du scrutin. Grâce ces informations, les listes d'électeurs à cibler ont été affinées afin de dépenser efficacement le reste du budget. Un dispositif très rentable, car il permettait d'économiser de l'argent pour de grosses dépenses de dernière minute.

On a raconté un peu partout que Donald Trump et, par extension, ses équipes n'avaient pas souhaité utiliser l'analyse de données. Si cela était peut-être vrai pour lui (ce que j'ignore, même si j'ai entendu dire qu'il n'avait pas d'ordinateur), les différents intervenants de la conférence ont souligné à quel point les données et les décisions qu'elles avaient contribué à prendre avaient été essentielles dans cette course à la Maison Blanche. Trump croyait-il au pouvoir de cette technologie ou pas ? Peu importe : de toute évidence, les membres de son entourage avaient conscience de leur importance, mais aussi de la façon de les exploiter. Car, durant les mois où Cambridge Analytica a œuvré pour leur compte, c'est un véritable arsenal qui a été mis en œuvre : données, sondages, estimations, messages savamment élaborés, et j'en passe… La campagne de Trump était peut-être à la traîne avant l'arrivée de nos employés, mais à l'approche du jour du vote elle était devenue une machine d'une efficacité redoutable. Mieux : une machine à gagner. CA a utilisé l'ensemble des moyens technologiques à sa disposition et les toutes dernières innovations que lui vendaient les réseaux sociaux. Le tout dans un seul but : financer un combat en ligne contre Hillary Clinton. Inédit à un tel niveau.

Pourtant, ce combat ne se jouait pas seulement contre Hillary Clinton. Il se jouait aussi contre le peuple américain. Dissuader les électeurs de se rendre aux urnes et jouer sur les peurs faisait partie du jeu, j'en étais consciente, à présent. Et cette idée me rendait malade. Comment avait-on pu dépasser les limites à ce point ? Pourquoi n'avais-je pas été mise au courant ? Si ça se trouve, il se passait des choses graves dans le monde, ou simplement dans mon propre pays, et j'étais aveugle !

Le deuxième jour du débriefing, on nous a également expliqué les méthodes du comité d'action, le *super PAC*. Elles avaient été tout aussi efficaces, voire plus. Et très troublantes. Tandis que Molly, Matt et les analystes étaient à San Antonio, Emily Cornell et son équipe de Washington avaient mené une campagne de communication de leur côté, certes, mais en parallèle, sous la direction de David Bossie pour le compte du comité d'action de Trump, MAN1. Bossie n'était pas un inconnu : c'est à lui qu'on devait l'emploi du mot « super » dans l'expression *super PAC*. En 2010, il avait réalisé un véritable tour de force : les dépenses de campagne en matière de communication n'étaient plus soumises à la moindre restriction. Une évolution entérinée par une décision de la Cour suprême.

Emily était chargée de la présentation, mais David Coombs, le responsable scientifique, a pris la parole pour expliquer que l'équipe de MAN1 avait mené des opérations de ciblage quasiment sans effectuer d'études psychographiques.

Ce qui a surpris tout le monde. Logique : les psychographiques avaient toujours été la marque de fabrique de CA. Mais les membres du *super PAC* (exactement comme ceux de l'équipe de campagne) étaient en mesure d'expliquer pourquoi ils avaient fait un usage limité de cet outil. Et les graphiques qu'ils avaient élaborés avaient très bien fonctionné, a expliqué Coombs. Son staff avait effectué deux grandes études dans la dernière ligne droite avant l'élection. La seconde avait produit de bons résultats. 300 000 personnes avaient été ciblées par mail. Pour la majorité d'entre elles, leur classement OCEAN indiquait qu'elles étaient « névrosées à un haut degré ». Elles ont été réparties en 20 groupes distincts, en fonction des sujets qui leur tenaient à cœur. On leur a alors soumis un mail, dont le titre en objet variait d'un groupe à l'autre.

Si l'un avait pour but de faire peur aux gens, le deuxième se voulait « rassurant ». Le troisième groupe, lui, avait droit à des phrases « effrayantes et rassurantes » en objet du mail. Quant au quatrième et dernier groupe, le groupe témoin, il avait reçu des mails avec des formulations génériques en objet. L'objectif était de voir quel type de phrase poussait les « névrosés » à cliquer dessus pour ouvrir le mail.

Les messages « effrayants et rassurants » ont été un fiasco. Les résultats de la formulation générique étaient disparates. L'objet « rassurant » n'a quasiment pas marché. Mais les messages jouant sur la peur ont remporté un grand succès. La preuve : ils ont eu un taux de réussite supérieur de 20 % aux messages témoins.

Conclusion de Coombs : « Si vous avez un groupe d'individus instables sur le plan émotionnel, vous serez nettement plus efficace si vous leur envoyez un message qui leur fait peur. »

Il a ensuite donné quelques exemples. L'une de ces formules disait : « Faire élire Hillary Clinton, c'est signer l'arrêt de mort des États-Unis. » « Hillary va détruire les États-Unis », proclamait une autre. Pas mal de gens parmi nous se sont mis à rire nerveusement. Pas moi.

Emily, qui avait dirigé le comité d'action, s'est dite enthousiasmée par ces résultats. Ils seraient très utiles pour défendre Trump en 2018, au moment des élections de mi-mandat, et pour préparer la présidentielle de 2020.

Entre les mois d'août et de novembre, le comité d'action avait obtenu 211 millions de vues et attiré 1,5 million d'utilisateurs sur ses deux sites web, tout en totalisant 25 millions de vues pour ses vidéos. Les publicités, avec des titres comme « La corruption, c'est une affaire de famille », avaient eu un franc succès sur Facebook. Elle nous en a montré une, intitulée « Elle ne sait même pas tenir sa propre maison ». La veille, j'avais été troublée par la vidéo sur les « superprédateurs ». Mais celle-ci m'a sidérée.

Il s'agissait d'une vidéo de Michelle Obama datant de 2007, durant la première campagne présidentielle de son mari. Lors des primaires démocrates, il s'était retrouvé opposé à Hillary Clinton. Dans le discours original, la future première dame expliquait comment son couple continuait de se concentrer sur leur famille et sur l'emploi du temps de leurs filles, même en pleine campagne. Elle avait alors lancé : « Si vous ne savez pas tenir votre maison, comment voulez-vous en faire autant avec la Maison Blanche ? » Sans trop de surprise, cette citation a été tirée de son contexte et on en a fait une pique adressée à Hillary Clinton. Le verbatim des propos de Michelle Obama avait beau révéler la vérité, beaucoup de médias n'en ont pas tenu compte et en ont tiré la conclusion, inexacte et trompeuse, qu'elle critiquait Hillary Clinton[3].

Grâce aux efforts de notre équipe chargée du numérique, ces propos de 2007 ont refait surface. À la différence près qu'en étant déformés ils rendaient service à Trump. En utilisant ce même extrait hors de son contexte, mais en lui donnant une forme et une intention différentes, le staff du milliardaire a donné l'impression que Michelle Obama avait « frappé en dessous de la ceinture » et critiqué Hillary Clinton ainsi que les frasques de son mari. Le sexisme venait d'être transformé en arme de campagne. La vidéo est devenue virale, en faisant mine de monter l'une contre l'autre deux démocrates, deux femmes. Alors qu'en réalité il ne s'agissait que d'une manipulation grossière.

Les statistiques de la vidéo étaient encore plus troublantes. Du côté du candidat républicain, on s'était évidemment aperçu que beaucoup de femmes de centre-gauche étaient légèrement conservatrices. Les valeurs traditionnelles étaient plus importantes à leurs yeux que l'antipathie que leur inspirait Donald Trump. Et la vidéo a réduit les chances pour que ces femmes aient envie de donner leur voix à la candidate démocrate.

Comme Kellyanne l'avait dit de façon si prémonitoire lors de cette table ronde du mois de mars à laquelle nous avions participé toutes les deux, Hillary Clinton était condamnée à ne jamais être la plus populaire, même chez elle.

Voilà donc comment nous avions contribué à envoyer Trump à la Maison Blanche. Dans tous nos bureaux, aux États-Unis comme ailleurs, tout le monde a manifesté son étonnement. Il n'empêche : on entendait certains rire d'un air gêné.

Le travail mené par ces deux équipes avait été formidable, techniquement parlant, mais en deux jours je n'ai vu que la part d'ombre de la politique – cette façon de faire appel à nos plus bas instincts, de jouer sur nos peurs, de nous manipuler, de nous monter les uns contre les autres, sans même que nous nous en rendions compte.

Une terrible maladie s'était développée alors que je regardais ailleurs. Une terrible maladie avait attaqué le système nerveux central de notre pays. Elle s'en était emparée, elle avait altéré sa façon de penser, son comportement, son mode de fonctionnement. Les tumeurs dans le cerveau de mon père étaient bénignes, mais elles avaient provoqué des dégâts irréversibles. C'était la même chose avec ces outils technologiques : ils semblaient anodins dans le cadre d'une simple présentation PowerPoint, mais je voyais enfin tout le mal qu'ils nous avaient fait.

J'aurais tellement aimé remonter le temps, là, tout de suite, et éviter de prendre certaines décisions ! En un sens, je faisais partie d'un tsunami virtuel monstrueux qui avait fait naître la division et la haine chez les gens, partout dans le pays. Une réalité que j'avais du mal à avaler. J'étais restée assise sans réagir tandis que ces horreurs avaient lieu sous mon nez. C'était l'heure de ma crise de conscience. Comment un processus en apparence aussi banal avait-il pu dégénérer à ce point ?

J'avais envie de m'enfuir, mais j'avais les mains liées. À cause de la situation de mon père, j'avais le sentiment de ne pas pouvoir quitter ce travail. Pour aller où, de toute façon ? Cette année avait été synonyme de succès. La société prenait son envol. Il y aurait encore plus à faire à l'avenir. Alors partir maintenant ? C'était impossible.

J'étais coincée.

Exactement comme mon père.

Prisonnière de ma camisole de force, j'ai continué.

C'est ce que dit mon agenda sur la période qui a immédiatement suivi. Deux jours avant la prestation de serment de Donald Trump, Cambridge Analytica a inauguré ses nouveaux bureaux à Washington. Nous avions besoin d'un QG pour préparer les futures élections (des sénateurs et des gouverneurs), des référendums d'initiative populaire et, évidemment, les *midterms* de 2018. L'entreprise avait tout intérêt à se mettre sur les rangs en prévision de 2020. Les locaux n'étaient pas très grands, mais ils étaient à un endroit stratégique, pile sur Pennsylvania Avenue, à quelques encablures de la Maison Blanche !

J'étais présente le 19 janvier pour la pendaison de crémaillère de nos bureaux, mais, Julian Wheatland et moi, nous sommes partis tôt pour rejoindre une fête organisée par Nigel Farage et Arron Banks dans le *penthouse* du Hay-Adams, un célèbre hôtel de Washington. C'était bizarre de les revoir, mais leurs liens d'amitié avec Trump et Steve Bannon étaient trop forts : CA devait à tout prix y participer, et moi aussi. Et il y avait assez de champagne pour rendre cette soirée supportable. J'ai même trouvé le moyen de m'amuser. Nigel m'a dédicacé un exemplaire du livre d'Arron (qui s'était déjà imposé comme un best-seller), *The Bad Boys of Brexit*, avec le message suivant : « 2016 a été l'année qui a tout changé ! Merci d'y avoir contribué. » J'ai posé pour une photo sur laquelle je tenais le livre. Non sans fierté, mais aussi pour chasser les moqueries que j'entendais résonner dans ma tête.

C'est à peine si je me reconnais sur certaines photos datant de la prestation de serment de Trump. Un vrai défilé de tenues plus invraisemblables les unes que les autres. Le soir d'un événement organisé par Breitbart, le DeploraBall, me voilà en robe rouge pétard, assortie à mon rouge à lèvres de la même teinte. Je suis coiffée d'un chapeau de la NRA. Le lendemain, je suis enveloppée dans un manteau en chinchilla par-dessus une robe de soirée noire. Et autour de mon cou on voit plusieurs longues rangées de perles.

Il y a les photos, et il y a mon agenda. Le jour même de l'investiture de Trump, le 21 janvier, j'étais sur le rooftop du W Hotel, à l'occasion d'une fête organisée par Politico. La famille Forbes était là, ainsi que mon ami Chester et les hommes d'affaires asiatiques avec qui j'avais dégusté des sushis lors d'un déjeuner au début de l'année 2014, aux côtés d'Alexander. Manifestement, des collègues de CA faisaient partie des invités, ainsi qu'une princesse de Suède. Il faisait froid et il pleuvait. Je me suis penchée au-dessus de la balustrade pour regarder la cérémonie, en contrebas. La foule était clairsemée. Et quelque part, dans les premières rangées, il fallait imaginer Alexander, Bekah et Steeve. Ils devaient avoir le sourire. J'ai profité des rares gros plans diffusés sur un écran géant pour observer les événements : la prestation de serment, toute cette solennité. Le reste de la cérémonie est floue.

J'étais cernée de fantômes et d'ombres de mes deux dernières années. Kellyanne qui passait dans les parages, coiffée d'un chapeau rouge, dans une robe blanche et un manteau bleu d'allure militaire. Gerry Gunster, le sondeur qui bossait sur la campagne de Leave.EU, s'est arrêté pour me saluer. Ce soir-là, j'ai mangé avec Alexander, Chester et Bekah au Four Seasons, un restaurant chic de Washington. Après quoi, Alexander et moi, nous sommes allés au casino pour patienter jusqu'à notre vol. Tant qu'il y avait un bar pour nous servir ! C'était grisant de miser tout l'argent que j'avais sur moi, d'un coup. Claquer tout son argent en nourrissant le fol espoir de gagner… En voilà, un excellent résumé de toute cette histoire !

Mes autres souvenirs de cette nuit sont plus flous. Pour l'essentiel, je me suis noyée dans l'alcool au bal de l'Heritage Society avant d'atterrir à une autre soirée mondaine organisée après les célébrations officielles. J'y ai dansé au milieu des proches du président et du milliardaire, ainsi qu'une flopée de donateurs conservateurs moins connus. Des gens encore inquiets à l'idée qu'on les catalogue comme des partisans de Trump. Ils avaient même préféré éviter le grand bal qui s'était tenu dans la foulée de la cérémonie d'investiture, afin de faire profil bas.

Mon souvenir de cette nuit a beau être incertain, il me reste une image très précise : celle de Bekah Mercer, la meilleure parieuse des États-Unis. Elle était magnifique, dans sa longue robe de soirée verte, avec sa chevelure grise étincelante. On aurait dit une déesse flottant au-dessus des simples mortels. Elle a dansé avec nous jusqu'à 2 h 30 du matin, pour fêter cette victoire si chèrement acquise. Elle tournoyait sur elle-même, enivrée par l'idée que nous venions d'assister à la toute première journée de Donald Trump en qualité de président des États-Unis.

Les Mercer avaient réussi un véritable exploit. Et cette soirée en était la démonstration éclatante. À bien des niveaux, ils avaient pris la place des frères Koch, d'autres milliardaires à la réputation sulfureuse. Mais, là où ces derniers avaient bâti une société d'analyse de données appelée i360, les Mercer avaient bâti quelque chose d'encore plus puissant, et peut-être encore plus troublant. Ils avaient contribué à une victoire électorale majeure, en s'appuyant sur une technologie numérique poussée, nettement plus poussée que tout ce qui existait sur le marché au sein du Parti républicain. Bob et Bekah Mercer représentaient désormais une force d'un genre nouveau au sein de la politique américaine. Des donateurs richissimes possédant assez d'argent et de capitaux pour les utiliser de façon raisonnée et maîtrisée, avec l'assurance que leurs dépenses finiraient par produire un retour sur investissement, d'une manière ou d'une autre. Au bout du compte, ils avaient mis au point un outil d'une efficacité redoutable et, comble du danger pour la démocratie, qui n'en était qu'à ses débuts.

14

Bombes

Janvier - juin 2017

Si j'ai été traumatisée par ce que j'avais appris lors de l'analyse a posteriori de la campagne Trump, ce n'était rien à côté de ce qui allait suivre pendant la première moitié de l'année 2017.

Un article concernant Cambridge Analytica a paru dans *Das Magazin* et s'est répandu comme une traînée de poudre dans toute l'Allemagne et la Suisse, avant d'être traduit en anglais par *Vice* et de circuler dans le monde entier[1]. D'une certaine manière, il prenait exemple sur la diatribe du *Guardian* contre Facebook en 2015, en introduisant dans l'histoire de Cambridge Analytica un personnage à la ressemblance frappante avec le Dr Aleksandr Kogan.

L'homme en question s'appelait Michal Kosinski. Actuellement professeur à Stanford, il avait fait ses débuts au Centre de psychométrie de l'université de Cambridge ; dans l'article, il prétendait avoir mis au point la méthode de test psychographique utilisée par Cambridge Analytica lors de la campagne Trump, et accusait à mots couverts le Dr Kogan de la lui avoir volée pour la vendre illégalement à Cambridge. Pire, Kosinski décrivait cette technologie comme une arme de destruction massive.

Il racontait être arrivé de Pologne en 2008 et, en tant que doctorant au Centre de psychométrie, s'être servi de l'application Facebook My Personality (développée, selon lui, par son collègue David Stillwell) pour établir les premiers modèles détaillés de millions d'utilisateurs Facebook. Il lui avait suffi de quatre ans pour prouver que ces modèles pouvaient pronostiquer des informations assez précises en se fondant sur seulement 68 « likes » Facebook décernés par un quelconque utilisateur. D'après l'article, ces quelques « likes » lui permettaient de déterminer la couleur de peau, l'orientation sexuelle, l'affiliation politique, la consommation de drogue et d'alcool, et même si la personne avait grandi dans un foyer divorcé ou non. « 70 "likes" suffisaient à surpasser ce que les amis d'une personne savaient [d'elle] ; 150 "likes", et il en savait autant [sur les utilisateurs] que leurs parents ; 300 "likes", autant que leur conjoint. Au-dessus de cela, il pouvait même dépasser ce que la personne pensait savoir d'elle-même. »

L'histoire de Kosinski était une version très différente de celle racontée par le Dr Aleksandr Kogan. Ce dernier avait contacté Kosinski en 2014, de la part de SCL Group, avec l'intention d'utiliser sa base de données dans un but ouvertement commercial. Kosinski affirmait avoir refusé son offre parce qu'il ne jugeait pas ses intentions suffisamment éthiques, et l'avenir lui avait donné raison : Kogan s'était procuré ces données par un biais probablement illégal, et les travaux de Kosinski avaient servi à faire pencher le Royaume-Uni et les États-Unis vers l'extrême droite, à influencer les électeurs et à supprimer des votes.

Depuis, Kogan avait pris la poudre d'escampette et vivait à présent à Singapour sous un nom d'emprunt sorti tout droit d'un mauvais film : Dr Aleksandr Spectre. En conclusion, Spectre était un criminel, Cambridge Analytica venait de larguer une bombe nucléaire sur le monde entier, et personne ne se doutait de rien.

Cette fois encore, comme nous l'avions fait l'année passée, nous avons tenté de balayer cet article sous le tapis. Alexander Nix et Alex Tayler ne semblaient pas inquiets. Qui était ce Michal Kosinski ? Jamais entendu parler de lui, affirmaient-ils, ce que j'ai trouvé étrange puisqu'il se présentait comme le parrain de la psychographie et du microciblage comportemental, dont CA se revendiquait comme l'inventeur.

En réponse à l'article, l'entreprise a publié un communiqué de presse similaire à celui de l'année précédente : « Cambridge Analytica n'utilise pas les données de Facebook. » Le communiqué niait également toute collaboration avec le Dr Michal Kosinski. Cambridge « ne sous-traite pas ses recherches, avons-nous affirmé. Nous n'utilisons pas la même méthodologie ». De plus, nous n'avions pas fait usage de psychographie lors de la campagne Trump. Et nous n'avions rien fait pour supprimer des votes. « Nos efforts, concluait le communiqué de presse, avaient pour seul objectif d'augmenter le nombre d'électeurs. »

On m'a dit de mettre Kosinski dans le même sac que Kogan : un intrus, un menteur, un anonyme qui tentait de s'approprier la « réussite » de CA. Peut-être avait-il travaillé sur un sujet similaire et voulait-il maintenant se servir de la victoire de Trump pour promouvoir sa thèse de doctorat. La consigne était de dire aux clients que CA n'avait aucune affiliation avec cet homme, et de changer de sujet.

Pour moi, il y avait quelque chose qui ne tournait pas rond. Parmi toutes les affirmations de Cambridge Analytica, le fait de n'avoir « pas fait usage de psychographie » était ce qui se rapprochait le plus du mensonge, vu les tests que nous avions faits pendant la campagne. Le déni de restriction du droit de vote me posait également problème : après tout, certains des messages les plus perturbants du *super PAC* Trump – les vidéos « Quand on ne sait pas gérer son propre foyer » et « Hillary et les superprédateurs », cette dernière ciblant spécifiquement les électeurs afro-américains de zones vulnérables comme la Géorgie rurale et, je l'apprendrais plus tard, Little Haiti, à Miami – pouvaient facilement être considérées comme « dissuasives ». L'idée que CA ait eu pour seul objectif d'« augmenter » le nombre d'électeurs ne tenait pas debout. J'avais vu les preuves de mes propres yeux pendant l'analyse de la campagne a posteriori effectuée en présence de toute l'entreprise. Après tout, ils étaient allés jusqu'à étiqueter certains groupes cibles « Dissuasion ».

Quant aux paroles de Kosinski sur le fait que Cambridge Analytica avait transformé de simples données en arme de destruction massive, elles me troublaient profondément.

Il fallait que je prenne une décision. Je pouvais rester dans l'entreprise et trouver un moyen d'utiliser nos données pour le bien commun, ce qui avait été mon intention au moment d'intégrer SCL ; ou je pouvais choisir de sortir de là, d'une manière ou d'une autre.

Pendant cette période de tumulte, j'ai opté pour la première solution en communiquant avec des contacts dans la justice sociale et les droits de l'homme. Plus clairement que jamais, il m'apparaissait que CA pouvait utiliser le big data pour aider des diplomates à gérer des situations difficiles en zone de conflit. J'ai réfléchi à toutes les manières dont l'IA, la nouvelle reconnaissance de langues et les analyses de sentiments pourraient nous aider à traiter d'énormes quantités de témoignages de crimes de guerre afin d'en identifier les schémas. Pourquoi les modèles psychographiques utilisés sur la population américaine – avec, selon moi, des effets désastreux – ne serviraient-ils pas à provoquer des changements de régime là où c'était le plus nécessaire ? En collaboration avec Robert Murtfeld, j'ai contacté Fatou Bensouda, procureure de la Cour pénale internationale, ainsi que l'ambassadeur américain chargé des crimes de guerre, Stephen Rapp, et nous avons commencé à étudier des options.

Je cherchais un peu de réconfort dans le souvenir doux-amer de John Jones, décédé depuis presque un an maintenant, et à qui j'aurais vraiment voulu demander conseil. C'est sans doute pourquoi, à la mi-février 2017, quand j'ai eu l'occasion de rencontrer Julian Assange, de WikiLeaks, je n'ai pas hésité une seule seconde. Julian, l'un des derniers clients de John, se terrait toujours dans l'ambassade de l'Équateur à Londres, où il avait demandé l'asile politique environ cinq ans et demi plus tôt. John lui rendait souvent visite, et laissait son vélo devant l'ambassade sans l'attacher ; le bâtiment était si bien surveillé, plaisantait-il, que c'était le seul endroit de la ville où l'on puisse laisser quelque chose sans se le faire voler. Après cette blague, il m'a proposé plusieurs fois de l'accompagner un jour, pour voir Julian, qui manquait cruellement de contacts humains ; et, suite à son décès, j'avais cru que l'occasion ne se représenterait jamais.

Alors, quand j'ai reçu cette invitation tant désirée, il ne m'a pas semblé paradoxal d'aller le rencontrer ; c'était un mouvement intuitif, profondément personnel. Tout en étant consciente de son passé compliqué, je respectais Julian Assange depuis longtemps, au même titre que les autres lanceurs d'alerte. En étudiant la guerre du Vietnam au lycée, j'avais appris l'existence de Daniel Ellsberg, qui avait divulgué les Pentagon Papers. Pour moi, le choix qu'avait fait Assange de révéler au monde les documents prouvant le rôle joué par l'armée américaine dans les crimes de guerre en Irak était héroïque – d'ailleurs, comme je l'ai déjà dit, j'avais rédigé mon mémoire de master de droit sur les crimes de guerre en me fondant principalement sur les données de WikiLeaks comme source. Et, en 2011, lorsque les principales sociétés de cartes de crédit avaient bloqué les dons faits à WikiLeaks et que l'association avait lancé un outil permettant de recevoir des bitcoins, je leur avais fait don de l'équivalent de plusieurs centaines de dollars pour les remercier de toutes les recherches qu'ils m'avaient permis de faire.

Malgré mon immense scepticisme face à leur décision de divulguer les mails de Hillary Clinton pendant la campagne, je m'étais d'abord convaincue qu'il y avait forcément une bonne raison à cela. Mais, comme il n'y avait eu aucune révélation spectaculaire ensuite, il semblait que leur seul but avait été d'affecter la perception des électeurs. Je cherchais désespérément un véritable motif derrière cette action. Cela faisait maintenant deux ans que je vivais en pleine propagande anti-Hillary – j'en voyais à toutes les conférences auxquelles je me rendais, sur les badges qu'on me tendait aux discours de Trump, ou bien punaisée pour rire sur les murs des bureaux –, et je commençais à me laisser persuader. Je devenais insensible au contenu ciblé de mon téléphone, des conférences et des écrans d'ordinateur de mes collègues. Quant à Assange, je le considérais de la même façon que Chelsea Manning : un autre lanceur d'alerte qui payait le prix de ses convictions sur la transparence gouvernementale.

L'invitation à lui rendre visite m'avait été fournie par un ami d'ami, qui m'a confié pendant une fête d'anniversaire que Julian regrettait beaucoup John, tout comme moi, et que cela nous ferait peut-être du bien, sur le plan affectif, de nous rencontrer. D'une certaine manière, c'était un moyen de parler à quelqu'un qui partageait mon estime pour John et sa contribution, tout en rouvrant pour un instant ce portail vers le monde des droits de l'homme que j'avais cru fermé à jamais par la mort de John.

Je n'ai dit à personne où j'allais, mais j'étais assez lucide pour savoir que franchir le seuil de cette ambassade suffirait à me placer sur un certain nombre de listes de surveillance. Néanmoins, mes raisons d'y aller étaient, à mes yeux, strictement personnelles, et ne concernaient personne d'autre que moi.

L'entrevue n'a duré qu'une vingtaine de minutes, dans une pièce aux murs nus meublée simplement d'une table et de chaises blanches. On m'y a fait entrer la première, et j'ai attendu l'arrivée de Julian, l'esprit bouillonnant de tout ce que je voulais lui dire. Comment lui exprimer ma gratitude pour son courage ?

Lorsqu'il a descendu l'escalier pour pénétrer dans la pièce, une boule s'est formée dans ma gorge. Avec une tristesse grandissante, j'ai observé les conséquences de sa réclusion forcée. Il était d'une blancheur absolue, presque translucide, les cheveux et la peau aussi pâles que sur les photos ; rasé de près, mais privé de vie. Il n'avait pas vu le soleil depuis plus de six ans.

Il avait désespérément besoin d'un auditoire, d'une oreille amicale. Il a passé la quasi-totalité de notre entrevue à parler. Nous avons brièvement évoqué John et notre deuil commun, mais Julian a vite changé notre conversation en diatribe à sens unique, me détaillant les forces et les faiblesses de l'Union européenne, du commerce transatlantique et du TTIP.

Il avait été profondément déçu par Obama, en lequel il avait placé beaucoup d'espoirs : selon lui, Obama s'était entouré de gens qui avaient pris de mauvaises décisions, comme l'utilisation croissante de drones, provoquant ainsi des pertes civiles à l'étranger. Quant à Hillary Clinton, il ne la portait certainement pas dans son cœur. Pour lui, la tragédie de Benghazi aurait facilement pu être évitée, et j'étais d'accord avec lui sur ce point, moi qui avais perdu des collègues ce jour-là. Pendant mon séjour en Libye, je me préparais à travailler avec l'ambassadeur Christopher Stevens et son équipe : Stevens et trois de ses collaborateurs n'avaient pas survécu aux attaques. En atterrissant à Washington, le 11 septembre 2012, j'avais découvert tous les drapeaux en berne, et j'avais passé les jours suivants à assister à des cérémonies funéraires plutôt qu'à des briefings au département d'État.

Je n'étais pas surprise de ce que pensait Assange des événements de Benghazi. Par contre, ce qu'il avait à dire sur Trump m'a prise complètement au dépourvu : Trump, et non Hillary, avait été le meilleur candidat à la présidentielle, affirmait-il, et le seul qui n'ait pas de sang sur les mains.

Même en supposant que Julian ait eu raison sur ce dernier point, l'orientation de l'administration Trump au moment de notre conversation – ses déclarations sur l'utilisation de la torture, sa position sur l'immigration, son idée de mur – laissait peu de chances que cela reste vrai très longtemps. Mais, à cet instant, j'étais soulagée de l'entendre dire du bien de Trump. D'après lui, la personne la plus susceptible de déclencher des guerres et de tuer le plus de gens avait perdu les élections, et, aussi désespéré que cela puisse paraître quand j'y repense aujourd'hui, j'en ai tiré un étrange sentiment d'affirmation. Je détestais voir Trump à la tête de mon pays, mais mon but premier avait été d'éviter la guerre. Les propos de Julian étaient pour moi une confirmation que j'avais fait le bon choix, que je restais quelqu'un de moral, que j'étais toujours du côté de la paix. Peut-être le comportement du nouveau président différerait-il du ton employé lors de la campagne. Seul le temps nous le dirait.

Les conséquences des accusations de Kosinski à l'encontre de Cambridge Analytica dans *Das Magazin* et *Vice*, s'il y en a eu, ont été minimes. Les affaires marchaient du tonnerre depuis la seconde où Donald Trump avait été nommé président des États-Unis.

Alexander et Bekah ont profité de l'occasion pour réorganiser l'entreprise et procéder à un ravalement de façade. Comme le nom Cambridge Analytica était la partie la plus visible, CA a absorbé SCL Group et, sous le couvert de ce nom à présent prestigieux, Alexander et Bekah ont créé une nouvelle division, SCL Gov, composée uniquement de ceux qui disposaient d'une habilitation de sécurité de haut niveau auprès du gouvernement. Histoire de rendre leurs intentions encore plus claires, ces derniers ont ouvert boutique dans un tout nouveau bureau à Arlington, juste à côté du Pentagone, et ont entrepris de travailler uniquement sur des contrats concernant le gouvernement et l'armée.

SCL Gov a engagé deux professionnels chevronnés pour prendre la tête de cette nouvelle division : Josh Weerasinghe, nommé P-DG, avait un CV très impressionnant. Pour ne citer que quelques-uns de ses postes passés, il avait travaillé comme directeur du service de renseignements américain à Bagdad, comme directeur adjoint des affaires politiques à la commission de la sécurité intérieure à la Chambre des représentants, et comme directeur du personnel de la sous-commission de prévention des attaques nucléaires et biologiques. Chris Dailey est devenu l'expert en chef pour la gestion et l'analyse de données de SCL Gov. Il avait travaillé dans la Navy sur des analyses de big data et des opérations avec des missiles Tomahawk. Les deux hommes étaient à présent dans la meilleure position possible pour décrocher des contrats avec toutes les agences fédérales, de la défense au logement.

Pendant ce temps, Emily Cornell, qui avait été à la tête du *super PAC* MAN1 pendant la campagne, a pris en charge CA Political, qu'elle dirigeait depuis le bureau du 1900 Pennsylvania Avenue, à un jet de pierre de la Maison Blanche et, ironiquement, dans le bâtiment mitoyen de l'ambassade du Mexique. Emily travaillait avec des législateurs sur de futurs projets de loi, commençait à signer des contrats pour les campagnes de sénateurs, de gouverneurs et de membres du Congrès qui auraient lieu en 2018, aux élections de mi-mandat, et s'assurait que nous serions de nouveau sollicités pour la réélection de Trump en 2020.

Pour soutenir cette expansion mondiale, Alexander et Bekah ont sollicité de nouveaux investisseurs dans le monde entier : des individus qui fourniraient non seulement des fonds à l'entreprise, mais également un point d'appui à SCL Gov dans de nouveaux pays comme les Émirats arabes unis ou Hong Kong. Alexander courait de cocktail en dîner avec des milliardaires et, aussitôt qu'il obtenait une promesse de participation, Julian Wheatland rédigeait les documents nécessaires depuis le Royaume-Uni pour ajouter le nouveau venu au comité de direction.

Tandis que Bekah et Alexander s'affairaient à resserrer les liens entre notre entreprise en pleine expansion et la Maison Blanche, nos rapports avec la nouvelle administration se renforçaient sur un autre front. La presse, focalisée sur l'inaptitude apparente de l'administration Trump à nommer des membres du cabinet, ne remarquait pas la machine à ressources humaines redoutablement discrète et bien huilée que Bekah dirigeait à moitié depuis nos bureaux de New York : le Charles Scribners's Sons Building, où elle et son équipe faisaient passer des entretiens pour des postes au cabinet et négociaient des contrats, fournissait une couverture idéale aux gens peu désireux d'être vus aux environs de la Maison Blanche ou de la Trump Tower. Pendant cette période, il m'arrivait souvent de lever les yeux de mon travail pour voir des agents de sécurité armés faire une reconnaissance dans les bureaux avant l'arrivée d'une personnalité en quête de secours, comme Rick Santorum, ou celle d'un laissé-pour-compte, comme Chris Christie, venu se plaindre de n'avoir pas reçu l'invitation qu'il estimait lui être due pour avoir publiquement transféré son allégeance vers Trump.

Pour ma part, je voulais quitter le pays. En particulier, j'espérais pouvoir me rendre au Mexique pour continuer les travaux entamés l'année précédente, quand je faisais éclore des affaires avec des clients aussi bien politiques que commerciaux. J'avais signé des contrats avec un certain nombre de candidats au poste de gouverneur en vue des élections provinciales, et l'élection présidentielle mexicaine approchait. Alexander avait des vues là-dessus, lui aussi, et j'avais bon espoir de le convaincre de me laisser ouvrir un véritable bureau à Mexico dès mon retour d'un voyage d'affaires en janvier 2017.

Mais cela n'arriverait pas. Alexander a préféré m'envoyer à Londres, où je pouvais prêter main-forte aux contrats toujours plus nombreux de SCL Commercial et SCL Political. Le service des ventes était en sous-effectif, et je travaillerais sous les ordres du nouveau chef de SCL Global, un certain Mark Turnbull. Quitte à déménager une fois de plus, j'aurais largement préféré qu'Alexander m'accorde une promotion.

Mark était moins maniéré qu'Alexander, plus vieux, plus rude, issu de toute évidence d'une classe sociale différente. Je l'aimais bien, cependant. Il avait passé des décennies à diriger des élections, y compris les premières élections démocratiques d'Irak après la chute de Saddam Hussein, et il en connaissait un rayon sur les opérations de défense et la communication face à l'adversité, que ce soit dans le cadre d'élections politiques ou de manœuvres militaires. Je digérais mal le fait de ne pas avoir été promue, mais j'avais hâte de travailler et d'apprendre sous les ordres de Mark. Et puis, au moins, mon déménagement à Londres était l'occasion de fuir l'atmosphère nauséabonde des États-Unis. J'ai également pu renouer avec Tim, avec qui je sortais toujours. En d'autres termes, je regardais le bon côté des choses, même si je rêvais encore du Mexique, où je devais me rendre régulièrement afin de former les nouveaux employés engagés par Alexander pour mener à bien mes contrats sans moi. Pour l'instant, il semblait que Londres doive être mon nouveau port d'attache.

C'est au cours des premières semaines surchargées du mandat de Trump que la Russie est devenue un sujet de conversation de plus en plus fréquent à CA. La presse en parlait à tort et à travers depuis bien avant que Trump prenne place dans le Bureau ovale, mais nous avions ignoré l'essentiel de ces rapports. Il n'était pas rare, dans les locaux de Cambridge, d'entendre le terme *fake news* ; en partie, je pense, parce que nous autres employés estimions que l'implication des Russes avait été soit inventée de toutes pièces par des gens incapables d'accepter la défaite cuisante de Hillary, soit négligeable comparée à notre propre participation. Pour nous, c'était Cambridge Analytica, et non un quelconque gouvernement étranger, qui avait assuré la victoire de Trump, et cette obsession pour la Russie ne faisait que déconcentrer la nouvelle administration, alors que notre entreprise dépendait en grande partie de son succès.

Bien sûr, l'influence russe sur l'élection était une préoccupation majeure dans les services de renseignements, et ces *fake news* sont rapidement devenues difficiles à ignorer. Quelques semaines à peine après l'intronisation de Trump, il est apparu clairement que son conseiller en sécurité du territoire, Michael Flynn, avait joué un rôle important dans cet examen minutieux des liens entre Trump et la Russie. Flynn avait contacté l'ambassadeur russe Sergueï Kisliak pendant la transition pour parler des sanctions mises en place par Obama à la suite des interférences russes dans l'élection de 2016, et il s'est avéré ensuite qu'il avait menti au FBI au sujet de ses conversations avec les Russes. Sans compter le directeur de campagne de Trump, Paul Manafort, dont les attaches avec les oligarques ukrainiens et, possiblement, avec la Russie avaient été l'une des raisons de son remplacement par Steve Bannon en août de l'année précédente. Bientôt, Flynn faisait ses cartons ; un départ aux conséquences futures bien plus importantes que n'importe qui aurait pu l'imaginer.

Au milieu du mois de février 2017, peu après la démission de Flynn de ses fonctions de conseiller en sécurité du territoire, je me trouvais dans nos locaux londoniens – de nouveaux locaux, plus grands, sur Oxford Street. Alexander n'était pas là, et j'étais allée chercher quelque chose dans son bureau quand mon regard est tombé sur un livre au milieu de son étagère de « littérature fasciste » – celle qu'il m'avait désignée en riant pendant mon entretien d'embauche en 2014. Niché entre un livre d'Ann Coulter et un autre de Nigel Farage se trouvait un ouvrage de Michael Flynn. J'ignorais qu'il avait écrit un livre : il était récent, publié en 2016, et intitulé *The Field of Fight : How We Can Win the Global War Against Radical Islam and Its Allies*.

Étant donné que le nom de Flynn avait fait les gros titres des jours précédents, je l'ai pris avec l'intention de le feuilleter, mais je me suis arrêtée net à la page de titre, couverte de l'écriture de Flynn : c'était une dédicace à Alexander, volumineuse et de toute évidence personnelle, détaillant l'importance de ce qu'ils venaient d'accomplir ensemble. Mon regard a glissé vers la dernière phrase, tracée en grosses lettres rondes :

« *We made America great again together !* » (Nous avons rendu sa grandeur à l'Amérique !)

Je me suis figée.

« Nous » ? Que voulait-il dire par là ? Flynn avait-il travaillé avec Alexander ou Cambridge Analytica en plus proche collaboration que je ne l'avais cru ? D'après ce que j'avais compris, il était proche de SCL, puisque Alexander avait célébré sa nomination (un boulevard vers des contrats gouvernementaux et militaires) et regretté son renvoi. Mais justement, à la lumière de ce renvoi, cette inscription me faisait dresser les cheveux sur la tête. Comme je ne voulais pas être découverte en train de la lire, j'ai envisagé un instant de la prendre en photo, avant de changer d'avis. Cela ne ferait qu'éveiller les soupçons à mon égard. Tremblante, et sans prendre la peine de feuilleter une seule page, j'ai reposé le livre sur l'étagère et quitté le bureau aussi vite que possible.

Combien d'autres choses ignorais-je ? Combien de choses Alexander m'avait-il cachées, et combien avais-je choisi de ne pas voir ?

Un grand nombre, en l'occurrence.

Fin février, Julian et Alexander m'ont convoquée. Le Bureau du commissaire à l'information (Information Commissioner's Office, ICO), un organisme public qui surveille le traitement des informations et des données au Royaume-Uni, venait d'ouvrir une enquête criminelle sur le rôle joué par Cambridge Analytica dans le Brexit. Leave.EU venait de rendre son rapport de comptes de campagne, qui ne contenait aucune mention d'un paiement effectué à l'ordre de Cambridge Analytica pour ses services. Or, il était obligatoire au Royaume-Uni de signaler ce genre de dépenses. L'ICO souhaitait donc savoir de quoi CA s'était occupé exactement.

Pour moi, la collaboration de Cambridge avec Leave.EU était on ne peut plus limpide : j'avais participé à de nombreuses réunions en compagnie d'Arron Banks et de son équipe de bric et de broc. Avec la bénédiction d'Arron et l'accord de Matthew Richardson (le secrétaire de l'UKIP, qui, étrangement, faisait également office de conseiller juridique), je m'étais procuré les données des membres de l'UKIP ainsi que leurs résultats de sondages, que nos experts avaient traités afin d'obtenir une segmentation du public cible. Bien que je n'aie pas remis les résultats physiques de ce travail à Leave.EU, j'en avais fait une présentation au cours d'un briefing avec toute leur équipe de direction, puis lors d'un débat télévisé. Ce dernier avait été suivi par une nouvelle journée de travail à Londres en compagnie de toute l'équipe. Je m'étais ensuite déplacée à Bristol avec le Dr David Wilkinson, l'un de nos principaux experts, afin de rencontrer et briefer l'équipe de campagne de l'UKIP (c'est-à-dire les employés des bureaux d'Eldon Insurance) à propos de notre travail et d'entamer un audit de leur opération sur le terrain. Telle avait été la phase un de notre collaboration avec Leave.EU, et à ma connaissance, non, Arron Banks n'avait ni rémunéré Cambridge Analytica, ni continué à travailler avec nous par la suite.

Alexander et Julian m'ont expliqué le problème tel qu'ils le voyaient : nous avions parlé de nos travaux de manière publique. Alexander avait ordonné à l'un de nos collègues de rédiger un communiqué de presse annonçant ces travaux, ce communiqué avait été repris par les médias, et les gens de Leave.EU eux-mêmes avaient posté la nouvelle de notre collaboration sur leur site Internet – d'ailleurs, cette déclaration était toujours en ligne. Arron Banks avait même parlé de notre partenariat dans son livre publié peu de temps auparavant, *The Bad Boys of Brexit.* Sans compter que j'en avais également fait mention lors d'interviews avec Bloomberg, PR Newswire, et d'autres services d'informations.

Tout cela, m'a expliqué Alexander, n'avait été qu'un excès de zèle de notre part. Leave.EU et nous étions si exaltés à l'idée d'une potentielle collaboration que nous avions tous parlé trop vite. Nous avions bénéficié de cette couverture médiatique, mais il était temps de rétablir les faits.

— Heureusement, a-t-il ajouté, on n'avait encore rien fait.

Quoi ?

— Mais si, on a fait quelque chose, ai-je corrigé. On a travaillé, on n'a juste jamais été payés.

— On n'a pas été payés parce que c'était trop insignifiant. Tout le temps et l'argent sont passés dans ton argumentaire de vente.

Je me suis tournée vers Julian.

— Mais tu leur as envoyé une facture. Pour le travail qu'on avait fait.

Julian avait même proposé que l'argent transite par un tiers, si Leave.EU préférait, mais Arron n'avait tout simplement pas payé.

J'ai regardé Alexander, abasourdie.

— On a travaillé, ai-je répété.

— Non, parce qu'on ne leur a pas fourni de données.

— Si, oralement.

— Mais pas physiquement. Et puis on n'a quand même pas fait grand-chose. Ce n'est pas comme si on avait changé le monde.

— Mais les données étaient utilisables.

La segmentation avait fourni une quantité impressionnante d'informations à partir des données de l'UKIP, et je n'avais aucune raison de penser que Leave.EU ne s'était pas servi des groupes cibles préparés pour eux, et n'avait pas suivi tous les conseils que nous leurs avions donnés après trois jours entiers de collaboration, surtout à un moment aussi crucial de la campagne.

— On ne leur a rien fourni, en réalité, a insisté Alexander. Peut-être qu'ils ont *pris* les données. Mais on ne leur a rien *fourni*.

J'avais l'impression de devenir folle. Pourquoi protégeaient-ils Leave.EU ? Pourquoi essayaient-ils de balayer tout cela sous le tapis ? Nous risquions d'être épinglés pour fraude aux dépenses électorales.

— L'ICO a envoyé un questionnaire sur Google Docs, m'a informée Alexander.

Ils voulaient que je le remplisse. Eux-mêmes « participeraient » à la rédaction pour s'assurer que je répondais correctement.

Donc ils voulaient que je mente.

— Il n'existe aucune loi contre le mensonge, a dit Alexander. Et puis on ne fait que *corriger le récit*.

Souvent, le plus grave n'est pas le crime mais le fait de l'avoir dissimulé. Je savais qu'en cachant le fait que nous avions travaillé pour Leave.EU nous nous apprêtions à faire empirer une situation déjà compliquée.

Je voulais être honnête. C'est pourquoi, dans le questionnaire, j'ai raconté l'histoire telle que je l'avais vécue, mais aussi à la manière dont Alexander et Julian me l'avaient demandé. J'ai expliqué que, quand nous étions entrés en contact avec Leave.EU, nous espérions décrocher un plus gros contrat, mais que cela n'avait pas été le cas. Au moins, c'était la vérité.

Je me sentais coupable de tergiverser, mais je n'avais pas envie de perdre mon travail. Alors je n'en ai parlé à personne. D'où venait leur insistance pour que je modifie le récit ? D'en haut lieu, sans aucun doute, plus haut que moi, peut-être même plus haut qu'Alexander. Peut-être était-ce lié à Steve Bannon et à sa relation avec Arron et Nigel ? Je ne pouvais faire que des suppositions. Finalement, l'enquête de l'ICO a déterminé qu'il n'existait « aucune preuve d'une relation de travail entre [Cambridge Analytica] et Leave.EU à la suite de cette phase initiale[2] ».

Quelques jours plus tard, un samedi, une journaliste d'investigation du nom de Carole Cadwalladr a publié dans le *Guardian* un article qui se penchait de très près sur le lien, d'après elle, entre Cambridge Analytica, Leave.EU et Robert Mercer. Juste après l'article de *Das Magazin*, qui avait légèrement ébranlé le statut de Cambridge Analytica avec ses accusations d'utiliser des données volées à des fins contraires à l'éthique, la publication de Cadwalladr nous a porté un coup dur.

Cadwalladr s'intéressait aux problèmes de comptes de campagne en général, y compris une possible infraction par Vote Leave, la campagne pro-Brexit qui avait remporté la désignation au détriment de Leave.EU. Mais elle se concentrait surtout sur CA et Leave.EU.

Malheureusement, Andy Wigmore, qui se présentait comme directeur de la communication de Leave.EU, avait accordé une interview à Cadwalladr et fait allusion à des relations d'encore plus mauvais augure. Alors que, en juin 2016, quelques jours avant le vote, il avait affirmé que Leave.EU n'avait pas utilisé Cambridge Analytica, il opérait maintenant une brusque volte-face. Personne ne savait pourquoi. Nigel Farage et la famille Mercer, confiait à présent Wigmore, avaient eu des « objectifs communs ». Ce que souhaitaient faire les Mercer aux États-Unis était comparable avec ce que Farage souhaitait faire au Royaume-Uni. C'était Wigmore qui avait parlé à Farage de Cambridge Analytica. « Ils étaient contents qu'on fasse appel à eux, ajoutait-il, parce que Nigel est un bon ami des Mercer. » D'après lui, Cambridge Analytica et Leave.EU avaient « partagé un grand nombre d'informations ».

En réponse à cet article, Alexander a publié une déclaration officielle : « Nous sommes en contact avec l'ICO, et prêts à démontrer notre entière conformité aux lois britanniques et européennes sur les données. »

Mais tout le monde n'était pas satisfait. Le vote du Brexit avait été le plus lourd de conséquences de toute l'histoire du pays, et le Parlement voulait à présent une meilleure explication des raisons pour lesquelles un milliardaire américain semblait y avoir pris une si grande part.

Je n'étais pas contente non plus. Dans son article, Cadwalladr parlait de moi, en m'attribuant bien plus d'autorité et de pouvoir au sein de l'entreprise que je n'en avais réellement. Une fois de plus, j'étais devenue le visage de Cambridge Analytica – et du Brexit –, soit précisément ce que j'avais cherché à éviter.

« Je prends les Américains, toi, tu prends les British », avait déclaré Alexander le jour où il m'avait demandé de bien vouloir présenter les données lors du meeting de Leave.EU sur le Brexit.

À l'époque, cela avait eu des airs de vieux amis partageant l'addition du déjeuner, et j'avais accepté de payer ma part. Mais, maintenant que j'avais le résultat sous les yeux, il semblait qu'on voulait me facturer le prix du repas tout entier. Alexander n'était même pas cité dans l'article, et Cadwalladr attribuait sa déclaration officielle à un simple « porte-parole de l'entreprise ».

En avril, l'affaire ne s'était toujours pas essoufflée, et la Commission électorale a annoncé qu'elle allait mener une enquête minutieuse dans les comptes de campagne du Brexit. Vote Leave serait examiné aussi, mais le sujet principal serait une facture de 41 500 livres sterling qu'Arron Banks n'avait apparemment toujours pas payée à Cambridge Analytica pour le travail effectué – ou, si l'on en croyait Alexander, « non effectué ».

Alexander a fait parvenir un curieux mail à Julian Wheatland, à notre directeur des relations publiques, Nick Fievet, à notre directeur de la communication, Kieran, et à moi. Le secrétaire de l'UKIP, Matthew Richardson, se trouvait en copie. L'objet du message était : « Enquête de la Commission électorale ».

« Chers tous », commençait-il, avant de résumer une fois de plus notre situation épineuse. Le lancement de l'enquête nous avait mis dans la panade. Il était loin, le simple petit questionnaire de l'ICO. Le fait était que nous n'avions effectué aucun travail pour Leave.EU, donc nous n'avions aucune raison de nous en faire. Cela dit, il existait dans la presse un grand nombre de publications, certaines générées par nous-mêmes, indiquant que nous avions bel et bien travaillé pour Leave.EU. Il a mentionné le malheureux communiqué de presse qu'il avait ordonné à Harris McCloud de publier :

« Récemment, Cambridge Analytica a fait équipe avec Leave.EU – le plus grand groupe britannique militant pour le "Brexit", soit le départ du Royaume-Uni de l'Union européenne – afin de l'aider à mieux comprendre les électeurs britanniques et à mieux s'adresser à eux. Nous avons déjà contribué à booster la campagne de Leave.EU sur les réseaux sociaux en faisant en sorte que les bons messages parviennent aux bons électeurs en ligne, la page Facebook de la campagne s'agrandit chaque jour d'environ 3 000 personnes… Et ce n'est que le début ! »

Il a également parlé de l'interview que j'avais accordée à PR Newswire juste après le meeting public sur le Brexit, en novembre 2015. J'avais déclaré que l'équipe d'experts et d'analystes, dont certains étaient en poste à plein temps au Royaume-Uni, travaillaient à mettre en place des messages ciblés.

Et, là encore, Alexander a évoqué la possibilité du mensonge. Selon lui, il nous fallait « rétablir l'histoire » afin de « limiter notre perte de crédibilité ». Ainsi, nous avions trois « faits » à affirmer : « (1) Nous étions en pourparlers avec Leave.EU au sujet d'une potentielle collaboration ; (2) Pendant les négociations, nous avons accepté de partager une plate-forme avec eux / de faire paraître un communiqué de presse sur l'hypothèse que nous travaillerions bel et bien ensemble ; (3) Finalement, nous n'avons pas travaillé ensemble. »

Il se demandait s'il nous serait possible de reprendre le contrôle de la situation en racontant que nous nous étions « un peu emballés », ou que « notre département de relations publiques avait reçu de fausses informations de la part de l'équipe opérationnelle sur le statut du projet ». Puis il nous demandait à tous des retours, qu'il semblait en réalité ne pas vraiment vouloir, étant donné tout ce qu'il venait de dire.

Enfin, dans un post-scriptum, il demandait si nous voudrions bien considérer tout ce que nous avions accompli pour la campagne Leave.EU non comme une donation, mais comme ce qu'il appelait un « geste commercial », ce qui, à ma connaissance, n'existe pas en politique.

Pendant ce temps, Carol Cadwalladr, du *Guardian*, continuait à remuer ciel et terre à la recherche d'une conspiration. Elle était déterminée à mettre la main sur une preuve irréfutable, et a bientôt décidé de pointer son viseur sur moi, qu'elle jugeait, à tort, responsable de toute cette affaire.

Début mai, elle m'a envoyé un mail directement. (Pourquoi ne pas m'avoir contactée plus tôt, je l'ignorais, mais je supposais qu'elle venait tout juste de deviner mon adresse mail et m'avait écrit comme on lance une bouteille à la mer.) Son message avait pour objet « Enquête de presse ». Étant donné que nous ne nous étions jamais rencontrées, elle commençait par se présenter – comme si j'avais pu ignorer encore son existence, alors qu'elle s'appliquait à me gâcher la vie depuis plusieurs mois déjà. « Leave.EU affirme à présent que Cambridge Analytica n'a pas travaillé pour le mouvement au cours de la campagne du référendum. Je voudrais vous donner la possibilité d'expliquer votre présence lors du meeting de lancement de Leave.EU, le 18 novembre 2015. »

J'étais hors de moi.

Ainsi, Andy Wigmore ou Arron Banks (ou les deux) niaient maintenant toute collaboration avec Cambridge Analytica. Nigel Farage avait peut-être joué un rôle là-dedans, lui aussi. Et, puisque tout le monde niait à qui mieux mieux, c'était soudain devenu un problème. Furieuse qu'Alexander et Julian m'aient forcée à passer autant de détails sous silence dans le questionnaire de l'ICO, j'ai transféré le mail à notre directeur des relations publiques, Nick.

« Lis ça et dis-moi ce que je peux faire », ai-je commenté sèchement, consciente que tout cela aurait facilement pu être évité.

Mais Nick n'avait aucun conseil utile à me donner. Et, n'ayant pas reçu de réponse de ma part, Carole Cadwalladr a fait équipe avec une journaliste free-lance américaine, Ann Marlowe, qui avait écrit pour le *Village Voice* des articles dans lesquels elle s'intéressait au rôle joué par Cambridge Analytica dans les élections de son côté de l'Atlantique. En août 2016, Marlowe avait rédigé un rapport d'enquête pour le magazine *Tablet*, après être partie à la pêche aux indices concernant un lien potentiel entre SCL et les affaires ukrainiennes de Paul Manafort : elle n'avait trouvé qu'un ancien actionnaire de SCL en relation avec l'Ukraine, soit beaucoup de bruit pour pas grand-chose[3]. Sa seule conclusion avait été que « le monde devrait surveiller de plus près ceux qui possèdent les entreprises rassemblant des données sur les électeurs américains ».

Et voilà que Carole et Ann se mettaient à échanger des tweets, une rafale de calomnies accusatoires en moins de 140 caractères, faisant courir des bruits mensongers à mon sujet. Alexander n'a rien fait pour me soutenir. Je lui ai demandé de faire appel à une société de relations publiques afin de gérer la situation, mais il a refusé. Pour un homme qui ne jurait que par la stratégie de communication, il était incroyablement réticent à l'idée de payer quelqu'un d'autre pour faire le travail à sa place, même lorsqu'il en aurait eu désespérément besoin. Présomptueusement, il comptait sur son charme légendaire pour régler n'importe quel problème de relations publiques ; mais, cette fois, il n'a rien pu y faire. Le messager avait perdu le contrôle de son propre message.

J'étais profondément malheureuse, et je me sentais trahie. À présent, même mes amis britanniques me regardaient de travers ou me traitaient comme une paria – paria que j'avais moi-même l'impression d'être devenue.

Alexander m'avait fait revenir au Royaume-Uni pour travailler sur des contrats commerciaux internationaux, mais les réunions avec des clients potentiels prenaient souvent une tournure désagréable. L'une de ces réunions, notamment, avait été organisée à l'initiative d'un fabricant international de tabac, qui souhaitait ardemment se diversifier et faire connaître son nouveau produit, une cigarette électronique, à ses clients fumeurs. La question était de savoir comment promouvoir ce produit légalement – ou de manière extra-légale –, puisqu'il est interdit de faire de la publicité pour les cigarettes sur de nombreuses plates-formes américaines. Le fabricant nous demandait donc de trouver une tactique pour camoufler le but véritable de la publicité, afin d'attirer des clients potentiels sur leur site en les faisant cliquer sur quelque chose de plus innocent que le tabac ou la nicotine.

Peu après la réunion visant à modifier stratégiquement mes réponses au questionnaire de l'ICO, j'avais reçu un message sur LinkedIn de la part d'un certain Paul Hilder. Paul avait un CV impressionnant : écrivain, organisateur politique et entrepreneur social, il pensait que big data pouvait servir à soutenir des mouvements populaires. Malgré ses origines britanniques, il avait passé l'essentiel de l'année 2016 à travailler sur la campagne de Bernie Sanders, et il était tombé sur moi de la plus étrange des manières, grâce à une vidéo postée sur Internet par quelqu'un de Cambridge Analytica, dans laquelle j'apparaissais très brièvement et à l'improviste.

Cette vidéo était née d'un phénomène inhabituel : l'un de nos experts de données avait tenu un vlog sur YouTube, racontant sa vie quotidienne, y compris son travail à Cambridge, pendant trois cent soixante-cinq jours. L'une de ses vidéos se passait dans un cynodrome de Londres, pendant une fête de l'entreprise en été 2015 : elle prendrait plus tard une ampleur assez malvenue, pour la simple raison qu'un de mes collègues y critiquait Alexander, disant qu'il était « le genre de type à vendre une ancre à quelqu'un en train de se noyer » – ce commentaire peu élogieux survivrait plus longtemps que l'entreprise elle-même. Mais ce n'était pas cela qui avait attiré l'attention de Paul.

À l'époque où cette vidéo avait été filmée, Cambridge travaillait, entre autres, sur la campagne électorale de Cruz, si bien qu'à un moment un membre de l'équipe Cruz avait lancé : « Qui va gagner l'élection ? » Et j'avais été la seule à crier le nom de Bernie Sanders.

C'était comme cela que Paul m'avait trouvée.

Il avait sans doute lancé une recherche Google sur SCL Group, car, comme tant d'autres, il essayait de comprendre ce qui s'était passé au Royaume-Uni et aux États-Unis afin de dessiner des perspectives d'avenir. Depuis longtemps, il promouvait l'utilisation des réseaux sociaux par les organisations de gauche, et avait fondé Crowdpac, une alternative populaire aux *super PAC*. Il avait également participé à la création d'Avaaz, l'une des plates-formes de pétitions en ligne les plus usitées dans le monde, à laquelle je vouais une certaine admiration. De plus, il avait travaillé comme directeur de campagne d'un parti pacifiste britannique pendant la guerre en Irak, s'était porté candidat au poste de secrétaire général du Parti travailliste, et, en 2016, avait réclamé la création pure et simple d'un nouveau parti travailliste anglais.

Je ne savais pas, au juste, ce que Paul me voulait. Nous avions discuté par téléphone pendant que je m'occupais de la passation de contrats au Mexique. En échangeant avec les deux personnes choisies par Alexander pour reprendre mon travail, je les avais trouvées aussi mal préparées l'une que l'autre : Laura Hilger, qui avait connu sa première expérience électorale en travaillant à la Trump Tower, n'avait aucune idée du fonctionnement politique sur le terrain, encore moins dans le Mexique rural. Quant à Christian Morato, il avait menti sur ses compétences en espagnol, et avait encore moins d'expérience en campagnes électorales. Alexander semblait l'avoir choisi simplement parce qu'il était un ancien Béret vert.

J'avais travaillé pendant un an sur les contrats que je me voyais maintenant obligée de leur confier. L'un d'eux concernait les élections provinciales de quatre États, dont celui de Mexico ; l'autre impliquait une potentielle collaboration avec l'une des plus grandes sociétés de médias du monde hispanophone, Cultura Colectiva. Je développais mon réseau au sein de cette entreprise depuis des mois, avec le projet de former un partenariat avec CA pour diriger des sondages OCEAN en espagnol et faire de la création de contenu.

Ma conversation téléphonique avec Paul m'a fait l'effet d'une bouffée d'oxygène dans cette période de tension, alors que je ne faisais confiance ni à Laura ni à Christian pour mener à bien mes projets, et que les événements survenus à Cambridge Analytica au cours des mois précédents m'inspiraient une amertume grandissante. J'étais incapable de déterminer ce qu'il voulait de moi, mais il me plaisait beaucoup. Il semblait aussi intelligent qu'intéressant, et j'ai accepté de le rencontrer à mon retour à Londres.

Au cours de notre premier déjeuner, dans un restaurant situé à quelques minutes de nos locaux londoniens, j'ai appris qu'il avait un certain nombre d'objectifs. Le premier était d'apprendre ce que faisait Cambridge Analytica, en partie pour terminer un article qu'il écrivait pour le magazine *Prospect* au sujet du big data, du Brexit et de Trump, et en partie pour déterminer si les activités de CA seraient applicables au nouveau parti travailliste qu'il souhaitait former et à ses projets libéraux. Le deuxième, c'était d'en savoir plus sur moi : comment une supportrice de Bernie s'était-elle retrouvée à travailler pour une entreprise comme Cambridge Analytica ?

Je n'ai pas fait très attention à ce que je lui ai confié. Sans pour autant enfreindre la charte de confidentialité de l'entreprise, j'ai traité Paul comme un client qui aurait demandé de plus amples informations sur nos services – ce qui, d'une certaine manière, était le cas, du moins potentiellement. Je lui ai détaillé les mêmes choses que pendant un argumentaire de vente : nos capacités, les applications passées et potentielles de nos analyses et de la psychographie… Et je lui ai expliqué pourquoi j'avais commencé à travailler pour Cambridge, les projets sociaux que je m'étais figurés, et la manière dont ce rêve m'avait filé entre les doigts.

Il s'est demandé tout haut si je pouvais imaginer une vie en dehors de SCL et Cambridge. De nombreuses causes progressistes n'attendaient que moi, à condition que je sois prête à franchir le pas.

Nous avons dîné ensemble plusieurs fois. Il était intéressé par ce que l'entreprise avait accompli au Nigeria et au Kenya, ainsi que par Buhari et la famille Kenyatta, et souhaitait savoir si le travail de CA en Afrique avait été aussi irréprochable qu'il en avait l'air. Je me posais les mêmes questions.

Bientôt, j'ai cessé de le considérer comme un client potentiel. Je savais qu'il n'avait probablement pas besoin des services de Cambridge, et, même si je me répétais qu'il connaissait peut-être des gens qui pourraient devenir nos clients, et que je devais entretenir ma relation avec lui pour des raisons commerciales, la vérité était que j'espérais avoir un jour l'occasion de travailler avec lui.

Il me rappelait John Jones. À mes yeux, il était un allié, un compatriote, et ce qui était sans doute mon premier ami de gauche depuis des années.

En dehors de cela, je me sentais prise au piège en Angleterre. Carole Cadwalladr refusait de lâcher l'affaire du Brexit. Cela dit, la situation aux États-Unis n'était pas plus reluisante.

En avril, Cambridge a remporté un prestigieux trophée publicitaire pour la vidéo produite par le *super PAC* que je détestais le plus, celle du discours « Quand on ne sait pas gérer son propre foyer » de Michelle Obama. Je trouvais perverse l'idée même de cette vidéo. En mai, le conseiller spécial Robert Mueller a entamé son enquête sur l'ingérence russe dans l'élection de 2016, et, au début du mois de juin, lorsque j'ai annoncé à Alexander que je me rendais au mariage d'une amie en Russie, il a fait une crise de panique. Alors que, jusque-là, le sujet de la Russie n'avait semblé déranger personne chez Cambridge, il était évident que quelque chose troublait Alexander.

Il m'a envoyé un mail, avec Mark Turnbull en copie : je ne devais pas emporter la moindre carte de visite de Cambridge Analytica pendant mon voyage. Et, comme si cela ne suffisait pas, il m'a appelée pour m'ordonner ceci :

— N'en profite pas non plus pour rencontrer des gens. Va au mariage, bois ton champagne. Danse un peu. Amuse-toi. Et ensuite rentre à la maison.

C'est exactement ce que j'ai fait, bien sûr, tout en me demandant pourquoi il semblait aussi inquiet.

À mon retour, Alexander avait reçu de mauvaises nouvelles en provenance du Mexique. Le candidat que nous soutenions dans l'une des élections avait certes été élu, mais Laura et Christian avaient très mal géré la campagne et l'implication de CA.

Alexander m'a chargée de me rendre là-bas pour remettre de l'ordre.

— Pour combien de temps ? ai-je demandé.

— Jusqu'à ce que la situation soit réglée.

15

Séisme

Juillet - septembre 2017

Les deux ans et demi qui venaient de s'écouler m'avaient épuisée. Je n'avais pas encore trente ans, et je me sentais terriblement vieille. Cela faisait une éternité que je n'avais ni mangé ni dormi correctement ; j'avais arrêté le sport et pris trois ou quatre tailles de vêtement ; enfin, les trajets incessants en avion avaient exacerbé ma scoliose, un mal perpétuel pour lequel j'avais subi une lourde opération et qui, lorsque je n'y faisais pas assez attention, me faisait un mal de chien. Mais, à Mexico, pour la première fois depuis bien longtemps, ma vie a ralenti. Je me réveillais le matin alors que le soleil brillait déjà ; le soir, je me rafraîchissais en même temps que la ville. J'étais loin des États-Unis, avec lesquels j'avais coupé les ponts, et loin de Londres, où je m'étais brûlé les doigts. Et je me trouvais dans l'un des plus beaux endroits sur Terre.

Alexander m'avait envoyée à Mexico décrocher un contrat pour l'élection présidentielle imminente et reprendre en main les autres affaires de CA sur place, si bien que j'habitais un logement de fonction à Polanco, le quartier le plus chic de la ville, dans une rue paisible. Les fenêtres s'étiraient du sol au plafond et j'avais même un balcon en fer forgé donnant sur une rangée de palmiers.

J'étais vraiment heureuse, ce qui ne m'était pas arrivé depuis bien longtemps.

Le fait de me trouver à l'étranger et de pouvoir souffler un peu m'a aidée à y voir plus clair. Je savais déjà que je voulais quitter le navire ; mais il n'était pas question de partir sans avoir un plan préétabli. Premièrement, parce que je ne pouvais pas me le permettre. J'envoyais régulièrement de l'argent à mes parents, principalement pour payer le loyer des locaux de stockage contenant ce qui restait du foyer familial, mais également pour les aider à joindre les deux bouts quand le besoin s'en faisait sentir. Ma sœur aussi partageait son salaire avec eux, et eux-mêmes admettaient qu'ils ne sauraient pas quoi faire sans notre aide. Au rythme auquel la santé de mon père se détériorait, nous ne pouvions pas nous permettre de perdre cette sécurité financière.

Outre mon salaire, quelque chose de plus important encore m'empêchait de quitter Cambridge, malgré mon dégoût croissant pour le travail que nous faisions, la façon dont nous le faisions, et le fait qu'on me demande à présent de rendre des comptes sur mon rôle dans ce travail. Après tout, j'avais contribué à la création de l'entreprise, pour le meilleur et – en l'occurrence – pour le pire, et j'étais loin d'avoir récolté les fruits de mon labeur. Le compromis était que, plus tard, lorsque l'entreprise aurait atteint un nouveau palier de réussite, j'aurais ma part en actions. Dès mes premières semaines à SCL, Alexander avait parlé de Cambridge comme d'une start-up de la Silicon Valley.

Et, après l'élection de 2016, cette rhétorique semblait devenir réalité. En dépit des enquêtes dont nous faisions l'objet et de la mauvaise publicité des médias, c'était comme si le monde entier voulait travailler avec nous. J'avais beau être prête à partir, je n'allais pas retourner ma veste juste au moment où Cambridge atteignait le succès que j'avais attendu depuis mon recrutement.

J'avais sacrifié tant de mes valeurs sur l'autel de cette réussite qu'il me semblait encore plus humiliant de repartir les mains vides.

Mais le fait de ronger mon frein en attendant le triomphe de Cambridge ne m'empêchait pas de préparer soigneusement mon évasion. Au contraire, pendant les semaines qui avaient suivi l'analyse de l'élection, j'avais œuvré avec mon vieil ami Chester à une idée qui me permettrait de laisser Cambridge derrière moi pour de bon, tout en capitalisant sur mon expérience dans l'économie des données. Lui aussi en avait eu assez de s'affilier avec Alexander – surtout après lui avoir présenté de nombreux clients et investisseurs, sans jamais toucher le moindre centime pour sa peine.

C'est pourquoi, au début de l'année 2017, Chester et moi avons fait de gros efforts pour nous introduire dans le monde des blockchains, un univers peuplé d'experts en technologie, cryptographes, libertaires et anarchistes aussi candides qu'optimistes qui considéraient la sécurité des données, la propriété des actifs et des informations et même la gestion de capitaux sans l'intermédiaire d'une banque comme étant de la plus haute importance. C'était une époque passionnante pour cette industrie qui, grâce à des outils technologiques émergents et qui bouleversaient tout, permettait aux gens – parmi bien d'autres choses – de reprendre le contrôle de leurs données à l'aide de moyens éthiques fondés sur la transparence, le consentement et la confiance.

Une blockchain (ou « registre des transactions ») est une base de données ou un registre public, décentralisé sur des centaines ou des milliers d'ordinateurs qui valident et enregistrent des transactions dans le monde entier, si bien qu'aucune autorité centrale ne peut modifier ou effacer quoi que ce soit. Les utilisateurs peuvent donc stocker et encrypter des données en toute sécurité, et suivre leur transfert en toute transparence. Chaque transaction est enregistrée de manière publique et, une fois que suffisamment de transactions ont été faites, elles sont rassemblées en un « bloc » de données « enchaîné » à tous les autres blocs créés depuis le lancement de la plate-forme. Pour réussir à modifier une seule transaction, il faudrait hacker tous les blocs assemblés avant cette transaction, ce qui n'a jamais pu être fait.

Je connaissais la technologie de base des blockchains depuis un moment ; la première solution avait été le bitcoin. J'avais entendu parler du bitcoin pour la première fois en 2009, car certains de mes amis militants des droits de l'homme les utilisaient pour se payer les uns les autres (s'envoyant des bitcoin en remerciement d'un coup de main ou d'une information) pendant qu'ils géraient des réseaux clandestins de sauvetage de réfugiés nord-coréens afin de leur trouver un asile. L'aspect le plus révolutionnaire des bitcoin était qu'ils constituaient un système monétaire électronique entièrement nouveau et de pair à pair, sans intermédiaire : à l'époque, c'était donc le moyen idéal de faire circuler des valeurs sans attirer l'attention des gouvernements[1].

À présent, bien des années plus tard, j'avais vu le big data exploiter les utilisateurs, et même pousser la malice jusqu'à altérer le fondement même de la démocratie aux États-Unis et au Royaume-Uni. Les blockchains m'apparaissaient comme un moyen de redémocratiser l'information et de renverser les anciens modèles. Lorsque nous avons commencé à parler d'utiliser la science des données et la technologie de la blockchain, Chester et moi savions qu'il nous faudrait beaucoup plus d'expertise que ce dont nous disposions à ce moment-là.

C'est ainsi que nous nous sommes lancés dans notre quête, à la recherche des esprits les plus brillants de nos carnets d'adresses. Par chance, un groupe d'éminents experts en technologie dans ce domaine avait été convié au mariage de Brock Pierce, titan de l'industrie, et de Crystal Rose, visionnaire de la souveraineté des données, à Ibiza. Nous avons appris cela par Wiley Matthews, lui aussi ancien combattant de la publicité ciblée, qui nous a assuré que, si nous faisions le déplacement, nous étions sûrs de rencontrer certains d'entre eux. C'est donc ce que nous avons fait. En moins de douze heures, nous avions fait connaissance avec la majorité des leaders du domaine, notamment Craig Sellars – l'un des fondateurs de Tether, la première cryptomonnaie stable indexée sur le dollar américain – et Matt McKibbin, cofondateur de D10e, une série de conférences sur les blockchains, et de DecentraNet, l'une des premières entreprises de conseil axées sur ce sujet. Nous avions également croisé une ribambelle de gens fascinants, qui travaillaient sur des projets aussi divers que des espaces subventionnés par des blockchains ou des services bancaires en ligne à destination de populations rurales dépourvues de banques.

Chester et moi avons quitté Ibiza sur un petit nuage. Le potentiel de ce domaine était énorme, et les blockchains semblaient représenter la parfaite échappatoire à mon expérience chez Cambridge. Reposant sur la technologie, fondées sur une idée de sécurité et de confidentialité, elles constituaient la direction idéale pour faire amende honorable, aussi bien personnellement que professionnellement.

Si je parvenais à tout organiser, je pourrais quitter Cambridge pour de bon une fois la campagne électorale mexicaine terminée. Je décrocherais un contrat juteux pour l'entreprise, je toucherais une belle commission, et je pourrais enfin dire *adios* à Cambridge Analytica pour retrouver des principes que j'avais mis de côté depuis trop longtemps.

Les élections présidentielles mexicaines sont différentes de celles des États-Unis. J'avais appris cela en 2015, lorsque mes amis et partenaires commerciaux à Mexico m'avaient contactée pour me demander mon aide pour la campagne de 2018. J'avais alors demandé à mon équipe d'effectuer quelques recherches afin de présenter un argumentaire de vente assez rapidement. Au Mexique, les élections commencent tôt et sont extrêmement importantes, car le président n'accomplit qu'un unique mandat de six ans. Les candidats potentiels s'affrontent lors d'un processus semblable aux primaires, mais qui se fonde sur un vote interne du parti plutôt que sur un vote public. Et la scène politique mexicaine est rendue encore plus complexe par la présence de multiples partis importants, pas seulement deux comme aux États-Unis.

À mon arrivée à Mexico, j'avais commencé à assister à des meetings avec le Partido Revolucionario Institucional (PRI), le parti du président de l'époque, Enrique Peña Nieto. Le PRI était connu comme la plus grande puissance tant à l'intérieur qu'à l'extérieur du pays. La saison des primaires venait à peine de commencer, si bien que j'avais le temps d'assurer le contrat et de créer une infrastructure solide pour permettre à SCL Mexico de mener une campagne nationale majeure.

Malgré notre travail sur les élections provinciales mexicaines, nous ne possédions pas l'infrastructure nécessaire. Nos deux chefs d'équipe avaient pu isoler des groupes cibles et faire quelques recherches élémentaires, mais la base de données qu'ils avaient créée n'était pas de taille ni d'importance suffisante, et ils s'étaient montrés incapables d'établir le moindre modèle ou ciblage exploitable.

Dès mon arrivée, je me suis attelée à l'assemblage de la base de données, et j'ai rassemblé une équipe de choc de jeunes professionnels, originaires du Mexique comme d'ailleurs – des chercheurs, des créatifs, des sondeurs, des experts en données, des producteurs de radio et de télévision et des influenceurs –, afin de soutenir notre effort de victoire.

En tant que citoyenne américaine, je trouvais très ardu de faire des affaires au Mexique, que ce soit sur le plan commercial ou gouvernemental – sans parler du niveau présidentiel. Trump avait diabolisé les gens avec lesquels je m'efforçais de travailler, et je devais mettre en œuvre toute ma prudence, mon humilité, ma diplomatie et ma patience pour réussir auprès des clients. En fait, il était prodigieux que je parvienne à accomplir quoi que ce soit : j'avançais sur un chemin semé d'embûches, non seulement à cause de Trump mais aussi à cause d'Alexander.

Depuis la victoire de Trump, Alexander avait développé un ego surdimensionné et un excès de confiance en lui qui ne nous rendaient en aucun cas service à l'étranger. Il avait toujours manqué du respect le plus élémentaire envers les habitants de pays non anglophones, et toujours considéré que travailler dans ces pays était un dû. Pour lui, le Mexique n'était qu'un nouveau territoire à conquérir afin d'en exploiter la population. Il se voyait comme un sauveur blanc venu secourir les Mexicains des méandres de leur sous-développement à l'aide de la technologie fournie par son entreprise. Il les anoblirait à coups de données, et les élèverait au rang du monde moderne. Il était de son devoir de les conquérir, les convertir et les coloniser.

Même si je passais toujours de bons moments en sa compagnie, j'étais plus nerveuse qu'enchantée lorsqu'il me rendait visite. Ses passages à Mexico étaient rares mais mémorables, car il laissait souvent aux clients l'impression de s'abaisser en travaillant avec eux. Je trouvais insupportable sa façon d'afficher une prétendue complicité avec les gens du pays, comme s'il comprenait comment les choses marchaient vraiment au Mexique : il évoquait souvent à mots couverts les magouilles, la corruption et autres méthodes discutables qu'il pensait être légion sur place.

Il avait fonctionné ainsi tout au long de sa carrière, ainsi que je l'ai découvert pendant notre pitch face à des Mexicains sur le point de lancer une campagne. Alexander était venu avec son ordinateur portable et sa présentation PowerPoint habituelle, mais, lorsqu'il en est venu aux études de cas des campagnes qu'il avait menées dans d'autres pays, j'ai été horrifiée par la manière dont il les décrivait. En effet, beaucoup de ses récits différaient grandement de ce que j'avais entendu jusque-là, ce qui les rendait profondément troublants.

Sa présentation commençait par l'Indonésie. Dans cette version de l'histoire, la campagne menée par SCL en 1999 n'était pas passée par l'émancipation des étudiants mais par la manipulation. Dans le passé, j'avais entendu Alexander raconter comment SCL avait « aidé » un mouvement prodémocratie à voir le jour à Jakarta ; à présent, il s'avérait que SCL avait tout simplement créé ce mouvement. Depuis son centre des opérations haute technologie à Jakarta, l'entreprise avait passé dix-huit mois à orchestrer d'énormes manifestations étudiantes qui n'auraient jamais eu lieu autrement, et à inciter à des émeutes qui avaient fini par provoquer la démission du dictateur de longue date, Suharto.

L'opération avait été ingénieuse et complexe, se vantait Alexander. L'Indonésie était un vaste pays, le septième plus grand au monde, un archipel étalé sur plus de 300 îles. Étant donné les difficultés de communication entre ces îles, et avec la crise financière asiatique de 1999 en arrière-plan, SCL avait dû œuvrer pour apaiser une population tout entière paniquée par la dérobade du seul dirigeant qu'elle ait connu depuis des décennies. Les gens redoutaient que le départ de Suharto ne provoque de l'instabilité politique, ce que SCL avait anticipé en préparant la deuxième phase de l'opération : une campagne de propagande affirmant que la vie sans Suharto était une « avancée positive ». Enfin, SCL avait lancé la troisième phase, une campagne électorale pour Abdurrahman Wahid, qui, a précisé Alexander d'un ton insupportablement léger et sans complexes, s'est révélé encore plus corrompu que Suharto[2].

Les slides suivants avaient pour sujet la première campagne électorale menée par SCL au Nigeria, et qui avait précédé la débâcle de 2015. Dans la campagne de 2007, le titulaire, Umaru Musa Yar'Adua, avait si peur de perdre l'élection qu'il s'était résolu à la truquer. « Au Nigeria, la présidence est censée changer de mains », a expliqué Alexander, si bien qu'une élection truquée aurait provoqué un tollé dans le pays si les citoyens s'en étaient rendu compte. SCL avait donc convaincu Yar'Adua de se montrer proactif : il truquerait bel et bien l'élection, mais SCL ébruiterait volontairement son projet, des années à l'avance. Ainsi, quand viendrait le moment du vote, le caractère illégitime de sa réélection ne dérangerait plus personne. En d'autres termes, SCL avait « vacciné » la population contre ses propres inquiétudes en la laissant digérer l'information sur une longue période.

Je n'avais jamais entendu Alexander tenir de tels propos, et j'étais sous le choc. J'avais longtemps rêvé de devenir observatrice électorale à l'ONU ou à la Fondation Carter, précisément pour éviter ce type de stratégie sournoise. Et Jimmy Carter lui-même avait participé à la supervision de cette élection. Les observateurs électoraux de l'Union européenne l'avaient décrite comme la pire élection jamais vue dans le monde entier, mais, lorsqu'ils avaient enfin déclaré le processus électoral irrecevable, Yar'Adua était déjà en poste, et plus personne au Nigeria ne se souciait de la question, a conclu Alexander avec un grand sourire.

— Vous savez, a-t-il expliqué aux hommes assis dans la pièce (c'étaient toujours des hommes) sur ce ton complice et condescendant que je trouvais si détestable, si vous tombez sur votre femme au lit avec un autre homme, vous le tuerez de vos propres mains. Mais, si vous apprenez l'existence de cet amant petit à petit, vous ne serez pas aussi susceptible de recourir à la violence.

C'était exactement ce que SCL avait fait au Nigeria : répandre l'information de manière préventive afin d'en diminuer l'impact. Ils avaient fait courir la rumeur par le bouche-à-oreille et sur les réseaux sociaux, YouTube et MySpace.

— C'était la première année où on utilisait Facebook, a-t-il ajouté, laissant entendre que le réseau avait enfin acquis une importance mondiale suffisante pour leur être utile lors de campagnes à l'étranger.

Et l'un des plus grands succès de la campagne avait été le « peu de violences » entourant l'élection.

Le cas suivant était celui de l'élection municipale de 2011 à Bogotá, en Colombie. Tous les candidats présents à l'élection étaient corrompus jusqu'à l'os, et tout le monde les détestait. Dans l'opinion publique, ils étaient tous « voleurs, tricheurs et menteurs », selon le sondage réalisé par SCL. La plupart des Colombiens avaient déjà décidé de ne pas aller voter, tant ils étaient dégoûtés par le choix qu'on leur proposait. Il avait donc fallu mettre au point une nouvelle stratégie ingénieuse.

— Nous avons persuadé notre candidat, a expliqué Alexander, de mener une campagne dans laquelle il n'apparaissait pas du tout.

Les Colombiens ont un ego surdimensionné, a-t-il ajouté, si bien que le candidat avait été difficile à convaincre, mais il avait fini par céder. Ainsi, au lieu de coller des tonnes d'affiches de dix mètres de haut avec sa photo et la légende « Votez pour moi », SCL s'était rendu dans tous les quartiers de tous les *barrios* afin de dénicher des gens respectés par leur communauté et de les convaincre de soutenir leur homme. En s'adressant à « des docteurs, des professeurs, des restaurateurs et des boutiquiers », SCL avait obtenu d'eux une citation et une photographie. L'entreprise avait alors posé 3 000 affiches représentant 3 000 personnes différentes, avec leur photo et leur phrase de soutien au candidat corrompu, dans un rayon de quelques pâtés de maisons.

— Ce sont les gens qui changent les gens. C'est le fonctionnement de l'influence. Chacun de ces 3 000 individus respectés, piliers de leur communauté, est devenu un porte-parole de la campagne. Une très bonne campagne, très efficace, a commenté Alexander.

La suite concernait le Kenya, en 2013. C'était là qu'Alexander avait vécu avec sa famille et accompli le travail lui-même. Son client, le candidat à la présidence Uhuru Kenyatta, souhaitait se dissocier de l'Union nationale africaine du Kenya, ou KANU – le parti de son père, l'ancien président Jomo Kenyatta –, parce que son père « avait commencé son mandat pauvre et était reparti avec 1 million de dollars ». Le peuple kenyan avait par la suite associé la KANU à la corruption, si bien que SCL devait à présent créer de toutes pièces un nouveau parti sous la bannière duquel le fils pourrait se présenter.

Le processus n'avait pas été simple. Ni SCL ni le candidat lui-même ne pouvaient se permettre de mener ouvertement ce projet à bien.

— Alors, on s'est renseignés, a dit Alexander. Le Kenya était un pays « très tribal », du moins en ce qui concernait les générations les plus âgées. La jeunesse, en revanche, montrait des velléités de rébellion contre l'ordre établi, et se sentait laissée pour compte.

» On a donc lancé un mouvement pour la jeunesse, TNA, pour The National Alliance. »

Dans une opération assez similaire à ce qu'il avait fait en Indonésie, mais cette fois sans lien apparent avec la politique, SCL a passé huit mois à organiser des événements de grande ampleur pour rassembler la jeunesse kenyane – matchs de football, festivals de musique, initiatives de nettoyage des villages… À la fin, TNA avait 2 millions de *followers*.

Ensuite, SCL a organisé un rassemblement, le plus grand rassemblement de l'histoire de l'Afrique de l'Est, selon Alexander. Et, depuis l'intérieur de la foule, ils ont lancé le slogan : « On veut Kenyatta, on veut Kenyatta ! » Kenyatta a feint la surprise face au soutien de la jeunesse, mais il a quitté le parti de son père, la

KANU, pour rejoindre TNA, soutenu à la fois par la jeunesse et par les partisans de son père à la KANU.

SCL a ensuite organisé une élection, à laquelle Kenyatta s'est présenté comme candidat du TNA, et qu'il a remportée.

— Donc on a créé le parti, a expliqué Alexander. On a créé un besoin qui n'existait pas, et on a fourni Kenyatta comme solution. Toute l'opération a pris seize mois, environ. Et ce parti existe toujours, a-t-il ajouté avec fierté.

La pièce de résistance de son étude de cas était Trinité-et-Tobago. J'avais entendu cette histoire le jour où j'avais visité les bureaux de SCL à Londres, en octobre 2014. À l'époque, on m'avait parlé d'un mouvement pour la jeunesse, et d'une volonté d'émancipation des jeunes afin de leur permettre de faire des choix. Mais là, dans cette salle de réunion mexicaine, le récit a pris une tournure plus sombre.

Trinité-et-Tobago est un tout petit pays, d'environ 1,3 million d'habitants. Alexander a affiché une carte géographique à l'écran. Ce qu'avait accompli SCL là-bas, a-t-il affirmé, donnerait aux clients potentiels une idée des capacités innovatrices de l'entreprise. Et il s'est lancé dans un récit animé, alternant passé et présent, comme s'il commentait un événement sportif.

— On a deux partis principaux. Le parti des Noirs et le parti des Indiens. Tous les Indiens votent pour le parti indien, et tous les Noirs… bref, vous avez compris le principe. Quand les Indiens sont au pouvoir, les Noirs n'obtiennent rien, et vice versa. C'est une bataille permanente.

SCL travaillait pour le parti indien.

— Alors on dit à notre candidat : nous, on ne s'intéresse qu'à une chose, et c'est cibler la jeunesse. Toute la jeunesse, les Noirs et les Indiens, et on essaie de tabler sur leur apathie.

Visiblement, le candidat n'avait pas bien compris l'intérêt, mais il avait donné carte blanche à SCL pour accomplir leur miracle.

— On s'était renseignés, vous voyez, a expliqué Alexander, et il en était ressorti deux idées importantes. Premièrement, toute la jeunesse de ce pays se sentait délaissée, les Indiens comme les Noirs. Deuxièmement, seules les familles indiennes avaient un principe hiérarchique fort, pas les familles noires. Et, ça, c'était tout ce qu'on avait besoin de savoir.

Comme au Nigeria, la campagne ne pouvait pas porter sur la politique parce que « les jeunes s'en foutent ».

— Il fallait une campagne réactive, pêchue, ascendante, qui leur donne l'impression d'être importants. Donc il fallait qu'on sorte des sentiers battus.

SCL avait mis au point une campagne dénommée Do So (Fais-le), axée sur l'idée de « faire partie du gang ». L'idée était simple : *Do So* signifiait qu'il ne fallait pas aller voter parce que, voter, ce n'est pas cool.

Il est passé à un slide montrant des jeunes en train de danser, de peindre, tous hilares. L'une d'entre eux, une jeune fille avec un foulard sur la tête, brandissait une pancarte sur laquelle était écrit : *Do So.*

— Du coup, on a ciblé les jeunes. Tous les jeunes, a-t-il répété. Les Indiens, et les Noirs aussi. On collait des affiches comme celle-là, et puis on encourageait les graffitis, on filait aux gamins de la peinture jaune, des pochoirs et des rouleaux. La nuit, ils se posaient dans leur voiture, ils fumaient un joint (il a mimé une inhalation, deux doigts contre les lèvres), et puis ils faisaient le tour du pays en posant des affiches partout, ils se faisaient poursuivre par la police, tous leurs copains faisaient pareil. C'était génial. On s'amusait comme des petits fous. Cinq mois de chaos total.

Il a eu un petit rire.

— C'était comme faire acte de résistance contre le gouvernement, mais aussi contre la politique, le vote... Très vite, ils ont commencé à tourner leurs propres vidéos YouTube, et ils ont recouvert la maison du ministre de graffitis. Un vrai carnage.

Il a montré l'image d'une grande villa couverte de graffitis jaunes, encore des années plus tard.

— Et c'était une excellente stratégie parce qu'on savait, on était certains à 100 % qu'au moment du vote les Noirs n'iraient pas, mais que tous les Indiens iraient quand même, parce que les jeunes Indiens font ce que disent leurs parents, et leurs parents leur diraient d'aller voter.

» Donc, a-t-il conclu, même si tous les jeunes s'étaient bien amusés avec *Do So*, au final, les Indiens sont allés voter pour le candidat indien, ce qui fait qu'il y a eu une différence d'abstention de, quoi, 40 % sur la tranche des dix-huit à trente-cinq ans. Ce qui a donné environ 6 % à notre candidat, exactement ce qu'il lui fallait pour gagner. »

SCL ne faisait pas seulement de la psychographie, a-t-il poursuivi. Son travail était de rassembler des informations à différents niveaux, non seulement démographique ou contextuel mais aussi sociodynamique.

— À quel groupe appartiennent les gens ? À quel réseau social ? À quelle structure de pouvoir ? Est-ce qu'ils se croient maîtres de leur propre destin ? Quels sont leurs ennemis communs, et comment peut-on utiliser tout ça pour contrôler leur comportement ? On s'intéresse à la culture, aux croyances, à la religiosité. Mais aussi aux individus. Ce qui nous intéresse, ce n'est pas ce que vous pensez du président ; non, c'est vous. Qu'est-ce qui vous fait agir ? On pense que ce sont les gens qui changent les gens. Pas les messages. On veut que ce soient les gens qui parlent pour nous.

Il m'a désignée du doigt.

— Moi, je la convertis, elle.

Puis il s'est tourné vers les hommes assis dans la salle.

— Et c'est elle qui vous convertit, vous. Vous voyez ?

À l'image de tant d'autres choses à Cambridge, la présentation avait évolué, et me mettait de plus en plus mal à l'aise. Ce qui ne s'est pas arrangé quand j'ai remarqué qu'Alexander avait négligé un élément important.

La conformité des données était un problème grandissant pour moi, étant donné que j'essayais de monter une entreprise et une base de données adaptées à tous les projets que je proposais, qu'ils soient politiques ou commerciaux. Dans les faits, SCL et CA n'avaient jamais été d'une grande sévérité en ce qui concernait le respect des lois applicables dans les pays où ils opéraient – de la Lituanie aux États-Unis –, mais je commençais à m'en inquiéter de plus en plus.

Je m'étais mise à élaborer des stratégies avec des entreprises de données mexicaines et des sociétés de sondages comme Parametría et Mitofsky, mais, en montant une base de données dans un pays dénué d'infrastructure de données locales, je voulais m'assurer que nous obéissions à toutes les lois en vigueur au Mexique. Très vite, j'avais fait appel à Larry Levy, l'avocat de SCL à New York, qui avait géré le contrat Trump et été collègue avec Rudy Giuliani avant de changer d'entreprise. J'avais parlé de conformité des données avec lui de nombreuses fois, mais l'une des plus mémorables avait eu lieu en 2015, alors que je préparais une proposition pour le Caesars Palace, à Las Vegas. Je m'étais renseignée sur les lois concernant les données dans le Nevada et sur la manière de gérer les données de jeux de hasard, afin de déterminer le genre de services que je pouvais proposer – et, ce faisant, j'avais mis Alexander en colère. Visiblement, j'avais généré trop de factures auprès de Levy.

Alexander me reprochait sans cesse de demander conseil à l'extérieur en ce qui concernait les lois sur les données. Selon lui, c'était très cher, et puis nous avions toute l'expertise nécessaire dans notre équipe, avec le Dr Alexander Tayler et Kyriakos Klosidis, qui avait une formation en droit humanitaire et avait commencé à prendre en charge toute la paperasse légale autour des contrats de l'entreprise, alors que ce n'était pas son domaine. Il s'était d'ailleurs plaint auprès de moi qu'il avait été engagé comme chef de projet, et que SCL était censé engager de véritables avocats pour « tout ce boulot administratif ».

Lorsque j'avais parlé au Dr Tayler des lois dans le Nevada en 2015, sa réponse m'avait laissée sur ma faim.

— Mais oui, on est en règle, avait-il lancé en balayant mes inquiétudes d'un revers de main.

Il avait fait preuve de la même désinvolture à plusieurs autres occasions.

L'un de mes plus grands soucis consistait à savoir où et comment les données mexicaines seraient modélisées. J'avais entendu plusieurs collègues sur place dire qu'il faudrait les traiter à l'intérieur du pays, et il fallait que je sache si nos experts en données de Londres ou de New York auraient le droit d'y toucher. En mars 2017, j'avais discuté avec Alex Tayler afin de savoir si ce que je récoltais, en particulier les données politiques, serait exploitable par des clients commerciaux dans le reste du monde. Il s'était montré vague à l'époque, et s'est montré tout aussi vague au sujet du Mexique, sans paraître le moins du monde préoccupé par de potentielles complications légales. C'est pourquoi, une fois de plus, j'ai fait appel à Larry Levy.

Mon ignorance des lois locales me rendait difficile la tâche de préparer mon argumentaire de vente pour la campagne présidentielle, et je n'ai pas réussi à faire affaire avec le président Peña Nieto et le PRI. Lorsque Alexander a vu les factures de Larry, il m'a crié dessus, mais mon échec l'a mis encore plus en colère. Il perdait foi en moi. Incapable de comprendre ce qui me prenait tant de temps, il a insisté pour venir conclure l'affaire lui-même.

Le jour de la réunion avec le président Peña Nieto et le puissant Carlos Slim, propriétaire mexicain du *New York Times*, j'ai commis une grave erreur, ce qui n'a rien fait pour améliorer mes rapports avec Alexander, ni pour raviver sa confiance en moi. Quelques jours plus tôt, j'étais partie passer quelques jours de vacances aux États-Unis, et, là-bas, j'avais perdu mon passeport. J'étais censée revenir à Mexico le mardi matin pour y retrouver Alexander, mais c'était un week-end prolongé, le lundi était férié dans tout le pays, et aucun bureau de renouvellement de passeport ne serait ouvert. Je ne parviendrais pas à obtenir de nouveaux documents à temps pour retourner au Mexique.

Pour ne rien arranger, j'avais passé mes vacances au Burning Man. Je n'étais jamais allée à un événement de ce genre. Ce qui avait commencé comme une célébration du solstice d'été à San Francisco à la fin des années 1980 était devenu depuis un phénomène mondial, rassemblant des dizaines de milliers de personnes désireuses de former une « ville » improvisée de tentes et de caravanes, immense, idéaliste, sans notion d'argent. Le festival durait une semaine et se terminait lorsqu'on mettait le feu à une statue de bois de douze mètres de haut. Pour moi, le Burning Man avait été une révélation, tout en relaxation et en festivités sauvages : je n'en avais encore jamais fait l'expérience, et surtout pas à mon travail chez Cambridge Analytica. « Black Rock City » regorgeait de gens qui survivaient dans le désert en donnant (leur eau, leur temps, leur savoir-faire) aux autres, sans rien prendre ni demander en retour – à l'opposé total de l'univers professionnel où je m'étais laissé enfermer. Cette expérience participative d'une société où les gens interagissent de manière éthique est si bouleversante que beaucoup de « burners » considèrent ce festival comme leur véritable foyer.

Alexander ne comprendrait jamais.

Je tremblais au moment de l'appeler pour lui dire ce qui était arrivé. Il n'avait pas encore quitté Londres, et il fulminait, mis encore plus en colère par le fait que je me trouvais dans un lieu aussi « frivole » que Burning Man quand j'avais négligemment perdu mon passeport. Il m'a accusée de m'être montrée irresponsable, immature et égoïste.

Lorsque nous nous sommes enfin revus, le mercredi matin, dans les locaux de Polanco, il était d'une humeur massacrante. Il avait rencontré Peña Nieto et Slim la veille, sans succès. Il m'a entraînée dans un petit local vide, où le reste de l'équipe ne pouvait pas nous entendre, et m'a appris qu'il voulait me licencier.

Je savais que je méritais une sanction pour avoir manqué la réunion, mais je ne m'attendais pas à être menacée de renvoi.

Cela m'était arrivé une fois déjà, en 2016, lorsque Alexander, Bekah et Steve avaient été mécontents d'une interview que j'avais donnée sur Facebook Live. En parlant de l'expérience de SCL en matière de travail de défense, j'avais eu une formule que *The Hill* avait citée dans un article. Pris hors contexte, mes propos laissaient entendre que Cambridge se servait de « tactiques militaires » pour faire en sorte que Ted Cruz batte Donald Trump. Au cours de cette minicrise de relations publiques, Alexander s'était rangé de mon côté, et avait intercédé auprès de Bekah et Steve afin de « sauver mon poste » – c'étaient ses propres mots. J'avais dû écrire une lettre d'excuses au sénateur Cruz et à son équipe, puis, lorsque *The Hill* avait fini par publier une correction de son article, l'affaire avait pris fin.

Mais, là, c'était très différent.

Alexander a fini par me dire qu'il ne me renverrait pas, mais qu'il ne se sentait ni redevable ni reconnaissant de ce que j'avais fait pour l'entreprise. S'il avait eu quelqu'un sous la main pour me remplacer, il n'aurait pas hésité une seule seconde. La seule raison pour laquelle il me gardait, c'était que je lui étais *utile*. Utile à quoi exactement, je l'ignorais.

Peu à peu, Alexander a été tellement frustré par le temps que je mettais à conclure mon contrat avec le PRI qu'il a pris une initiative déstabilisante. Au lieu d'attendre que les choses s'arrangent, il s'est mis à faire des présentations à d'autres partis mexicains, organisant des réunions avec des représentants politiques farouchement opposés les uns aux autres.

J'ai essayé de lui dire qu'il jouait avec le feu. Le Mexique ne fonctionne pas comme les États-Unis : la loyauté prime sur tout. Aux États-Unis, il était possible de convaincre quelqu'un comme Ted Cruz de s'abstenir de signer un contrat en exclusivité, et ainsi de travailler pour plusieurs candidats en même temps. Mais, au Mexique, les puissants se connaissent tous, et les nouvelles circulent vite. Négocier ou travailler avec des partis adverses ne se fait tout simplement pas. Je l'avais appris rapidement : en effet, c'est le genre de chose qu'on remarque lorsqu'on se montre attentif à la dynamique d'un pays au lieu de vouloir y apposer sa propre vision du monde. Dans certains pays, les agissements d'Alexander lui auraient peut-être conféré une plus grande influence, mais, au Mexique, ce pouvait être synonyme de mort. La blague d'Alexander sur le mari cocu qui tue son rival s'appliquait aussi bien à la politique mexicaine qu'aux querelles amoureuses.

Alexander avait pourtant déjà vécu dans le pays, mais c'était, selon son propre aveu, une époque de jeunesse frivole. Il ne semblait comprendre ni comment fonctionnaient les affaires au Mexique, ni les coutumes et les normes qui entraient en jeu, ni les graves conséquences d'une entorse à ces normes. À ses yeux, le Mexique n'était qu'un terrain de jeux. Malgré tous mes efforts pour le raisonner, il ne voulait rien entendre. Et, chaque jour qu'il passait à interférer dans mon travail, ma position s'ébranlait un peu plus.

Le 19 septembre, c'est la ville tout entière qui s'est ébranlée. J'étais en pleine réunion d'affaires dans le centre-ville : une tentative de décrocher un contrat pour SCL avec l'Institut des fabricants de ciment, un groupement des plus gros producteurs de ciment du pays. Il était 13 h 14, et je me tenais dans une salle de conférences pleine de cadres supérieurs, à présenter mon argumentaire de vente pour que SCL s'occupe de leur communication externe, quand une secousse m'a jetée au sol. Les cadres, eux aussi, se sont vus tomber de leur chaise pour se retrouver sur le linoléum.

Il m'a fallu quelques instants pour comprendre ce qui se passait, mais les gens qui m'entouraient avaient immédiatement saisi la situation. On commémorait le jour même le 32e anniversaire du grand tremblement de terre de Mexico, qui avait tué 10 000 personnes en 1985. D'ailleurs, tout juste deux heures auparavant, la nation tout entière avait effectué un exercice d'évacuation en mémoire de la catastrophe. Par une horrible ironie du sort, la terre avait choisi ce jour-là pour trembler de nouveau.

Le bâtiment a chancelé sur ses fondations. Par miracle, nous avons tous réussi à nous relever pour évacuer la salle de réunion, située au troisième étage. Nous avons descendu l'escalier, secoués en tous sens, en nous cramponnant du mieux possible aux rampes pour ne pas tomber. J'ai cru mourir sur ces marches en marbre, et cela m'a fait un choc de me retrouver dehors, au soleil. Tout le monde s'est massé au milieu de la rue pour regarder osciller les arbres et les réverbères. À l'horizon tout proche, quelques pâtés de maisons plus loin, s'élevait un énorme nuage de poussière à mesure que les bâtiments s'écroulaient autour de nous les uns après les autres.

Lorsque la terre a enfin fini de trembler, il y a eu un bref instant de calme, avant que des cris et des gémissements ne nous parviennent de sous les décombres. Des fuites de gaz provoquaient des explosions un peu partout. L'air était saturé d'amiante.

Ce jour-là, en une vingtaine de secondes à peine, le séisme de 7,1 sur l'échelle de Richter a tué 361 personnes et en a blessé plus de 6 000 autres.

J'ai rapidement pris quelques photos de ce qui m'entourait et publié mon tout premier *post* Facebook public, pour dire à ma famille et à mes amis où j'étais, et que j'avais survécu. J'étais sous le choc, tremblante, mais en vie. Tout le monde essayait de contacter ses proches, et j'ai fini par réussir à envoyer un message à ma famille pour lui dire que j'avais pu sortir saine et sauve du bâtiment.

Lorsque je suis rentrée dans le quartier où j'habitais, pas très loin de mon bureau, j'ai découvert que les murs de mon immeuble étaient fissurés et que la façade s'était écroulée dans la rue. Selon les experts, tant que la stabilité du bâtiment n'aurait pas été confirmée, l'endroit était inhabitable.

J'ai fait de mon mieux pour localiser autant d'employés de SCL que possible, mais il n'y avait pas de réseau téléphonique. J'ai reçu des nouvelles par bouche-à-oreille, petit à petit. Finalement, il s'est avéré que personne n'était blessé, ni à la rue. L'une de mes employées était fiancée à un homme dont le frère était porté disparu, et elle et son compagnon ont entrepris de fouiller les décombres d'un immeuble pour le retrouver.

Le soir du 19 septembre, beaucoup de gens n'avaient toujours pas été retrouvés. Les corps d'étudiants et de professeurs étaient retirés un à un des décombres de l'université, et les survivants des zones rurales n'avaient ni nourriture ni eau. Je suis allée voir à la Croix-Rouge comment je pouvais apporter de l'aide.

La plupart des rues étaient bloquées, et il n'y avait pas d'électricité. Nombreux étaient ceux qui se retrouvaient sans équipement de première nécessité, sans nourriture, sans médicaments… On m'a chargée d'empiler des vivres sur des scooters. L'une de mes employées a pris l'un des scooters pour tout distribuer dans les quartiers voisins. Nous n'étions pas seules – tous les habitants de Mexico s'étaient portés volontaires pour aider, au point que la Croix-Rouge, faute d'équipement de communication pour organiser tout ce petit monde, a commencé à refuser des gens.

Lorsque les lignes de communication ont été rouvertes, une par une, Alexander m'a appelée.

— Allô ?

— Ah, alors tu es vivante !

Il avait un ton si jovial que je n'ai pas su quoi répondre. Il a ensuite blagué en disant que je profitais du séisme pour prendre quelques jours de vacances.

Ce n'était pas drôle. Mais Alexander avait cessé d'être drôle depuis un bon moment.

16

Rupture

Octobre 2017 - janvier 2018

Après le séisme, j'ai fait tout mon possible pour remettre les locaux en état et reprendre le travail – pas pour Alexander, mais parce que je savais que plus vite je finirais ce contrat, plus vite je pourrais quitter l'entreprise. Je ne pouvais pas partir avant d'avoir conclu un marché avec le PRI et reçu ma commission.

Quelques mois après la catastrophe, j'ai assisté à une grande conférence de plusieurs jours sur la pensée politique à Centro Fox, le domaine privé de Vicente Fox, ancien président du Mexique. Situé à huit heures de route de Mexico, à San Cristóbal de las Casas, Centro Fox est un immense ranch qui abrite un vaste centre de conférences où, mi-novembre, quelque 500 hommes politiques s'étaient réunis, en partie pour entendre les deux principaux candidats potentiels du PRI, Aurelio Nuño Morales et José Antonio Meade Kuribreña. Le PRI avait besoin d'un candidat capable de tenir tête à son rival le plus notable, le parti libéral Partido Acción Nacional, ou PAN[1].

L'une des raisons de ma présence à cette conférence était de rencontrer l'ancien président Fox et son épouse, Marta Sahagún. Tous deux participaient à une campagne d'inscription sur les listes électorales et dirigeaient un programme de formation pour militants politiques. Je souhaitais leur proposer un partenariat avec SCL, et c'est ainsi que, le deuxième jour de la conférence, nous nous sommes retrouvés dans une salle de réunion de leur maison pour parler de ce que l'entreprise pourrait faire pour les aider à mobiliser les électeurs, en particulier les jeunes.

La salle avait la taille d'un yacht, et contenait l'une des tables de réunion les plus longues que j'aie jamais vues. Je me tenais à l'une de ses extrémités, près d'un grand écran mural diffusant ma présentation PowerPoint. L'ex-président Fox et l'ancienne première dame étaient assis à l'autre bout, si loin que la scène avait quelque chose de comique. J'étais consciente que l'ex-président pouvait être à l'origine de cette situation absurde, lui qui était connu dans le monde entier pour son sens de l'humour spécial. Il était aussi l'un des détracteurs les plus acerbes de Trump – c'est pourquoi, dans ma présentation, j'avais soigneusement évité de mentionner le travail effectué par Cambridge Analytica pour son compte, préférant me concentrer sur des sujets positifs comme le leadership des jeunes et l'inscription sur les listes électorales.

En plus de mon argumentaire de vente, j'ai confié à Fox et sa femme mon espoir d'être nommée conseillère en communication pour la campagne du PRI. À Los Pinos, le palais présidentiel mexicain (d'une stature similaire à celle de la Maison Blanche), mon nom avait été ajouté à la liste de l'équipe de communication de haut niveau. J'en étais très fière, et les Fox m'ont félicitée. Mais, une fois que son mari a eu quitté la pièce, Marta a longé la table de conférence pour s'approcher de moi.

C'était une superbe femme d'âge mûr, au corps nerveux, aux sourcils impeccablement dessinés au pinceau, aux yeux maquillés de noir et aux cheveux miel foncé coupés court. Son visage exprimait une sincère inquiétude.

— On dirait que vous avez tout prévu, a-t-elle commencé.

Elle a pris une longue inspiration.

— Mais est-ce que vous vous êtes occupée de votre sécurité ? Bien sûr, vous n'alliez pas parler de ça dans votre présentation, mais je me demandais si vous y aviez réfléchi.

Ma sécurité. Non, ai-je dit. Je ne savais pas encore de quoi j'allais avoir besoin : je n'avais pas fini d'assembler mon équipe, et la valeur du contrat de campagne était encore en négociation.

Elle a paru alarmée.

— Si vous faites des réunions avec ces gens, alors vous êtes déjà en danger. Et, si vous n'avez pas encore de chauffeur et de voiture blindée, je vous conseille vivement de vous y mettre, a-t-elle poursuivi sombrement.

J'ai dû faire une drôle de tête, parce qu'elle a précisé :

— Au Mexique, la politique tue.

Je le savais, bien sûr. J'avais dit la même chose à Alexander.

— Mais vous ne comprenez pas, a insisté Marta. Au Mexique, quand on veut faire gagner son candidat, on ne s'en prend pas directement aux adversaires. Ce serait trop suspect. À la place, on s'attaque à leurs proches. Et, souvent, c'est la personne qui dirige la campagne qu'on prend pour cible.

Bien des années auparavant, durant la campagne présidentielle de Vicente – avant qu'ils ne soient mariés –, elle avait été sa directrice de communication.

— C'est un poste haut placé. Tout ce qui touche à la politique, en particulier à la présidence, est haut placé au Mexique. Et, bien sûr, j'étais la personne la plus proche de Vicente.

La veille d'un débat présidentiel, l'opposition avait kidnappé Marta. Ils lui avaient bandé les yeux et l'avaient emmenée loin dans le désert, où ils l'avaient déshabillée et laissée pour morte. Bien sûr, elle avait eu de la chance qu'ils ne la tuent pas. Ils n'en avaient pas eu besoin. Sa disparition avait profondément ébranlé Vicente, et sa peur de ce qui avait pu lui arriver lui a fait perdre contenance pendant le débat. Le kidnapping avait eu pour but de le choquer, et de lui faire parvenir un message. Voilà jusqu'où ces gens étaient prêts à aller.

Récemment, m'a confié Marta, son ex-belle-fille avait été kidnappée[2]. Cela faisait sept mois, et elle n'avait toujours pas été libérée[3].

— Je suis désolée, ai-je dit.

— Ne soyez pas désolée. Ça pourrait aussi bien vous arriver, à vous.

Elle m'a donné le nom d'un agent de sécurité et d'un chauffeur en qui elle avait confiance.

— Il faut bien choisir ce genre de personnes. Il arrive que le chauffeur lui-même vous kidnappe, ou qu'il collabore avec les kidnappeurs. Au Mexique, il y a toujours quelqu'un qui est prêt à se faire payer plus cher par ceux qui veulent vous faire du mal que vous ne le payez, vous, pour vous protéger.

Je me sentais déjà en danger à cause des tentatives d'Alexander de contacter d'autres partis ; à présent, je me rendais compte que j'aurais dû me préoccuper de ma sécurité depuis le début. Je me suis soudain rappelé avoir vu beaucoup d'hommes d'affaires mexicains, et même certains de mes amis locaux qui ne travaillaient pas en politique, entourés de gardes du corps. Comment avais-je pu négliger une précaution aussi essentielle ?

Après la conférence, j'ai commencé à me renseigner sur le coût du dispositif de sécurité dont j'avais besoin – un garde du corps, une voiture blindée, un chauffeur – et planifié de m'installer dans un appartement équipé d'un système d'alarme plutôt que protégé par un simple portier. Début décembre, j'ai envoyé un tableau Excel à Alexander, mais il a refusé d'y jeter un coup d'œil. C'étaient des dépenses inutiles. Et puis je n'aurais pas besoin de sécurité avant le début de la campagne.

Je lui ai répété ce que Marta m'avait dit.

— Des gens disparaissent, ici, ai-je ajouté.

Il m'a répondu que j'étais naïve de croire ces balivernes. Lui se sentait parfaitement en sécurité au Mexique. Et puis, sans contrat signé, comment pourrait-il justifier ces dépenses ? C'était ridicule.

Est-ce qu'il avait déjà oublié le Nigeria ? Dans certains pays, on ne sait jamais si le contrat est actif ou non, pour la simple raison que rien n'est jamais mis à l'écrit. Peut-être étions-nous déjà liés par une obligation à Peña Nieto.

Mais il refusait de m'écouter.

— On n'a aucune obligation tant qu'on ne touche pas d'argent. Si tu veux de la sécurité, tu n'as qu'à te la payer toi-même.

Ce n'était pas une réaction raisonnable, et je ne me suis pas privée de lui dire. Mais il est demeuré inflexible.

Après quelques instants de silence, il a fini par dire :

— Tu as peur ?

— Oui. C'est ce que j'essaie de te dire depuis tout à l'heure.

— Eh bien, je vais demander à quelqu'un de te remplacer au Mexique.

C'était tout. Il me renvoyait à New York. Je serais utile, là-bas. Julian avait besoin d'aide.

Je n'avais plus besoin de me faire de souci pour le Mexique.

Davos, cette minuscule ville de montagne où les puissants de ce monde se réunissent chaque année pour faire l'équivalent d'un an d'affaires commerciales en une semaine, avait été pour moi le théâtre de nombreuses misères trois ans plus tôt : je n'avais que vingt-six ans, et j'étais encore immature – sotte, trop zélée, pleine d'espoir. Je m'étais crue capable de jouer les maîtres-jongleurs, de faire tourner 20 assiettes au-dessus de ma tête en même temps. Les barmen cracheurs de feu, les sociétés de mines sur astéroïdes, les milliardaires nigérians, les rues verglacées… Davos avait été le point de départ de la pente glissante sur laquelle je me trouvais depuis.

Je m'y étais de nouveau rendue en 2017, juste avant l'investiture de Trump, et Chester avait dû me protéger des gens mécontents de la victoire de « The Donald » – surtout lors de meetings avec des stars hollywoodiennes engagées, comme Matt Damon, qui s'indignait à raison du choix révoltant qu'avait fait Trump d'un climatosceptique pour diriger l'Agence de protection de l'environnement (Environmental Protection Agency, EPA).

On était maintenant en 2018, et je revenais une fois de plus. Mais, ce coup-ci, j'étais plus vieille, plus sage ; les pieds solidement ancrés au sol, et chaussés de bottines anti-dérapantes.

Je venais d'avoir trente ans. J'étais prête à devenir capitaine de mon propre navire, architecte de mon destin.

J'avais passé la semaine précédente à Miami, à la North American Bitcoin Conference, où j'avais aidé à organiser un événement de lancement pour Siglo, la nouvelle entreprise de propriété des données de mes amis les brillants frères entrepreneurs Isaac et Joel Phillips. Leur entreprise aidait des gens au Mexique et en Colombie à posséder et contrôler leurs données, et les récompenses qu'ils recevaient ensemble payaient leurs factures de téléphone – ce que peu de gens là-bas pouvaient se permettre de faire sans aide extérieure. Nous prévoyions de fêter le lancement de Siglo à Davos, afin de hisser la propriété des données sur la scène internationale.

Je participais également à l'organisation d'une conférence, mon premier pas dans un tout nouveau secteur professionnel. Tout s'était fait à la dernière minute, mais j'avais joint mes forces à celles de mon nouvel ami Matt McKibbin, le vétéran des blockchains qui m'avait fait découvrir cette industrie en juillet 2017, après notre rencontre au mariage de Brock et Crystal à Ibiza. Son entreprise, DecentraNet, avait décidé d'aider à la mise en place d'une conférence internationale pour faire fureur à Davos : ce serait le premier événement majeur ayant trait aux blockchains pendant le Forum économique mondial. Cette technologie, visant à numériser à la fois l'argent et la gouvernance, était peut-être la plus grande innovation du secteur depuis des décennies, mais, parce qu'elle représentait une menace pour les gouvernements et les banques, et parce que le public à Davos comptait les personnes les plus riches de la planète ainsi que de nombreux membres de presque tous les gouvernements, aucun faux pas ne serait toléré.

Entre les contacts de Matt dans l'industrie, les miens et ceux de Chester à travers le monde, nous avions réussi à organiser un événement d'une semaine appelé « CryptoHQ », avec des tables rondes, des discours liminaires et des rassemblements d'entrepreneurs et de leaders d'opinion. Les invités incluaient le secrétaire américain au Trésor, Steven Mnuchin (l'un des membres du gouvernement chargés de la politique des blockchains), les P-DG des plus grandes entreprises de blockchains du moment, et de puissants leaders politiques, comme le dirigeant de la Commission européenne sur les stratégies fintech et blockchains.

À Davos, Matt et moi avons coprésidé la conférence avec ses collègues de DecentraNet, et dirigé les opérations depuis notre « Blockchain Lounge », le quartier général de CryptoHQ, un énorme bâtiment de trois étages avec restaurant, bar et salle de conférences situé sur la Promenade 67, la rue principale coupant en deux le Forum économique mondial.

Toute à mon désir de faire de cet événement un succès, j'ai ravalé ma colère et mon orgueil afin d'inviter Alexander et le Dr Tayler à s'exprimer lors d'une table ronde sur les données et les algorithmes de prédiction. Je souhaitais soutenir leur intérêt pour les blockchains et fournir à l'entreprise des contacts dans le milieu. Je voyais déjà Cambridge développer sa propre solution de blockchains pour faciliter la transparence dans la gestion des données et la publicité, un système qui permettrait à l'utilisateur d'être propriétaire de ses données et de recevoir une compensation lorsqu'il les maintiendrait à jour, et qui donnerait aux annonceurs la possibilité de vérifier qu'ils atteignaient bel et bien les populations auxquelles ils destinaient leurs messages. Je pensais que l'entreprise prenait une nouvelle direction, meilleure que la précédente, et qu'elle pourrait réformer le secteur en faisant le choix d'une technologie plus éthique pour réaliser ses opérations. Bref, je voyais de la lumière au bout du tunnel.

Je me trouvais déjà à Davos depuis une semaine lorsque Alexander et le Dr Tayler sont arrivés. Ils ont paru surpris, surtout Alexander. Je n'avais pas précisé que c'était moi qui organisais la conférence, et ils m'ont regardée avec des yeux ronds quand je me suis levée pour m'adresser à la foule. Tout le monde, dans la communauté des blockchains, commençait à me connaître. Je trouvais cela incroyablement valorisant. Je n'étais plus simplement une enthousiaste des blockchains parmi d'autres. En peu de temps, après avoir assisté et m'être exprimée à quelques conférences à peine, j'étais devenue une porte-parole de ce mouvement. Pour moi, c'était le meilleur moyen de montrer à Alexander le fond de ma pensée, et peut-être, d'une certaine manière, de me venger de la façon dont il m'avait traitée.

Tous les événements de CryptoHQ ont fait salle comble, y compris la table ronde d'Alexander et du Dr Tayler. Après la discussion, que j'avais encadrée, Alexander m'a retrouvée au bar. Il avait l'air légèrement penaud. Visiblement, il avait compris que je passais déjà à autre chose.

Un verre à la main, il s'est penché dans ma direction et a crié pour couvrir la musique et les voix qui retentissaient autour de nous. Il y avait des centaines de personnes dans la salle, dont la plupart étaient mes amis ou mes nouveaux collègues de l'industrie des blockchains.

— Eh bien, a-t-il dit, je vois que tu travailles déjà sur de nouveaux projets.

Il ne semblait pas en colère, comme s'il m'avait surprise à faire des infidélités à Cambridge ; au contraire, il constatait tranquillement que j'avais découvert une autre voie pour avancer.

— Alors, comme ça, tu veux te lancer dans les blockchains ? Tu penses qu'il y a de l'argent à se faire, que c'est un secteur d'avenir ?

— Oui.

Il a réfléchi quelques instants.

— Tu préférerais quitter ton job permanent et revenir travailler avec nous en tant que consultante ? Sur les blockchains ?

J'aurais davantage d'autonomie, a-t-il ajouté : je travaillerais sur le développement d'une solution de blockchains avec Cambridge, mais je serais libre de mener mes propres projets en parallèle.

L'offre m'intéressait. Un tel arrangement me permettrait de rester sous l'aile de Cambridge tout en me lançant à temps plein dans les blockchains. Ainsi, je serais toujours présente quand le succès de CA finirait par porter ses fruits, et je toucherais enfin la récompense de ma patience et de mon travail. Mieux encore, je bouclerais la boucle – après tout, c'était sur un arrangement similaire que j'avais rejoint l'entreprise en décembre 2014.

J'ai siroté mon cocktail.

Clairement, nous étions en négociation. J'entrevoyais un avenir où la publicité pour les sociétés de blockchains serait un gros marché, et Cambridge pourrait tirer son épingle du jeu. Si l'entreprise le souhaitait, elle avait l'opportunité de développer des technologies pour ce secteur, et peut-être même de bâtir son propre écosystème de blockchains pour une transparence totale dans les domaines de la diffusion de données et de la publicité, permettant aux consommateurs de contrôler leurs données. Grâce aux blockchains, Cambridge pourrait utiliser ses experts et son expérience technologique pour une bonne cause, avec une véritable protection des données – un projet qui faisait écho à mes idéaux de l'époque où j'avais commencé à travailler pour Alexander, trois ans auparavant.

Tacitement, nous reconnaissions tous les deux que ce que nous avions fait jusqu'à présent ne fonctionnait pas. Pour la première fois, j'avais l'impression de négocier d'égal à égale : il ne me renvoyait pas, pas plus que je ne démissionnais. Nous changions les règles. Ce n'était pas un divorce plein d'amertume, mais plutôt un détachement stratégique visant à une reconfiguration – et qui, sans être empreint de bonne volonté, représentait au moins un changement de statut à l'amiable.

J'ai souri. Je lui ai dit que j'y réfléchirais. Sa proposition remettait en question ma décision de rompre complètement avec Cambridge : il y avait des avantages à y rester affiliée. Du moment que c'était à moi de dicter les règles, j'étais tentée. Mais je n'étais pas prête à m'engager dans quoi que ce soit pour l'instant. Si Alexander voulait mon expertise et mes contacts dans l'industrie des blockchains, c'était moi qui avais le dessus, et je voulais au moins obtenir un meilleur salaire journalier et des commissions plus intéressantes en contrepartie de mon aide.

— Nous n'avons qu'à en discuter après Davos, a-t-il lancé par-dessus le bruit de la foule.

— Oui.

— On trouvera le temps. D'abord, tu devrais en parler avec Julian Wheatland pour te faire une idée du type d'accord que tu veux conclure.

Au bout de presque deux semaines en Suisse, j'ai pris l'avion pour New York afin de discuter avec Julian de l'éventualité que je travaille *avec*, et non *pour*, Cambridge Analytica. Pour un certain nombre de raisons, je me suis sentie bizarre en pénétrant de nouveau dans les locaux du Charles Scribner's Sons Building – en grande partie parce que, pour pouvoir entrer, j'ai dû franchir des portes de sécurité pare-balles grâce à un interphone.

Julian avait fait installer tout ce dispositif récemment, car l'entreprise avait reçu des menaces à cause de nouvelles révélations sur son rôle dans la campagne de Trump.

Pendant mon séjour au Mexique, alors que je me concentrais sur l'élection présidentielle locale, les enquêtes concernant la présidence de Trump s'étaient rapprochées du but. Paul Manafort, l'ex-directeur de campagne, et le lobbyiste et consultant politique Rick Gates, qui avait servi de conseiller à Trump, venaient d'être inculpés pour blanchiment d'argent et évasion fiscale dans le cadre de leur travail avec des Ukrainiens liés à la Russie. Le premier jour de décembre 2017, Michael Flynn avait plaidé coupable d'avoir menti au FBI à propos de sa relation avec l'ambassadeur russe Sergueï Kisliak. Pendant ce temps, Facebook commençait à reconnaître la manière dont sa plate-forme avait servi à semer la division et répandre des *fake news*. Après un audit interne, l'entreprise avait découvert près de 3 000 publicités offensives à caractère politique provenant de 470 faux comptes liés à la Russie[4].

Les enquêteurs s'étaient également rapprochés de la piste de Cambridge Analytica. Peu de temps après, il était devenu clair que Sam Patten, qu'Alexander avait engagé pour travailler avec SCL au Nigeria et envisageait d'envoyer au Mexique pour me remplacer, avait autrefois été le patron de Konstantin Kilimnik, un espion russe présumé qui avait collaboré avec Paul Manafort. C'était une très mauvaise nouvelle – sans compter que, en octobre, le *Guardian* avait révélé qu'Alexander lui-même avait contacté WikiLeaks durant la campagne pour essayer d'obtenir les mails hackés de Hillary Clinton. Cela avait sans doute suffi à éveiller l'intérêt du Congrès pour le rôle joué par Cambridge dans la campagne Trump. Alexander Nix et Julian Assange avaient tous deux déclaré publiquement que la tentative d'Alexander pour obtenir les mails de Hillary s'était soldée par un échec. Assange n'avait même pas pris la peine de lui répondre. Rien de tout cela ne m'a surprise : pour ce que je savais de lui, Julian Assange n'avait aucune raison d'aider un homme comme Alexander, et il n'était pas exactement du genre à accepter les coups de fil à l'improviste.

En décembre, la commission judiciaire de la Chambre des représentants avait interrogé Alexander via Skype et exigé qu'il leur remette tous les mails échangés entre Cambridge et l'équipe de campagne de Trump. Et, même si Alexander avait assuré à l'entreprise que cette requête faisait partie de la conspiration des *fake news* russes, cette affaire ainsi que les menaces reçues avaient suffisamment inquiété Cambridge pour que des mesures de sécurité soient prises.

Étant donné la position précaire de Cambridge dans toutes ces enquêtes, il était rassurant de pouvoir rentrer à New York avec une stratégie de départ. Chaque jour, de nouveaux détails perturbants semblaient faire surface au sujet du travail accompli et des infractions commises. Les rumeurs nées pendant l'analyse a posteriori de la campagne n'avaient fait que prendre de l'ampleur au cours de l'année passée ; à présent, des détails alarmants fuitaient çà et là, tous plus troublants les uns que les autres, et il était difficile de ne pas penser que le pire était à venir. En allant voir Julian Wheatland, j'espérais faire un pas de plus vers la sortie et un avenir en lequel je croyais vraiment.

Julian était content de me voir et m'a accueillie comme une vieille amie. Beaucoup de choses avaient changé, y compris les locaux eux-mêmes : les murs étaient toujours couverts d'œuvres d'art appartenant aux Mercer, mais l'endroit semblait plus vide. Et les visages derrière les bureaux m'étaient inconnus. Beaucoup des gens avec lesquels j'avais travaillé en 2016 s'étaient vu offrir des salaires mirobolants ailleurs, et d'autres, comme Matt Oczkowski

– qui s'était attribué le mérite de tout le travail accompli par CA sur la campagne –, avaient fondé leur propre entreprise.

Mais il n'y avait pas que les employés. Il semblait que les fondements mêmes de CA aient changé. Steve Bannon avait été renvoyé de la Maison Blanche en août, ce qui, à mes yeux et à ceux de nombreux autres chez CA, n'annonçait rien de bon. Il s'était disputé avec Jared Kushner, Ivanka, et John Kelly, le chef du personnel ; son départ représentait un schisme définitif et inattendu. En effet, tout était arrivé de manière si abrupte que, le temps qu'un ami et collègue que j'avais envoyé à Washington rencontrer Bannon (pour discuter de la possibilité de devenir ambassadeur au Mexique) se présente au rendez-vous à la Maison Blanche le 18 août, Steve était déjà à la rue. Leur conversation avait finalement eu lieu dans un café du centre-ville – et n'avait mené nulle part. Quant à moi, j'avais dû rayer Bannon de mes contacts à la Maison Blanche.

Au début, il avait semblé que ce dernier veuille retourner à l'« ambassade » de Breitbart afin de reprendre le contrôle de son empire. Je m'étais même demandé si on recommencerait à le voir à Cambridge. J'avais espéré qu'on puisse tirer quelque chose d'une si longue association avec des personnalités aussi controversées, mais je commençais à supposer qu'en dépit de tout, cette prise de risques ne nous rapporterait absolument rien.

Steve ne s'était pas seulement brouillé avec l'équipe de la Maison Blanche : il avait offensé les Mercer – et ceux-là ne sont pas du genre à se laisser marcher sur les pieds. Les révélations de Michael Wolff dans son livre incendiaire *Le Feu et la Fureur*, ainsi que ses commentaires peu élogieux à l'encontre de Trump et de sa famille, ont fait de Steve une *persona non grata* dès janvier 2018. Bannon s'était également mis à dos Bekah et Bob à cause de vantardises qui s'étaient ébruitées : il racontait à qui voulait l'entendre que les Mercer le soutiendraient s'il décidait de se présenter à l'élection présidentielle. Bekah avait réagi par un communiqué disant, entre autres : « Ma famille et moi n'avons pas eu de rapports avec Steve Bannon depuis des mois et n'avons apporté aucun soutien financier à ses objectifs politiques, pas plus que nous n'approuvons ses actes et déclarations les plus récentes. » Steve n'était plus le bienvenu – ni à la Maison Blanche, ni à Breitbart, ni à Cambridge.

À la suite de tout ce tumulte, le moral à Cambridge était au plus bas, m'a appris Julian en désignant d'un geste les jeunes gens assidus et silencieux sur leur ordinateur. Ils semblaient complètement éteints.

— Ce n'est plus aussi drôle qu'avant, a-t-il ajouté comme s'il lisait dans mes pensées.

L'atmosphère qui régnait autrefois dans l'entreprise, les longues soirées, les gueules de bois matinales – il n'en restait plus trace.

Julian regrettait le bon vieux temps, et espérait me voir revenir à New York pour « remettre un peu d'ambiance ». Et puis, selon lui, l'avenir n'annonçait que du bon.

Alexander avait fondé une nouvelle holding, appelée Emerdata, qui posséderait dorénavant tous les actifs et biens intellectuels de SCL et CA. Apparemment, il avait mené un tour de table pour une levée de fonds de 36 millions de dollars afin de donner à l'entreprise une envergure mondiale, avec des investisseurs stratégiques au Mexique, à Hong Kong, en Arabie saoudite, et ailleurs : de belles opportunités s'offraient à CA. Peut-être que je pourrais l'aider à se développer à Hong Kong, puisque j'y avais déjà vécu et que je parlais un peu le mandarin ?

Je ne savais pas quoi dire. La seule condition à laquelle j'accepterais de rester, ai-je dit à Julian, c'était qu'on me laisse prendre le commandement des opérations de blockchain. Je resterais si on me donnait la possibilité de former ma propre équipe, de mener mes propres projets. Je ne voulais pas non plus être à plein temps.

Et j'en avais fini avec la politique, où que ce soit dans le monde. C'était trop malhonnête, trop dangereux.

Nous nous sommes quittés en bons termes, mais Julian voyait bien qu'il ne m'avait pas entièrement convaincue. Il m'a demandé de continuer la conversation par mail avec Brendan Johns, notre responsable RH à Londres, afin de fixer des honoraires journaliers, ainsi que les conditions de mon poste de consultante.

J'ai attendu un peu. D'abord, je suis retournée à Mexico pour récupérer mes affaires et ma commission sur le contrat présidentiel. Après des années à travailler dessus, j'étais bien décidée à l'obtenir.

Sur place, j'ai retrouvé Alexander, accompagné d'une équipe mise en place par ses soins pour discuter de la stratégie à adopter lors de l'élection. Mon travail consistait à transmettre le dossier entièrement. Pour moi, c'était aussi un moment de transition, du statut d'employée de Cambridge à celui de potentielle consultante en blockchain.

Le groupe était composé de Mark Turnbull et trois ou quatre autres employés, dont la plupart étaient venus en avion, à grands frais. Alors même qu'il m'avait retirée du projet, Alexander s'attendait de toute évidence à ce que j'aie déjà conclu le marché à son arrivée. La conversation s'envenimait régulièrement, et l'air était lourd de récriminations silencieuses sur le retard pris dans les négociations avec le PRI.

Ce soir-là, je m'inquiétais non seulement pour le contrat et la passation, mais aussi pour ma commission. Nous étions tous assis autour d'une grande table dans un restaurant. Tout en dînant, nous discutions de nos plans pour le contrat de l'élection, d'effectifs, de salaires. Nous avons essayé d'aborder le sujet de la sécurité – un sujet chatouilleux, bien sûr, qu'Alexander a fait de son mieux pour balayer d'un revers de main. Il ne serait pas question de sécurité tant que le premier paiement n'aurait pas été versé, a-t-il expliqué.

Avant de se tourner vers moi :

— Tu traînes les pieds.

Les autres s'étaient lancés dans une conversation à part. C'était maintenant entre Alexander et moi.

— Tu n'as pas accordé toute ton attention à ce contrat.

Cette accusation était tout simplement fausse, mais, quoi que j'essaye de dire, il a continué de me critiquer. J'aurais dû conclure cette affaire, et je ne l'avais pas fait. À cause de moi, l'entreprise perdait de l'argent.

J'en suis restée coite. *Perdait de l'argent ?* Je lui ai demandé comment c'était possible, étant donné tout le travail que nous avions.

La majeure partie du travail fourni par Cambridge jusqu'ici, a-t-il expliqué, a été effectuée soit gratuitement, soit à nos frais, en tant que projets pilotes (ou encore comme « faveur » à des amis des membres du comité de direction). Même pour la campagne Cruz et une bonne part de la campagne Trump, les avocats nous avaient recommandé de ne pas fixer nos prix trop haut à cause de la Commission électorale fédérale : il y a des règles qui imposent de s'en tenir au « juste prix du marché » pour les services qu'on propose. Faute de quoi le travail fourni peut être considéré comme un don en nature, et éveiller les soupçons, voire être considéré comme une violation de la loi.

Mais qu'en était-il des millions de dollars que la campagne avait rapportés à Cambridge ? Les millions de la campagne et du *super PAC* ?

La réponse, la voici : en dépit de la perception publique des revenus de Cambridge, presque tout l'argent, en particulier celui de Trump – 95,5 millions de dollars –, n'avait fait que passer *par* CA ou l'une des holdings visant à dissimuler le lien entre les membres du comité de direction et Trump. En d'autres termes, nous n'avions jamais vraiment disposé de ces sommes. Elles avaient servi à payer toutes les analyses de données et les publicités sur Facebook. C'était Facebook qui avait réalisé un profit. CA n'avait même pas gagné suffisamment d'argent pour payer le salaire des 120 personnes engagées par Alexander et moi-même afin d'élargir l'envergure de l'entreprise. Nous avions toujours manqué de fonds, et les Mercer avaient comblé les trous de leur propre poche. Voilà pourquoi les bulletins de paie tardaient parfois à arriver. Voilà pourquoi Alexander n'avait pas eu les moyens d'assurer ma sécurité.

Mes pensées se bousculaient. Moi-même, j'avais rapporté à l'entreprise des millions de dollars qui n'avaient rien à voir avec Cruz ou Trump. Où était passé tout cet argent, si nous ne pouvions même plus payer nos factures ?

Je tombais des nues. Depuis que j'avais rejoint l'équipe, trois ans auparavant, j'étais partie du principe que c'était un empire en pleine expansion, les prémices d'une œuvre magnifique, et que je m'embarquais au début de l'aventure. Alexander était beaucoup de choses, mais il était vendeur avant tout, et j'avais avalé son boniment. J'avais beaucoup enduré dans l'idée que ma récompense, mon dû pour tout ce labeur et tous ces compromis, viendrait en temps voulu. Peut-être pas aujourd'hui, ni demain, mais bientôt.

Maintenant, alors que je luttais pour digérer ce qu'Alexander venait de m'apprendre, je voyais enfin les choses non comme je voulais qu'elles soient, mais comme elles étaient réellement. Pendant des années, je m'étais cramponnée à des espoirs totalement injustifiés. Nous n'étions pas dans la Silicon Valley. C'était juste une entreprise qui réussirait ou péricliterait grâce au patronage des Mercer – il n'y avait ni plan élaboré ni idée visionnaire. L'énorme levée de fonds annoncée n'allait pas se traduire par une distribution d'actions ; elle servirait simplement à maintenir la société à flot. Sans cet argent, nous étions prêts à couler. La situation était grave avant cet apport, et, par bien des aspects, elle l'était encore.

Quoi qu'il en soit, on était loin d'une introduction en Bourse ou d'un rachat par un conglomérat de médias – bien loin du pactole que j'avais imaginé.

— Au fait, Brittany, a dit Alexander en me tirant de ma torpeur, j'espère que tu pourras aider Mark et Sam à mener à bien leur transition vers le Mexique.

Il voulait dire que je continuerais à leur faire office de conseillère et de mentor tandis qu'ils reprendraient mes affaires et mes contrats. Et il s'attendait visiblement à ce que je le fasse gratuitement, sur mon temps libre – un autre de ces extra qu'il exigeait des gens pour voir s'ils faisaient bien partie de l'équipe.

C'était la goutte d'eau. Typique d'Alexander. Et d'une injustice criante.

Je n'avais plus aucune raison de me taire : je lui ai demandé ce qu'il en était de ma commission pour la campagne présidentielle mexicaine.

Il a baissé d'un ton pour ne pas être entendu de nos collègues, à l'autre bout de la table.

— Maintenant qu'il y a d'autres personnes dans le coup, les commissions ne vont plus être les mêmes, évidemment.

Pour faire court, puisque je n'étais plus seule à conclure l'affaire, l'argent devrait être partagé équitablement.

Équitablement ? Dans quel univers un tel partage était-il équitable ? J'avais lancé le contrat, je travaillais dessus depuis un an.

— Tu plaisantes, j'espère.

— Non. Pas du tout.

Il a expliqué que, puisque d'autres membres de l'équipe étaient impliqués, je ne devais plus m'attendre à recevoir les mêmes sommes.

Tandis que je le dévisageais, j'ai compris pour la première fois que, malgré tout ce qu'il m'avait raconté, malgré ce que je m'étais raconté moi-même, je n'étais rien d'autre qu'une vendeuse au titre pompeux. Après tout, c'était mon travail de « me vendre » en même temps que les services de l'entreprise. Et je m'étais vendue, encore et encore – aux milliardaires nigérians, à Corey Lewandowski et la campagne Trump, à la NRA, au PRI. La liste était longue. Et, encore et encore, Alexander m'avait refusé le mérite des ventes que j'avais conclues. Il trouvait toujours le moyen d'intervenir au dernier moment pour signer le contrat, ou bien d'envoyer quelqu'un d'autre, Julian ou Oz, pour conclure l'affaire et ramasser la commission. Au final, l'argent se retrouvait dans la poche de celui d'entre eux qui m'avait « soutenue » et avait « mis les dernières touches à la vente », alors que c'était moi qui avais fait presque tout le boulot.

Je suis retournée voir Alexander régulièrement avec une liste des affaires sur lesquelles j'avais travaillé, et je lui désignais celles que j'avais commencées moi-même (pour lesquelles j'avais rédigé la proposition et le contrat) avant d'œuvrer jusqu'à leur conclusion. Je défendais mon cas, mettant en avant mon rôle dans le succès de ces contrats, mais Alexander rayait méthodiquement chaque ligne de la liste :

— Non, celui-là, c'était Matt. Là, c'était moi. Là, Robert. Matt. Duke. Matt, encore Matt. Moi. Moi. Moi. Rien de tout ça n'est à toi.

Et le débat était clos. Il avait même eu le culot de me dire que certaines affaires étaient à Bekah, comme si elle s'occupait des ventes ! Je repartais les mains vides, fulminante. J'avais réussi à le convaincre de me donner une commission sur le contrat du Mexique, et voilà qu'il me forçait à partager avec un groupe de gens qui ne faisaient même pas partie de l'entreprise quand j'avais lancé ce projet.

Pendant des années, j'avais serré les dents et toléré ces affronts, dans l'espoir que quelque chose de meilleur m'attendait. À présent, alors que j'oscillais sur la corde raide entre mon départ de l'entreprise et ce qui m'était dû pour le travail que j'avais accompli, j'avais beaucoup moins de patience pour ce genre de traitement. J'avais déjà fait trop de compromis pour me laisser encore marcher sur les pieds.

J'ai pensé à mon père, handicapé et sans le sou. J'avais fait un aller-retour pour le voir, quelque temps auparavant. Il semblait gentil et innocent, avec un visage doux, et ses cheveux avaient repoussé par-dessus son énorme cicatrice, mais il était sous sédatifs puissants. Il avait fallu le changer de service à l'hôpital à cause de son comportement erratique et parfois violent, et son cerveau peinait à surmonter le traumatisme qu'il avait enduré. D'un point de vue financier, il aurait été exorbitant et déraisonnable de le transférer hors de ce centre financé par Medicaid. J'ai pensé à ma mère, hôtesse de l'air, qui faisait la navette entre l'Ohio où elle travaillait, Chicago où elle rendait visite à mon père, et le Tennessee où elle s'occupait du sien.

Et j'ai pensé à la manière dont, des années durant, je m'étais refusée à partager avec quiconque les détails concernant ma famille, sa situation plus que modeste, sa chute en disgrâce, et, par association, ma proximité avec un niveau de vie dont tous ces gens aisés et bien entourés n'imaginaient même pas l'existence. À qui aurais-je pu confier ce secret ? Cette dissimulation avait été un choix stratégique de ma part. Les gens riches et puissants que je connaissais à Cambridge Analytica et au sein du Parti républicain – nos donateurs, nos soutiens, nos clients et nos partenaires – considéraient la pauvreté comme une faiblesse personnelle, et l'échec financier comme un manque de caractère ou de compétences ; c'est pourquoi j'avais décidé tout de go de ne jamais laisser deviner mes difficultés.

Je me suis levée, repoussant ma chaise.

— Tu me traites comme une moins-que-rien, ai-je crié à Alexander.

J'avais supporté beaucoup de choses pour Cambridge, sans doute parce que je voyais la cause de l'entreprise comme étant également la mienne. Mais, cela, je ne pouvais pas le supporter.

Je pleurais, à présent, les larmes dégoulinant le long de mes joues sur mon chemisier. Je n'en avais pas fini avec lui, pas encore. Le tour d'investissement avait rapporté de l'argent, et je voulais mon dû, soit par le biais d'un paiement, soit sous la forme d'une offre d'emploi comme consultante. Ce n'était pas seulement ce à quoi j'avais droit – je l'avais mérité.

— J'ai une famille à nourrir !

Alexander a levé les yeux vers mon visage strié de larmes, vers ma détresse. Il semblait parfaitement indifférent. Il n'a changé ni de position ni même d'expression.

— Tout le monde a une famille à nourrir, ma chère, a-t-il rétorqué froidement.

J'ai secoué la tête. Il ne me restait plus qu'une chose à dire.

— Va te faire foutre.

Et, récupérant mes affaires, je suis sortie du restaurant comme une furie – sans un regard pour ce que je laissais derrière moi.

17

Enquête

Février - mars 2018

Alexander ne se conformait jamais aux attentes. J'aurais cru qu'un « va te faire foutre » marquerait la fin de notre relation. Mais, quand j'y repense, Alexander disait souvent que la colère était passagère : qu'il pouvait hurler, livrer le fond de sa pensée, et laisser les choses reprendre leur cours. Peut-être pensait-il qu'il en allait de même pour moi.

Peu après mon départ théâtral du restaurant de Mexico, il m'a téléphoné comme si de rien n'était pour me demander de donner un coup de main au bureau de Washington. Comme je n'avais pas d'autre source de revenus, j'ai accepté, en me disant que conclure des contrats de lobbying pour la législation concernant les blockchains me permettrait d'empocher des commissions rondelettes sans me donner trop de mal. Puis, début février, Brendan Johns, le responsable RH de Londres, m'a envoyé la proposition rédigée par Julian – et, de toute évidence, par Alexander – pour la suite de mon travail dans l'entreprise. Si je voulais être employée comme consultante, mon tarif à la journée serait exactement le même que dans mon contrat avec SCL Group au tout début, en 2014.

Je me suis sentie insultée par cette proposition, ce qui n'a fait qu'empirer lorsque Brendan m'a écrit de nouveau pour exiger une démission officielle. D'après lui, si je voulais obtenir un statut de consultante au sein de Cambridge, il fallait d'abord que je perde celui d'employée à plein temps. Et, même si l'idée se tenait du point de vue de l'entreprise, je l'ai trouvée particulièrement offensante.

Quelques semaines plus tard, encore tremblante de rage, je suis retournée voir Julian Wheatland dans les locaux de New York. Nous étions censés négocier les termes de l'offre, mais ce n'est pas de cela que nous avons parlé. À la place, il m'a fait examiner les nouveaux projets de CA concernant les blockchains.

Apparemment, Alexander avait eu une révélation à ce sujet : sa manière de penser les données et la confidentialité avait évolué. « À Cambridge Analytica, nous avons l'intime conviction que les données des consommateurs appartiennent aux consommateurs... et nous souhaitons développer un mécanisme afin de rendre le contrôle aux individus. » D'après le texte que j'avais sous les yeux, Cambridge voulait « tirer profit de l'ouverture et de la transparence inhérentes à la technologie des blockchains ».

C'était précisément le genre d'énoncé de mission qui ravivait mes espoirs pour Cambridge, même fugacement. Pendant un court instant, j'ai eu l'impression que l'entreprise pourrait renverser la vapeur. J'avais été témoin de son comportement tout sauf exemplaire concernant les données des utilisateurs, mais elle semblait à présent se repentir et vouloir réinventer son business model et sa relation même aux données, afin de devenir un porte-étendard de la confidentialité. Évidemment, je me trompais sur toute la ligne.

J'avais à peine commencé à me calmer pour me concentrer sur mes nouvelles tâches que Julian s'est remis à évoquer des faits alarmants : l'ICO avait encore des questions à poser au sujet du rôle de Cambridge Analytica dans le Brexit. De toute évidence, la commission n'avait pas été satisfaite par nos réponses de l'année précédente – ces demi-vérités que Julian et Alexander nous avaient fait écrire, avant de les corriger eux-mêmes dans un document partagé. Parfois, je n'arrivais pas à m'endormir à force de penser à tout ce qu'ils m'avaient obligée à taire.

Pendant l'année précédente, Carole Cadwalladr, la journaliste du *Guardian*, avait continué à fouiller au cœur du Brexit et de Cambridge Analytica. Ses articles indiquaient qu'elle s'était entretenue avec d'anciens employés, mais il était difficile de savoir lesquels, puisqu'elle leur avait donné des pseudonymes. Elle s'entêtait à chercher les preuves d'une immense conspiration : entre la campagne Trump et les Russes, entre le Brexit et les Russes, entre Vote Leave, Leave.UK et AggregateIQ, entre les tarés de l'ultra-droite et les milliardaires tels que les Mercer qui, soutenait-elle, se servaient de Facebook et Cambridge Analytica pour prendre le pouvoir aux États-Unis et en Angleterre. Je n'en croyais pas un mot ; après tout, la majeure partie de ce qu'elle avait écrit sur moi n'était qu'un tissu de mensonges, alors pourquoi aurait-elle été plus fiable sur d'autres sujets ?

Mais d'autres personnes avaient suivi les événements avec attention, notamment la Commission électorale et l'ICO.

L'ICO commençait d'ailleurs à se pencher sur des questions précises : y avait-il eu une rencontre entre CA et les analystes de l'UKIP entre le 2 et le 19 novembre 2015 ? Y avait-il eu un partage de données pendant cette éventuelle rencontre, ou par la suite ? Si oui, quel type de données, et dans quel but ?

Il était clair qu'ils avaient fait des recherches et interrogé leurs sources.

Ainsi que je les en avais avertis, l'insistance de Julian et Alexander à avoir recours au subterfuge s'était retournée contre eux. Tenter de dissimuler l'entière vérité n'est jamais une bonne idée. Il m'a fallu toute une journée pour mettre au point ma réponse : je n'ai pas menti, mais, de crainte de perdre mon emploi, je me suis rendue coupable d'omission.

Je savais que le Dr David Wilkinson s'était rendu au QG de l'UKIP le 3 novembre 2015. J'ai écrit qu'il avait rencontré de nombreux membres de l'équipe de l'UKIP afin de voir les données dont ils disposaient, et j'ai ajouté que quelqu'un de l'UKIP avait apporté un disque dur dans nos locaux – en réalité, de manière incroyablement superflue, ils nous avaient fait livrer un ordinateur de bureau tout entier. J'ai parlé de mon apparition à la présentation du 18 novembre, précisant que j'avais contribué à l'idée que Leave.EU projetait de nous donner du travail, même si nous n'avions pas signé de contrat, ni effectué de modélisation pour eux.

Comme l'ICO ne posait pas de questions sur ce que nous avions fait des données présentes sur le disque dur de l'UKIP, je n'ai pas mentionné les modèles et les segmentations rudimentaires effectués par les experts en données entre le 3 et le 18 novembre, ni dit que nous avions partagé les résultats, parce que je les avais simplement résumés lors de nos réunions avec Leave.EU avant et après la présentation, ainsi qu'en personne dans leurs locaux. En revanche, j'ai inclus l'aller-retour à Bristol, au bureau d'Eldon Insurance, que j'avais fait avec le Dr Wilkinson.

Six jours plus tard, un étrange mail de Julian est parvenu à tous les employés. Il n'avait rien à avoir avec l'ICO, mais parlait d'une toute nouvelle enquête sur les *fake news*, menée depuis un an par le département du Numérique, de la Culture, des Médias et des Sports (Department for Digital, Culture, Media and Sport, DCMS) de la Chambre des communes. Alexander avait été « invité » à s'exprimer devant la commission le 27 février, afin d'en aider les membres à mieux comprendre le marketing orienté sur les données. Alexander ne s'attendait à aucune mauvaise publicité à cause de cette apparition, mais tenait à avertir le reste de l'entreprise. « Étant donné que nous n'avons aucun historique de *fake news*, nous sommes ravis de donner un coup de main », écrivait Julian. Alexander avait été invité aux côtés de nombreux experts, dont ceux d'agences de presse aussi prestigieuses que CNN et CBS, ainsi que des cadres de Facebook, Twitter, Google et YouTube.

Tout cela sonnait plutôt bien. Pour être honnête, le mail semblait si enthousiaste et si british que je n'ai pas compris tout de suite la véritable raison de l'invitation : Alexander allait passer sur le gril.

Le jour où Alexander a comparu devant le Parlement, j'étais à un événement sur les blockchains à San Francisco. Mon téléphone a commencé à sonner pour ne plus jamais s'arrêter : des amis m'écrivaient pour me prévenir que mon nom avait été cité lors de l'audience – et pas qu'une fois. Robert Murtfeld m'a envoyé chaque phrase, mot pour mot. L'enquête de la commission n'était pas qu'une simple formalité de propagande destinée à forcer un nouveau vote sur le Brexit, ou « un vote du peuple », comme l'affirmaient de nombreux brexiteurs. Alexander n'avait pas été invité pour étaler son savoir sur la dissémination de *fake news*. Il avait été convoqué pour répondre de la responsabilité de Cambridge Analytica dans cette affaire.

Le DCMS était composé de onze membres, dont neuf étaient présents ce jour-là. À sa tête se trouvait Damian Collins, un *remainer* conservateur et pragmatique, qui avait travaillé dans la publicité. Collins, assis en face d'Alexander à la table en U et entouré par ses huit collègues de la commission, tous membres du Parlement, a déclaré la séance ouverte avant de se lancer dans le vif du sujet.

Si Cambridge Analytica niait avoir travaillé pour Leave.EU, alors pourquoi, a-t-il voulu savoir, avions-nous affirmé le contraire encore et encore, et de manière très publique ?

Alexander, affublé de son impeccable costume bleu marine habituel et de ses lunettes de marque, a lu avec raideur un communiqué disant qu'il trouvait ironique que le DCMS ait été lui-même victime de *fake news* concernant Cambridge. Ce triste malentendu avait commencé lorsqu'un consultant trop zélé en relations publiques avait publié une déclaration erronée. Dès que l'entreprise s'était rendu compte de l'erreur, elle avait « clarifié la situation » auprès de tous les médias : Cambridge n'avait rien à voir avec le Brexit.

Collins a « clarifié » auprès d'Alexander le fait qu'il ne croyait pas un mot de son boniment.

D'après son expérience dans le monde de la publicité – un parcours à la *Mad Men*, du genre de ceux qu'Alexander prétendait disparus –, les gens des relations publiques pouvaient effectivement pécher par excès de zèle. Mais ici on ne parlait pas simplement d'une déclaration de presse. Il s'agissait d'un article complet dans le magazine *Campaign*, dont Collins avait un exemplaire juste sous les yeux. Le texte, intitulé « Comment big data a eu le dessus sur Donald Trump : la vision d'Alexander Nix », avait été publié en février 2016, juste après que Ted Cruz avait battu Trump aux primaires de l'Iowa, et juste avant le Brexit.

Dans l'article, Alexander écrivait que Cambridge avait « récemment fait équipe avec Leave.EU » et optimisé sa campagne sur les réseaux sociaux, au point que la page Facebook gagnait 3 000 nouveaux « likes » par jour[1].

Étrange, a commenté Collins, que quelqu'un de si haut placé dans l'entreprise ait laissé publier une telle information, si elle était erronée – et, qui plus est, signé de son nom. D'ailleurs, en apprenant la publication de cet article, pourquoi n'avait-il pas mis davantage de moyens en œuvre pour le faire retirer ? Comment se faisait-il qu'on puisse encore le trouver sur le site Internet du magazine ?

Alexander a répondu froidement qu'il n'en avait aucune idée. Il a fait la même réponse lorsque Collins lui a demandé pourquoi des déclarations similaires existaient encore à divers endroits, et pourquoi il n'y avait pas fait de réponse officielle, ni n'avait demandé à leurs auteurs de les corriger. Leave.EU affirmait encore, sur son propre site, avoir travaillé avec Cambridge. En effet, Andy Wigmore avait tweeté : « Vous devriez utiliser Cambridge Analytics [*sic*]... On l'a effectivement fait... Je ne peux que les recommander. »

Ian Lucas, un parlementaire travailliste au visage jovial, avec un double menton et un fort accent de Gateshead, a brandi un exemplaire du livre d'Arron Banks, *The Bad Boys of Brexit*. Alexander l'avait-il lu ? a-t-il demandé, sarcastique. Sinon, il devait impérativement courir l'acheter. « M. Banks écrit qu'il a engagé Cambridge Analytica, une entreprise de big data et de psychographie avancée, afin d'influencer les gens. »

Malheureusement, a répondu Alexander avec souplesse, il n'avait aucun contrôle sur M. Banks. Il avait demandé à Arron, à plusieurs reprises, d'amender cette affirmation, mais ce dernier ne se laissait pas facilement dicter sa conduite.

— Vous auriez pu l'attaquer en justice, pas vrai ? a demandé Lucas d'un ton ironique. Alors ce n'est pas vrai, il a menti, c'est ça ?

Alexander a soupiré, se refusant de toute évidence à traiter Arron Banks de menteur devant tout le Parlement.

— Ce n'est pas vrai, a-t-il déclaré avec agacement.

Collins a orienté la discussion vers un autre sujet. De ses années passées à travailler dans une forme antique de publicité, il avait retenu que, lorsqu'on faisait un argumentaire de vente à un potentiel nouveau client, il était de bon ton de présenter une nouvelle illustration, ou un « brouillon de campagne », en utilisant les informations fournies par le client pour montrer ce dont était capable l'entreprise. Avions-nous effectué quelque chose de ce genre ?

Alexander a écarté cette idée d'un revers de main. Préparer un exemple de notre travail avant une quelconque signature de contrat aurait exigé des analyses de données beaucoup trop sophistiquées et intensives.

— Écoutez, a-t-il déclaré, les sourcils froncés, visiblement en colère. Je vois ce que vous voulez dire, mais le fait est que nous *n'avons pas travaillé*... (il a toqué sur la table pour souligner chacun de ses mots) sur cette campagne, ni sur aucune autre. Nous n'avons pris *aucune part* au référendum. On peut y passer la journée, mais je pense que la meilleure option est de s'en tenir aux faits, qui sont que nous n'étions *pas*... (nouveau coup sur la table) impliqués, c'est tout.

Malgré son ton emphatique, il semblait las. Il s'est passé la langue sur les lèvres. Son visage luisait d'un voile de transpiration.

Il faiblissait.

Simon Hart, un parlementaire conservateur de Carmarthen West et South Pembrokeshire, émacié et au menton pointu, s'est penché en avant. Lorsqu'il ne parlait pas politique, il chassait le blaireau.

Cambridge avait « exploité les craintes de sections vulnérables de l'électorat afin d'influencer leur vote », a-t-il attaqué. Alexander considérait-il que son métier apportait une contribution positive à la société ? Avait-il le moindre sens moral, ou ne se préoccupait-il que de payer ses factures ? S'était-il jamais demandé quelle était sa responsabilité sociale dans tout cela ?

Il était loin d'en avoir fini.

Le modélisation OCEAN n'était-elle pas qu'une façon peu subtile d'étudier la personnalité des gens afin de les manipuler pour qu'ils fassent ce qu'on attend d'eux ? Alexander se voyait-il comme une « présence toute-puissante » ?

Cambridge Analytica prétendait posséder jusqu'à 5 000 points de données sur chaque adulte vivant aux États-Unis, soit toute la population en âge de voter. Les adultes américains en question étaient-ils au courant ?

Il semblait étrange que Cambridge Analytica ne travaille qu'aux États-Unis et pas au Royaume-Uni. Amassions-nous des données sur la population britannique également ?

Quelle relation entretenait Cambridge avec Facebook ? Et qu'en était-il du Dr Aleksandr Kogan ?

L'entreprise respectait-elle la loi à l'étranger ? Cambridge Analytica ou SCL Group avaient-ils mené des campagnes politiques dans des pays du tiers-monde au bénéfice de quelqu'un d'autre ?

Quelle était au juste la différence entre SCL Group et Cambridge Analytica ? Partageaient-ils des informations et des ressources ?

Que faisait une personnalité aussi controversée que Steve Bannon au sein de notre conseil d'administration ?

Alexander a tenté maladroitement de répondre à chaque question.

L'entreprise n'exploitait pas la crainte, elle présentait ses clients sous leur meilleur jour. Elle n'isolait pas les électeurs, mais se montrait simplement sélective quant à son public, afin de ne pas gaspiller ses ressources. Nous avions une équipe d'avocats chargés de s'assurer que l'entreprise respectait les lois des pays étrangers. Steve Bannon avait conseillé Cambridge sur la manière de travailler aux États-Unis. Alexander a ensuite comparé les événements concernant Leave.EU à une série de rendez-vous qui n'avait malheureusement pas culminé en une « proposition » menant au mariage. Il ignorait pourquoi Leave.EU avait décidé de ne pas travailler avec Cambridge. Non, il ne se voyait pas comme tout-puissant. Non, il n'avait pas d'exemple de travail effectué par l'entreprise qui lui inspire des doutes d'ordre moral, mais il se renseignerait et reviendrait vers la commission s'il trouvait quoi que ce soit.

Tout au long de sa tirade, il a hésité, bafouillé, frappé sur la table, rougi, et haché ses mots.

Lorsqu'il a tenté d'expliquer la différence entre *espérer* travailler pour un client, *prévoir* de travailler pour lui, travailler *avec* lui, et travailler *pour* lui, l'un des membres de la commission a fait remarquer d'un ton plaintif qu'il avait l'impression d'entendre « la langue anglaise se déformer dans ses oreilles ».

— Nous n'avons jamais travaillé pour Leave.EU, a de nouveau insisté Alexander. Je ne sais pas comment vous le dire plus clairement que ça… Peu importe comment vous observez la situation, ce qui vous paraît être vrai, ou les tweets que vous avez lus, nous… nous n'avions pas de relation formalisée avec eux. Nous n'avons pas travaillé sur le référendum avec cette organisation, ni avec aucune organisation.

Mais rien n'a fonctionné.

Cet homme qui avait créé le plus grand outil d'influence du siècle n'a pas su persuader son public. Il était tout simplement tombé sur des « non persuadables », et les choses ne se sont pas arrangées lorsque la discussion en est venue à moi.

Qu'en est-il de Brittany Kaiser ? ont-ils demandé. Que faisait-elle à cette présentation, en novembre, où elle a déclaré que CA travaillait à « mener des recherches à grande échelle pour Leave.EU » ? Qui est cette Brittany Kaiser ?

Alexander s'est humecté les lèvres.

— Brittany Kaiser, a-t-il répondu, était une employée de Cambridge Analytica.

Pour moi, cette phrase revêtait une importance toute particulière. Difficile d'ignorer son emploi ostensible de l'imparfait.

Je n'ai pas regardé l'audience d'Alexander en direct. J'ai tout lu après coup – ce qui, d'une certaine manière, était encore pire.

Cela faisait plus de trois ans que je travaillais à Cambridge Analytica, et j'avais passé l'année précédente à me contorsionner pour justifier ce que la société était devenue. Même lorsque l'attitude de l'entreprise et celle d'Alexander s'étaient faites de plus en plus alarmantes, je m'étais efforcée de rationaliser mes décisions en pensant au besoin d'argent de ma famille ou à la nécessité d'orienter ma carrière dans une direction rentable.

Tout en lisant les déclarations faites par Alexander devant le Parlement, je n'ai pas pu m'empêcher de repenser au dilemme auquel j'avais fait face en acceptant de travailler pour Cambridge. Depuis, ma relation avec Alexander s'était fondée sur des compromis : j'en avais tant fait afin d'aller de l'avant et de réussir que, pendant une longue période, j'avais perdu de vue les valeurs les plus importantes pour moi. À présent, en travaillant dans les blockchains et en créant un nouvel avenir pour les données personnelles, je faisais mon possible pour redresser le cap. L'expérience acquise à Cambridge me servait à expier un peu mes fautes, mais j'espérais encore que l'entreprise me récompenserait de toute l'énergie que je lui avais consacrée.

Ce jour-là, voir mon nom écrit noir sur blanc dans le compte rendu de l'audience a suffi à briser toutes les illusions dont je m'abreuvais : mon temps chez Cambridge touchait à sa fin. Je n'y avais aucun avenir comme consultante en blockchain. Inutile d'espérer garder un poste là-bas comme filet de sécurité tandis que je me ferais un nom dans le milieu. Inutile d'espérer un gros paiement en actions. Il n'y aurait pas de trésor au pied de l'arc-en-ciel.

C'était trop tard. Brittany Kaiser représentait maintenant un danger pour Alexander Nix et Cambridge Analytica.

Je réfléchissais encore aux ramifications de toute l'histoire quand j'ai reçu un mail, le 9 mars. Il provenait de Brendan, aux ressources humaines.

Chère Brittany,

Comme vous le savez déjà, l'équipe RH vous a envoyé plusieurs requêtes afin d'obtenir les documents confirmant votre souhait, exprimé auprès d'Alexander Nix, de mettre fin à votre contrat le 31 janvier 2018.

En l'absence de ces documents, je vous prie de trouver en pièce jointe une lettre attestant de la fin de votre contrat au sein de l'entreprise, conformément à votre accord avec Alexander Nix.

Si vous avez des questions au sujet de la lettre ci-jointe, merci de me contacter par téléphone ou par mail.

Virée. Le mail était antidaté du soir où j'avais dit à Alexander d'aller se faire foutre.

J'ai répondu aussitôt, mettant Alexander et Julian en copie, pour expliquer que je n'avais en aucun cas démissionné. Jamais je n'aurais mis l'entreprise dans une telle position, ai-je affirmé. Beaucoup d'autres avaient quitté le navire. Ce n'était pas mon style. Oui, il y avait eu des hauts et des bas, mais je n'avais jamais eu l'intention de laisser tout le monde en plan.

Six jours plus tard, Alexander a répondu. C'était comme dans le film de George Clooney *Les Marches du pouvoir*.

Il se disait désolé d'avoir dû expédier cette lettre de renvoi. « De toute évidence, cette relation n'est plus viable professionnellement. » À l'avenir, si je voulais m'entretenir avec lui de quelque sujet que ce soit, je pouvais fixer un rendez-vous auprès de sa secrétaire.

Il n'aurait pas pu être plus clair.

Il espérait que j'allais bien, disait-il.

C'était signé « A. »

J'ai rangé mon téléphone et je suis montée sur scène à la conférence, sans plus me demander pourquoi j'avais demandé aux organisateurs d'imprimer « DATA » – pour Digital Asset Trade Association (Association de commerce de biens numériques), l'ONG de lobbying de blockchain que je venais de cofonder – au lieu de « Cambridge Analytica » sur mon badge.

18

Restart

16-21 mars 2018

Alexander a-t-il vu venir le moment où le boulet de canon s'est dirigé sur lui ? A-t-il pressenti l'impact, ou la rapidité avec laquelle son entreprise ferait faillite ? Je ne le saurai jamais.

Le vendredi 16 mars, moins de vingt-quatre heures après que j'ai reçu la lettre d'adieu d'Alexander, mes amis et mes anciens collègues m'ont bombardée de notifications et de textos. En fin de journée, Paul Grewal, vice-président et directeur juridique adjoint de Facebook, avait publié un communiqué indiquant que Facebook cessait toute collaboration avec Cambridge Analytica. L'entreprise venait d'apprendre d'une source gardée confidentielle que Cambridge n'avait pas agi de bonne foi en 2015 en prétendant avoir supprimé toutes les données achetées au Dr Aleksandr Kogan. Selon Grewal, Facebook venait de découvrir que Cambridge avait en réalité conservé ces données. Le communiqué indiquait également que Facebook suspendait toute collaboration avec SCL Group (la société mère de CA), avec le Dr Kogan, ainsi qu'avec un certain Christopher Wylie, de la société Eunoia Technologies.

Selon Facebook, Cambridge, Kogan et Wylie avaient certifié qu'ils n'étaient plus en possession de données obtenues illégalement. Si ces nouvelles informations étaient confirmées, ce serait la seconde fois que Cambridge trahissait la confiance de Facebook et enfreignait ses conditions d'utilisation[1] : c'était inacceptable.

Dès la publication du communiqué sur le site Internet de Facebook, la nouvelle s'était répandue à travers le monde comme une traînée de poudre.

J'ai lu le communiqué et les différents rapports, en me demandant comment il était possible que CA soit encore en possession de données volées. Après le scandale qui avait suivi la publication de l'article du *Guardian* fin 2015, Alex Tayler avait pourtant certifié à Facebook que ces données avaient été supprimées. Si quelqu'un de CA les avait conservées, qui était-ce ? Pourquoi les avoir gardées ? Et surtout qu'est-ce que Christopher Wylie et Eunoia Technologies avaient à voir avec tout ça ?

Je n'avais jamais rencontré Wylie en personne, mais je l'avais eu une fois au téléphone, début 2015. Je venais d'être embauchée. Alexander m'avait demandé d'appeler les différentes branches et filiales de SCL pour me présenter. J'étais chargée de diversifier nos activités et je devais les contacter pour qu'ils me fassent part de leurs idées éventuelles.

J'avais appelé l'une de nos filiales, SCL Canada, dont le siège était situé à Victoria, en Colombie-Britannique (celle qu'on appelait AIQ, mais je ne l'ai appris que plus tard). C'était Chris qui avait répondu.

J'avais déjà entendu des bruits de couloir sur lui. On m'avait dit qu'il avait travaillé à SCL avant mon arrivée et qu'il avait quitté l'entreprise courant 2014, pour travailler dans une autre filiale (SCL Canada). Plusieurs employés de SCL m'avaient dit que Chris avait travaillé sous les ordres d'Alex Tayler, en tant que chef de projet technique, mais que son travail n'avait pas donné entière satisfaction. Chris s'était fait passer pour un analyste de données. D'après ceux qui avaient travaillé avec lui, la collaboration entre

Chris et Alex Tayler s'était mal passée. Suite à des désaccords, Chris avait claqué la porte de l'entreprise. C'était tout ce que je savais. Personne ne m'avait dit quelle était la nature exacte de ses griefs.

Cet appel n'avait pas été très utile. Chris ne s'était pas montré particulièrement affable ou coopératif. J'avais compris au ton de sa voix qu'il était impatient de raccrocher, comme si je l'avais interrompu et qu'il voulait se remettre au travail le plus vite possible. J'en avais conclu que je l'avais sans doute pris au dépourvu, que je n'avais pas assez mis les formes ou que j'avais fait preuve de trop d'empressement. Je me souviens m'être vaguement demandé pourquoi Christopher Wylie travaillait encore pour SCL Canada après avoir claqué la porte de SCL. Mais je m'étais dit que l'explication la plus plausible était qu'il avait été muté. Après avoir raccroché, je n'y avais plus pensé et je n'avais plus entendu parler de lui jusqu'au 16 mars 2018.

Le soir de l'annonce de Facebook, j'étais très loin de l'Angleterre et de Cambridge Analytica. J'ai appris la nouvelle à Porto Rico, où je m'étais rendue pour participer au projet Restart, une initiative pour relancer l'économie de l'île après le terrible ouragan qui l'avait ravagée en septembre 2017. L'ouragan Maria, une tempête mortelle de catégorie 5, dont les vents avaient atteint jusqu'à 280 km/h, avait détruit la plupart des infrastructures de l'île et entraîné une crise humanitaire sans précédent. Il avait laissé des milliers de personnes sans abri et privé quasiment toute l'île d'électricité. Les dégâts avaient rendu impossible l'accès aux soins, à l'eau portable, à la nourriture et entraîné une pénurie d'essence. L'ouragan avait causé la mort d'environ 3 000 citoyens américains, victimes directes ou collatérales. Le projet Restart avait pour but d'attirer les investisseurs sur l'île et d'en faire un centre d'innovation économique et technologique, mais également de faire rentrer l'argent du tourisme à Porto Rico, grâce à la venue de milliers d'entrepreneurs, d'influenceurs, de lobbyistes et de curieux. Il s'agissait également de faire la promotion de la blockchain, une technologie que sa complexité rendait opaque pour le public. C'était un projet humanitaire, conçu pour montrer que la blockchain n'avait pas pour but de semer le chaos mais plutôt de créer du lien social et de reconstruire des communautés.

Je ne savais pas quoi penser de l'annonce de Facebook. Si Facebook mettait fin à sa collaboration avec Cambridge et privait l'entreprise d'accès à ses données, le modèle économique de CA s'effondrait. L'entreprise n'y survivrait pas. CA et ses clients dépendaient entièrement du réseau social. Sans Facebook, CA n'était rien. Environ 90 % du budget publicitaire de CA était injecté dans des campagnes pour Facebook. J'avais beau avoir quitté l'entreprise, je ne pouvais m'empêcher de ressentir un pincement au cœur face à la faillite annoncée d'une entreprise dont le futur s'annonçait pourtant si florissant et qui se retrouvait brusquement anéantie par la puissance de Facebook, avant même que les faits ne soient confirmés ou que les auditions du gouvernement aient lieu.

Le lendemain, le samedi 17 mars, je me suis levée tôt pour aider à la reconstruction de zones rurales de Porto Rico avec d'autres participants au projet Restart. Je n'ai pas eu accès à Internet de la journée. Je faisais partie d'un groupe chargé d'installer des panneaux solaires. Les habitants de Porto Rico avaient vécu plusieurs mois sans électricité, privés de lumière, de réfrigérateur mais également d'accès au réseau téléphonique et Internet. Ça m'a fait du bien de mettre la main à la pâte. À la fin de la journée, en voyant les familles rallumer enfin la lumière dans leur maison et réutiliser leurs appareils électroniques pour tenter de revenir à une vie normale après la catastrophe, j'ai éprouvé un sentiment de fierté.

Lorsque j'ai à nouveau eu accès à Internet, mon téléphone – dont j'avais quasiment oublié l'existence – s'est mis à s'allumer et à vibrer tandis que, comme la veille, je recevais d'un coup tous les messages qu'on m'avait envoyés pendant la journée. Plus tôt dans la journée, Cambridge avait opposé un droit de réponse à l'annonce de Facebook. L'entreprise démentait les informations de Facebook, indiquant que les conditions d'utilisation avaient été respectées et que Cambridge collaborait avec Facebook « pour trouver une solution ». Mais, dans la tourmente, ce communiqué était passé inaperçu. Les nouvelles arrivaient en masse, encore plus accablantes que la veille.

Carole Cadwalladr et le *New York Times* avaient publié conjointement les éléments de l'enquête qu'ils avaient menée sur CA et Facebook. Au cœur de leur reportage : Christopher Wylie. Chacun de ces éléments constituait une pièce à charge extrêmement détaillée, qui venait s'ajouter au dossier contre CA, tandis que Chris se présentait comme le gardien des secrets les plus sombres de CA. Il était devenu en quelques heures le nouveau héros d'une histoire qu'il voulait à présent révéler au monde entier.

L'article de Carole était intitulé « Révélations : Cambridge Analytica a exploité 50 millions de profils Facebook. Une faille de sécurité majeure ». Le sous-titre était le suivant : « J'ai fabriqué une arme de destruction massive pour Steve Bannon : rencontre avec le lanceur d'alerte de la guerre des données ».

Les révélations de Chris, en attente de confirmation, avaient pris tout le monde de court, en particulier au Royaume-Uni et aux États-Unis. J'étais déstabilisée : étant donné ce que m'avaient dit mes anciens collègues de Cambridge sur Chris, j'avais du mal à croire à la plupart de ces accusations.

Par exemple, Chris prétendait être en possession de mails prouvant que CA avait collaboré directement avec le professeur Michael Kosinski, de l'université de Cambridge, auteur de l'article de *Das Magazin* paru en 2016 et créateur de l'application Facebook My Personality. Chris affirmait aussi qu'il détenait des preuves incriminant Aleksandr Kogan. Selon lui, Kogan avait accepté la mission confiée par SCL au Centre de psychométrie de l'université de Cambridge et l'entreprise n'avait jamais pris la peine de vérifier que cette mission était légale ou conforme aux conditions d'utilisation de Facebook.

Chris possédait un autre document encore plus incriminant : une copie du contrat signé entre Kogan et CA, qui décrivait en détail la mission confiée à Kogan. Contrairement aux affirmations de Kogan, cette mission n'avait pas été conçue à des fins académiques mais dans un objectif ouvertement commercial.

Chris possédait aussi des copies de reçus, de messages vocaux, de transferts de données et de relevés bancaires qui prouvaient que CA avait versé à GSR (l'entreprise de Kogan) la somme considérable de 1 million de dollars en vue d'exploiter les données de Facebook. D'autres documents montraient que CA avait dépensé 7 millions de dollars pour aspirer les données et concevoir son modèle d'exploitation.

Selon Chris, Kogan avait réussi à exploiter les données de 50 millions d'utilisateurs de Facebook en quelques semaines seulement, grâce à l'API Friends. Chris prétendait que la rapidité et l'ampleur de l'aspiration de données effectuée par Kogan avaient déclenché des alertes au sein de Facebook mais que, pour une raison inconnue, l'entreprise avait choisi de ne pas en tenir compte. C'était selon lui la preuve que Facebook faisait preuve de négligence en matière de protection des données de ses utilisateurs.

Le chiffre de 50 millions était presque le double du nombre d'utilisateurs dont les données avaient été volées. À partir de ces données, Cambridge avait pu manipuler environ 240 millions d'Américains. Grâce à ce modèle unique d'aspiration de données et de ciblage psychologique, à des algorithmes prédictifs et à d'autres données achetées par l'entreprise et analysées grâce à différents modèles (dont le modèle OCEAN), Cambridge avait pu profiler et catégoriser tous les Américains de plus de dix-huit ans. Le modèle avait établi quels Américains étaient « ouverts d'esprit », « conscienciеux », « névrosés », etc., en vue de les cibler de manière extrêmement précise et efficace. C'était l'un des principaux ingrédients de la recette secrète de Cambridge.

Dernier coup de massue : Chris prétendait que Cambridge était toujours en possession de ces données brutes, et que l'entreprise les avait probablement utilisées pendant la campagne Trump pour cibler des Américains et influencer le résultat de l'élection : en bref, l'exploitation illégale des données de Facebook par CA avait changé le cours de l'histoire.

L'article de Cadwalladr soulevait une question : où étaient ces données, à présent ? Un cadre de Facebook, auditionné par Damian Collins et le DCMS avant Alexander, avait affirmé qu'il était impossible que ces données soient encore détenues par CA. Lors de son audition par la commission, le 27 février, Alexander avait dit que CA ne détenait plus aucune donnée appartenant à Facebook. Dans l'article de *The Observer*, Chris Wylie sous-entendait que Cambridge n'avait aucune raison valable d'avoir supprimé ces données, étant donné que c'était la matière à partir de laquelle l'entreprise travaillait, qu'elle en avait besoin pour mettre en application la modélisation psychographique, et qu'elle avait payé cher pour se les procurer.

Wylie avait reçu une lettre de Facebook en 2016 qui lui était directement adressée. Dans cette lettre, Facebook lui demandait s'il avait effacé les données qu'il savait avoir été obtenues illégalement. On ne lui avait demandé aucune preuve, hormis un certificat sur l'honneur. Wylie avait envoyé ce certificat, mais Facebook n'avait jamais vérifié que les données avaient effectivement été supprimées et n'avait mené aucun audit. Wylie aurait pu conserver les données de 87 millions d'utilisateurs sans que Facebook en ait connaissance[2]. Wylie était prêt à parier que Cambridge avait conservé ces données. Et, si Cambridge était effectivement en possession de ces données, cela signifiait qu'Alexander avait menti lors de son audition devant le Parlement et que Facebook avait fait preuve d'une grande négligence.

L'article du *New York Times* allait plus loin que celui de Cadwalladr pour tenter d'apporter une réponse à cette question. Selon les journalistes, les cadres de Cambridge avaient menti sciemment et l'entreprise était toujours en possession des données extraites depuis la plate-forme. C'était une évidence : ces données n'avaient jamais été effacées.

Dans un article intitulé « Comment les consultants de Donald Trump ont exploité les données Facebook de millions d'Américains », les journalistes Matthew Rosenberg et Nicholas Confessore affirmaient que des copies de ces données avaient été effectuées et que le *Times* avait eu accès à un certain nombre de données brutes issues de profils Facebook et exploitées par Cambridge Analytica. Le papier était cosigné par Carole, qui les avait mis en contact avec sa source, Wylie. Un ancien employé de CA – probablement Wylie, mais l'article ne le précisait pas – affirmait avoir récemment eu accès à des centaines de gigabits de données Facebook sur les serveurs de Cambridge[3].

Si ces affirmations étaient avérées, les implications étaient considérables : cela signifiait que Cambridge avait menti à Facebook à plusieurs reprises et que Facebook avait fermé les yeux, en se contentant de mails qui n'avaient aucune valeur juridique.

Ces révélations impliquaient également qu'Alex Tayler avait menti. Dans les mails qu'il avait échangés avec Facebook, il affirmait avoir supprimé les données obtenues depuis 2015, les copies qu'il possédait, ainsi que toute trace de ces données sur les serveurs de CA. Il avait probablement menti en disant que le modèle de Kogan était purement théorique, et qu'il ne s'en était pas servi. Toutes ces accusations signifiaient que Cambridge avait couvert une conspiration à grande échelle, était au cœur de la plus grande faille de sécurité de l'histoire de la technologie moderne et d'un des plus grands scandales du XXIe siècle.

Ce scandale avait déjà un nom : le Datagate.

J'étais sous le choc. Alors que je lisais les textos et les articles, j'en recevais d'autres :

C'est vrai ?

Tu étais au courant ?

Putain, qu'est-ce qui se passe ?

Avais-je couvert cette conspiration ? Et quel était mon degré d'implication dans cette affaire ?

Ce soir-là, j'étais censée aller à une soirée avec un ami. Il m'a demandé ce qui se passait. Je n'ai pas su quoi répondre. J'étais en train de lui dire qu'on m'avait transféré les mails échangés par Alexander Tayler et Allison Hendricks de Facebook quand je me suis arrêtée net.

On m'avait transféré ces mails en janvier 2016, plusieurs mois avant le début du projet Alamo (la construction d'une base de données pour la campagne Trump). J'avais naïvement pensé que ces données avaient été supprimées bien avant que CA ne commence à travailler sur la campagne.

Mon cœur s'est accéléré. J'ai pris mon téléphone et effectué une recherche dans ma boîte mail.

J'ai rapidement trouvé ce que je cherchais : une série de mails, sur plusieurs semaines, dont l'objet était « Serment d'innocence ». C'était écrit noir sur blanc : Alex Tayler affirmait qu'il avait obéi aux instructions de Facebook et avait supprimé les données. Allison Hendricks avait répondu pour le remercier de sa coopération.

Comment avais-je pu être assez naïve pour croire aux affirmations du Dr Tayler ? Je l'avais cru parce qu'à l'époque je n'avais aucune raison de douter de sa bonne foi. Je n'étais pas analyste de données. Je n'avais jamais eu accès à la base de données de CA. Je n'avais jamais consulté son contenu. Je faisais la promotion de cette base auprès des clients, en sachant que nous étions en possession de données Facebook, mais Tayler m'avait affirmé, à moi et à tous les autres employés, que ces données avaient été achetées légalement. J'avais vanté auprès de centaines de clients les capacités de ciblage de SCL et de CA, ainsi que la quantité de données que nous possédions. Et si tout ce que j'avais dit était en fait fondé sur un mensonge ?

J'étais profondément ébranlée par ces révélations. J'étais portée à croire l'article du *Times*, qui me semblait rigoureux : je savais que les journalistes avaient pris la peine de vérifier les faits avant la publication, même s'il est apparu au cours de l'année que même un journal sérieux comme le *Times* pouvait publier des informations erronées à propos de moi et de Cambridge, entraînant la publication de plusieurs démentis. En revanche, l'article de Carole Cadwalladr me semblait davantage sujet à caution.

Je l'ai relu. Je n'avais jamais cru une seule ligne de ses articles : tout ce qu'elle avait écrit sur moi était inexact et fondé sur de pures spéculations. Pourquoi aurais-je dû la croire désormais ?

Par ailleurs, j'avais du mal à accorder un quelconque crédit à Chris Wylie : c'était un employé mécontent, qui n'avait qu'un accès limité aux informations depuis qu'il ne faisait plus partie de SCL ni de CA. À moins qu'il ait une taupe en interne, les informations de Wylie n'avaient pas la moindre valeur.

Dans l'article, il se présentait comme le concepteur de la modélisation psychographique. Ça ne correspondait pas au portrait que mes collègues avaient fait de lui. Chris se faisait mousser. À en croire l'article, il avait lui-même créé Cambridge Analytica. Cette histoire ne tenait pas debout. Il prétendait avoir pris l'avion avec Alexander, être proche de Steve Bannon, qui les avait présentés, lui et Alexander, aux Mercer dans l'appartement de Bekah, à New

York. Vu ce que mes collègues m'avaient dit de lui, je n'y croyais pas une seconde.

Même Cadwalladr admettait que Chris était un peu extravagant : il revendiquait son homosexualité et son véganisme, il avait les cheveux roses, il avait arrêté le lycée avant d'obtenir son diplôme, ce qui ne l'avait pas empêché d'intégrer la prestigieuse London School of Economics (LSE). Chris, c'était un Canadien punk, originaire de Victoria, en Colombie-Britannique qui, malgré de gros troubles d'apprentissage, était présenté comme un petit génie du codage et prétendait avoir occupé le poste de « directeur de recherche » à Cambridge Analytica. Il disait lui-même qu'il était un peu autiste. Comment le croire quand il prétendait avoir créé « une arme de destruction massive pour Steve Bannon[4] » ?

Comment Chris, qui s'était reconverti depuis dans la mode, avait-il pu avoir l'idée d'utiliser les profils Facebook, le modèle OCEAN et les algorithmes prédictifs pour manipuler les utilisateurs de Facebook et les cibler avec une précision extrême ? Chris prétendait avoir eu connaissance des travaux académiques de Kosinski mais également avoir contacté et recruté Kogan. À en croire l'article, Chris Wylie était une sorte de Dr Frankenstein, et le modèle de CA était le monstre incontrôlable qu'il avait créé de ses propres mains.

Au cours d'une soirée d'entreprise, Alexander m'avait dit qu'il était en conflit ouvert avec plusieurs anciens employés.

— Ils pensent tous qu'ils peuvent claquer la porte de SCL et créer leur propre version de mon entreprise ! s'était-il exclamé.

Il m'avait expliqué que plusieurs anciens employés, dont Chris Wylie, avaient puisé dans ses contacts et ciblé des clients qui étaient les siens. Alexander avait engagé des poursuites judiciaires contre Wylie pour manquement à son contrat. Selon lui, Wylie était prêt à tout pour lui nuire et il ne fallait pas lui faire confiance.

Je me demandais qui disait la vérité dans cette histoire. Une grande partie de l'article de Cadwalladr reposait sur des théories conspirationnistes à propos de CA qui me semblaient totalement invraisemblables. J'ai repensé à un article qu'elle avait écrit l'année dernière. Il se fondait sur des propos recueillis auprès d'une source anonyme qui, d'après les éléments dont je disposais à présent, avait toutes les chances d'être Chris Wylie. Cadwalladr suggérait que CA et les Russes étaient de mèche et qu'ils avaient œuvré à la victoire de Trump et au Brexit. Pour corroborer cette hypothèse, elle se fondait sur un appel d'offres envoyé à CA pour collaborer avec une entreprise russe, Lukoil, dont le P-DG était un ancien ministre de l'énergie soviétique et proche de Vladimir Poutine. Même si Cadwalladr admettait que Cambridge n'avait jamais officiellement travaillé pour Lukoil, elle persistait à vouloir établir un lien entre les deux. Wylie lui avait fourni une copie de cet appel d'offres, que j'avais vue de mes propres yeux lorsque j'avais commencé à travailler à SCL. Cadwalladr cherchait également à établir un lien entre CA et WikiLeaks, la défaite de Hillary et l'ascension de Trump. Elle suggérait que Julian Assange et Alexander Nix avaient menti en prétendant l'un et l'autre n'avoir jamais travaillé ensemble, et qu'Alexander avait fait appel à WikiLeaks pour se procurer des copies des mails de Hillary Clinton. Cadwalladr était prête à tout pour prouver qu'elle tenait un scoop : elle partait dans tous les sens, se servant de personnages hauts en couleur comme Chris Wylie pour appuyer ses propos et présentant Cambdrige Analytica comme une entreprise sans scrupules. D'après le portrait qu'elle dressait de CA et de la politique d'espionnage à grande échelle soi-disant menée au sein de l'entreprise, on pouvait croire que celle-ci était digne du MI6.

J'avais la tête qui tournait. Je ne savais pas qui je devais croire. J'étais perdue. Je n'ai pas fermé l'œil de la nuit. Parmi tout ce qu'avait dit Chris Wylie – que son expérience dans l'industrie de la mode semblait rendre expert sur le sujet –, il n'y avait pas que du faux. J'avais tendance à le croire quand il décrivait le rôle joué par Cambridge dans la campagne de Ted Cruz et le résultat des élections présidentielles. Selon lui, Donald Trump était « comme une paire de Ugg », ces bottines australiennes informes et ornées de fourrure qui sont devenues à la mode ces dernières années sans que personne ne comprenne pourquoi. Une fois que l'industrie de la mode avait réussi à persuader les clientes que les Ugg n'étaient pas si moches, tout le monde avait commencé à se les arracher. Pour Trump, c'était pareil.

Son parcours avait beau être plus éclectique que le mien, ce que Chris racontait sur ses débuts à SCL et sa rencontre avec Alexander faisait étrangement écho à mon expérience. Son profil ne correspondait pas du tout à ce type d'entreprise. Chris était un ardent militant démocrate. Mais Alexander avait réussi à le convaincre de travailler pour lui en lui disant qu'au sein de SCL il pourrait défendre ses convictions politiques tout en ayant les infrastructures et les moyens pour faire ce qui le passionnait. Vu la façon dont les choses lui avaient été présentées, Chris n'avait pas pu décliner l'offre d'Alexander.

— Pourquoi travailler en solo quand on peut travailler dans une entreprise comme Cambridge Analytica ? m'avait dit Alexander.

Il avait tenu plus ou moins le même discours à Chris :

— Tu auras une liberté totale. Ça vaut le coup d'essayer ! C'est l'occasion de réaliser tes projets les plus fous !

Et, bien que Chris et moi soyons très différents, nous avions tous les deux accepté le deal sans hésiter.

Pendant quelques minutes, je me suis reconnue en lui. Pourtant, je ne pouvais pas m'empêcher de me dire que je devais regarder plus loin que le bout de mon nez. Peut-être que Wylie était en train d'essayer de se venger d'Alexander à cause des poursuites que son ancien boss avait engagées contre lui ou de son licenciement. Je ne parvenais pas à comprendre comment il pouvait avoir la moitié des informations qu'il disait détenir et dont il se prétendait expert. Il n'avait jamais vraiment fait partie de cette entreprise. Un lanceur d'alerte ne doit jamais colporter de rumeurs sans preuves irréfutables de ce qu'il avance. J'étais en colère et j'avais envie de pleurer en même temps. Mais il fallait que je me prépare à ce qui n'allait pas tarder à me tomber dessus. Je n'étais pas au bout de mes peines.

Le dimanche 18 mars, j'ai donné une conférence sur la blockchain et la protection des données personnelles. Ça ne faisait que quelques jours que j'étais arrivée à Porto Rico, persuadée de faire partie d'une nouvelle communauté. À présent, en regardant le public, je me demandais ce que les gens pensaient de moi et s'ils étaient en train de se dire que j'étais impliquée dans tout ça. Tout le monde avait lu les journaux et, sur le chemin de la salle de conférences, les gens m'ont arrêtée pour me soutirer des informations au sujet du scandale Cambridge-Facebook.

J'ai eu du mal à expliquer de façon crédible que je n'avais aucun commentaire à faire à propos de ces accusations : j'avais vendu les services de CA et vanté les mérites de notre base de données, mais je ne l'avais jamais consultée moi-même, je ne savais même pas comment y accéder, je n'avais pas les bons mots de passe et, quand bien même j'y aurais eu accès, son contenu était bien trop complexe pour que je le comprenne. J'ai affirmé que je ne savais rien de plus que ce qu'on m'avait dit, mais j'avais conscience que tout le monde pensait que je cherchais à me désolidariser de CA et à minimiser mon implication dans l'affaire.

Je devais paraître d'autant moins crédible que je n'avais pas hésité à mettre en avant mon expérience à Cambridge dans le cadre du projet Restart. Pour être embauchée à Cambridge, j'avais utilisé ma participation à la campagne d'Obama comme carte de visite. J'avais fait la même chose avec Cambridge pour me faire accepter au sein de la blockchain. Quand je disais maintenant aux gens que je ne travaillais plus pour Cambridge, je sentais qu'ils ne me croyaient pas. Une longue conversation n'aurait sans doute pas suffi à les convaincre. En une ou deux phrases, c'était mission impossible.

Au fur et à mesure que les jours passaient, je me sentais de plus en plus mal. J'étais en train de participer à des conférences avec des experts qui voulaient développer une vision nouvelle de la protection et de la sécurisation des données personnelles. Vu mon parcours et mes expériences professionnelles, personne ne comprenait ce que je faisais là. Un soir, pendant un cocktail, un entrepreneur de la blockchain, qui m'avait dit quelques jours auparavant qu'il était intéressé par mon CV et m'avait proposé un poste au sein du conseil de surveillance de son entreprise, est venu me voir, un verre à la main. Il m'a prise à part pour me dire :

— Euh, à propos de ce que je vous ai dit l'autre jour...

Et il a retiré son offre. Je n'ai aucun souvenir du reste de la soirée. J'ai bu pour oublier le scandale qui s'étalait en une des journaux. Quand je me suis réveillée, j'avais la gueule de bois et le moral à zéro. J'étais devenue *persona non grata* à une sortie à laquelle j'étais pourtant censée participer, avec des investisseurs de haut niveau, triés sur le volet. En deux jours seulement, des milliers d'articles sur CA avaient été publiés sur Internet dans le monde entier. Le cœur gros, j'ai passé la journée à parcourir tout ce que j'avais évité de lire jusqu'à présent. Bizarrement, Facebook n'avait fait aucune annonce depuis le 17 mars, jour où Grewal avait apporté un rectificatif à son communiqué de presse de la veille au soir : les événements relevaient de la responsabilité de CA et des autres, mais ne constituaient en rien une faille de sécurité de Facebook. L'intention était claire : Facebook cherchait à se dédouaner. Pourtant, Mark Zuckerberg n'avait pas organisé de conférence de presse et le silence de Facebook était de mauvais augure.

Le 18 mars, en consultant mes mails, je me suis rendu compte que j'avais toujours accès à ma messagerie Cambridge Analytica, même si on m'avait précisé le contraire. Je n'ai pas pu m'empêcher de jubiler : parmi tous les mails et les documents reçus au cours des quatre dernières années, j'allais peut-être trouver quelque chose qui m'aiderait à comprendre ce qui avait conduit à ce désastre. En faisant défiler mes messages, je suis tombée sur un mail de Julian Wheatland, qui conviait tous les employés à une réunion. C'était rédigé à la Julian, dans un style laconique :

> Brève réunion d'information sur les enquêtes récentes dont l'entreprise fait l'objet.

L'ensemble des employés étaient censés se retrouver en salle de réunion, à Londres, Washington DC et New York, à 15 heures, heure de Londres.

J'en ai profité pour consulter mon compte LinkedIn. J'avais un message de mon ami Paul Hilder, écrivain et militant, que j'avais rencontré à Londres en mars-avril 2016. Nous avions sympathisé et parlé de mes projets professionnels, ainsi que des questions que je me posais sur la protection des données personnelles. Nous nous étions revus plusieurs fois depuis, mais nous ne nous étions pas écrit depuis longtemps. Paul avait commenté une publication récente sur mon profil LinkedIn. J'avais mis à jour mon profil pour indiquer que je ne travaillais plus à Cambridge Analytica et que je venais de créer mon propre groupe de lobbying à but non lucratif, Digital Asset Trade Association, dont le but était d'aider les gouvernements à mettre en place de nouvelles politiques pour encadrer l'utilisation des données personnelles, et permettre aux utilisateurs d'avoir plus de contrôle sur ce qu'ils publiaient sur Internet.

Paul m'avait laissé un commentaire :

Je vois que tu es en train de construire ton empire. Bravo !
On se parle bientôt ?

La troisième vague de mauvaises nouvelles concernant Cambdrige Analytica est arrivée l'après-midi du lundi 19 mars. C'était de loin la pire.

La chaîne britannique Channel 4 avait enquêté pendant quatre mois en caméra cachée au sein de l'entreprise. Le reportage, qui montrait des réunions entre Alexander Nix, Mark Turnbull et le Dr Alex Tayler, constituait une telle pièce à charge que j'ai eu du mal à le regarder.

Des journalistes s'étaient fait passer pour des agents chargés de représenter les intérêts de milliardaires sri lankais. Ces milliardaires voulaient faire appel à Cambridge pour financer une campagne électorale avec de l'argent sale. Ils avaient rencontré à quatre reprises des cadres de Cambridge. Tous ces rendez-vous avaient été filmés. Au cours de ces entrevues, les cadres de CA vantaient le champ d'action de l'entreprise et présentaient ses activités et les opérations en cours. Le reportage révélait au monde entier la face la plus sombre d'une entreprise manifestement peu scrupuleuse.

Un des journalistes s'était fait passer pour un intermédiaire, l'autre, pour son assistant. Tous deux équipés de micros, ils avaient tour à tour rencontré Alexander Tayler, Mark Turnbull et Alexander Nix dans des hôtels, des restaurants et des salles de conférences vitrées à Knightsbridge et à Belgravia. Les journalistes avaient filmé les employés de CA, et plus particulièrement Mark Turnbull et Alexander Nix, au cours de déjeuners et de soirées arrosées, où ils levaient leur verre aux « activités secrètes » de Cambridge.

Dans un extrait du reportage, Mark demandait aux « Sri Lankais » s'ils souhaitaient avoir accès aux données des services de renseignement. Il se vantait du « carnet d'adresses très fourni » que possédait CA et prétendait que l'entreprise « travaillait avec des organisations spécialisées dans le renseignement ». Ces organisations, c'étaient le MI5, le MI6, ainsi que d'anciens espions ou des agents des services secrets israéliens, des gens qui, selon lui, savaient déterrer des cadavres et trouver des informations compromettantes pour mettre en difficulté les candidats de l'opposition.

Mark avait prétendu que CA pouvait leur donner accès à ces données sans que les « Sri Lankais » se mouillent directement. Il leur avait proposé d'établir des contrats en utilisant d'autres entités ou des prête-noms, et de régler en liquide, « pour ne laisser aucune trace ». Il leur avait ensuite décrit une « opération top secrète », dans un pays d'Europe de l'Est, où CA avait « agi dans l'ombre » pour satisfaire les demandes de ses clients.

Alexander avait expliqué que l'entreprise avait l'habitude de travailler en coulisses, en utilisant des interfaces différentes.

Les cadres de CA avaient également évoqué une opération au Kenya en 2013 et en 2017. Ils avaient raconté aux « Sri Lankais » l'histoire d'Uhuru Kenyatta et du parti politique qu'ils avaient créé pour lui.

Au cours d'une réunion avec les clients, Alexander et Mark leur avaient dit que tous les outils de propagande développés par CA étaient intraçables. Personne ne pourrait remonter jusqu'à eux.

— L'objectif, c'est de faire de la propagande sans que les gens se disent : « C'est de la propagande. »

Ils avaient également vendu aux Sri Lankais la modélisation psychographique mise au point par l'entreprise. Selon eux, c'était du haut niveau. CA était la seule entreprise sur le marché à maîtriser cette technologie. L'idée, c'était qu'on ne gagne pas une élection sur des faits mais sur des émotions.

— Notre travail, avait dit Mark aux journalistes infiltrés, c'est de plonger au fond de l'âme des électeurs pour savoir quelles sont leurs peurs et leurs inquiétudes les plus profondes.

CA avait également la capacité de magouiller pour satisfaire les demandes de ses clients. L'entreprise pouvait « envoyer des filles chez un des candidats », filmer et ensuite balancer les vidéos compromettantes sur Internet.

Sur la vidéo, Alexander répétait nerveusement que c'était « uniquement des exemples de ce qui pouvait être fait ou de ce qui avait déjà été fait », comme s'il n'y avait aucune distinction entre les deux. Et quand le faux intermédiaire lui avait posé des questions sur Trump et sur les candidats en général – pour savoir jusqu'à quel point les Sri Lankais prenaient eux-mêmes des risques en travaillant avec CA – Alexander avait répondu en haussant les épaules que le candidat n'était pas impliqué du tout. C'était l'équipe de campagne qui « lui disait quoi faire ».

Le journaliste infiltré lui avait demandé si cela signifiait que « le candidat était une simple marionnette » aux mains de ceux qui finançaient sa campagne.

— Bien sûr, avait répondu Alexander sans la moindre hésitation.

Je me suis adossée contre le dossier du siège sans pouvoir détacher mon regard de l'écran. Pour tout le monde, ces gens étaient des criminels qui faisaient et disaient des choses répréhensibles. Pour moi, c'était d'anciens collègues, des gens que j'avais fréquentés, qui avaient une famille et à qui, jusqu'à récemment, je faisais entièrement confiance.

Mais ces enregistrements ne laissaient aucune place au doute. La plupart de ces actions, si elles avaient effectivement été commises, étaient criminelles. Je n'en avais jamais entendu parler au cours des réunions avec les clients. Pourtant, même si j'avais du mal à y croire, ça ne me semblait pas complètement invraisemblable. Sous de nombreux aspects, tout concordait : étant donné les activités de CA, il était logique qu'on découvre que ses dirigeants étaient prêts à prendre des risques pour favoriser la victoire de ses clients. On pouvait arguer du fait que c'était un coup monté et que les cadres de CA étaient tombés dans un piège, mais pour moi tout ce que mes anciens collègues racontaient devant la caméra était crédible, non pas parce que je les avais déjà entendus en parler explicitement avant – ce n'était jamais arrivé – mais parce que c'était la suite logique du discours tenu par Alexander pour le PRI à Mexico. Cela faisait un moment qu'Alexander sous-entendait, en public ou en privé, que CA pouvait passer outre la loi. Il s'était trahi sans le vouloir et le monde entier était à présent au courant.

Quand il parlait dans la vidéo de ce qui s'était passé au Mexique, Alexander exagérait la réalité. Il prétendait que nous avions fait du microciblage alors qu'en vérité il ne m'avait jamais donné les fonds nécessaires à la construction d'une base de données. Je savais que le microciblage dont il parlait n'avait jamais été effectué. Techniquement, c'était impossible.

Dans la vidéo, Mark disait qu'il fallait jouer sur « les espoirs et les craintes des gens » :

— Pour gagner une campagne électorale, on n'a pas besoin de s'appuyer sur des faits tangibles. On a besoin des émotions des électeurs.

En entendant ça, je me suis mise à pleurer. Est-ce que le microciblage n'était qu'un instrument de manipulation ? Visiblement, la mission de Cambridge n'était pas de permettre aux électeurs de prendre une décision à partir de faits tangibles et du projet politique des candidats. Non, c'était de les inonder de pubs ordurières et de *fake news*, pour leur faire peur ou leur donner de faux espoirs.

Je n'étais pas au bout de mes surprises : dans la suite de la vidéo, mes collègues de CA reconnaissaient avoir utilisé plusieurs entités et des prête-noms pour que personne ne puisse remonter jusqu'à SCL ou Cambridge. Ça, je savais que c'était vrai. Dans le cadre de ma première campagne au sein de l'entreprise, j'avais utilisé le nom « Nigeria Forward », qui existait sur Internet mais ne pouvait pas être relié à une personne physique. On m'avait dit que ça n'avait pas d'importance et que c'était un « mouvement » politique. Sur le moment, je n'y avais pas vraiment prêté attention. Je savais que c'était une stratégie qu'on utilisait parfois pour « protéger l'équipe de campagne » ou pour obtenir des visas de travail pour les employés de SCL ou de CA sans attirer l'attention. Pourtant, en entendant mes collègues décrire ces pratiques aux journalistes infiltrés, les présenter comme un moyen de dissimuler des actes légalement répréhensibles et dire que nous utilisions « plusieurs interfaces » pour nous assurer que nos actions restent « dans l'ombre », j'ai eu la nausée. J'imaginais des citoyens innocents victimes de cyberattaques. Vu sous cet angle, c'était facile d'utiliser de l'argent sale pour financer une campagne électorale sans laisser de traces.

Est-ce que ces pratiques étaient courantes à Cambridge ? D'après mon expérience, il était fréquent d'utiliser plusieurs entités commerciales, ou de faire passer un contrat politique pour un contrat commercial. On m'avait demandé de procéder ainsi plusieurs fois : d'abord au Nigeria, puis en Roumanie, en Malaisie et dans d'autres pays. Pour me rassurer, je m'étais dit que ces pratiques avaient pour but de protéger mes collègues qui travaillaient dans des pays instables, où les militants politiques étaient souvent la cible de violences. Mais, en entendant Alexander dire qu'il lui tardait d'établir une « relation secrète et durable » avec l'homme de la vidéo, je n'ai pas pu m'empêcher de me demander quelles étaient les implications de ces révélations par rapport aux lois relatives aux dépenses de campagne. Est-ce que les organisations comme la Commission électorale fédérale avaient la capacité de surveiller et de tracer des flux d'argent sale ?

Comme si ça ne suffisait pas, un dernier coup est venu m'achever. Dans le reportage, Alexander abordait directement la question des pots-de-vin et des pièges tendus aux candidats pour les impliquer dans des scandales sexuels. Il évoquait par exemple une opération qu'il avait montée. Il avait utilisé des prostituées ukrainiennes pour compromettre un candidat et il s'en félicitait :

— Je me suis rendu compte que ça marchait très bien.

Je n'ai pas pu regarder la suite de la vidéo. J'étais écœurée. Comment avais-je pu laisser un homme comme lui contrôler ma vie pendant si longtemps ? Qu'est-ce qui allait encore me tomber dessus ?

J'étais seule et passablement ébranlée. Je suis sortie et, comme la veille, j'ai bu pour oublier. Le matin du mardi 20 mars, j'ai été réveillée par mon téléphone qui sonnait sans discontinuer. J'avais mal à la tête. J'ai jeté un coup d'œil à l'écran et je me suis rendu compte que c'était Alexander. Il était 7 h 30. Il appelait via Telegram, une application cryptée qu'il utilisait uniquement quand il voulait s'assurer que personne ne pouvait entendre ce qu'il disait.

J'ai hésité à répondre. Qu'allais-je bien pouvoir lui dire ?

J'ai fini par décrocher.

— Salut, Brittany. C'est Alexander.

J'ai répondu en bégayant :

— Je suis désolée de voir ce qui se passe. Dans la presse, je veux dire.

Je me suis interrompue.

— J'espère que ça va.

Il m'a dit :

— Oui, ça va. Écoute, je t'appelle à propos d'une série de questions que le *Guardian* a envoyées à propos de toi.

Moi ? Oh mon Dieu.

Il m'a précisé que ces questions portaient sur la campagne au Nigeria et qu'il ne savait pas quoi répondre aux journalistes.

« Les journalistes », c'était Carole Cadwalladr. Dans son article du 17 mars, elle avait évoqué des documents relatifs aux élections de 2007 au Nigeria, que Chris Wylie lui avait montrés. Ces documents provenaient prétendument de l'appel d'offres auquel

CA avait répondu. L'un d'eux exposait les techniques utilisées pour manipuler les élections et décrivait en détail une « campagne de rumeurs » orchestrée en coulisses par CA. Selon cette campagne, les élections au Nigeria « seraient truquées ».

C'est l'histoire qu'Alexander avait racontée aux Mexicains en 2017, quand il leur avait dit que Cambridge avait la capacité d'instiller une petite dose d'informations négatives dans l'esprit des électeurs bien avant les élections, afin que ces informations soient assimilées et qu'ils n'y réagissent plus le jour J. Il l'avait illustrée avec l'anecdote du mari jaloux qui surprend sa femme au lit avec un autre homme et le décapite.

Je commençais à comprendre que ce que j'avais pris pour des fanfaronnades d'Alexander était en fait la réalité. Ces activités figuraient effectivement dans le manifeste fourni aux Nigérians. CA avait mis cette idée en pratique.

À présent, Cadwalladr était à la recherche de nouvelles informations à propos de la campagne au Nigeria en 2015. Peu de temps avant, elle avait rendu public le fait que j'avais mis en contact une entreprise de défense israélienne avec les Nigérians. L'entreprise avait infiltré la campagne de Buhari – selon elle, c'étaient des hackers. Les informations dont disposait Cadwalladr sur cette entreprise étaient erronées et elle avait dit à tort qu'elle travaillait pour CA. Entre cette histoire et les missions secrètes effectuées par Cambridge au Nigeria en 2007, on naviguait en eaux troubles.

— Est-ce que je peux te rappeler pour en parler ? m'a demandé Alexander.

Il a ajouté qu'il me rappellerait un peu plus tard. Il fallait d'abord qu'il mette de l'ordre dans ses pensées. Il a ajouté que je devais accepter de répondre à ces questions « pour le bien de l'entreprise ».

— Bien sûr, ai-je répondu.

Je savais bien qu'Alexander était dans l'œil du cyclone. Dans ma boîte mail, j'avais un message annonçant une autre réunion à laquelle tous les employés de Londres étaient convoqués. J'ai vérifié la date : la réunion avait sans doute déjà eu lieu. J'avais du mal à imaginer ce qu'il avait dû ressentir face à l'équipe de CA, après la diffusion du reportage de Channel 4 la veille.

Ce matin-là, Cambridge avait fait une annonce :

— Nous réfutons en bloc toute accusation de manipulation criminelle, de corruption ou de scandale sexuel portée contre Cambridge Analytica et l'ensemble de ses filiales.

Alexander m'a rappelée peu de temps après. J'ai répondu aussi précisément que possible à ses questions au sujet du Nigeria. Il voulait des informations sur des réunions de travail que nous avions organisées avec les Nigérians fin 2014 et sur nos missions dans le cadre de la campagne de Goodluck Jonathan début 2015. Je me suis efforcée de retracer la chronologie des événements : le travail préparatoire que j'avais effectué avec le prince Idris, la rédaction du manifeste de campagne, le voyage avec Alexander à Madrid pour briefer notre contact au Nigeria et le rendez-vous à Washington DC après Noël pour briefer l'un des milliardaires nigérians au Four Seasons. J'ai fini en évoquant le rendez-vous catastrophique avec les Nigérians affamés à Davos, après la signature du contrat.

J'avais participé au recrutement de Sam Patten, que j'avais choisi pour diriger la campagne aux côtés de Ceris. J'avais ouvert le premier compte Twitter de Nigeria Forward et j'avais assisté aux réunions préparatoires pour briefer l'équipe censée se rendre à Abuja. Mais, comme je ne m'étais jamais rendue sur le terrain, je n'étais peut-être pas au courant de tout ce qui s'était passé.

J'ai aussi raconté à Alexander ma rencontre avec les Israéliens, qui m'avaient dit qu'ils étaient à la tête d'une entreprise spécialisée dans la défense militaire et la cyberdéfense. Je les avais mis en contact avec les Nigérians. Je savais que ces derniers n'avaient pas été satisfaits de la prestation de CA et n'avaient pas renouvelé leur contrat. Malgré tous les efforts que nous avions fournis, nous étions entrés dans la course trop tard et Buhari avait remporté l'élection. Je n'avais pas plus d'informations.

— Ton nom va être partout dans cette affaire, m'a dit Alexander avant de raccrocher.

C'est la dernière fois que nous nous sommes parlé.

En racontant les faits à Alexander – de la présentation des consultants en défense aux clients à l'ouverture du compte Twitter sous une identité intraçable –, je me suis rendu compte que c'était bien pire que dans mon souvenir. Il y avait beaucoup de choses que je n'avais pas encore osé me formuler et sur lesquelles Cadwalladr n'avait pas eu la présence d'esprit de poser des questions. J'étais incapable d'affirmer avec certitude que nous avions rédigé un contrat pour les Nigérians, mais je savais que, même si nous l'avions fait, ils ne nous l'avaient jamais retourné signé. Nous avions été payés par virement bancaire, mais il était possible qu'aucun nom ou entité réels ne soient rattachés au compte qui avait effectué la transaction. Je me souviens que Ceris m'avait dit qu'Alexander avait rechigné à dépenser de l'argent sur le terrain, alors qu'il avait empoché des bénéfices colossaux.

Enfin, il y avait la victoire de Buhari. Je m'étais dit que nous avions bien choisi notre camp, même si Carole Cadwalladr était déterminée à me traîner dans la boue et n'était sans doute même pas au courant des accusations de crime de guerre portées contre Buhari. Même John Jones, l'un des plus grands avocats en droits de l'homme, avait dit qu'à choisir il considérait que la victoire de Goodluck Jonathan serait un moindre mal.

Le projet Restart touchait à sa fin. J'étais censée reprendre l'avion pour San Francisco une ou deux heures plus tard, pour assister à des réunions d'affaires et faire une intervention télévisée sur la blockchain et l'intelligence artificielle. Mais je n'étais pas sereine à l'idée de regagner le continent. Je savais qu'en rentrant je serais moi aussi dans l'œil du cyclone. Les prochains jours risquaient de mettre mes nerfs à rude épreuve. Après la publication de l'article de Cadwalladr sur le Nigeria, mon nom serait officiellement associé au scandale CA.

J'ignorais quelle tournure allaient prendre les événements. J'avais besoin de soutien. J'ai appelé mon ami Matt, qui s'est précipité pour me serrer dans ses bras et me mettre dans un taxi. Je lui ai dit que je m'apprêtais à faire des révélations fracassantes et qu'on ne se reverrait sans doute pas de sitôt.

Sur le chemin de l'aéroport, j'ai envoyé un texto à Paul Hilder. J'avais fini par répondre rapidement à son message de félicitations, un ou deux jours auparavant. En consultant mon téléphone, je me suis rendu compte que ça faisait deux jours qu'il essayait de me contacter via deux plates-formes différentes. Il m'avait écrit :

> Hé, collègue, tu me ghostes ?
>
> Je viens de quitter Porto Rico, je vais à SF. Donne-moi de tes nouvelles. Et prépare-toi à ce qui va sortir dans la presse demain.

J'ai reçu quelques messages de Paul avant le décollage. Il m'a dit :

> Bertie [le surnom d'Alexander] a été suspendu par le conseil d'administration, en raison d'une enquête indépendante en cours.

Il m'a ensuite rassurée en me disant qu'il me faisait confiance et qu'il ne se laisserait pas influencer par ce qui se dirait sur moi dans la presse. Il a fini en me souhaitant bon voyage et en ajoutant qu'on devrait discuter à mon arrivée.

> Courage !

19

De la vérité et de ses conséquences

21-23 mars 2018

Je suis arrivée à San Francisco après minuit. Le voyage de Porto Rico à la côte Ouest des États-Unis m'a semblé interminable. En rallumant mon téléphone après l'atterrissage, je me suis rendu compte que pendant que j'étais dans les nuages, au-dessus de la Terre qui continuait de tourner, un événement avait ébranlé le monde entier.

C'était le 21 mars au petit matin. Paul Grewal, le directeur juridique adjoint de Facebook, avait amendé son communiqué afin de clarifier la situation. Même si l'aspiration de données effectuée par Cambridge Analytica était inacceptable, il ne s'agissait pas à proprement parler d'une « faille de sécurité » de la part de Facebook.

Le Dr Aleksandr Kogan accusait Facebook et CA de se servir de lui comme bouc émissaire[1]. Il affirmait que ce n'était pas lui qui avait pris contact avec CA mais que c'était l'entreprise qui était venue le chercher. CA l'avait aidé à créer l'application My Digital Life et à définir ses conditions d'utilisation, qui garantissaient que Kogan et CA avaient l'autorisation d'utiliser ces données « de façon large ». Oh ! et Kogan n'avait pas gagné beaucoup d'argent grâce à ce marché. Selon lui, CA l'avait payé entre 3 et 4 dollars pour chaque utilisateur ayant répondu au sondage, ce qui constituait un profit total de 800 000 dollars. La somme qu'il avait lui-même empochée était dérisoire.

Alexander n'a pas eu le temps de préparer sa défense : dans la foulée du premier reportage, Channel 4 en a diffusé un second, toujours en caméra cachée, dans lequel Alexander, le Dr Tayler et Mark Turnbull expliquaient en détail le rôle joué par Cambridge dans la campagne Trump aux journalistes infiltrés, ainsi que le contenu du *super PAC* MAN1. Devant la caméra, Alexander soutenait que CA avait pris en charge tous les volets de la campagne – ce qui entrait totalement en contradiction avec ce qu'affirmaient Brad Parscale et Donald Trump depuis 2016. Mark Turnbull expliquait que l'entreprise avait utilisé des serveurs proxy pour diffuser les messages de campagne, tandis que le Dr Tayler vantait la stratégie de Cambridge : empêcher la mobilisation des électeurs et mener des campagnes de diffamation pour discréditer les adversaires de Trump grâce au *super PAC*. Le reportage de Channel 4 laissait entendre que ces aveux constituaient une violation importante de plusieurs lois, en particulier des lois électorales.

Alors que j'étais en train d'essayer de démêler tout ça, Paul Hilder m'a envoyé un texto de Londres. Il m'a dit que l'article de Cadwalladr sur mon rôle dans la campagne au Nigeria n'était pas encore sorti et que j'avais encore quelques heures de répit : selon lui, le *Guardian* avait encore sous le coude des informations fournies par Chris Wylie, qu'il publierait certainement dans les prochaines heures. C'était leur priorité.

— Tu as encore trois ou quatre heures pour respirer avant la publication de l'article, m'a-t-il dit.

J'ai répondu :

— Ah, d'accord. Je vais essayer de dormir un peu avant que le massacre commence.

Bien plus tard dans la journée, quand je me suis enfin réveillée, j'ai appris que Mark Zuckerberg avait fini par sortir du bunker dans lequel il s'était barricadé. Il avait publié un message sur sa page Facebook et répondu à quelques interviews. Il avait fini par admettre l'existence d'une faille de sécurité, mais affirmait que ce problème était désormais réglé. Il avait écrit :

> En 2015, nous avons appris par l'intermédiaire de journalistes du *Guardian* que Kogan avait vendu à Cambridge Analytica des données obtenues grâce à son application. Ce n'est pas notre politique d'accepter que des développeurs partagent les données de nos utilisateurs sans leur autorisation, et nous avons donc immédiatement banni l'application de Kogan de notre plate-forme. Nous avons ensuite exigé que Kogan et Cambridge Analytica nous apportent la confirmation formelle qu'ils avaient supprimé de leurs serveurs toutes les données obtenues illégalement. Ils l'ont fait, certificats à l'appui.

Zuckerberg écrivait également que, dès 2014, l'entreprise avait pris des mesures pour bannir les applications abusives de la plate-forme et avait modifié ses paramètres pour s'assurer que des applications comme celle de Kogan, créée en 2013, ne puissent plus exploiter les données des « amis » des utilisateurs sans leur consentement. Même si Facebook avait commis des erreurs, Zuckerberg assurait à ses utilisateurs qu'ils pouvaient continuer de lui faire confiance et que Facebook avait les ressources et la capacité de protéger ses clients des menaces nationales et internationales. Il concluait par ces mots :

> Il reste encore beaucoup à faire mais nous sommes prêts à relever le défi.

Zuckerberg et Sheryl Sandberg avaient tous les deux expliqué dans leurs publications que, lorsqu'il s'agissait d'inventer de nouvelles façons de protéger la vie privée de ses utilisateurs, l'ingéniosité de Facebook était sans limites : en ce moment même, l'entreprise s'employait à réunir des informations sur les développeurs d'applications qui détenaient encore ce qu'ils qualifiaient tous deux d'« informations identifiables ». Une fois identifiés, ces développeurs seraient bannis du royaume de Facebook et les utilisateurs seraient informés des risques auxquels ils avaient été exposés. Facebook avait également pris la décision de cesser de vendre les données des utilisateurs à des applications extérieures et, pour rassurer tout le monde, avait modifié ses paramètres pour permettre aux utilisateurs de savoir plus facilement à qui leurs données avaient été vendues.

Le gouvernement américain voulait la tête de Zuckerberg. Il a été convoqué pour être entendu par le Congrès et le Parlement. Aux États-Unis, la FTC a lancé une enquête pour déterminer si la non-protection des données privées des utilisateurs de Facebook constituait une violation de l'accord passé entre la commission et l'entreprise en 2011.

Les Britanniques se targuaient d'être plus performants que les Américains en matière de protection des données face aux attaques. Plusieurs auteurs avaient rédigé des tribunes pour vanter les mérites d'une nouvelle loi qui était en train d'être votée et avait pour but de mieux protéger les données des citoyens britanniques. Le ministère du Numérique, de la Culture, des Médias et des Sports avait fait remarquer que, depuis un an, une attention particulière était portée aux *fake news*. L'ICO a annoncé avoir déjà délivré un mandat afin d'ordonner la saisie des serveurs et des dossiers de CA et avoir réussi à empêcher une équipe d'audit indépendante, mandatée par Facebook, de débarquer avant lui dans les bureaux de CA. L'ICO était déterminé à avoir la mainmise sur ce dossier.

Les investisseurs étaient bien décidés à se venger : l'action Facebook a chuté d'environ 20 milliards de dollars à l'ouverture du Nasdaq et un groupe d'actionnaires s'est empressé de déposer une plainte contre l'entreprise pour « fausses déclarations[2] ».

Pendant ce temps, partout dans le monde, des citoyens appelaient à se retirer des réseaux sociaux et en particulier de la plate-forme de Zuckerberg. Sur Twitter, le hashtag #DeleteFacebook gagnait en popularité[3]. Mais quasiment tous les utilisateurs reconnaissaient, sans le dire explicitement, que Facebook avait un monopole quasi exclusif sur le marché.

Je me sentais trahie : je ne pouvais plus faire confiance à une plate-forme à laquelle j'avais pourtant confié toutes mes données (mes espoirs, mes craintes, mes photos de famille, les événements importants de ma vie). Non seulement Facebook avait vendu mes données aux entreprises prêtes à payer pour se les procurer, mais ces données avaient également été utilisées pour permettre à des puissances nationales et étrangères d'interférer dans les élections. Le peuple américain avait été la cible d'actes de cybercriminalité, dont Mark Zuckerberg et Sheryl Sandberg avaient tiré des bénéfices financiers. Facebook était devenue une dictature moderne, semblable à celles contre lesquelles j'avais fait du lobbying au Parlement européen et à l'ONU. Comment avais-je pu fermer les yeux pendant aussi longtemps ?

Alexander a publié un communiqué indiquant qu'il était conscient que les apparences étaient contre lui mais que les images de la vidéo étaient truquées. Pour sa défense, il n'avait fait que suggérer « des scénarios possibles[4] ». Reuters a posté une photo de lui en train d'essayer de se frayer un chemin parmi une foule de journalistes à l'entrée des bureaux de SCL à Londres. Un garde du corps le tenait fermement par le bras pour lui permettre d'avancer. Il avait un air ahuri, comme un enfant qui ne comprend pas ce qui lui arrive. Je ne doutais pas qu'il s'agissait d'une situation inconfortable pour lui : il était mouillé dans un scandale sordide, qui allait à l'encontre de toutes les valeurs qu'on lui avait inculquées à Eton. J'avais l'impression d'assister à une pièce du théâtre de l'absurde.

Techniquement, je n'étais pas impliquée dans cette affaire. Je ne travaillais plus à Cambridge Analytica. Je pouvais suivre les événements avec la distance cynique d'un simple témoin.

J'ai continué à échanger des textos avec Paul. Il m'a demandé :

Tu as été licenciée ? Ou tu as démissionné ?

J'ai répondu :

Un peu des deux.

Pour emprunter une expression en vogue à Facebook, la situation était « compliquée ». Quel rôle avais-je joué dans cette affaire ? Est-ce que j'avais une part de responsabilité dans ce scandale et, si oui, laquelle ? Je savais que je n'avais commis aucun crime, mais je savais aussi que le Dr Alex Tayler avait menti en prétendant avoir effacé les données et j'étais en mesure de le prouver. J'ai écrit à Paul :

Il y a un certain nombre d'éléments que je voudrais te montrer. Des preuves impliquant Facebook, des mails dans lesquels CA s'est engagé à effacer les données.

Paul a répondu :

S'ils mentent aussi mal sur l'affaire Facebook, c'est qu'il doit y avoir autre chose.

Il sous-entendait que, s'il existait des preuves écrites montrant que CA avait ouvertement fait obstruction à la vérité dans l'affaire Facebook, cela signifiait que CA avait sans doute d'autres secrets bien plus compromettants à cacher.

Aussi étrange que cela puisse paraître, c'était la première fois que je pensais que CA avait peut-être autre chose à cacher.

J'avais du mal à concevoir qu'Alex Tayler ait menti. J'avais beaucoup de respect pour lui. Pour l'avoir fréquenté, je le considérais comme un homme droit, responsable et pragmatique, qui ne courait pas après le profit, les ventes ou l'innovation. Tayler, c'était le contraire de Nix. Je ne l'avais jamais vu comme un beau parleur ou un baratineur. Il ne cherchait pas à embrouiller les clients et il n'avait rien d'un criminel. Tayler était comme les données : scientifique et fiable.

Jusqu'à aujourd'hui.

Ce mensonge venait tout changer. Pourquoi avoir menti ? Pour l'argent ? Parce que CA l'avait forcé à le faire ? Je n'avais aucun moyen de le savoir. Mais j'avais l'impression que tout s'accélérait, comme si, en tirant sur un fil, je déroulais toute la bobine.

Dans ce cas, moi aussi, j'avais menti sans le vouloir. J'avais vendu un concept à des clients partout dans le monde et ce concept n'avait rien à voir avec la réalité. Et si tout ce que j'avais fait au sein de Cambridge Analytica était fondé sur un mensonge ?

J'ai réécrit à Paul :

Il faut qu'on parle.

J'avais besoin de vider mon sac. Il m'a répondu :

Quand est-ce que tu comptes donner ta propre version de l'histoire ?

Pendant trois ans et demi, j'avais fait partie de l'aventure CA. J'avais contribué à l'ascension spectaculaire de l'entreprise. Ma propre histoire et celle de Cambridge étaient inextricablement liées. Il fallait à présent que je m'en distancie. Mais par où commencer ? Mi-mars, alors que j'étais en train de raconter à une amie que j'avais reçu une lettre de licenciement sans préavis, elle m'avait dit :

— Arrête de protéger ces vieux hommes blancs. Ils savent très bien se protéger tout seuls. Ils n'ont pas besoin de toi.

Ça non plus, ça ne m'était jamais venu à l'esprit pendant toutes ces années. J'ai repensé à tout ce temps où j'avais milité pour les droits de l'homme, en demandant aux puissants de rendre des comptes. Pourquoi devrais-je protéger ces gens, leurs mensonges, leur baratin, leurs crimes ? Qu'est-ce que j'avais à gagner, sachant qu'ils n'avaient eu aucun scrupule à me lâcher ? Je savais que, si je m'obstinais à refuser de raconter ce que je savais, je les laissais gagner.

J'ai demandé à Paul :

À ton avis, qu'est-ce que je devrais faire ?

Il n'était pas encore sûr de la stratégie à adopter. Il m'a dit de commencer par me poser et écrire tout ce dont je me souvenais, sans penser à la suite.

Écris tout ce qui te semble important, même le mauvais.

Tout ce qui s'était passé à CA, toutes les missions qu'on m'avait confiées, en particulier si elles me semblaient douteuses. Il voulait que je fasse ma propre introspection et que j'écrive tout ce que j'avais sur le cœur.

Je me suis exécutée : je me suis assise à mon bureau et j'ai écrit tout ce que je ressentais, surtout ce qui, selon moi, méritait d'être révélé au public. J'ai fait des listes en pleurant.

Je venais de finir quand Paul m'a réécrit. Je lui ai dit :

J'ai assez de matos pour écrire une tribune.

Mais il avait une autre idée en tête. Il m'a demandé si j'étais vraiment prête à me lancer là-dedans. Si oui, il pouvait me mettre en contact avec un journaliste, Paul Lewis, correspondant en chef du *Guardian*. Selon Hilder, Lewis était un type fiable. Il m'a envoyé des liens vers quelques-uns de ses articles. L'un d'eux datait de la veille ou de l'avant-veille : c'était le portrait de Sandy Parakilas, ancien directeur des opérations à Facebook. Après les révélations de Chris Wylie, Parakilas avait révélé que Facebook laissait des entreprises comme Cambridge Analytica exploiter ses données depuis des années. Les données de dizaines de millions d'utilisateurs avaient été exploitées sans leur autorisation. Le scandale prenait des proportions incontrôlables. Parakilas, qui était en profond désaccord avec ces pratiques, avait d'ailleurs quitté Facebook après en avoir découvert l'existence.

Paul m'a dit que, si j'appréciais le travail de Lewis et que je voulais le rencontrer, il pouvait me le présenter. En prenant le premier vol Londres-San Francisco, il pouvait être là dans trente-six heures et m'aider à défendre mes intérêts. Lewis était réglo mais il ne me donnerait pas de passe-droit. Même si j'étais innocente, rien ne garantissait que le résultat soit en ma faveur.

Paul voulait savoir si j'avais bien conscience des risques auxquels je m'exposais et si j'étais prête à les assumer.

J'avais besoin de réfléchir. Quand j'avais été embauchée à CA, j'avais signé un accord qui comprenait une clause de confidentialité. Est-ce que j'avais le droit de parler ? Je ne connaissais pas grand-chose au statut de lanceur d'alerte. Au lycée, j'avais étudié le cas de Daniel Ellsberg et l'affaire des Pentagon Papers. J'avais même écrit mon mémoire de licence sur ce sujet, en utilisant comme source primaire des documents divulgués par Julian Assange. Je savais qu'Assange avait payé le prix fort. Je lui avais rendu visite à l'ambassade où il avait obtenu l'asile. Détenu des années comme prisonnier politique, il ne connaissait pas un sort enviable. Mais, en faisant mon master à l'université du Middlesex, j'avais également découvert que le droit international protégeait les lanceurs d'alerte. Si une entreprise a enfreint la loi et qu'un ancien employé peut en apporter la preuve, on considère qu'il agit dans l'intérêt général et qu'il doit bénéficier d'une protection. Ces lois ont pour but d'encourager et de soutenir ceux qui ont la volonté de dénoncer les actes criminels des grandes entreprises.

Je savais que, quand on devient lanceur d'alerte, il faut s'attendre à recevoir des coups. Les lanceurs d'alerte sont souvent la cible d'attaques et de campagnes de diffamation. Ils deviennent des parias. Si je me décidais maintenant à sortir du silence pour faire des révélations à propos de mon ancienne entreprise, les apparences joueraient contre moi. On considérerait que je voulais quitter le navire pour sauver ma peau. Même si j'expliquais que cela faisait un moment que je trouvais les pratiques de CA douteuses mais que je ne faisais plus partie de l'entreprise au moment du Datagate, les gens penseraient que j'étais une employée frustrée, prête à tout pour sauver sa peau. J'étais dans une position intenable.

Paul Hilder commençait à me mettre la pression. Il n'y avait pas de temps à perdre. Si je voulais parler à Paul Lewis, c'était maintenant ou jamais.

L'article du *Guardian* sur le Nigeria était cosigné par Carole Cadwalladr mais il avait été écrit par Ann Marlowe. Je les connaissais toutes les deux. Elles avaient publié des messages sur moi dans un fil Twitter. Elles étaient allées jusqu'à rendre publique l'adresse de mon domicile. Elles s'étaient lancées dans une vendetta contre moi, perdant toute objectivité. Elles balançaient des infos sans prendre la peine de les vérifier, me présentant comme le cerveau du plus grand scandale électoral de l'histoire du continent africain – sachant que cette campagne n'avait duré que deux semaines et qu'elles n'avaient pas pris la peine d'enquêter dessus avec rigueur.

Selon elles, je n'étais qu'une petite opportuniste, prête à tout pour semer le chaos, qui ne cherchait qu'à réseauter et avait orchestré une campagne de propagande mensongère[5]. Carole avait manifestement eu des contacts avec un membre de la campagne anti-Buhari, dirigée par Cambridge : en effet, son article contenait un lien vers une vidéo que je n'avais jamais vue. La vidéo montrait des images violentes et sanglantes, où on voyait les partisans de Buhari menacer ceux de Goodluck Jonathan avec des machettes. Un employé de SCL avait dit à Carole qu'il avait eu la peur de sa vie pendant cette campagne, et que l'équipe que j'avais dépêchée à Abuja aurait bien pu ne pas s'en sortir vivante. J'étais sous le choc de ces images. Ça ne collait pas avec ce que j'avais vu et ce qu'on m'avait rapporté des semaines que l'équipe de Sam Patten avait passées au Nigeria. Mais je n'étais pas sur le terrain. On ne m'avait peut-être pas tout dit.

Quand Paul Lewis est venu me chercher à mon hôtel et que je me suis engouffrée dans sa voiture, il a commencé par s'excuser platement pour la publication de l'article sur le Nigeria dans le *Guardian*. Ce n'était pas sa rédaction, c'était un autre bureau, les relations étaient compliquées, et il n'avait pas eu son mot à dire, d'autant plus qu'il était spécialiste des nouvelles technologies et ne travaillait pas directement avec le service politique du journal.

Lewis était mince. Il avait la trentaine, les cheveux bruns et une petite barbe en broussaille. Il faisait à peu près ma taille et avait un regard franc. Il me regardait droit dans les yeux quand il me parlait. Il m'a remerciée d'avoir accepté de le rencontrer et m'a dit qu'il me prenait très au sérieux.

Il m'a dit qu'il préférait qu'on se rencontre ailleurs que dans les bureaux du *Guardian* à San Francisco, pour éviter que quelqu'un me reconnaisse ou nous entende. Nous avons roulé jusqu'à la périphérie de la ville, en passant devant les sièges de Google, Uber et Amazon, dans lesquels des employés s'activaient pour trouver de nouveaux moyens de collecter des données et de les vendre au plus offrant. Alors que nous roulions, le paysage a commencé à changer : les gratte-ciel ont laissé place aux collines et nous nous sommes retrouvés de l'autre côté de la ville, en plein cœur de la Silicon Valley, où se trouvaient les sièges des plates-formes technologiques responsables de ce chaos.

Facebookland.

Paul Lewis avait décidé que le rendez-vous aurait lieu dans un espace de coworking, à deux pas du siège de Facebook. Je ne sais pas si c'était un hasard ou si c'était un lieu qu'il avait l'habitude de fréquenter avec ses sources. Dans cet espace, les petites start-up côtoyaient les consultants freelance spécialistes en nouvelles technologies. Nous pouvions passer inaperçus et discuter aussi longtemps que nous le voulions sans être dérangés. Il se trouve que j'avais été invitée peu de temps auparavant au siège de Facebook par Morgan Beller, qui s'occupait de Libra, la cryptomonnaie de Facebook. L'ironie voulait que je sois à présent dans un espace de coworking WeWork tout proche, m'apprêtant à changer le cours de leur histoire pour toujours.

Nous nous sommes installés dans une pièce fermée et nous avons pris place autour de la table. Ça ressemblait à la petite pièce surchauffée dans laquelle il m'arrivait de travailler dans les bureaux de SCL à Mayfair. Lewis a sorti son ordinateur. J'ai fait pareil. Pendant plus d'un an, Alexander m'avait formellement interdit de parler à des journalistes. Maintenant que j'avais décidé de sortir du silence, j'allais tout balancer.

J'ai regardé Paul Lewis. Il a allumé son dictaphone et j'ai commencé à parler.

J'ai commencé par lui montrer l'analyse de la campagne Trump et le contenu du *super PAC*. Personne en dehors de l'équipe de campagne n'avait jamais eu accès à ces documents, hormis quelques clients triés sur le volet. Je lui ai montré les PowerPoint de la campagne ainsi que le *super PAC* : les pubs calomnieuses contre Hillary, les contenus vidéo utilisés pour cibler les électeurs afro-américains, la catégorisation des Hispaniques en catégories ultra-spécifiques (hispanophones, non-hispanophones, Mexicains, Portoricains, Cubains, etc.), pour mieux les cibler. J'ai fait défiler les pubs envoyées à chacun de ces groupes par l'intermédiaire du *super PAC*. Chacune d'entre elles avait fait l'objet d'une évaluation (nombre de vues, évolution, rendement). Je l'ai laissé visionner les vidéos destinées à vendre de la peur, qui ciblaient spécifiquement les Afro-Américains. La plupart des gens ne les avaient pas vues, car elles avaient été envoyées uniquement au public cible pour le dissuader d'aller voter.

Ensuite, j'ai montré à Lewis les tableaux et les graphiques qui révélaient les méthodes utilisées par CA (de la segmentation stratégique des personnes de couleur aux messages calomnieux, en passant par l'envoi délibéré de pubs chocs aux membres du groupe « Dissuasion », afin de les dissuader de se rendre aux urnes). Comment avais-je pu être aveugle à ce point ? Ces électeurs, que nous avions dissuadés de voter pour Hillary, avaient sans doute basculé dans le camp de l'abstention. Cette campagne de diffamation s'apparentait à de la suppression de votes. En regardant les preuves qui s'accumulaient devant moi, j'ai subitement pris conscience de ce que nous avions fait.

Je lui ai ensuite expliqué pas à pas les chiffres « impressionnants » que l'entreprise avait réalisés, l'utilisation limitée mais efficace de la psychographie dans le *super PAC* pour cibler les électeurs « névrosés » et l'horreur des messages que nous avions diffusés.

Je lui ai montré les mails échangés par Alex Tayler et Allison Hendricks, le prétendu « serment d'innocence » de Tayler ainsi que les preuves des mensonges de Cambridge et de la négligence de Facebook.

J'ai ressorti les échanges entre CA et Arron Banks, l'invitation presse au groupe Leave.EU, qui indiquait que CA faisait effectivement partie de l'équipe de campagne, les briefs que Harris m'avait rédigés pour défendre notre position à cette rencontre, la segmentation que nous avions effectuée pour Leave.EU au cours de la première phase du projet ... J'avais aussi en ma possession un mail de Julian Wheatland, qui nous informait des relations douteuses entre l'UKIP et Leave.EU, ainsi qu'un échange qui soulevait la question de la légalité de l'exploitation des données de l'UKIP par Leave.EU. Je lui ai montré la note juridique rédigée par Matthew Richardson, indiquant que l'UKIP était hors de cause et disculpant son propre parti. J'avais également un mail envoyé par une autre organisation, indiquant que Leave.EU lui avait suggéré de se mettre en contact avec CA. Tous ces éléments prouvaient qu'Arron considérait que nous faisions pleinement partie de l'équipe de campagne. Julian m'avait même envoyé un mail détaillant la position à tenir lors de la présentation des résultats du panel au public. Je lui avais demandé si nous devions indiquer la provenance des données que nous avions analysées. Il avait répondu qu'il était préférable de ne pas en faire mention. C'était l'une des seules déclarations honnêtes que j'avais trouvées dans l'ensemble des mails que nous avions échangés sur ce dossier.

À un moment, Lewis a pointé une série de mails relatifs aux contrats passés entre Leave.EU et l'UKIP. Il n'en revenait pas. Tout était là.

Nous avons évoqué ensemble le fait que CA avait ciblé les électeurs les plus vulnérables, aux États-Unis et au Royaume-Uni, en alimentant la psychose. La peur, c'était notre meilleur levier pour manipuler les électeurs, même les moins crédules.

— Qu'est-ce que vous avez d'autre ? m'a demandé Lewis.

Je n'avais jamais examiné le contenu de mon ordinateur de cette façon. Plus je fouillais, plus je me rendais compte que j'avais un nombre impressionnant de preuves accablantes. C'était sans fin.

Ce soir-là, Paul et moi avons travaillé sans relâche. Excepté une pause pour sortir acheter un sandwich. J'ai été incapable d'en avaler une bouchée.

Paul m'a demandé si j'avais des informations au sujet des propos tenus par Alexander dans le reportage en caméra cachée diffusé par Channel 4 : la corruption à grande échelle, les scandales sexuels… Est-ce que j'avais déjà vu Alexander envoyer des filles chez les candidats pour les compromettre ?

J'ai dit à Lewis que je ne pouvais pas affirmer formellement que c'était vrai. Alexander avait tendance à exagérer. Lorsque je travaillais avec lui, j'avais toujours eu du mal à déterminer quand il disait la vérité et quand il fanfaronnait pour impressionner les clients. Mais ce n'était pas impossible que de telles pratiques aient existé. Vu le nombre de mensonges d'Alexander, je n'avais plus aucune certitude.

J'ai parlé à Lewis de l'Indonésie et de Trinité-et-Tobago. J'avais l'intuition que CA avait trempé dans des magouilles à Saint-Christophe-et-Niévès mais, quand une campagne tournait mal, Alexander rejetait toujours la faute sur le Premier ministre. La liste des campagnes menées par CA était longue : le Nigeria, bien sûr, la Lituanie, le Kenya, la Roumanie ; j'ai évoqué la création de partis politiques ; la veille invisible sur Facebook et Twitter ; l'invention d'identifiants et de comptes Twitter pour rester intraçables. J'avais toujours pensé que nous avions une stratégie visionnaire. En réalité, nous avions sans doute commis des crimes.

Nous avons parlé pendant des heures. En discutant avec Paul, j'ai commencé à voir les choses sous un autre angle.

Lewis est ensuite passé au sujet suivant : Chris Wylie et l'exploitation des données de Facebook.

Je n'avais jamais eu accès aux données elles-mêmes et je ne pouvais que lui faire part de mes interrogations. Il m'a demandé ce qui me semblait vraisemblable dans les révélations de Chris Wylie : que savais-je du fonctionnement de SCL, de ses activités premières dans le domaine de la défense, de la guerre psychologique menée par la branche défense de SCL ? Il m'a aussi demandé si j'avais une idée de la nature du lien entre SCL et AIQ. Est-ce que les Mercer avaient effectivement utilisé deux entités pour blanchir des données et faire du microciblage dans le cadre du référendum sur le Brexit et de la campagne Trump ?

Comme si ça ne suffisait pas, il y avait aussi ces questions à 1 million de dollars : avais-je des preuves permettant de relier Cambridge Analytica à la Russie ? Les Russes avaient-ils fait de l'ingérence dans la campagne Trump ? Que savais-je d'Arron Banks ? De la campagne pro-Brexit ? De Bob Mercer ? De Bekah ?

Je n'avais pas travaillé longtemps avec le bureau de Lukoil en Turquie. D'ailleurs, à ce moment-là, je ne savais même pas qu'il s'agissait d'une entreprise russe. Mais je savais que SCL avait consacré beaucoup de temps à établir un partenariat avec Lukoil. À ma connaissance, c'était le seul lien de CA avec la Russie, mais c'était une piste qui méritait d'être creusée. J'ai même oublié de mentionner Michael Flynn et le fait que Flynn avait dédicacé un exemplaire de son livre à Alexander.

Nous avons continué à fouiller mon ordinateur à la recherche de mails et de documents permettant de relier ces différentes entités entre elles – au point où nous en étions, il y avait tellement de zones d'ombre que tout pouvait être utile.

À mesure que je parlais, Paul semblait de plus en plus abasourdi. Et plus il semblait abasourdi, plus je me sentais en colère contre moi-même : je savais tellement de choses, mais j'avais refusé de les analyser en profondeur pour ne pas avoir à réagir. Je me rendais compte petit à petit de l'ampleur du scandale sur lequel, par lâcheté, j'avais fermé les yeux.

J'ai parlé à Lewis de ma formation et des concepts qui fondaient la psychographie : le principe, c'est de voir ce qui fait réagir les gens, puis de faire monter la pression.

Je ne m'étais jamais dit que ces méthodes étaient criminelles. Dans mon esprit, c'était du bon sens.

Pendant longtemps, j'avais vu les activités de CA à travers les yeux d'Alexander. Je m'étais laissé griser par son enthousiasme et le succès de l'entreprise. Nous participions à la construction d'une entreprise cotée 1 milliard de dollars en Bourse. Nous étions en train de révolutionner le domaine de la communication. C'était une expérience unique. J'étais l'élue. Un jour, je deviendrais P-DG ...

Ma sœur m'a dit plus tard que j'avais été intoxiquée au Kool-Aid. Ou au Coca-Cola, pour filer la métaphore qu'Alexander servait souvent aux clients.

Et je n'y avais pas seulement cru, j'y avais pris du plaisir. J'avais fait des choses que j'exécrais sous prétexte de « faire du business ».

J'ai avoué avec horreur à Paul Lewis que j'avais adhéré à la NRA pendant deux années consécutives. Je m'étais convaincue que, comme j'allais devoir assister à des réunions avec des cadres de la NRA, il fallait avoir accès aux documents fournis aux adhérents, pour comprendre son fonctionnement « de l'intérieur ». J'avais reçu en cadeau une casquette de la NRA et je l'avais portée en me disant que c'était pour rire. Ça ne m'avait pas empêchée de le faire, et on pouvait le prouver, photos à l'appui.

J'ai dû admettre que, pendant les trois ans et demi qu'avait duré l'aventure Cambridge Analytica, j'avais pris beaucoup de plaisir. J'avais rencontré Donald Trump et je lui avais demandé de me dédicacer un exemplaire du *Times* avec son portrait en une. J'avais raconté à tout le monde ma rencontre avec le shérif Joe Arpaio, qui nous avait donné en souvenir des caleçons roses[1] et des pièces à l'effigie de Trump. Pour amuser la galerie, j'avais raconté l'apparition de Dick Cheney sur scène dans la salle de bal Fantasia à Disney World, sur la musique de Dark Vador. J'avais adoré être au centre de l'attention à la CPAC, le grand raout des conservateurs : en live sur C-Span, sur scène, devant une foule de 10 000 personnes, avec mes bottes de cow-boy et ma tenue texane vintage, comme un bandit du Far West. J'avais été fière d'être choisie par Alexander pour représenter CA dans une émission télévisée face à l'expert en référendums Gerry Gunster. Et j'avais montré à qui voulait le voir mon exemplaire du livre d'Arron Banks, *The Bad Boys of Brexit*, dédicacé par Nigel Farage.

Je mentirais si je disais que je n'y avais pris aucun plaisir. Au contraire, j'assume de le dire aujourd'hui : j'ai adoré le champagne millésimé, les déjeuners d'affaires interminables, les après-midis de printemps passés à regarder les parties de polo sur les terrains de la reine, les afters dans la maison de campagne d'Alexander. Je faisais partie de ses favorites, on me donnait des *passes VIP*, je serrais la main à des hommes comme Ben Carson et Marco Rubio et même à Wayne LaPierre, le leader de la NRA, qui avait pourtant tout pour me déplaire. J'avais côtoyé la crème des Américains, j'avais bu des cocktails avec eux pour fêter la victoire de Trump. Pendant un court moment, je m'étais élevée au-dessus de ma condition et j'en avais tiré un sentiment d'importance et de toute-puissance. Je m'étais trompée sur toute la ligne. J'avais trahi mes idéaux. Ce n'était pas moi.

Je ne pouvais m'en prendre qu'à moi-même. Je m'étais moi-même jetée dans la gueule du loup, encore plus qu'Alexander devant le Parlement.

Alexander aurait dit que je m'étais « vendue ». J'avais vendu mon âme. Et je l'avais fait délibérément. J'avais refusé d'écouter ce que me disaient mes amis et, comme les Américains qui ne regardent que Fox News ou ne lisent que Breitbart, je n'avais regardé qu'une seule chaîne, celle de Cambridge Analytica, où un seul homme faisait la loi : Alexander Nix.

Je pensais que mon travail au sein de CA consistait à « mettre tout le monde à égalité ». Mais j'avais refusé de voir que les règles du jeu étaient biaisées, contraires à l'éthique, voire même criminelles. Je m'étais convaincue que c'était le prix à payer pour faire du profit dans le monde moderne.

J'avais délibérément fermé les yeux sur les profits colossaux réalisés par Alexander grâce à nos marchés, notamment au Nigeria et au Mexique. J'avais refusé de me dire que ce qu'il faisait était immoral. Je rejetais la faute sur d'autres : les équipes sur le terrain à Abuja et au Mexique n'avaient pas eu assez de temps pour mener à bien les projets du manifeste de campagne, c'était la faute du client qui avait fait appel à nos services trop peu de temps avant l'élection et qui nous en demandait trop dans ces circonstances. J'avais été honnête avec les clients. Je les avais prévenus que nous ne pourrions peut-être pas tenir toutes nos promesses.

Quand j'avais découvert le matériel de campagne, pendant les deux jours de l'analyse de la campagne Trump, j'avais été scandalisée. Mais ma seule réaction avait été de fuir le pays, pas de claquer la porte de l'entreprise.

Après le débriefing, Duke Perruci, directeur financier de CA, m'avait interpellée :

— Eh ben, c'est pas comme vendre du Coca …

Duke Perruci et Robert, l'un de nos collègues, n'avaient pas caché leur colère face aux révélations invraisemblables qui leur avaient été faites au cours de ces deux jours. Mais je passais mon temps à me trouver des excuses, à commencer par le fait que je ne mentais pas quand je disais que je n'étais pas au courant du contenu xénophobe et nauséabond du *super PAC*, de la tonalité de l'élection et de la violence qui s'était déchaînée à cause de nous.

Ce que je me disais et ce que je disais aux autres, c'était que je n'avais pas eu accès au contenu à cause des barrières de protection qui avaient été installées. J'ajoutais qu'au milieu de l'agitation qui avait précédé l'élection je n'avais pas eu le temps de regarder la télé.

Je disais aussi qu'à Cambridge Analytica j'étais chargée des relations clients. Je passais mon temps en déplacement. Un coup d'œil à mon agenda 2016-2017 suffisait pour se rendre compte que je passais mon temps dans l'avion. Quand on est débordée, on peut essayer de se tenir au courant des infos mais on n'a pas le temps de regarder le JT.

J'ai expliqué à Lewis que je m'étais abstenue de voter, en plus de contribuer largement à l'absence massive de soutien à Hillary Clinton aux primaires démocrates, et à l'animosité contre elle aux présidentielles, ce qui l'avait menée vers une défaite inéluctable.

J'étais rentrée spécialement à Chicago pour voter Bernie Sanders aux primaires. Puis, en novembre, j'étais trop occupée pour y retourner et voter aux présidentielles. J'étais rentrée voir mon père peu de temps auparavant. Je n'avais pas eu le temps de faire une procuration. Je m'étais dit que ce n'était pas grave : l'Illinois n'était pas un *swing state*, il n'y avait pas de réel enjeu. Je n'avais pas pensé à m'inscrire sur les listes électorales en Virginie, un *swing state*, où était situé le QG de campagne de Cambridge Analytica.

Je me répétais que je n'avais rien à voir avec les malversations de Cambridge Analytica. J'étais quelqu'un de bien. Je n'étais rien de moins qu'une « taupe démocrate » infiltrée au sein de l'empire des conservateurs.

Ce que j'avais fait, c'était pour donner du pouvoir aux électeurs et leur permettre de participer à la vie « démocratique » de façon plus juste et plus équitable. Je leur avais donné les outils critiques nécessaires pour se battre contre le camp adverse. Mais je n'avais pas participé ou soutenu des projets douteux. Je n'avais pas cru aux principes que l'entreprise défendait. J'étais restée agnostique face à la violence des attaques racistes, sexistes et aux injures.

J'avais réussi à me persuader que mon absence de réaction face à la situation n'était pas de la lâcheté. C'était le triomphe de l'impartialité. J'avais une formation de droit, je m'étais spécialisée dans la défense internationale des droits de l'homme, et l'impartialité est un principe fondamental que je défendais. Un bon avocat en droit pénal ou international ne porte pas de jugement sur ses clients. Dans un tribunal chargé de juger des crimes de guerre, le but n'est pas de juger la personnalité des accusés mais de faire appliquer la loi. Ce n'est pas pour rien que j'avais une admiration sans bornes pour John Jones, mon ami défunt. Pour moi, il était l'incarnation de ces principes et le saint patron de ma logique tordue : je n'étais pas là pour juger, même si ceux que je fréquentais avaient par ailleurs un comportement inexcusable. Je pouvais travailler avec des criminels. Ça ne faisait pas de moi une personne moins droite ou moins vertueuse.

J'avais fait des choix. Mais, à l'instar de ceux qui avaient été la cible des campagnes aussi malveillantes que brillantes de Cambridge Analytica, j'étais peut-être moi aussi la victime consentante d'une campagne d'influence. Comme beaucoup d'autres, j'avais été touchée par quelque chose, j'avais cliqué dessus et j'avais été emportée dans un tourbillon de désinformation, qui m'avait amenée à faire des choix dont je me serais crue incapable.

Ça m'était arrivé, comme c'était arrivé au pays dans lequel j'étais née et au pays que je considérais comme le mien. Et j'avais joué un rôle d'intermédiaire, acceptant de me laisser abuser et de vivre sans le savoir dans une chambre d'écho.

Pendant ce temps, les événements suivaient leur cours. Paul Lewis et moi, nous avons travaillé jusque tard dans la nuit du 21 au 22 mars, avant de nous coucher, de nous réveiller et de nous remettre au travail.

Ce jour-là, aux infos, le « brillant » Steve Bannon, déchu du paradis, a décidé de se défendre, et de défendre ses dieux : il prétendait ne rien savoir du pillage des données de Facebook. Ni lui ni CA n'avaient participé à des « manœuvres malhonnêtes » ou contribué à faire basculer les élections[6].

Ensuite, il ajoutait une dose de relativisme moral dans l'équation : selon lui, « les données de Facebook sont à vendre partout dans le monde ».

Et, enfin, sur la question de la propagande : Cambridge n'avait pas fait basculer les élections. Non, ce qui avait fait gagner Trump, c'était le « nationalisme économique » et le fait de s'adresser aux Américains dans une langue qu'ils comprenaient. Selon Bannon, c'était le populisme et non le microciblage qui lui avait permis de devenir président.

Paul Hilder est arrivé à San Francisco tard dans la soirée du 22 mars. À ce moment-là, Paul Lewis et moi avions examiné tous les documents de mon ordinateur. J'étais vidée. C'était leur tour d'essayer de donner du sens à cette histoire. Ils m'ont tout de suite dit qu'un article ne suffirait pas à retracer tous les événements. Ils ne savaient pas combien d'articles seraient nécessaires mais il en faudrait plusieurs. Les fils étaient trop emmêlés.

Nous avons quitté l'espace de coworking pour acheter à manger et nous remettre au travail, dans la chambre d'hôtel de Paul.

J'avais un peu parlé avec ma sœur. Je l'avais appelée pour lui dire que ça allait sans expliquer en détail ce qui se passait. Je l'ai rappelée et, sans reprendre ma respiration, je lui ai expliqué ce que j'étais en train de faire. Elle voulait savoir quels étaient mes plans pour la suite.

La suite, c'était après la publication des articles dans la presse.

Quel était mon degré d'implication ? Le fait que je sois innocente n'avait pas beaucoup d'importance. Deux grandes puissances pouvaient décider de s'en prendre à moi. Je devais me préparer au pire. Elle voulait savoir si j'étais prête.

Je n'arrivais plus à respirer.

Ma priorité, c'était de protéger ma famille. Je lui ai dit :

— Ne parle pas à maman de cette histoire. Dis-lui simplement que je vais bien.

Personne ne devait savoir où j'étais ou être au courant de mes déplacements. Je ne voulais pas mettre mes parents en danger. Après la parution des articles, je pouvais devenir une cible à abattre pour un certain nombre d'hommes puissants et leurs hommes de main.

Pendant ce temps, les deux Paul travaillaient d'arrache-pied, côte à côte, au bureau de la chambre d'hôtel. Je me suis laissé tomber sur le lit. De temps en temps, je m'endormais, puis je me réveillais au milieu des bribes de leur conversation.

Ils essayaient de réorganiser toutes les informations que nous avions récoltées. Dans mon sommeil, il me semblait les entendre crier de joie puis soupirer sous le coup de l'exaspération. Parfois, ils me tiraient du sommeil pour me poser une question précise ou vérifier un fait. Ensuite, je me rendormais et, en me réveillant, je me rendais compte que l'un des deux faisait les cent pas dans la pièce, tandis que l'autre tapait frénétiquement sur le clavier de son ordinateur.

À 5 ou 6 heures du matin, j'ai fini par m'endormir d'un sommeil profond mais agité. Quand j'ai fini par me réveiller, le soleil était levé depuis longtemps.

On était le 23 mars.

— Bonjour, m'ont dit les deux Paul en chœur.

Je me suis frotté les yeux. Ils me regardaient d'un air préoccupé.

Paul Lewis avait une mauvaise nouvelle à m'annoncer. Il m'a dit que nous n'avions plus aucun contrôle sur l'article. Il l'avait remis aux mains de son rédacteur en chef. L'article sortirait dans la journée.

Ce n'était pas mon plan mais je ne me suis pas sentie trahie. Je comprenais leur choix. Et bizarrement, en y repensant avec du recul, je me suis dit : le plus tôt sera le mieux. Les nouvelles comme ça, c'est éphémère. Les gens auraient oublié dès le lendemain.

J'étais loin de me douter de ce qui allait se passer.

Mais il était temps de penser à l'avenir. CA allait peut-être engager des poursuites judiciaires contre moi pour rupture de contrat, calomnie ou diffamation. Et, s'il s'avérait que la Russie était effectivement impliquée dans tout ça, les conséquences pouvaient être bien plus graves.

Il fallait que je trouve un endroit où me réfugier. Il était hors de question de rester aux États-Unis ou de rentrer en Grande-Bretagne. Il fallait un endroit où personne n'irait me chercher.

Ça faisait deux mois que je n'avais plus de salaire. Je n'avais aucune économie. J'avais une petite réserve de bitcoins quelque part mais je ne savais pas si ça suffirait à me tirer d'affaire. Au moins, personne ne pourrait me tracer si je les utilisais, et le gouvernement ne pourrait pas bloquer mon compte. Mais, avec le peu que j'avais, je n'irais pas très loin.

J'ai pris contact avec Chester, celui par qui le scandale a éclaté, un jour d'hiver, en 2014. Je lui ai dit que j'étais en difficulté. Des révélations n'allaient pas tarder à sortir dans la presse, et il fallait que je quitte le pays au plus vite.

Il n'a pas posé de questions.

— Tu veux aller où ? m'a-t-il demandé.

J'avais pensé à la Thaïlande. Je pouvais me réfugier sur une île là-bas.

On a raccroché et, moins d'une heure plus tard, il m'avait réservé un billet qu'il avait payé de sa poche. Il m'a envoyé le numéro de confirmation. En attendant, il fallait que je me planque.

J'ai appelé ma sœur et je lui ai demandé de m'envoyer les bitcoins que j'avais de côté. Je lui ai expliqué comment faire : il fallait qu'elle se rende à un distributeur de bitcoins à côté de chez elle et qu'elle me les envoie via un mandat Western Union. Si je n'utilisais pas ma carte bancaire, personne ne pouvait tracer la transaction. Une fois en possession de cet argent, je serais tirée d'affaire pour un petit moment.

Ce jour-là, le premier article écrit à partir des preuves que j'avais récoltées et des questions auxquelles j'avais répondu a été publié dans le *Guardian*. Je le lui ai fait suivre. J'étais en larmes. J'ai écrit :

Regarde ce que j'ai fait.

J'espérais qu'elle le lirait, qu'elle comprendrait et qu'elle m'apporterait son soutien.

Je l'ai également fait suivre à Morgan Beller, de Facebook, qui l'a lu immédiatement et m'a répondu :

Wahou.

Peut-être qu'elle comprenait enfin pourquoi je n'avais pas pu assister au rendez-vous prévu.

J'espérais que tout le monde allait lire cet article et en saisir les enjeux.

Je me suis rendue à l'aéroport pour prendre l'avion. Je ne savais pas si et quand je reviendrais, ce qui m'attendait et ce qui attendait nos dirigeants. Notre sort était entre les mains des lecteurs de l'article. Seraient-ils interpellés par son contenu ? Et, si oui, seraient-ils prêts à passer à l'action ?

Et vous, qu'auriez-vous fait à leur place ?

20

Vers la rédemption

23 mars 2018 - aujourd'hui

Enfin libre.

J'étais vidée. J'avais passé des années à refouler mes émotions et tout me revenait en pleine figure. Ceux d'entre vous qui se sont déjà retrouvés dans une telle situation comprennent sans doute de quoi je parle. Pendant des années, malgré les déceptions qui s'enchaînaient, j'avais voulu croire en l'avenir. Chaque fois qu'une opportunité professionnelle s'était présentée (une promotion, un gros client avec qui je voulais travailler), elle m'était passée sous le nez et on l'avait proposée à un homme qui n'aspirait qu'à une chose : l'exercice du pouvoir. Chaque fois, cet homme était devenu mon boss, m'avait dit ce que je devais faire et avait pris le contrôle de ma vie. Chaque fois, ma fierté, ma motivation et mon orgueil en avaient pris un coup. Pourtant, je n'avais jamais baissé les bras.

Le scandale Cambridge Analytica, c'étaient les montagnes russes. J'étais écœurée. J'avais passé ma vie à défendre des causes auxquelles je croyais dans le monde entier. J'avais accepté de travailler bénévolement ou pour un salaire dérisoire, parce je voulais contribuer au triomphe de mes grands idéaux, en collaborant avec des ONG et des associations. Mais, quand des forces extérieures m'avaient passé les « menottes dorées », je n'avais pas hésité à trahir mes principes et à oublier toute valeur morale. Et, tout ça, je ne l'avais même pas fait pour l'argent. Comment avais-je pu m'aveugler à ce point ?

Dans l'avion, alors que je survolais mon propre pays, qu'on me forçait à quitter, je n'ai pas pu m'empêcher de me demander comment on avait pu en arriver là. Je quittais un pays déchiré par des discours politiques clivants, où les assauts contre le « politiquement correct » censé protéger les citoyens de l'extrémisme, du sexisme et du racisme se multipliaient. Comment avais-je pu accepter de participer à la dégradation de notre démocratie et du discours politique ? J'ai repensé à tout ce que j'avais affronté pendant la campagne Obama, en particulier les commentaires haineux et racistes sur les réseaux sociaux, que nous avions choisi de modérer pour empêcher ces idées de se propager : j'avais passé des années à servir de cible pour finir par travailler moi-même pour une entreprise dont les campagnes servaient de plate-forme à la haine que j'avais combattue. Les États-Unis n'étaient pas le seul pays à souffrir de ce retour en force de la rhétorique populiste et extrémiste – la campagne pro-Brexit au Royaume-Uni avait contribué à la montée du nationalisme, tandis que des dirigeants fascistes s'étaient sentis autorisés à propager leurs idées partout en Europe et en Amérique latine, appelant à l'abolition des idéaux progressistes qui fondent les droits de l'homme et garantissent les libertés fondamentales. C'était un véritable cauchemar, dont j'avais fini par me réveiller. Il était temps de passer à l'action et de commencer à réparer les dégâts que j'avais causés.

Au milieu des nuages, alors que je m'éloignais d'un pays dévasté par la campagne Trump, j'ai commencé à prendre conscience de l'ampleur de la catastrophe : l'obscurantisme avait fait irruption dans notre vie à travers les écrans de nos téléphones, de nos ordinateurs portables et de nos télés. Des individus avaient servi d'exutoire à la haine qui s'était déversée pendant la campagne, et maintenant nous étions encore plus divisés qu'avant. Aux États-Unis, les crimes haineux se multipliaient. Depuis le début de la campagne pro-Brexit, le Royaume-Uni était confronté au même type de conflits, alimentés par le racisme, ciblant les immigrés et ceux qu'on considère comme « différents ». Le communautarisme ne cessait de gagner du terrain dans ces deux sociétés occidentales, pourtant parmi les plus développées, et ce n'était que la « partie émergée de l'iceberg », comme disait Alexander. Il se vantait d'avoir dirigé des campagnes électorales dans plus de 50 pays. Les deux pays les plus chers à mon cœur, ceux que je connaissais et que je comprenais le mieux, avaient été ravagés. Mais quelles horreurs allions-nous encore découvrir, dans tous les pays où SCL avait travaillé ?

Le problème dépassait Cambridge Analytica. Le vrai problème, c'était le big data et Facebook en particulier, qui avait autorisé des entreprises comme Cambridge à siphonner les données de dizaines de millions d'utilisateurs et à les revendre à n'importe qui sans se soucier des conséquences, pourvu que l'acheteur soit prêt à payer. Ces acheteurs les avaient ensuite exploitées de façon abusive, sans aucun contrôle. Il existait bien quelques lois pour encadrer l'utilisation des données personnelles, mais elles étaient impossibles à appliquer, en raison du manque de dispositifs de transparence et de traçabilité, pour garantir que ces entreprises respectaient la loi.

L'autre problème, c'était qu'à présent, partout dans le monde, les débats politiques avaient lieu sur des plates-formes comme Facebook, Twitter et leurs semblables. La vie politique y était décentralisée, favorisant la montée du communautarisme, la guerre des mots et des images sur Internet, et dépassant le monde virtuel pour venir altérer les valeurs morales du monde réel.

Le problème, c'était que ces agents mal intentionnés avaient réussi à empoisonner les esprits de façon imperceptible, et que ce poison qui s'était instillé en nous avait mené à un véritable massacre. Les *fake news* étaient désormais partout sur les écrans de nos téléphones et de nos ordinateurs portables. Nous étions devenus sourds, aveugles et stupides, incapables de voir la réalité en face. Nous étions prêts à nous entretuer pour des causes qui n'étaient même pas réelles. Sur Internet, les gens se lâchaient, déversant des flots de haine, ce qu'ils n'auraient jamais osé faire dans la vraie vie. Le rêve d'un monde connecté était en train de nous déchirer. Où allions-nous nous arrêter ?

J'avais gardé pour moi toutes ces pensées, tous ces sentiments négatifs qui m'avaient rongée de l'intérieur, creusant un vide jusqu'à ce que le poison se soit insinué si profondément dans mon corps que je n'avais plus qu'une alternative : m'effondrer ou exploser.

Et j'ai fini par exploser, partout dans la presse internationale. Je n'avais plus aucun filtre. Mes révélations étaient accablantes, et elles s'affichaient en une de tous les journaux.

Quand l'avion a atterri en Thaïlande, j'étais encore en train d'essayer de rassembler les pièces du puzzle et de retrouver mes esprits. Je n'avais pas encore décidé ce que j'allais faire ensuite. Les lanceurs d'alerte ont un destin incertain. Parfois, on salue leur courage et ils peuvent reprendre une vie normale et heureuse aux côtés de leurs familles : c'est ce qui est arrivé à Daniel Ellsberg. Quand il a fait sortir les Pentagon Papers, le monde entier a condamné la guerre du Vietnam. Richard Nixon a été déchu, et remplacé par un dirigeant qui avait l'envergure d'un président des États-Unis. D'autres, comme Julian Assange et Chelsea Manning, sont traînés dans la boue ou incarcérés et se sacrifient au nom de l'intérêt général. On salue le courage dont ils ont fait preuve mais les dirigeants en place ne changent pas et ce sont eux qui finissent par payer le prix fort. La seule chose qu'ils peuvent se dire pour se consoler, c'est qu'ils ont agi pour la bonne cause, en dénonçant les crimes du gouvernement pour faire condamner leurs auteurs.

J'étais consciente des risques auxquels je m'exposais mais, d'une certaine manière, j'avais confiance en l'avenir. J'étais prête à accepter l'un ou l'autre de ces destins. J'avais fait ce que j'avais à faire. À présent, je devais en assumer les conséquences. Je n'avais plus qu'à attendre.

Et, pour attendre, j'avais prévu de me réfugier sur une île isolée, loin des regards. De là, je pourrais observer les réactions de la communauté internationale, en particulier des citoyens des deux pays que je considérais comme les miens. Et c'est là, sur les docks royaux du port de Phuket, que l'équipe du film a soudain débarqué.

Dans les heures qui ont précédé mon départ de San Francisco, mon histoire a commencé à faire la une de tous les médias, de la presse papier aux réseaux sociaux. Les messages ont afflué en masse. Parfois, c'étaient des messages furieux de gens qui me disaient :

Je te l'avais bien dit.

Ou :

Tu es comme eux, tu as menti ! Je le savais.

D'autres me conseillaient d'être prudente car je m'attaquais à des gens puissants. Je ne savais pas trop si c'étaient des menaces voilées ou de réelles marques de sympathie envoyées par des gens que je connaissais vaguement et qui étaient persuadés qu'à ma place ils auraient su faire le bon choix.

Heureusement, j'avais aussi quelques amis précieux qui m'ont soutenue de façon inconditionnelle et m'ont immédiatement dit qu'ils étaient très fiers de ce que j'avais fait. Matt, que j'avais mis au courant à Porto Rico de ce que je m'apprêtais à faire, avait relayé une de mes interviews au *Guardian* avec en commentaire : « Brittany Kaiser : tu es mon héroïne. » En voyant ça, je me suis senti rougir, touchée que ceux qui comptent pour moi se rendent compte que j'agissais pour les autres.

Le téléphone a sonné. C'était Paul Hilder.

— Brittany, j'ai reçu un appel d'une équipe de cinéastes. J'ai fait des vérifications, ils ont l'air sérieux. Ils sont en train de réaliser un documentaire sur la crise des données et ils veulent te parler. Est-ce que je peux leur donner ton numéro ?

J'ai accepté. Quelques heures plus tard, Paul était dans l'avion pour la Thaïlande, en compagnie d'un des réalisateurs, pour m'aider à poursuivre la mission que je m'étais donnée.

C'est là, sur le port de Phuket, que j'ai rencontré l'équipe du film pour la première fois : Karim Amer, l'un des réalisateurs et producteurs, avait décidé de faire un documentaire pour expliquer au monde la crise des données. Tout avait commencé en 2014, quand le piratage de Sony avait rendu accessibles les données personnelles de millions d'utilisateurs. Avec sa partenaire, la réalisatrice multirécompensée Jehane Noujaim, Karim Amer avait commencé à faire des interviews partout dans le monde. Ils avaient rencontré une multitude de gens, des cadres de Sony à Steve Bannon, en passant par Christopher Wylie. Mais ils n'avaient trouvé personne pour donner un visage à cette histoire jusqu'à ce qu'ils tombent sur les articles de Paul dans le *Guardian* et qu'ils se disent que, cette personne, c'était moi.

C'est comme ça que nous nous sommes retrouvés à Phuket, à attendre un zodiac qui nous conduirait sur l'île privée où j'avais prévu de me planquer pendant un moment, pour observer à une distance confortable les effets de mes révélations et juger de l'opportunité de rentrer chez moi ou non.

En débarquant du zodiac, sous une chaleur écrasante, nous nous sommes installés dans la piscine, en compagnie du cameraman et du preneur de son de Karim, pour commencer l'interview. Karim a posé une première question :

— Brittany, pouvez-vous nous dire où nous sommes ?

— Pour ma propre sécurité, je préfère ne pas le préciser, ai-je répondu. Tout ce que vous avez besoin de savoir, c'est que je suis là et que je suis la personne qui essaie de renverser deux gouvernements, avec un récit décousu mais, espérons-le, bientôt plus cohérent.

Il a ri avant de poursuivre :

— Pourquoi vous attaquez-vous à ces deux gouvernements en particulier ?

J'ai répondu que je pouvais fournir des preuves que la campagne Trump et la campagne pro-Brexit étaient entachées d'illégalité. J'ai ajouté que j'étais probablement en danger, d'autant plus que je n'avais aucune idée de la tournure qu'allaient prendre les événements.

Ensuite, nous sommes entrés dans le vif du sujet, en essayant d'aborder tout ce qui nous semblait pertinent : la base de données de Cambridge, les sources des données, les économies faites par l'entreprise, les marchés douteux passés avec des clients dépourvus de tout sens moral, et les conséquences de tout ça. À mesure que l'interview avançait, les questions se multipliaient : Qu'est-ce que nous avions fait ? Qu'est-ce que je savais ? Qu'est-ce que je voulais dire au public aujourd'hui ?

L'interview était censée durer trente minutes. En réalité, elle a duré plus de trois heures. En sortant de la piscine, Karim et moi, nous étions exténués. Nous avions les nerfs à vif et la peau rougie par le soleil. Mais nous avions acquis une certitude : cette interview marquait le début d'un beau projet.

J'avais prévu de passer un moment en Thaïlande. Je ne m'étais pas accordé beaucoup de repos ces dernières années et j'avais besoin de faire un break, à l'abri de l'agitation, pour me vider la tête et réfléchir, loin de toute influence. J'avais hâte d'évacuer le stress de ces dernières semaines, et de me confronter à la décision que j'avais prise, et à ce qu'elle impliquait.

Malheureusement, ce scénario idéal n'a pas résisté à l'épreuve de la réalité. Alors que j'explorais les îles de Thaïlande avec l'équipe du film, j'ai reçu une convocation : le Parlement britannique me demandait de lui accorder une audition en qualité de témoin, dans le cadre de l'enquête publique menée par le DCMS sur les *fake news*. Ils voulaient savoir ce que j'avais vu, ce que je savais, si j'étais prête à témoigner publiquement et si je savais comment utiliser les informations dont je disposais.

Heureusement, je n'étais pas seule. Avec Paul et l'équipe du film, j'ai commencé à sonder mes propres souvenirs mais également le disque dur de mon ordinateur et les documents que j'avais en ma possession, afin de trouver une explication aux éléments qui demeuraient obscurs. C'était comme insérer une clé USB dans mon propre cerveau, pour permettre à d'autres d'observer ce que j'avais vécu et pour essayer de comprendre ce qui s'était réellement passé, et quelle était la marche à suivre.

Je n'ai pas hésité à accepter l'audition. J'ai répondu presque immédiatement, pour confirmer que j'étais intéressée et pour demander à quelle date je devais rentrer en Angleterre, mon pays d'adoption, ravagé par les mensonges de quelques-uns. C'était mon devoir de rentrer pour aider à panser les plaies. Je n'avais pas le choix. C'était un privilège, et un véritable honneur.

Dans l'avion qui me ramenait en Angleterre, j'ai entendu dans la presse qu'Alexander Nix était également convoqué le lendemain de mon audition.

— Ça devient réel, m'a dit Paul, assis à côté de moi.

J'avais déjà pris contact avec le meilleur avocat britannique que je connaissais, Geoffrey Robertson QC, fondateur du cabinet

Doughty Street Chambers, où j'avais rêvé d'exercer en tant qu'avocate. Geoffrey avait travaillé *pro bono* sous les ordres de mon ami défunt John Jones et de la célèbre Amal Clooney, pour œuvrer à la libération de prisonniers politiques qui mouraient derrière les barreaux, punis pour avoir voulu rendre le monde meilleur.

Environ une heure après que j'ai contacté Geoffrey, il m'a répondu en me donnant son numéro de portable et en me demandant de l'appeler, ce que j'ai évidemment fait sur-le-champ. Geoffrey m'a proposé de le rencontrer dans son cabinet, un lieu qui suscitait en moi des émotions fortes. C'est dans ce cabinet que j'avais espéré contribuer à protéger des clients. Ce jour-là, les rôles étaient inversés : c'était moi qui me présentais en tant que cliente, pour la première fois de ma vie. En m'enfonçant dans le fauteuil en cuir, j'ai pris conscience du fardeau que je portais sur les épaules. J'avais toujours rêvé de revenir à Doughty Street en tant qu'avocate, et voilà que je me retrouvais à devoir être défendue. Heureusement, j'avais déjà travaillé *pro bono* pour eux et ils ont accepté de me représenter sans me faire payer, ce qui constitue une véritable marque de respect.

Geoffrey a demandé à son collaborateur Mark Stevens de travailler également sur mon dossier. Mark est l'avocat en droit des données le plus compétent que je connaisse. Sa réputation n'est plus à faire. Il a également représenté des dissidents politiques et des militants des droits de l'homme, peu importe leur origine sociale. Mark était déterminé à se battre contre les partisans du Brexit qui avaient pris son pays en otage. J'étais entre de bonnes mains.

En apprenant que j'étais représentée par Geoffrey et Mark, un ami de la BBC m'a dit :

— Tu sais que tu as les meilleurs avocats d'Europe, n'est-ce pas ? Les gars de Leave.EU et Alexander ne vont pas faire le poids.

Je reprenais petit à petit confiance en moi. Avec Paul Hilder, j'ai commencé à mettre au point une stratégie de communication. On savait qu'on devait mobiliser les masses. Mon audition au Parlement serait retransmise en direct, et les caméras du monde entier seraient braquées sur moi. C'était le moment de trouver un slogan accrocheur et de nous l'approprier. Nous avons fait un brainstorming. Il fallait résumer en une phrase ce que nous revendiquions : le besoin de transparence, le droit à la propriété et la nécessité pour les entreprises de rendre des comptes quand elles exploitent des données. Nous avons commencé à imaginer des lois idéales pour encadrer l'utilisation des données, à évoquer les changements que nous voudrions voir advenir et à nous creuser le cerveau pour trouver le bon slogan.

Soudain, j'ai eu une idée : *Own your data*. Simple, court, efficace.

— *Own your data*, Paul ! *Own your data*, c'est ça qu'il nous faut !

Paul m'a fait un grand sourire. Il avait participé à de nombreuses campagnes et savait reconnaître un slogan susceptible de mener à la victoire.

— Génial ! s'est-il exclamé avec excitation.

Nous avons commencé à travailler sur la communication et le contenu de notre campagne et à organiser notre équipe. Nous avions trouvé notre cri de ralliement. Nous avons mis la touche finale à notre pétition sur Change.org et à notre campagne pour mettre la pression à Mark Zuckerberg. Nous étions prêts. C'était presque le moment de nous lancer.

Mon audition devant le Parlement a déclenché une avalanche de questions. Je me suis retrouvée au cœur du plus grand scandale de ma vie. Une fois que les autorités se sont rendu compte que j'étais prête à dire tout ce que je savais – et j'insiste sur le « tout » –, les sollicitations ont commencé à arriver de partout :

est-ce que j'étais disposée à assister la commission du renseignement du Sénat (SSCI) ? La commission judiciaire ? La Sécurité intérieure ? Le département de la Justice en témoignant dans le cadre de l'enquête menée par le conseiller spécial Robert Mueller, à propos de l'ingérence russe dans les élections américaines ? L'ICO au Royaume-Uni ? À Trinité-et-Tobago ? La liste était longue. J'ai dit oui à tout, consentant publiquement à partager les informations dont je disposais, à donner de mon temps, à ouvrir ma conscience et à raconter mes souvenirs.

L'heure était venue de rentrer à la maison, et de rendre service à ma patrie comme je venais de rendre service au gouvernement, aux autorités et aux citoyens britanniques. Les Américains méritaient de connaître la vérité sur les événements. En effet, les citoyens américains sont plus vulnérables que les Britanniques en matière d'exploitation des données personnelles : aux États-Unis, il existe une multitude de points de données disponibles sur chaque personne, et presque aucune loi ou réglementation pour encadrer leur utilisation et vérifier comment les entreprises et le gouvernement en usent ou en abusent. Aux États-Unis, l'exploitation des données personnelles n'est soumise à aucune obligation de transparence ou de traçabilité. Il fallait que ça change.

À mon retour aux États-Unis, avant le début de ma première série de réunions à Washington DC, je me suis rendue à New York. Certains de mes amis de la blockchain étaient en train d'élaborer des solutions techniques pour remédier aux problèmes que j'avais soulevés. Ils avaient prévu de tenir une conférence de presse. Leur organisation avait réservé une salle au Roosevelt Hotel, en plein cœur de Manhattan. Ils avaient invité de nombreux journalistes experts des données, en particulier ceux qui enquêtaient sur le rôle joué par Cambridge Analytica dans le chaos des dernières élections. Avec plusieurs membres du conseil consultatif, nous avons déplié une banderole géante qui disait : « Adieu, données volées ! 1998-2018 #OWNYOURDATA », avant d'exposer a des journalistes de 15 médias différents notre détermination à élaborer des solutions techniques pour combler le vide législatif entourant la protection des données personnelles.

Au cours de la même semaine, en voyant l'attention médiatique suscitée par la conférence de presse du Roosevelt Hotel, Karim et son équipe ont décidé qu'il fallait que je recrute un expert en communication pour me conseiller. Nous avions prévu d'assister au discours inaugural de Daniel Ellsberg sur les lanceurs d'alerte, dans le cadre d'une conférence sur les droits de l'homme. C'était probablement l'endroit idéal pour le faire.

Même si je n'étais pas officiellement invitée à cette conférence, je me suis rendue au Hilton Midtown. Ironie de l'histoire, je n'y avais pas mis les pieds depuis la conférence donnée par Alexander sur le microciblage comportemental. Je ne savais pas à quoi m'attendre, mais j'étais impatiente de faire la connaissance de Daniel Ellsberg, pour qui j'avais une profonde admiration. Une fois à l'intérieur, je me suis frayé un chemin jusqu'au fond de la salle de conférences, pour écouter son discours avec attention :

— Comment réagiriez-vous si vous veniez de décrocher le job de vos rêves, et que vous découvriez que votre employeur ment au monde entier, fait la promotion d'une guerre sale dans un pays étranger tout en finançant un programme d'armement susceptible d'anéantir toute vie sur terre ?

Je buvais ses paroles tout en étant décontenancée. Son discours faisait trop écho à ma propre histoire.

Quand Ellsberg est descendu de la scène, tout le monde lui a sauté dessus : les avocats new-yorkais en costume-cravate et les femmes à l'allure de grand-mère, engoncées dans des tailleurs en laine, se sont tous précipités pour lui serrer la main et le remercier des risques qu'il avait pris pour son pays. Ellsberg a répondu poliment à chacun, tandis que je trépignais en attendant mon tour. Enfin, il s'est retrouvé à côté de moi.

Je ne suis pas du genre à me laisser facilement impressionner, mais ce jour-là j'ai dû passer pour une midinette tout droit sortie du fan-club d'Ellsberg. Les mains moites, j'ai balbutié quelques mots en le fixant droit dans les yeux, prête à boire ses paroles.

Quand l'équipe du film m'a présentée, Daniel (il m'a demandé de l'appeler par son prénom) s'est assis à côté de moi, assez près pour que je sente la chaleur de son corps, et il m'a demandé, très calmement :

— Alors, Brittany, quel âge avez-vous ?

— Trente ans, ai-je répondu en balbutiant.

Il s'est exclamé :

— C'est vrai ? Comme moi quand j'ai publié les Pentagon Papers et que je suis devenu lanceur d'alerte ! Ça doit être un âge où on est particulièrement courageux.

En arrivant à DC, j'étais encore sous le choc de ma rencontre avec Ellsberg. Je n'étais pas venue à Washington depuis longtemps. La dernière fois, c'était en février, pour participer à un petit déjeuner de travail avec les autorités de la Securities and Exchange Commission, de la Commodity Futures Trading Commission et de la Réserve fédérale des États-Unis. Nous avions évoqué le système de la blockchain, qui avait déclenché le lancement de mon organisation : la Digital Asset Trade Association (DATA), la première organisation de lobbying de la blockchain. DATA avait déjà contribué à faire passer huit nouvelles lois au cours des derniers mois dans l'État du Wyoming. Nous étions en train de travailler avec des membres des gouvernements fédéraux partout dans le pays, afin de mettre en application de nouvelles lois et réglementations pour garantir le bien commun – que j'appelle les « lois positives de la blockchain », pour les distinguer des lois destinées à empêcher l'innovation comme la loi BitLicense dans l'État de New York.

J'étais de retour à Washington DC avec un nouvel objectif : hausser le niveau de jeu dans mon pays natal. Que s'était-il vraiment passé pendant les élections de 2016 ? Comment empêcher une telle situation de se reproduire ? Paul Hilder et l'équipe du film sont venus avec moi et ont poursuivi les interviews, comme ils l'avaient fait le jour de mon audition devant le Parlement britannique, pour m'aider à mettre de l'ordre dans mes idées, à analyser les preuves dont je disposais et me soutenir moralement.

Cette fois, ils avaient organisé un rendez-vous avec une autre de mes héroïnes : Megan Smith, ancienne responsable de la technologie à la Maison Blanche, dans l'administration Obama. Depuis de nombreuses années, Megan est une figure de proue des lois sur les données aux États-Unis. Elle nous a rejoints dans une pièce où Paul avait apporté des livres et des documents incontournables sur la politique et l'éthique en matière d'encadrement des données personnelles. Dans toutes les villes où nous étions allés, il avait trimballé ces bouquins, me donnant de temps en temps des suggestions de lecture pour me guider dans mon projet ou me lisant des citations motivantes chaque fois que l'émotion prenait le dessus. C'était une bonne idée. En arrivant, Megan a pris le temps d'admirer le soin avec lequel ils avaient été choisis.

En discutant avec elle sur le canapé, je me suis rendu compte que c'était une femme passionnée, capable d'un grand professionnalisme. Mais c'était avant tout une militante de terrain. Elle était vêtue d'un tailleur impeccable, qui détonnait avec les chaussures de marche qu'elle avait aux pieds. Elle passait certainement la plupart de ses journées à courir aux quatre coins de Washington, en abattant deux fois plus de travail qu'un cadre moyen du gouvernement. Je lui ai expliqué comment j'avais commencé ma carrière politique en militant pour Obama, pour ensuite être embauchée à Cambridge

Analytica et devenir lanceuse d'alerte. C'était douloureux pour moi d'évoquer ce sujet avec une ancienne membre de l'administration Obama. Je savais à quel point le climat politique s'était dégradé dans le pays depuis le départ de Barack Obama de la Maison Blanche. Mais Megan n'a fait aucun commentaire. Je ne me suis pas sentie jugée. À la place, elle a sorti son ordinateur portable pour me montrer une image qui représentait l'évolution du vote au sein du Congrès des années 1920 à aujourd'hui. Autrefois, les deux partis votaient sensiblement de la même façon : sur l'image numérique, on voyait les points bleus et rouges se superposer, à tel point qu'il était quasiment impossible de les distinguer. Ensuite, au fur et à mesure que les décennies passaient, les points bleus et les points rouges commençaient à s'éloigner, comme par un phénomène de répulsion.

— Ça correspond au moment où on a commencé à exploiter les données des électeurs, m'a expliqué Megan. Les algorithmes nous séparent et nous poussent dans nos retranchements jusqu'à nous persuader que ceux avec qui nous sommes censés travailler sont nos pires ennemis.

J'étais bien placée pour le savoir : je l'avais vu de mes propres yeux.

Quand j'ai eu fini mon récit, elle m'a pris la main en me disant qu'elle me pardonnait. Elle m'a rappelé que ce n'était pas ma faute : parfois, des gens bien se retrouvent mêlés à des affaires qui les dépassent, a fortiori les jeunes femmes, qui sont des proies faciles. Cela avait été mon cas. Ce qui comptait, aujourd'hui, c'était de me saisir de l'occasion et de mettre à profit mon expérience pour changer les choses.

Megan m'impressionnait. Elle m'a tirée par le bras pour me mettre debout et me prendre dans ses bras. Ensuite, elle a glissé la main dans sa poche et en a sorti une pièce en émail :

— C'est la médaille de CTO (*chief technology officer*) de la Maison Blanche. Je vous en remets une chacun. Chaque fois que vous la regarderez, rappelez-vous que notre force et notre intelligence peuvent nous permettre de résoudre tous les problèmes que nous avons soulevés, à condition de travailler ensemble. Nous avons tous été abusés individuellement et collectivement. Le combat sera long, mais nous devons nous battre chaque jour, pour parvenir à notre but.

Quand elle a fini de parler, Paul et moi étions en larmes. Nous avons accepté la médaille ornée du sceau rouge, blanc et bleu de la Maison Blanche et gravée de un et de zéro : une pièce avec des données, qui symbolisait à la fois le problème que nous devions régler et le long combat qui s'annonçait.

Après avoir assisté à des réunions avec Megan, des membres de plusieurs agences du gouvernement et de commissions du Congrès, nous sommes retournés à New York. Quelqu'un nous attendait là-bas, un homme qui connaissait Facebook de l'intérieur, et détenait au moins autant d'informations sur l'entreprise que Mark Zuckerberg lui-même. C'était l'un des premiers à avoir investi dans Facebook, et il avait servi de mentor à Zuckerberg et à Sheryl Sandberg. Quelques années auparavant, il avait fait la une des journaux en critiquant publiquement Facebook. Aujourd'hui, je voulais savoir ce qui l'avait poussé à le faire

En attendant à l'extérieur de sa résidence, dans les beaux quartiers de New York, j'ai regardé une vidéo de lui : Roger McNamee, l'homme devenu paria. Comme moi, il avait joué un rôle essentiel dans la réussite d'une entreprise spécialisée en nouvelles technologies qui avait su s'imposer en proposant un modèle innovant. Personne ne connaissait mieux que lui les dangers dont doit se prémunir une entreprise qui se développe extrêmement vite, sans concurrence et sans équivalent sur le marché. CA et Facebook avaient été tous deux dirigés par des hommes blancs privilégiés, qui n'avaient aucun scrupule à exploiter leurs employés pour développer des outils de communication high-tech. Ils ne s'étaient jamais demandé si les algorithmes utilisés n'étaient pas intrinsèquement biaisés, ou s'ils n'étaient pas en train de faire plus de mal que de bien. Dans la vidéo, Roger était interviewé sur CNN. Il expliquait pourquoi il lui était devenu impossible de garder le silence.

Quand McNamee est entré dans la pièce, j'ai posé mon téléphone pour lui serrer la main. Le cameraman a filmé la scène, mais McNamee se comportait avec autant de naturel que si la caméra n'avait pas été là. Il portait une tenue impeccable mais, quand on le regardait de près, on voyait qu'il avait l'air très fatigué. Il avait les yeux injectés de sang de celui qui a passé des heures et des heures à se retourner dans son lit sans trouver le sommeil. Après avoir fait quelques blagues pour détendre l'atmosphère, nous avons commencé à parler de ce que nous ressentions en constatant que l'entreprise que nous avions contribué à construire était devenue un monstre que plus personne ne contrôlait. Nous considérions tous les deux que, même si nous avions exprimé plusieurs fois nos désaccords à nos supérieurs, personne n'avait écouté nos critiques, pourtant constructives.

— Mon plan, c'était de commencer par en parler à Mark, a dit Roger. J'étais persuadé qu'il me remercierait de lui montrer les failles du système. J'ai perçu très tôt le danger que représentaient ces algorithmes. Je me suis rendu compte que les données des utilisateurs étaient utilisées contre eux. J'ai proposé plusieurs solutions pour protéger les données. Mais Mark n'a rien voulu entendre. Il ne m'a même pas reçu. Il a demandé à des subalternes « d'écouter ce que j'avais à dire ».

Comme Sheryl Sandberg, Zuckerberg avait refusé de tenir compte des avertissements de Roger. En demandant à des subalternes de s'occuper de McNamee, il avait montré où étaient ses priorités :

tant que le cours de l'action Facebook continuait à grimper, il se fichait des conséquences.

— Je n'avais jamais vu ça : ce qui s'est passé à Facebook montre à quel point le succès rend aveugle, a dit Roger. Je continue à penser qu'on n'a pas encore atteint le stade de l'irréparable. J'ai passé des années à essayer de les convaincre de m'écouter. D'abord en privé, sans faire de vagues. Et aujourd'hui en exprimant publiquement ma colère. Le plus frustrant, c'est qu'ils ont réalisé leurs rêves les plus fous, et maintenant ils pensent qu'ils vont s'en tirer comme ça. En fait, ils nous mettent au défi de leur demander des comptes parce qu'ils sont trop fiers pour admettre d'eux-mêmes qu'ils ont commis des erreurs. C'est dommage. Et nous, notre boulot, c'est de voir si on peut mettre en place des solutions.

Tout le monde avait perdu le contrôle, et McNamee considérait qu'il était de son devoir de s'exprimer publiquement à ce sujet, étant donné que personne ne l'avait écouté quand il avait essayé d'avertir les dirigeants de Facebook en privé, et que la situation continuait à se dégrader.

— J'ai participé à la construction de ce truc, m'a-t-il dit. Il y a mes empreintes partout. Ce que je veux, c'est pouvoir dormir la nuit en ayant la conscience tranquille, vous voyez ?

Armée de confiance et forte de la certitude que j'étais entourée des meilleurs et que la cause que je défendais était juste, j'ai continué ma campagne #OwnYourData. Des centaines de milliers de personnes se sont mobilisées dans le monde entier. Mes vidéos et mes articles ont comptabilisé des millions de vues. La vidéo de mon témoignage devant le Parlement a eu un tel succès qu'elle a bloqué le site du Parlement britannique le jour de sa mise en ligne. J'étais engagée dans une course contre la montre pour faire entendre la vérité à nos dirigeants. Je me suis consacrée à cette campagne vingt-quatre heures sur vingt-quatre, sept jours sur sept.

J'ai fait ma première grande intervention publique devant le Parlement européen la veille du vote du Règlement général sur la protection des données. C'était la première fois au cours de ces vingt dernières années qu'une loi sur la protection des données personnelles était votée. Dans la foulée, j'ai fait une intervention au cours de la séance d'ouverture de la plus grande conférence sur la blockchain jamais organisée. Le débat était modéré par l'ancien Premier ministre estonien, et j'étais entourée d'un ministre des Finances et du responsable de la Fintech pour la Banque centrale européenne. J'ai également participé à plusieurs événements privés consacrés à la protection des données, ainsi qu'à des réunions techniques, à des conférences de presse en compagnie d'experts et à des émissions de télévision. On m'a demandé d'assister à des réunions privées avec des députés et des dirigeants politiques partout dans le monde. C'est moi que les journalistes appelaient quand ils cherchaient une personne fiable, capable de leur fournir des renseignements confidentiels.

Lors de ces interventions, je ne me suis pas contentée de fournir des informations. Je suis devenue par défaut experte juridique sur des affaires de crimes relatifs à l'utilisation des données. J'ai témoigné dans une douzaine d'enquêtes individuelles et j'ai comparu à la barre comme témoin dans plusieurs procès, pour la plus grande joie de ceux qui me soutenaient et des législateurs. J'ai notamment témoigné dans l'affaire McCarthy contre Equifax : mes collègues du cabinet d'avocats Madgett and Partners ont porté plainte contre la société Equifax dans le cadre de ce qui est devenu l'une des affaires de piratage de données les plus célèbres de l'histoire. Quand les serveurs d'Equifax ont été piratés, on a découvert que la société de sécurité avait laissé expirer plus de 300 certificats de sécurité. Selon les mots de David Madgett, l'avocat général chargé de l'affaire, cela équivaut à « laisser la porte ouverte, les lumières allumées et l'alarme désactivée et dire aux cambrioleurs de se servir ». Madgett a poursuivi Equifax en justice pour dommages à la propriété : en effet, par sa négligence, Equifax a permis l'accès aux données personnelles de 157 millions d'Américains, les exposant à un risque permanent de fraude et d'usurpation d'identité. Madgett a gagné le procès à la Cour suprême de l'État du Minnesota. La décision de la Cour suprême a fait jurisprudence : à présent, dans l'État du Minnesota, vos données vous appartiennent, ce qui est une bonne nouvelle pour l'ensemble des Américains. Grâce aux procès d'Equifax et aux nouvelles lois présentées au Parlement britannique, au Congrès américain et à d'autres instances du pouvoir législatif partout dans le monde, il faut reconnaître que des progrès ont été faits en matière d'encadrement légal de l'utilisation des données.

Quels sont les résultats de ces enquêtes ou de ces procès ? Au moment où j'écris ce livre, c'est encore difficile à dire. Un seul rapport a été rendu public, le rapport Mueller, qui a été réécrit plusieurs fois et dont les conclusions ne sont pas claires, même si, selon moi, la position de Robert Mueller est tout à fait claire, à condition de savoir lire entre les lignes.

Si le président ne s'était pas rendu coupable d'actes criminels, il nous le dirait. = Le président s'est rendu coupable d'actes criminels.

Si le président n'était pas passible de poursuites judiciaires, suspendues du fait de son immunité, il nous le dirait. = Dès que Donald Trump quitte la Maison Blanche, il va tout droit en prison.

Je ne comprends pas pourquoi les Américains et le monde entier avaient besoin d'un diplôme de cryptographie pour comprendre le message de Mueller. Moi, je l'ai compris, et j'espère que le monde entier l'a compris.

La Federal Trade Commission (FTC), l'autorité de la concurrence américaine, est en passe d'infliger à Facebook une amende de 5 milliards de dollars pour négligence et incapacité à protéger les consommateurs, plusieurs enquêtes criminelles sont en cours contre les partisans du Brexit. Sans compter les auditions menées par les commissions judiciaire et du renseignement de la Chambre des représentants dans le cadre de l'enquête Mueller sur l'interférence russe dans les élections et l'obstruction de justice de Trump, qui continuent à avoir lieu au moment où j'écris ce livre.

Un matin, en mars 2019, je me suis réveillée avec une avalanche de notifications sur mon téléphone : le député Jerry Nadler avait tweeté une liste de 81 personnes qui allaient être appelées à témoigner dans le cadre de la procédure de destitution visant Donald Trump. Mon nom figurait en neuvième position.

Ce n'était pas une surprise. Je faisais partie de ceux qui avaient contribué à construire cette machine, et j'avais été directement témoin des atteintes à la démocratie qui avaient eu lieu pendant la campagne Trump et celle du Brexit, ainsi que de la négligence de Facebook. Tous s'étaient infiltrés dans notre vie numérique afin d'utiliser nos données contre nous. Maintenant, il fallait empêcher que ces faits se reproduisent.

Pour Trump, rien n'a changé, mais le rapport Mueller a été rendu public. Mueller a été auditionné par le Congrès et a formulé clairement sa demande : destituez-le et je le ferai arrêter.

Facebook a dû modifier ses conditions d'utilisation : les *fake news*, les contenus vidéo édités et les publicités à caractère politique doivent désormais faire l'objet d'un avertissement et leur source doit être indiquée. Il a également été condamné pour violation des lois relatives à la protection des données dans plusieurs pays.

Les Britanniques et le Parlement européen ne sont toujours pas parvenus à un accord sur le Brexit. Cependant, les partisans du Brexit ont été condamnés pour violation des lois relatives à la protection des données et des lois sur le financement électoral.

La situation est loin d'être satisfaisante, mais il ne faut pas écouter les pessimistes : il n'est jamais trop tard pour réagir et réparer. Nous faisons chaque jour des choix qui font que nous sommes une partie du problème et de la solution. J'ai décidé d'être du côté de la solution. Et vous ?

Quelle est la prochaine étape ? Comment pouvons-nous donner du sens à tout ça ? Allons-nous un jour assister à nouveau à des élections libres et équitables et retrouver notre capacité à prendre des décisions en toute indépendance ? Pour pouvoir faire preuve de clairvoyance, voyons ce que deviennent les principaux protagonistes de ce livre et tâchons d'anticiper les problèmes qui risquent de se poser à nouveau :

Cambridge Analytica et SCL Group ont été dissouts, mais est-ce vraiment suffisant ? Beaucoup de mes anciens collègues travaillent encore comme consultants ou analystes de données, dont Alexander Nix, qui, d'après les médias, a rencontré l'ancienne Première ministre Theresa May au moment de son départ et le nouveau Premier ministre Boris Johnson. Étant donné que les enquêtes de l'ICO et du Parlement sur le Brexit et le financement de la campagne n'ont pas abouti, nous avons des raisons d'être inquiets. Outre Alexander, de nombreux employés de Cambridge ont repris leurs activités et n'ont pas eu à répondre de leurs actes.

Les Mercer, qui ne bénéficient plus des faveurs de Trump, continuent à exercer une influence importante sur la scène politique. Ils vont certainement continuer à financer de nombreuses campagnes aux discours violents et clivants. Je compte surveiller l'utilisation de cet argent selon les paragraphes 501c3s et 501c4s du code fédéral des impôts américain, consacrés au financement des associations à but non lucratif, ainsi que des *PAC* et *super PAC*. Nous ne sommes pas encore débarrassés d'eux.

Facebook a pris quelques mesures cosmétiques mais n'a pas accompli de véritables progrès en matière de modération des *fake news* et de contrôle des algorithmes qui propulsent en tête des résultats de recherches des informations violentes ou fausses. La plate-forme n'a toujours pas la capacité d'empêcher des agents malintentionnés de cibler ses utilisateurs. Même si on peut à présent voir ses données et être informé du caractère politique de certaines publicités et du fait que certaines vidéos ont été éditées (comme par exemple la vidéo de Nancy Pelosi), Facebook n'est absolument pas prêt à affronter la prochaine élection, ni même à gérer l'activité quotidienne des utilisateurs de la plate-forme. J'ai récemment fait une conférence aux côtés de Yael Eisenstat, qui, après avoir travaillé pour la CIA et pour plusieurs services d'antiterrorisme et de contre-propagande, a été recrutée par Facebook à la tête du département chargé de surveiller les élections. Elle a démissionné au bout de six mois, en refusant d'être payée pour le travail qu'elle a accompli, après que Mark et Sheryl ont rejeté les mesures qu'elle préconisait pour protéger les citoyens américains en vue des prochaines élections.

Côté législatif, nous commençons à bénéficier du soutien de l'opinion publique. Nous en avons besoin pour faire advenir de véritables changements au cours de l'année. Cependant, ces lois ne seront efficaces que si nous parvenons à développer les solutions techniques nécessaires à leur mise en application. J'ai longtemps espéré que la blockchain permettrait de trouver des solutions pour contrôler Facebook : aujourd'hui, ces solutions existent et vont permettre d'inverser le rapport de forces au sein de l'industrie des données, de rendre aux individus le bénéfice de ce qu'ils produisent chaque jour et de permettre au monde entier d'entrer dans un nouveau système économique, qui ne serait pas contrôlé par les plus puissants.

Le big data, Trump et Facebook ont détruit notre démocratie. Ses morceaux sont à nos pieds et nous sommes les seuls à pouvoir les recoller.

Nous avons une fenêtre de tir : nous pouvons commencer à recoller les morceaux pour construire une communauté mondiale plus éthique, plus juste et plus stable, capable de consacrer du temps et de l'énergie à faire advenir des changements positifs et à réimaginer un monde plus éthique – ou nous pouvons laisser nos sociétés en morceaux à nos pieds, en nous préparant chaque jour à la catastrophe, jusqu'à ce que ces morceaux soient si abîmés qu'on ne puisse plus les recoller.

C'est le moment de faire un choix : l'homme qui occupe la Maison Blanche sait qu'il fera l'objet de poursuites judiciaires dès qu'il ne sera plus président, et, croyez-moi, rien n'est plus dangereux qu'un dictateur acculé et prêt à tout pour rester au pouvoir. S'il perd les prochaines élections, Trump risque la prison. Réfléchissez-y. Il refuse de répondre aux questions de Mueller et fait tout pour le discréditer sur les réseaux sociaux. Soyez-en sûrs : il ne reculera devant rien pour rester au pouvoir.

Au siège de Facebook à Menlo Park, Mark Zuckerberg est également prêt à tout pour maintenir son hégémonie. Il vient d'annoncer le lancement de Libra, une cryptomonnaie fondée sur le modèle de la blockchain. J'aimerais pouvoir soutenir ce projet, mais Libra est financée par un consortium de grandes entreprises (Facebook, Uber, Visa…), qui veulent lancer leur propre système financier. Ce système permettrait une exploitation de données à si grande échelle que, partout dans le monde, des gouvernements se sont élevés contre ce projet, afin d'empêcher le gestionnaire de données le plus négligent de notre génération de devenir la nouvelle banque centrale mondiale en ligne. Imaginez un monde où le prix des produits varierait en fonction de la somme que vous avez sur votre compte en banque. C'est exactement ce qui est en train de se produire. Avec Libra, nous allons entrer dans le pire des mondes connectés.

Enfin, il y a toutes ces données en ligne, non régulées et souvent intraçables. Une fois que nos données sont sur Internet, on ne peut plus les récupérer. Il faut exiger un changement et nous les réapproprier tant que c'est encore possible. Comme l'a dit Paul Hilder :

— Je suis de nature optimiste : je pense qu'on peut réparer ce qui est cassé.

Je voudrais que la prochaine génération d'hommes et de femmes politiques adoptent cette attitude. Donnez-nous de l'espoir, et donnez-nous les outils pour reprendre le contrôle. Il faut des changements législatifs et des réglementations. Il faut également investir massivement dans la recherche de solutions techniques, pour nous permettre d'établir de nouveaux standards.

C'est le moment. Nous devons tous nous mobiliser pour rassembler les morceaux épars de notre vie numérique, et nous diriger ensemble vers un avenir meilleur.

Épilogue

Mettre fin aux guerres de données

« Nous devrons rechercher la paix de toute notre volonté, et être prêts à en payer le prix, dans nos actions et dans les moyens matériels à mettre en œuvre. Nous devrons avoir assez de volonté pour dépasser notre propre léthargie et aller voir ailleurs, afin de trouver dans d'autres pays ceux qui recherchent la paix autant que nous. »

Eleanor Roosevelt

La protection des données est le problème principal de notre génération. Les données, nos biens numériques immatériels, sont la seule catégorie de biens sur lesquels les producteurs n'ont aucun droit : ni sur leur valeur, ni sur leur collecte, ni sur leur exploitation, ni sur leur commercialisation, ni sur les profits que d'autres en tirent. Tout au long de l'histoire, nous avons rétrospectivement jugé avec mépris l'exploitation par les colons de la terre, de l'eau et du pétrole des peuples indigènes et nous considérons la colonisation comme une honte du passé.

Dès lors, pourquoi avoir autorisé les entreprises de la Silicon Valley à nous exploiter éhontément sans rien dire ? En postant nos photos et en partageant fièrement les événements de notre vie sur leurs plates-formes, nous avons été les victimes consentantes du microciblage. Nous avons notre part de responsabilité dans la montée du racisme et de l'intolérance, dans la dissolution des liens de la société civile, dans le développement viral des *fake news* et dans les répercussions de ces phénomènes sur le monde réel, où ils ont abouti à des crimes et des actes de violence. Nous prétendons tirer des leçons de l'histoire. « Plus jamais ça ! » disons-nous face à ses atrocités. Maintenant que nous avons le recul nécessaire, comment faire en sorte que ça ne se reproduise pas ?

En vérité, nous avons une occasion en or, qui risque de ne pas se présenter à nouveau. À nous de la saisir. Si nous refusons de le faire, nous serons vus à tout jamais comme ceux qui ont baissé les bras et laissé échapper la possibilité d'un avenir meilleur. Nous avons tant de moyens de reprendre le contrôle de notre vie numérique, de contrôler nos propres données, de réclamer de la transparence et d'abolir cette kleptocratie trouble qu'est devenue l'industrie du numérique.

Je suis optimiste de nature. Sinon, je n'aurais pas écrit ce livre qui doit servir d'avertissement : nous devons agir vite, tant que le rapport de forces est en notre faveur. Si nous faisons le choix de fermer les yeux, alors le monde dans lequel nous vivons risque de ressembler de plus en plus aux univers dystopiques de *1984* et de *Black Mirror*. Le communautarisme continuera à se développer, la frontière entre vérité et manipulation sera de plus en plus floue, et nous ne pourrons plus jamais récupérer le contrôle de notre identité numérique, le bien le plus convoité de la planète. C'est maintenant qu'il faut agir.

La somme de travail à abattre est immense. Trouver des solutions concrètes à ces problèmes est devenu ma raison d'être, ma vocation. En lisant ce livre, vous avez constaté que même une intellectuelle ouverte d'esprit peut être facilement manipulée, victime des mensonges et de la désinformation dont nous sommes inondés chaque jour.

Comment nous protéger ? Comment protéger notre démocratie ? Nous devons relever la tête, parler et agir. C'est le devoir de tout bon citoyen de ne pas se taire.

Si vous ne savez pas par où commencer, voici quelques idées :

Éduquez-vous au numérique. Il est temps de faire notre propre éducation et celle des autres pour affronter l'ennemi : comment nos données sont-elles collectées ? Où vont-elles ? Où sont-elles stockées ? Comment peuvent-elles être utilisées contre nous (ou pour rendre le monde meilleur) ? J'ai commencé à travailler dans l'industrie des données avec l'espoir qu'elles soient utilisées pour la bonne cause. J'ai vu ce qui se produit quand les hommes qui occupent les plus hautes fonctions s'abaissent à des pratiques immorales. Il existe d'excellents outils pour organiser la riposte sur le site de DQ Institute. Vous pouvez y apprendre pourquoi, à l'ère du numérique, il est essentiel de se former pour se protéger et protéger les autres. Il est consultable à l'adresse suivante : https://www.dqinstitute.org.

J'ai récemment cofondé la fondation Own Your Data pour sensibiliser le public à la nécessité d'un droit des données. Cet organisme à but non lucratif fait la promotion de l'éducation STEM (*science, technology, engineering and mathematics*) dans l'espoir qu'un jour tout le monde comprenne qu'il est nécessaire de contrôler et de protéger notre vie numérique. Pour vous informer, visitez le site http://ownyourdata.eu.

Contactez vos députés. Même si je reconnais qu'il faut du temps pour rédiger et voter des lois et que ce n'est pas une solution à court terme, c'est une façon tangible d'améliorer la situation et de protéger les générations futures. De nombreux législateurs et membres de la société civile font un travail formidable pour faire passer des lois visant à nous protéger. Tenez-vous au courant des projets de loi et donnez votre avis ! Appelez et écrivez à vos députés. Dites-leur que vous êtes en faveur de lois pour encadrer l'utilisation des données, en particulier les lois passées récemment à l'échelle des États et à l'échelle fédérale, ainsi que les lois en débat au Congrès :

Le projet de loi CONSENT du sénateur Ed Markey, dont le but est d'inverser le rapport de forces en exigeant que les entreprises obtiennent explicitement le consentement des utilisateurs avant d'exploiter leurs données (au lieu d'un consentement par défaut), sécurisent les données des utilisateurs et les en informent quand leurs données sont récoltées ou piratées.

Le projet de loi Corporate Executive Accountability de la Sénatrice Elizabeth Warren, qui stipule que les dirigeants d'une entreprise sont passibles de poursuites judiciaires si des données sont piratées en raison de leur propre négligence, comme dans l'affaire Equifax.

Le projet de loi « You Are the Product » Data Ownership de Jim Steyer, qui permet des recours judiciaires en cas d'abus relatifs à l'utilisation des données, pour faire valoir le droit à la propriété. Ce projet n'a pas encore été voté mais nous pouvons y placer de grands espoirs étant donné que Jim et le groupe Californian for Consumer Privacy ont joué un rôle essentiel dans le vote du California Consumer Privacy Act (CCPA), inspiré du Règlement général sur la protection des données de l'Union européenne, l'une des lois sur les données les plus exhaustives aux États-Unis.

La loi Data Dividend du gouverneur de Californie Gavin Newsom, qui a été présentée et est actuellement en débat, stipule que les utilisateurs dont les données personnelles ont été récoltées doivent recevoir une compensation financière en échange de leur exploitation.

Le projet de loi DETOUR du sénateur Mark Warner et les lois associées qui prévoient de contrôler les grandes multinationales de la technologie en exigeant une transparence sur la valeur des données des consommateurs et le blocage des interfaces truquées utilisées pour modifier les algorithmes.

La législation Digital Assets dans l'État du Wyoming, comprenant 13 nouvelles lois qui ont déjà été votées et d'autres qui vont être présentées lors du prochain cycle législatif. Parmi les points positifs de cette législation, la définition des biens numériques comme des biens personnels immatériels, ce qui donne des droits sur leur utilisation et la possibilité de recours judiciaires. Pour en savoir plus, visitez le site http://www.wyoleg.gov.

Le projet de loi Government Accountability Project's Scientific Integrity, qui protège les scientifiques lanceurs d'alerte en exigeant que ceux qui sont au pouvoir rendent des comptes en cas d'abus, de perte ou de négligence. Nous voulons que des individus déterminés puissent se mobiliser pour l'intérêt général en toute sécurité. Mobilisez-vous ici : http://whistleblower.org/supportingsciencewhistleblowers.

Aidez les entreprises à faire des choix éthiques. De nombreuses entreprises sont à la recherche de solutions abordables et faciles à mettre en application pour résoudre les problèmes que nous rencontrons dans notre vie numérique. Nous devons faire en sorte que les start-up et les petites entreprises puissent respecter ces nouvelles lois et les encourager à développer de nouveaux modèles d'entreprise. Les grosses multinationales comme Facebook et

Google n'ont pas besoin d'être accompagnées, étant donné qu'elles ont souvent plus d'expertise que les législateurs. Tandis que les législateurs tentent de régler ces problèmes, agissez à votre propre échelle en appliquant quelques-unes des solutions techniques éthiques recensées sur le site suivant : http://designgood.tech.

Si vous voulez un exemple d'initiative positive, renseignez-vous sur Phunware, une entreprise spécialisée dans le big data qui rend les données aux consommateurs, en les rétribuant pour leur utilisation : http://www.phunware.com

Par ailleurs, je suis impatiente de tester Voice, un nouveau réseau social qui vous donne des droits sur vos données, vous rétribue pour le contenu que vous produisez et bloque les robots et les comptes pirates en vérifiant l'identité des clients. Merci à Block.one de construire une plate-forme éthique, dont Facebook et Twitter devraient s'inspirer : https://voice.com.

Demandez aux législateurs d'exiger des comptes en cas d'abus de pouvoir. Le problème principal de ces enquêtes qui traînent en longueur, c'est que les individus, les campagnes et les entreprises qui ont commis des crimes sont souvent mis dans l'embarras mais jamais punis. Beaucoup d'entre eux ne prendront pas de décisions éthiques si on ne les y contraint pas, d'où mon insistance sur la nécessité de lois et de réglementations. Étant donné que ces changements ne se produiront pas à l'intérieur des entreprises, il faut une pression extérieure. La campagne Trump et la campagne pro-Brexit n'ont pas respecté les lois et les réglementations en vigueur. Il ne suffit pas d'infliger des amendes importantes aux dirigeants des entreprises pour les dissuader de recommencer. Ils ont les moyens de payer. Si nous voulons réhabiliter notre démocratie, nous devons nous élever contre ces pratiques et nous faire entendre. Contactez la Commission électorale fédérale (Federal Election Commission), la FTC et la Commission électorale britannique

(British Electoral Commission) pour leur dire que vous exigez des solutions concrètes, et que vous voulez que les enquêtes en cours aboutissent avant les prochaines élections.

Faites des choix éthiques dans votre propre vie numérique. Ne croyez pas tout ce qu'on vous dit dans les médias. Ne partagez pas de messages incitant à la haine ou provoquant la psychose. Ne participez pas à des campagnes de calomnie, de harcèlement ou de ciblage. Si vous êtes à la tête d'une entreprise, faites preuve de transparence envers vos clients et expliquez-leur les bénéfices que vous tirez des données qu'ils partagent : vous avez tout à gagner à bien communiquer. Ne trompez pas vos clients et ne vendez pas leurs données à un tiers sans les en informer et sans les laisser libres de refuser. N'utilisez pas de stratégies malhonnêtes pour attirer l'attention des gens : les pubs alarmistes et les discours clivants ont réussi à diviser notre société en un clic. Tâchez de ne pas tomber dans ce piège. Il ne faut pas rester sans rien faire : nous avons besoin que chacun agisse.

Pour citer Albert Einstein : « Je ne suis pas seulement un pacifiste, je suis un militant pacifiste. Je suis prêt à me battre pour la paix. Le seul moyen de mettre fin à la guerre, c'est de refuser d'y participer. » Nous devons nous battre pour reconstruire notre démocratie avant que les dommages ne soient irréparables.

Nous devons faire front.

Souvenez-vous : nous avons du pouvoir ! Les géants du numérique et les gouvernements ne sont pas les seuls à devoir nous protéger. Nous devons également reprendre la situation en main. Rien ne nous oblige à télécharger telle application virale de Facebook, à répondre à tel quiz, ou à utiliser la reconnaissance faciale pour voir à quoi nous ressemblerons quand nous serons plus vieux. San Francisco a été la première ville aux États-Unis à interdire la reconnaissance faciale, et cette ville connaît ses dangers mieux que quiconque.

Chaque jour, vous pouvez choisir d'utiliser une nouvelle application plus pratique, ou de vous contenter d'utiliser les fonctions traditionnelles de votre smartphone. Demandez-vous : est-ce que cette application exploite mes données et, si oui, à qui les vend-elle ? Dans quel but ? Les choix que nous faisons ont des conséquences. Prenons l'exemple des messages que nous envoyons. Arrêtez d'utiliser WhatsApp, utilisez plutôt Signal ! En rachetant Whatsapp, Mark Zuckerberg a limité le cryptage des données pour les extraire et les utiliser pour cibler ses clients. Par ce simple choix, vous pouvez éviter d'être la prochaine cible.

Je suis mieux placée que quiconque pour le savoir. On m'a prise pour cible et je me suis perdue. Ami lecteur, tu t'es sans doute retrouvé dans la même situation que moi un jour ou l'autre. Je ne veux pas que tu fermes ce livre avec un sentiment d'impuissance. Au contraire, le pouvoir est entre tes mains ! Tu peux récupérer le contrôle de tes données et contrôler ta propre valeur sur le marché. Mais nous devons tous réagir. Le monde entier compte sur nous : c'est le moment de reconstruire un avenir plus éthique, ensemble.

Remerciements

Chaque jour, je pense avec émotion aux opportunités qui m'ont été données par les gens qui m'entourent, et au soutien inconditionnel de ceux que j'aime et de tous ceux que je n'ai pas encore rencontrés. Pour cette raison, il m'est impossible de dresser une liste exhaustive des gens que je tiens à remercier. Malgré tout, je vais faire de mon mieux pour saluer les personnes et les organisations qui ont joué un rôle important dans ma vie. Merci à tous ceux qui m'ont aidée et m'aideront dans ma démarche. Vous m'avez inspirée et vous faites la différence. Ensemble, nous pouvons aider le monde à élaborer un futur numérique plus éthique.

Je tiens à remercier en particulier :

Ma famille : d'abord, ma sœur, Natalie, cofondatrice de notre organisation, qui a commencé à militer pour le droit des données et a immédiatement été d'une grande efficacité. Ensemble, grâce à ton amour, à ta détermination et évidemment à ta capacité d'organisation, nous avons pu avoir un impact réel. Je remercie aussi mes parents, qui ont toujours cru en moi et m'ont encouragée à viser l'excellence. Vous m'avez appris à faire les bons choix et à travailler dur pour défendre ce en quoi je crois. Je ne pourrai jamais assez vous en remercier. Mes grands-parents, tantes, oncles, cousins ainsi que ma famille élargie et ses pièces rapportées : je vous aime tant. Je suis si heureuse de vous avoir à mes côtés.

L'organisation Digital Asset Trade Association (DATA), en particulier David Pope, Alanna Gombert, Jill Richmond et Brent Cohen, qui travaillent bénévolement et avec acharnement depuis janvier 2018 pour inciter le gouvernement à voter des lois définissant et encadrant l'utilisation des biens numériques partout dans le monde. Votre énergie est inépuisable, et votre soutien, sans faille.

Paul Hilder : je n'ai pas assez de mots pour te dire à quel point ton amitié et ton soutien comptent, pas uniquement pour moi mais pour le monde entier. Je te remercie pour l'investissement dont tu es capable lorsqu'il s'agit de défendre des causes auxquelles tu crois. Merci d'avoir trouvé des solutions pour défendre l'intérêt général, et de ne jamais renoncer tant que tu n'as pas obtenu ce que tu voulais. Tu es devenu expert dans l'art de passer de la théorie à la pratique. C'est grâce à toi que la campagne #OwnYourData a vu le jour. Tu ne m'as jamais lâchée et tu as toujours cru en moi. Je continuerai à faire en sorte que tu sois fier du temps et de l'énergie que tu consacres à cette cause.

Les équipes de *The Great Hack* et de Netflix, en particulier Geralyn Dreyfous, pour son soutien sans pareil, ainsi que les talentueux Karim Amer, Jehane Noujaim et Pedro Kos, qui ont raconté mon histoire au monde entier afin de faire changer les choses. Elizabeth Woodward, Bits Sola, Basil Childers, Matt Cowal et le reste de la belle équipe du film et de Netflix – dont je salue la patience. Vous avez réussi à propager nos idées grâce à *The Great Hack* et à nos partenaires.

Harper Collins et Eileen Cope, qui m'ont permis de raconter mon histoire au monde entier grâce à ce récit autobiographique, et m'ont aidée à faire enfin entendre la vérité à propos de ce qui s'est passé, à expliquer pourquoi nous en sommes arrivés là, et à donner au public les outils pour réagir.

Julie Checkoway, qui m'a soutenue tout au long de la rédaction de *L'Affaire Cambridge Analytica* d'une façon que je n'aurais jamais imaginée. La finesse et la pertinence de tes réflexions ainsi que ton soutien émotionnel ont changé ma vie pour toujours. Je ne pourrai jamais assez te remercier.

Julia Pacetti, qui est à la fois ma protectrice, ma seconde mère d'adoption et l'une de mes meilleures amies, et une personne dont le dynamisme professionnel et la capacité à transformer des conversations importantes en phénomènes mondiaux sont inégalés. À chaque fois, je suis impressionnée par ton talent à convaincre nos législateurs et nos dirigeants politiques et économiques de prendre des initiatives importantes. Tu es une véritable force de la nature.

Mes avocats, Geoffrey Robertson QC, Mark Stephens, Jim Walden et Amanda Senske, qui ont tous donné bénévolement de leur temps pour me défendre et m'ont conseillée et soutenue quand j'ai été amenée à témoigner dans le cadre de nombreuses affaires judiciaires partout dans le monde. Votre expertise pour tenir tête aux puissants a fait progresser de nombreuses causes. C'est un honneur d'être représentée par des avocats comme vous.

Le formidable État du Wyoming et les gens qui ont contribué à en faire un État à la pointe de la protection des biens numériques. Je remercie en particulier Caitlin Long, le député Tyler Lindholm, le sénateur Ogden-Driskill, Rob Jennings, Steven Lupien et le reste de la Wyoming Blockchain Task Force, la Wyoming Blockchain Coalition et les législateurs progressistes qui ont voté en faveur de ces 13 nouvelles lois conçues pour protéger les citoyens et résidents du Wyoming. Je suis fière de vivre à présent dans cet État magnifique !

Le Congrès américain et ses membres, qui agissent avec intelligence pour réguler les activités des grandes multinationales du numérique et protéger les biens numériques des citoyens et résidents des États-Unis. Je remercie en particulier les sénateurs Mark Warner, Ed Markey et Elizabeth Warren. Vous nous montrez la voie en aidant d'autres à prendre conscience de l'importance de ces lois pour l'avenir de notre pays.

Matt McKibbin, qui est un ami et un partenaire incroyable, ainsi qu'un grand intellectuel. Ton amour et ton soutien m'ont permis de garder la tête froide et de devenir plus tolérante, plus efficace et plus attentive. Tu m'as appris à remettre en question tout ce qu'on me dit et à réinventer un monde meilleur, construit selon des principes plus éthiques. Ensemble, nous sommes en train de changer le monde. J'ai hâte de voir ce que l'avenir nous réserve.

Lauren Bissell, ma meilleure amie, entrepreneuse, aventurière, qui m'a accompagnée dans mes pérégrinations partout dans le monde. Je t'aime et je ne peux pas me passer de toi. J'ai hâte de voir quels projets excitants nous allons mener ensemble.

Chester Freeman, pour ton esprit brillant, ton amitié, et pour m'avoir entraînée dans cette folle aventure. Je t'aime et je veux que tu saches que, depuis plus de dix ans, tu occupes une place essentielle dans ma vie.

À tous mes amis, collègues, militants, lanceurs d'alerte et supporters partout dans le monde : merci pour tout. Vous avez contribué à faire avancer notre cause commune, vous m'avez soutenue et vous avez soutenu cette campagne. Grâce à vos efforts, nous pouvons envisager l'avenir plus sereinement. Le mouvement #OwnYourData continue à vivre et à prendre de l'ampleur grâce à vous !

Enfin, je tiens à remercier mes lecteurs : merci de vous intéresser à moi et d'avoir lu mon histoire. J'espère que ce livre sera une source d'inspiration pour faire des changements dans votre vie. N'hésitez pas à rejoindre notre mouvement, afin de nous aider à changer notre vie numérique pour le meilleur.

Notes

Chapitre 1

1. A. Berman, « Jim Messina, Obama's Enforcer », *The Nation*, 30 mars 2011, http://www.thenation.com/article/159577/jim-messina-obamas-enforcer

2. D. Corn, « Inside Groundswell : Read the Memos of the New Right-Wing Strategy Group Planning a '30 Front War' », *Mother Jones*, 25 juillet 2013, https://www.motherjones.com/politics/2013/07/groundswell-rightwing-group-ginni-thomas/

Chapitre 3

1. J. Maton, « Criminal Complaint Against Nigerian General Buhari to Be Filed with the International Criminal Court on Short Notice », *Ilawyerblog*, 15 décembre 2014, http://ilawyerblog.com/criminal-complaint-nigerian-general-buhari-filed-international-criminal-court-short-notice/

2. J. Jones, « Human Rights Key as Nigeria Picks President », *The Hill*, 20 février 2015, https://thehill.com/blogs/congress-blog/civil-rights/233168-human-rights-key-as-nigeria-picks-president

Chapitre 4

1. « Our Mission », Forum économique mondial, https://www.weforum.org/about/world-economic-forum

2. J. Ewing, « Keeping a Lid on What Happens in Davos », *New York Times*, 20 janvier 2015, https://dealbook.nytimes.com/2015/01/20/keeping-a-lid-on-what-happens-in-davos/

3. *Ibid.*

4. Strategic Communications Laboratories, *NID Campaign January-February 2015 Final Completion Portfolio*, Londres, Strategic Communications Laboratories, 2015.

5. Agencies in Abuja, « West Criticises Nigerian Election Delay », *The Guardian*, 8 février 2015, https://www.theguardian.com/world/2015/feb/08/nigeria-election-delay-west-us-uk

6. *Ibid.*

7. *Ibid.*

8. N. Carlson, « Davos Party Shut Down After Bartenders Blow Through Enough Booze for Two Nights », *Business Insider*, 23 janvier 2015, https://www.businessinsider.com/davos-party-shut-down-by-swiss-cops-2015-1

Chapitre 6

1. J. Bernstein, « Sophie Schmidt Will Launch a New Tech Publication with an International Focus », *BuzzFeed*, 1er mai 2019, https://www.buzzfeednews.com/article/josephbernstein/a-google-scion-is-starting-a-new-publication-with-focus-on

2. https://www.bluestatedigital.com/who-we-are/

3. https://www.bluelabs.com/about/

4. https://www.civisanalytics.com/mission/

5. R. Gray, « What Does the Billionaire Family Backing Donald Trump Really Want ? », *The Atlantic*, 27 janvier 2017, https://www.theatlantic.com/politics/archive/2017/01/no-one-knows-what-the-powerful-mercers-really-want/514529/

6. M. Spicuzza et D. Bice, Wisconsin GOP Operative Mark Block Details Cambridge Analytica Meeting on Yacht », *Journal Sentinel*, 29 mars 2018, https://www.jsonline.com/story/news/politics/2018/03/29/wisconsin-operative-mark-block-details-meetings-between-cambridge-analytica-and-its-billionaire-back/466691002/

7. E. Conway-Smith, « As Nigeria Postpones Its Elections, Has It Chosen Security Over Democracy ? », *World Weekly*, 12 février 2015, https://www.theworldweekly.com/reader/view/939/-as-nigeria-postpones-its-elections-has-it-chosen-security-over-democracy-

8. V. Ward, « The Blow-It-All-Up Billionaires », *Huffington Post*, 17 mars 2017, https://highline.huffingtonpost.com/articles/en/mercers/

9. *Ibid.*

10. *Ibid.*

11. *Ibid.*

12. Vidéo « We Need 'Smith' », Promise to America, http://weneedsmith.com/who-is-smith

13. R. Mercer, « Forget the Media Caricature. Here's What I Believe », *Wall Street Journal*, 14 février 2018, https://www.wsj.com/articles/forget-the-media-caricature-heres-what-i-believe-1518652722

14. *Ibid.*

15. Sondage de l'université de Quinnipiac, « Walker, Bush in Tight Race among U.S. Republicans, Quinnipiac University National Poll Finds ; Clinton Sweeps Dem Field, with Biden in the Wings », *Quinnipiac University Poll*, 5 mars 2015, https://poll.qu.edu/national/release-detail?ReleaseID=2172

16. T. Egan, « Not Like Us », *New York Times*, 10 juillet 2015, https://www.nytimes.com/2015/07/10/opinion/not-like-us.html ?-r=0

17. D. Estevez, « Mexican Tycoon Carlos Slim's Camp Calls Ann Coulter's Wild Allegations Against Him True Nonsense », *Forbes*, 9 juin 2015. https://www.forbes.com/sites/doliaestevez/2015/06/09/mexican-tycoon-carlos-slims-camp-calls-ann-coulters-wild-allegations-against-him-true-nonsense/#694892fc654f

Chapitre 7

1. N. Bajekal, « Inside Calais's Deadly Migrant Crisis », *Time*, 1er août 2015, http://time.com/3980758/calais-migrant-euro-tunnel-deaths/

2. « The Dispossessed », graphique, *The Economist*, 18 juin 2015, https://www.economist.com/graphic-detail/2015/06/18/the-dispossessed

3. « Forced Displacement : Refugees, Asylum-Seekers, and Internally Displaced People (IDPs) », note d'information, Commission européenne, n.d., https://ec.europa.eu/echo/refugee-crisis

4. L. Loveluck et J. Phillips, « Hundreds of Migrants Feared Dead in Mediterranean Sinking », *Telegraph*, 19 avril 2015, https://www.telegraph.co.uk/news/worldnews/africaandindianocean/libya/11548071/Hundreds-feared-dead-in-Mediterranean-sinking.html

5. « What's Behind the Surge in Refugees Crossing the Mediterranean Sea ? », *New York Times*, 21 mai 2015, https://www.nytimes.com/interactive/2015/04/20/world/europe/surge-in-refugees-crossing-the-mediterranean-sea-maps.html

6. Union européenne, « L'Union européenne, prix Nobel de la paix en 2012 », https://europa.eu/european-union/about-eu/history/2010-today/2012/eu-nobel-fr

7. S. Castle, « Nigel Farage, Brexit's Loudest Voice, Seizes Comeback Chance », *New York Times*, 14 mai 2019, https://www.nytimes.com/2019/05/14/world/europe/nigel-farage-brexit-party.html

8. T. Greven, « The Rise of Right-wing Populism in Europe and the United States : A Comparative Perspective », Friedrich-Ebert-Stiftung, mai 2016, https://www.fesdc.org/fileadmin/user-upload/publications/RightwingPopulism.pdf

9. C. Cooper, « Trump's UK Allies Put Remain MPs in Their Sights », Politico.eu, 20 novembre 2016, https://www.politico.eu/article/trump-farage-uk-brexit-news-remain.mps/

10. E. Caesar, « The Chaotic Triumph of Arron Banks, the "Bad Boy of Brexit" », *The New Yorker*, 25 mars 2019, https://www.newyorker.com/magazine/2019/03/25/the-chaotic-triumph-of-arron-banks-the-bad-boy-of-brexit

11. S. Shuster, « Person of the Year : Populism », *Time*, http://time.com/time-person-of-the-year-populism/

Chapitre 8

1. H. Davies, « Ted Cruz Using Data Firm that Harvested Data on Millions of Unwitting Facebook Users », *The Guardian*, 11 décembre 2015, https://www.theguardian.com/us-news/2015/dec/11/senator-ted-cruz-president-campaign-facebook-user-data

2. « The Facebook Dilemma », *Frontline*, Public Broadcasting Service, 29 octobre 2018.

3. *Ibid.*

4. M. Sullivan, « Obama Campaign's 'Targeted Share' App Also Used Facebook Data from Millions of Unknowing Users », *Fast Company*, 20 mars 2018, https://www.fastcompany.com/40546816/obama-campaigns-targeted-share-app-also-used-facebook-data-from-millions-of-unknowing-users

5. « The Facebook Dilemma », *Frontline*, Public Broadcasting Service, 29 octobre 2018.

6. *Ibid.*

7. *Ibid.*

8. *Ibid.*

Chapitre 9

1. J. Swift, « Contagious Interviews Alexander Nix », Contagious.com, 28 septembre 2016, https://www.contagious.com/news-and-views/interview-alexander-nix.

Chapitre 10

1. J. Mayer, « The Reclusive Hedge-Fund Tycoon Behind the Trump Presidency », *The New Yorker*, 27 mars 2017, https://www.newyorker.com/magazine/2017/03/27/the-reclusive-hedge-fund-tycoon-behind-the-trump-presidency

2. J. Zarroli, « Robert Mercer Is a Force to Be Reckoned with in Finance and Conservative Politics », PR.org, 26 mai 2017, https://www.npr.org/2017/05/26/530181660/robert-mercer-is-a-force-to-be-reckoned-with-in-finance-and-conservative-politic ?t=1562072425069

3. R. Gray, « What Does the Billionaire Family Backing Donald Trump Really Want ? », *The Atlantic*, 27 janvier 2017, https://www.theatlantic.com/politics/archive/2017/01/no-one-knows-what-the-powerful-mercers-really-want/514529

4. M. Oczkowski, M. Schweickert, « DJT Debrief Document. Trump Make America Great Again ; Understanding the Voting Electorate », présentation PowerPoint réalisée pour Cambridge Analytica, New York, 7 décembre 2016.

5. L. Etter, V. Silver, S. Frier, « How Facebook's Political Unit Enables the Dark Art of Digital Propaganda », Bloomberg.com, 21 décembre 2017, https://www.bloomberg.com/news/features/2017-12-21/inside-the-facebook-team-helping-regimes-that-reach-out-and-crack-down

6. N. Scola, « How Facebook, Google, and Twitter 'Embeds' Helped Trump in 2016 », *Politico*, 26 octobre 2017, https://www.politico.com/story/2017/10/26/facebook-google-twitter-trump-244191

Chapitre 11

1. J. Herron, A.-L. Jackson, « World Markets Roiled by Brexit as Stocks, Pound Drop ; Gold Soars », Bloomberg.com, 23 juin 2016, https://www.bloomberg.com/news/articles/2016-06-23/pound-surge-builds-as-polls-show-u-k-to-remain-in-eu-yen-slips

2. A. Wherry, « Canadian Company Linked to Data Scandal Pushes Back at Whistleblower's Claims : AggregateIQ Denies Links to Scandal-Plagued Cambridge Analytica », CBC, 24 avril 2018, https://www.cbc.ca/news/politics/aggregate-iq-mps-cambridge-wylie-brexit-1.4633388

Chapitre 13

1. N. Scola, « How Facebook, Google, and Twitter 'Embeds' Helped Trump in 2016 », *cit.*

2. Détail intéressant : l'*analyse de sentiment* est l'aboutissement des recherches pionnières que Robert Mercer avait engagées des années plus tôt, chez IBM. Il ne s'agissait pas uniquement de savoir si les gens « likaient » des tweets ou s'ils les retweetaient. Le sujet de l'enquête était encore plus précis : il fallait déterminer dans quel état d'esprit se trouvaient les utilisateurs au moment de rédiger leurs tweets.

3. G. Kessler, « Did Michelle Obama Throw Shade at Hillary Clinton ? », *Washington Post*, 1er novembre 2016, https://www.washingtonpost.com/news/fact-checker/wp/2016/11/01/did-michelle-obama-throw-shade-at-hillary-clinton/?noredirect=on&utm-term=.686bdca907ef

Chapitre 14

1. H. Grassegger et M. Krogerus, « The Data That Turned the World Upside Down », *Vice*, 28 janvier 2017, https://www.vice.com/en-us/article/mg9vvn/how-our-likes-helped-trump-win

Pour la version originale en allemand, voir : https://www.dasmagazin.ch/2016/12/03/ich-habe-nur-gezeigt-dass-es-die-bombe-gibt/

2. Bureau du commissaire à l'information, « Investigation into the Use of Data Analytics in Political Campaigns », 6 novembre 2018, https://ico.org.uk/media/action-weve-taken/2260271/investigation-into-the-use-of-data-analytics-in-political-campaigns-final-20181105.pdf

3. A. Marlowe, « Will Donald Trump's Data-Analytics Company Allow Russia to Access Research on US Citizens ? », *Tablet*, 22 août 2016, https://www.tabletmag.com/jewish-news-and-politics/211152/trump-data-analytics-russian-access

Chapitre 15

1. L. Fortney, « Blockchain Explained », *Investopedia*, n.d., https://www.investopedia.com/terms/b/blockchain.asp

2. E. Barry, « Long Before Cambridge Analytica, a Belief in the 'Power of the Subliminal' », *New York Times*, 20 avril 2018, https://www.nytimes.com/2018/04/20/world/europe/oakes-scl-cambridge-analytica-trump.html

Chapitre 16

1. P. Villegas, « Mexico's Finance Minister Says He'll Run for President », *New York Times*, 27 novembre 2017, https://www.nytimes.com/2017/11/27/world/americas/jose-antonio-meade-mexico.html

2. « Ex-Daughter-in-Law of Vincente Fox Kidnapped », *Borderland Beat* (blog), 1er mai 2015, http://www.borderlandbeat.com/2015/05/ex-daughter-in-law-of-vincente-fox.html

3. M. Idalia Gómez, « Liberan a ex nuera de Fox : Mónica Jurado Maycotte Permaneció 8 Meses Secuestrada », *EJECentral*,

16 décembre 2015, http://www.ejecentral.com.mx/liberan-a-ex-nuera-de-fox/

4. E. Kiely, « Timeline of Russia Investigation », FactCheck.org, 22 avril 2019, https://www.factcheck.org/2017/06/timeline-russia-investigation/

Chapitre 17

1. A. Nix, « How Big Data Got the Better of Donald Trump », *Campaign*, 10 février 2016, https://www.campaignlive.co.uk/article/big-data-better-donald-trump/1383025#bpBH5hbxRmLJyxh0.99

Chapitre 18

1. P. Grewal, « Suspending Cambridge Analytica and SCL Group from Facebook », *Newsroom*, Facebook, 16 mars 2018, https://newsroom.fb.com/news/2018/03/suspending-cambridge-analytica/

2. A. Ng, « Facebook's 'Proof' Cambridge Analytica Deleted That Data ? A Signature », CNet.com, https://www.cnet.com/news/facebook-proof-cambridge-analytica-deleted-that-data-was-a-signature

3. M. Rosenberg, N. Confessore and C. Cadwalladr, « How Trump Consultants exploited the Facebook Data of Millions », *New York Times*, 17 mars 2018, https://www.nytimes.com/2018/03/16/us/politics/cambridge-analytica- trump-campaign.html

4. C. Cadwalladr, « I Made Steve Bannon's Psychological Warfare Tool : Meet the Data War Whistleblower », *Guardian*, 18 mars 2018, https://www.theguardian.com/news/2018/mar/17/data-war-whistleblower-christopher-wylie-facebook-nix-bannon-trump

Chapitre 19

1. M. Weaver, « Facebook Scandal : I Am Being Used as a Scapegoat-Academic Who Mined Data », *Guardian*, 21 mars

2018, https://www.theguardian.com/uk-news/2018/mar/21/facebook-row-i-am-being-used-as-scapegoat-says-academic-aleksandr-kogan-cambridge-analytica

2. S. Larson, « Investors Sue Facebook Following Data Harvesting Scandal », CNN, 21 mars 2018, https://money.cnn.com/2018/03/20/technology/business/investors-sue-facebook-cambridge-analytica/index.html

3. A. Kroll, « Cloak and Data : The Real Story Behind Cambridge Analytica's Rise and Fall », *Mother Jones*, mai-juin 2018, https://www.motherjones.com/politics/2018/03/cloak-and-data-cambridge-analytica-robert-mercer/

4. *Ibid.*

5. *Ibid.*

6. J. Walters, « Steve Bannon on Cambridge Analytica : 'Facebook Data Is for Sale All over the World' », *Guardian*, 22 mars 2018, https://www.theguardian.com/us-news/2018/mar/22/steve-bannon-on-cambridge-analytica-facebook-data-is-for-sale-all-over-the-world

Composé et édité par HarperCollins France.

Achevé d'imprimer en décembre 2019.

FIRMIN-DIDOT

à Mesnil-sur-l'Estrée (Eure)

Dépôt légal : janvier 2020.

Pour limiter l'empreinte environnementale de ses livres, HarperCollins France s'engage à n'utiliser que du papier fabriqué à partir de bois provenant de forêts gérées durablement et de manière responsable.

Imprimé en France